全国高职高专经济管理类"十三五"规划理论与实践结合型系列教材·物流专业

校企合作优秀教材

现代物流技术与装备实务

XIANDAI WULIU JISHU YU ZHUANGBEI SHIWU

编著 缪兴锋 代承霞 黄建辉
胡 凌 曾志勇 曹卫东

华中科技大学出版社
http://www.hustp.com
中国·武汉

图书在版编目(CIP)数据

现代物流技术与装备实务/缪兴锋等编著. —武汉:华中科技大学出版社,2014.6(2021.1重印)

ISBN 978-7-5609-9743-8

Ⅰ.①现…　Ⅱ.①缪…　Ⅲ.①物流-设备管理-高等职业教育-教材　Ⅳ.①F252

中国版本图书馆 CIP 数据核字(2014)第 118738 号

现代物流技术与装备实务　　　　　　　　　　　　　　　　　缪兴锋　等编著

策划编辑:张凌云

责任编辑:华竞芳

封面设计:龙文装帧

责任校对:刘　竣

责任监印:张正林

出版发行:华中科技大学出版社(中国·武汉)

　　　　　武昌喻家山　　邮编:430074　　电话:(027)81321913

录　　排:华中科技大学惠友文印中心

印　　刷:武汉市籍缘印刷厂

开　　本:787mm×1092mm　1/16

印　　张:24

字　　数:608 千字

版　　次:2021 年 1 月第 1 版第 5 次印刷

定　　价:45.00 元

全国高职高专经济管理类"十三五"规划
精品资源共享课程系列教材·物流专业

编写委员会成员名单

总　主　编：张良卫

副总主编：高新和、缪兴锋、李东、符海青

总　策　划：缪兴锋、高新和

总　主　审：缪兴锋

编委会秘书：张凌云

委　　　员：朱惠红、任永凯、唐永洪、许彤、吴春尚、曾艳英、胡延华

企业专家委员会：

李智杰（广州智盈网络科技有限公司　总经理）

徐隆久（东莞市威特隆仓储设备有限公司　总经理）

林海中（国药控股广东恒畅物流有限公司药品现代物流中心　总经理）

薛　卫（广州中海物流有限公司　经理）

邵清东（北京络捷斯特科技发展有限公司　总经理）

祁建明（广东荣晖信息工程有限公司　总经理）

胡加林（浙江供应链协会研究中心　主任　高级工程师）

薛　原（广州微智科技有限公司　总经理）

钟小军（奥鹏实业国际有限(中国)公司　总经理）

参编院校名单：

广东轻工职业技术学院(国家示范性院校)

南宁职业技术学院(国家示范性院校)

南京工业职业技术学院(国家示范性院校)

番禺职业技术学院(国家示范性院校)

广东工贸职业技术学院

广东工程职业技术学院

广东科贸职业技术学院

广州铁路职业技术学院

佛山职业技术学院

河源职业技术学院

中山职业技术学院

武汉商贸职业学院

广东农工商职业技术学院

广东松山职业技术学院

深圳信息职业学院

总序

GENERAL PREFACE

进入 21 世纪以来,随着中国社会主义市场经济体系的建立、世界经济一体化进程的加快和科学技术的飞速发展,物流产业作为国民经济中一个新兴的产业部门,将成为 21 世纪的重要产业和国民经济新的增长点。目前,物流作为提升市场核心竞争力的重要内容,其现代物流理念、先进的物流技术和现代物流模式已经被引入国家、地方经济建设中;许多市场意识敏锐的企业也把物流作为提升企业核心竞争力的重要手段,将现代物流管理方法融入企业的经营管理之中。

随着市场竞争的日益激烈、用户需求的不确定性和个性化需求的增加,以及高新技术迅猛发展、产品寿命周期缩短和产品结构越来越复杂,市场需要社会化、专业化、应用型人才帮助企业适应新的竞争环境。物流作为一个快速发展的行业,社会对物流专业的人才需求在逐年增加,据中国物流与采购联合会统计,物流专业人才已被列为我国 12 类紧缺人才之一,物流人才的年需求量为 600 余万人。统计显示,目前物流从业人员当中拥有本科学历及以上的仅占 21%,许多物流部门的管理人员都是半路出家,很少受过专业培训。今后一段时期,除储存、运输、配送、货运代理等领域的物流人才紧缺外,相关的系统化管理人才、懂得进出口贸易业务的专业操作人才、电子商务物流人才、掌握商品配送和资金周转及成本核算等相关知识和操作方法的国际性物流高级人才将更加受到追捧,物流专业的毕业生在物流企业、港口、海关、货运公司、商贸企业等方面就业前景良好。

为了应对国际金融危机,2009 年国务院通过的《物流业调整和振兴规划》(以下简称《规划》)使物流业成为我国十大振兴产业之一,"加快物流人才培养"成为物流业振兴与发展的九大保证措施之一。《规划》指出,要加强物流人才需求预测和调查,制订科学的培养目标和规划,强化职业技能教育。《国家中长期教育改革和发展规划纲要(2010—2020 年)》提出大力发展职业教育,实行工学结合、校企合作、顶岗实习的人才培养模式的改革。《教育部财政部关于进一步推进"国家示范性高等职业院校建设计划"实施工作的通知》(教高〔2010〕8 号)提出要建立校企合作长效运行机制。

为了配合高等职业院校大力推行理论与实践相结合、校企合作的培养模式,结合物流行业发展的最新动态,华中科技大学出版社邀请了我国职业教育领域的专家、企业技术专家、企业人力资源专家和高职院校的骨干教师进行了有意义的探索——相关教材的编写。

华中科技大学出版社的这一探索,有以下三个特点。

第一,建立标准。标准是建立在市场的基础上,建立在物流企业需求、服务地方经济建设的基础上的,在标准的基础上编写出具有中国特色的高职高专物流教材。

第二,课程设置。针对专业所对应的职业领域,邀请相关企业的技术骨干、人力资源管理者,以及行业著名专家和院校骨干教师,通过访谈、问卷和研讨,由企业技术骨干和人力资源管理者提出职业工作岗位对技能型人才在技能、知识和素质方面的要求,结合目前我国高职教育的现状,共同分析、讨论课程设置存在的问题,通过科学合理的调整、增删,确定课程门类及其教学内容。

第三,教学模式。针对高职教育对象的智力特点,积极探讨提高教学质量的有效途径,采用理论与实践相结合的项目式的引导模式,引入能够激发学习兴趣、贴近职业实践的工作任务,将项目教学作为提高教学质量、培养学生能力的主要教学方法,把适度、够用的理论知识按照工作过程来梳理、编排,以促进符合职业教育规律的新的教学模式的建立。

在此基础上,华中科技大学出版社组织出版了这套规划教材。我始终欣喜地关注着这套教材的规划、组织和编写。华中科技大学出版社敢于探索、积极创新的精神,应该大力提倡。我很乐意将这套教材介绍给读者,衷心希望这套教材能在相关课程的教学中发挥积极作用,并得到读者的青睐。我也相信,这套教材在被使用的过程中,通过教学实践的检验和实际问题的解决,能够不断得到改进、完善和提高。

马士华 教授

2012 年 8 月

前言

PREFACE

物流产业将成为我国 21 世纪经济发展的重要产业和新的经济增长点,我国物流产业的发展潜力很大。支撑起现代物流业的不仅有现代物流技术,而且还有现代物流设施与装备,前者是现代物流业的灵魂,而后者则是支撑现代物流业的重要基础。近年来,随着我国物流业的飞速发展,以物流中心、配送中心、第三方物流等为代表的全新物流业正在我国兴起,现代物流技术和现代物流设施与装备也得到了快速发展。

高职高专的物流管理专业的培养目标是为社会、企业输送从事物流管理的一线操作与管理的高技能型人才。在物流过程中,运输、装卸搬运、仓储、分拣、包装、流通加工、配送的每一环节都要消耗大量的人力和物力,而每一环节所耗的费用则取决于过程的机械化程度以及物流机械的性能。因此,现代物流设施与装备能大大降低物流成本。

一个现代物流管理人员不一定要懂得物流技术与装备的设计与制造,但必须了解各类物流设施与装备的基本构成与特点,懂得如何应用物流设施与装备。根据实际需要选好、用好、管好物流装备,是决定物流系统效能与效率的重要环节。可是,在现实的教学过程中,目前还没有一所学校建立的物流实训实验室在功能上涵盖了生产、包装、仓储、装卸、运输、流通加工、信息采集和处理等全部过程的所有环节。

自 20 世纪 90 年代以来,由于科学技术不断进步和经济不断发展,以及全球化信息网络和全球化市场形成及技术变革的加速,围绕新产品的市场竞争也日趋激烈。"现代物流装备与技术"课程在 2012 年被广东省教育厅立项为第一批省级精品资源共享建设课程。以此为契机,我们根据国家精品资源共享课程的建设标准体系,为满足现代物流人才的培养需求,便于业内有关人员全面而系统地学习物流技术与装备的基本知识,掌握合理配置、选择和运用物流技术装备的基本方法,对物流设施进行科学管理,而编写了这本《现代物流技术与装备实务》精品资源共享课程教材。

本书借鉴德国"双元制"职业教育,引入德国职业教育"行动导向"的理念,结合了当前物流行业的最新发展趋势,以及我国物流装备的现状与实际,参考了国内外有关物流设备制造及管理的研究成果和经验。

本书由国家示范院校广东轻工职业技术学院缪兴锋教授带领武汉商贸职业学院代承霞、广东农工商职业技术学院黄建辉、深圳信息职业技术学院胡凌、广东松山职业技术学院曾志勇、珠海天沐集团曹卫东和精品资源共享课程建设团队共同编写。缪兴锋教授有十几年的企业管理经验、五年的校企合作经验和在校十一年的教学经验,对于教学重点的把握能够做到准确、到位。

精品资源共享课程建设团队的成员有:李超锋、朱铁汉、张幸、林宓、杜敏、徐隆久、冯展培、杨东海。课程内容涵盖了物流技术与装备的主要领域,理论体系较完整,内容较全面翔实。全书共分为九章,通过对现代物流技术与装备课程教学设计前导性介绍,从多角度向读者较全面地介绍了仓储技术与装备、装卸搬运技术与装备、集装单元化技术与装备、信息识别与采集之技术与装备、流通加工技术与装备、包装技术与装备、分拣配送技术与装备、物流智能技术与装备等八大类的现状和发展、类型、功能、应用、发展趋势等。本书作为广东省精品资源共享课程建设的教材,力求体现以物流企业客户服务部的主要工作任务为载体,根据其工作过程设计教学内容,以培养学生职业行动能力为目标,重在提升学生专业能力、社会交往能力及自主学习能力。本书具有如下特点。

(1)全面性。本书对物流过程各环节所涉及的主要设施、装备均做了较为系统的介绍。

(2)实用性。本书吸收了现代物流技术与装备方面的新成果,立足于物流作业现场,针对相应设施、装备的应用、使用与管理进行介绍,重点放在应用和使用上,满足物流管理人员的基本知识的需要,不涉及高深的设施与装备理论知识。在每章均由引导性案例引入,章后设置了案例讨论或课后实践等环节,以满足职业技术教育教学的需要。案例尽可能贴近企业与应用层面,并在相应内容上结合当前经济发展、相关行业、技术的发展情况深化或扩展对相应装备(知识)的了解。

(3)综合性。本书在分门别类介绍各类物流设施与装备的类别、功能、原理的基础上,将技术使用、设备管理等内容渗透教材中,形成综合性的较为完整的知识体系。

为了配合一线老师的教学需要,我们拍摄了 30 个理论教学、12 个实践教学的视频,还制作了 40 个任务模块的 PPT 课件资料,收集和整理了物流工作过程中常见的物流装备图片及工作过程的视频资料,若有教学需要的同仁请与作者联系(E-mail:2003104020@gdqy.edu.cn),也可以登录广东轻工职业技术学院"现代物流装备与技术"网络课程、精品课程网站 http://wlkc.gdqy.edu.cn/jpkc/solver/classView.do 搜索相关资料。这也是本书与其他同类教材相比所拥有的特色之处。

由于作者水平有限,为了编写本书,我们参阅了大量的图书文献和网上资料,然而物流行业是一个出现不久的新旧交叉的科学新领域,对它的认识和研究都还不够深入,因此在本书的叙述中难免出现谬误。作者真心希望读者提出批评意见并能及时反馈给我们。同时,在该书中,我们引用了许多熟悉的以及许多从没有见过面的同行的研究成果,对此我们会尽可能详细地在参考文献中列出所参考和引用的书目,在此对这些专家学者表示深深的谢意!也可能有些资料引用了而由于疏忽没有指出资料出处,若有这类情况发生,在此表示万分歉意!

为了本书的出版,华中科技大学出版社的编辑人员和相关人员付出了很多,在此表示感谢!许多院校和研究机构的专家、教授的支持和企业界朋友(东莞市威特隆仓储设备有限公司总经理徐隆久先生,广东恒畅物流有限公司物流中心总经理马建聪先生,北京明伦高科科技发展有限公司董事长黄惠良先生,北京易通交通信息发展有限公司总经理逄诗铭先生,广州市中环服装辅料有限公司总经理秦建华先生,广州汉林电器实业有限公司办公室主任郭达宏先生,广州市中海物流有限公司项目经理薛卫先生),为编写本书提供了许多实际案例素材与技术支持,在此一并致谢!

编　者

2014 年 6 月

目录

CONTENTS

第一章　现代物流技术与装备总论 ········· 1
  任务一　现代物流技术与装备教学概述 ········· 2
  任务二　现代物流技术与装备总论 ········· 13

第二章　仓储技术与装备 ········· 27
  任务一　仓储管理概述 ········· 29
  任务二　仓库技术与装备 ········· 35
  任务三　货架技术与装备 ········· 44
  任务四　自动化立体仓库技术与装备 ········· 50
  任务五　仓储辅助技术与装备 ········· 63

第三章　装卸搬运技术与装备 ········· 79
  任务一　装卸搬运管理概述 ········· 81
  任务二　起重设备 ········· 90
  任务三　输送设备 ········· 98
  任务四　叉车设备 ········· 106
  任务五　搬运车辆 ········· 115

第四章　集装单元化技术与装备 ········· 125
  任务一　集装单元化管理概述 ········· 127
  任务二　托盘的运用与管理 ········· 133
  任务三　集装箱的运用与管理 ········· 147
  任务四　特种集装容器的运用与管理 ········· 158

第五章　信息识别与采集之技术与装备 ········· 171
  任务一　信息识别与采集管理概述 ········· 173
  任务二　条码自动识别技术与装备 ········· 183
  任务三　新型自动识别技术与数据采集器 ········· 196

第六章　流通加工技术与装备 ········· 211
  任务一　流通加工管理概述 ········· 213
  任务二　食品行业的流通加工技术与装备 ········· 221
  任务三　生产行业的流通加工技术与装备 ········· 233
  任务四　消费资料行业的流通加工技术与装备 ········· 246

第七章　包装技术与装备 ········· 255
  任务一　包装管理概述 ········· 257

   任务二　常见的包装机械 ……………………………………………………… 268
   任务三　常见的包装技术 ……………………………………………………… 284
第八章　分拣配送技术与装备 ……………………………………………………… 297
   任务一　分拣配送管理概述 …………………………………………………… 299
   任务二　自动分拣机的使用与管理 …………………………………………… 308
   任务三　配送中心装备配置与管理 …………………………………………… 316
   任务四　运输技术装备配置与管理 …………………………………………… 323
第九章　物流智能技术与装备 ……………………………………………………… 343
   任务一　物流智能交通技术与装备 …………………………………………… 345
   任务二　自动导引车使用与管理 ……………………………………………… 352
   任务三　物流机器人使用与管理 ……………………………………………… 360
参考文献 ………………………………………………………………………………… 371

第一章
现代物流技术与装备总论

XIANDAI WULIU
JISHU YU
ZHUANGBEI
SHIWU

近年来,随着我国物流业的飞速发展,以物流中心、配送中心、第三方物流等为代表的全新物流业正在我国兴起,物流装备与设施正朝着现代信息化、自动化、集成化、智能化、柔性化和标准化的方向发展。现代物流已经延伸到包括生产、包装、仓储、装卸、运输、流通加工、信息采集和处理等所有环节,物流装备与设施也存在并应用于整个物流的全部过程,因此物流技术与装备的现代化是促进物流现代化的重要基础和保证。

任务引入

据前瞻产业研究院发布的《2013—2017 年中国物流行业市场前瞻与投资战略规划分析报告》预计,到 2015 年,中国社会消费品零售总额和生产资料销售总额分别将达到 30 万亿元、76 万亿元,这将导致商贸物流需求的大幅攀升。届时,中国商贸流通领域的物流系统化运作效率将会显著提高,物流成本也会大幅度降低,这无疑对加快促进中国商贸物流业的升级发展,加快经济方式转型发挥着极其重要的引导作用。

任务分析

物流是一个新兴的产业,属于第三产业的范畴,它以巨大的潜力推动着经济的发展,对沿海地区经济的发展也发挥着举足轻重的作用。物流产业的前向效应是指物流产业对物流新工艺、新技术、新原料、新能源、新装备工具出现的诱导作用。物流产业的发展促进物流装备制造业、物流系统业、物流新工艺和新技术的发展,提高物流活动的效率;不但能促进物流产业优化,而且能潜在地推动经济发展和增进社会机会。物流业的发展必然需要大量的劳动力来从事一些基础的劳作,这样就可以为部分沿海地区乃至全国的劳动力提供就业机会。

任务一　现代物流技术与装备教学概述

项目目标

知识目标
(1) 了解人生职业规划道路方向。
(2) 掌握物流专业培养目标、就业岗位与岗位要求。
(3) 掌握"现代物流技术与装备"课程的设计理念。
(4) 掌握"现代物流技术与装备"课程的内容——物流的基本功能。
(5) 掌握"现代物流技术与装备"课程教学的方法和手段。

能力目标
(1) 能够针对物流设备在物流企业和企业中物流部分的存在形式不同、使用装备的不同等特点,设计好"现代物流技术与装备"的教学内容。

(2) 能够根据物流作业流程选择合适的物流装备,并针对该装备的特点设计恰当的教学方法与教学手段。

知识链接

现代物流业不仅需要现代物流技术支撑,更需要现代的物流设施与装备支撑。前者是现代物流业的灵魂,而后者则是支撑现代物流业的重要基础。物流设施与装备的发展,有力地促进了现代物流业的不断发展。应运而生的"现代物流技术与装备"课程则被定位为物流管理专业工学结合的核心课程。

一、"现代物流技术与装备"课程定位设计

(一)课程定位

"现代物流技术与装备"课程是物流管理专业的专业核心课程,主要锻炼学生识别、使用、操作、保养及简单维修各种物流设备与工具的能力,团队合作能力,表达能力及安全保障操作能力,物流技术中工具的使用能力,电子产品说明书阅读和理解能力等综合能力,同时使学生把知识和能力有机地联系起来,通过实践培养学生综合运用知识和物流现代装备的能力。

1. 人生职业规划道路方向

在漫长的人生旅途中,是否有自己的人生目标和职业发展方向?是否常常因自身的原因阻碍了发展而怨天尤人?如何以一种积极、平和的心态来面对职业生涯中遇到的种种问题?如何恰当处理个人发展与企业发展的关系,实现与企业的共同发展?这些都是令许多职场人士和企业感到迷茫和困惑的问题。

对于每个人来说,人在成长的过程中,并非只有单一的职业规划,它将根据不同的成长阶段随之发生改变,它是一个人自踏入社会开始所经过的一系列岗位或职位的集合。对于每个人来说,要实现人生价值的追求,就应为自己设计职业生涯发展道路。职业道路设计有纵向职业道路(Y 向发展)、横向职业道路(X 向发展)和沿着核心度发展的道路(Z 向发展)等多种道路,并指明可能的发展方向和机会,如图1-1所示。

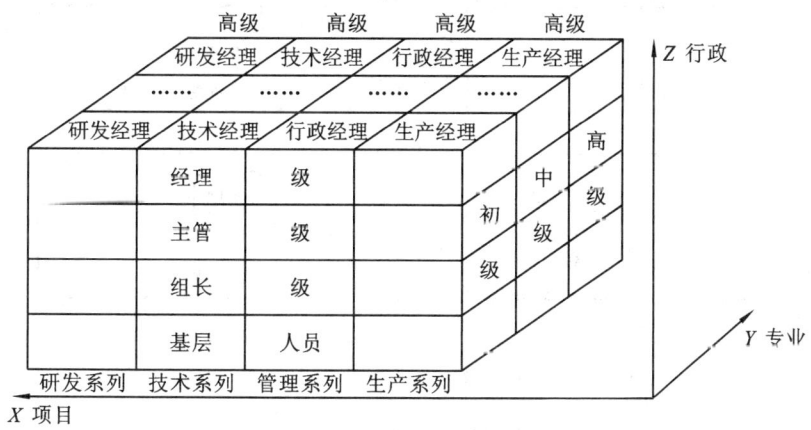

图1-1 员工三维职业道路结构图

每个人在追求人生价值过程中至少可以有以下四种发展方向。

(1)Z 向发展——在同一专业上向行政高度发展,成为行政专家。这是传统意义上的发展之路,它主要体现个人在社会组织内部职位(或头衔)的上升。随着扁平化观念的深入人心,组

织内层级逐步减少,管理幅度相对增大。这意味着对于绝大多数人而言,Z 向发展是一条淘汰率极高的发展路线,它不可能成为个人职业发展的主要道路。

（2）X 向发展——在不同专业之间转换,成为项目专家。在这一维度上,组织会根据员工的特长进行工作轮换,通过轮岗发展员工的多重职业技能。X 向发展是组织中有利于大部分人持续发展的一种道路。

（3）Y 向发展——在同一专业上向纵深发展,成为技术专家,即从一般部门职员发展成为技术专家,这种发展又称为"职级"发展。比如:科研人员从研究实习员、助理研究员到副研究员,再到研究员;人力资源管理人员从人力资源管理助理到人力资源管理师再到人力资源管理专家,等等。技术水平的不断提升将员工推向职业发展的顶点。

（4）ZX 向发展——在行政和项目两个维度上发展,成为项目行政专家。这种发展是个人经过多次轮岗以后,在掌握了多种职业技能的基础上,加深对项目运行方式的全面了解,在项目管理领域沿着行政高度继续发展。

2. 物流专业培养目标、就业岗位与岗位要求

1）物流专业培养目标

根据物流企业岗位及岗位发展需要,结合学生职业成长规律,物流管理专业人才培养目标为:面向物流企业生产和管理一线,培养掌握现代化物流管理理论知识和物流实用技术的,具有较强的仓储管理、运输组织、物流市场开发、物流信息处理等物流专业能力,具有物流岗位从业资格,具有良好的职业道德,具有综合管理技能、物流设备使用、信息获取和信息综合分析能力,以及观察、组织、协调能力的高技能应用型人才。

2）就业岗位与岗位要求

根据广东省珠江三角洲地区经济与行业未来发展的需要,在市场调研的基础上,按照人生职业规划道路方向,通过归纳总结得出如下意见,如图 1-2 所示。

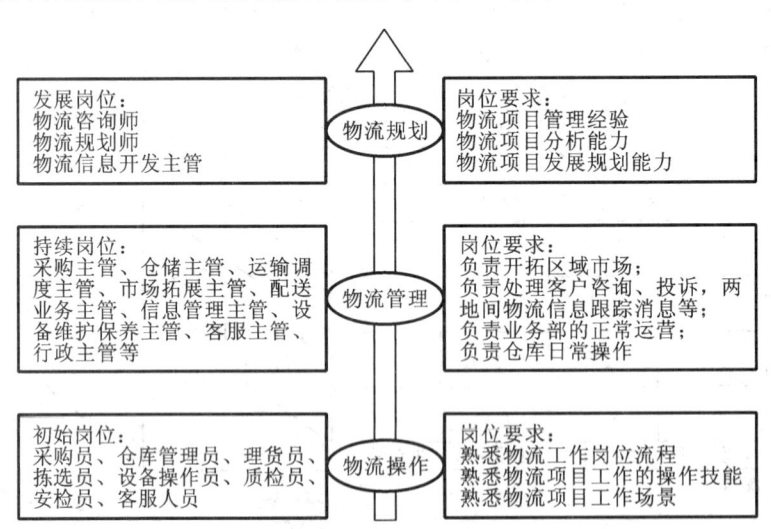

图 1-2　物流人才岗位发展方向及要求分析图

物流管理主要面向第三方物流企业、运输货运基地、配送中心、生产企业物流部门等单位,从事运输调度、仓储管理、货物运输与报关、物流市场营销、港口作业管理、物流业务实际操作等物流技术管理及相关工作。物流专业就业岗位(群)有如下几类:物流市场营销员、仓储管理员、

物流信息管理员、客户关系管理员、物流业务流程管理员、运输调度员、港口作业管理员等。

3. 以能力培养为中心构建物流管理专业的课程体系

高职物流管理专业课程体系的构建应该遵循以下四项原则：① 根据市场需求的原则；② 与国家和行业岗位资格认证相衔接的原则；③ 重视实践教学环节、突出学生能力培养的原则；④专业方向课程设置体现为地方经济服务的原则。由岗位要求—能力标准—培养目标—课程体系—职业技能—岗位应用—岗位要求，如此循环，使学生的学习始终围绕能力标准及岗位要求的核心展开，课堂教学内容来自岗位要求，并且接受岗位实践检验，实习内容直接来自岗位业务流程，如此交互反馈，使课堂教学与实习实训教学一体化，并为能力培养主线服务。

物流管理专业就业岗位能力要求具体如下。

（1）能够根据企业仓库、设施设备、运输车辆、人员等资源和本企业所能提供的物流服务情况，按照经营战略和确定的目标市场，开发项目客户，与客户建立沟通，针对客户需求进行方案设计和成本核算，签订物流服务合同。

（2）能够根据商品到货及出库计划，进行仓储入库作业流程设计、商品分类与编码、商品验收流程设计与组织、入库信息处理、储位规划、商品盘点、账卡、档案管理、库存管理、商品养护、出库商品检查、出库商品信息处理、商品配载。

（3）能够进行车辆调配、公路运输组织、运输调度、运输流程优化、运输场站规划与布置；能够收集客户信息、开发项目客户、选择运输方式、分析运输成本、制定运输方案、监控运输供应商。

（4）熟练使用仓储、运输、货运代理等物流系统软件；熟练应用 RFID（射频识别）、GPS（全球定位系统）、EDI（电子数据交换）、POS（销售终端）、手持终端等物流信息技术；能够在不同的组织环境下设计科学合理的物流业务流程，并能对现有流程进行优化；具有电子商务运作能力，具有物流网站设计及管理能力。

（5）熟练使用叉车、打包机、条码（条形码的简称）打印机等物流设备；熟悉托盘码放原则及技巧，能够掌握不同规格物品的码放方法；能够根据真实客户区域分布完成线路规划，并能够对厢式车辆配装配载。

（6）能够遵守物流企业管理制度及设备操作规范，能够按规定使用工具、设备，遵守劳动安全纪律，使用相关技术资料，能够用资料说明、核查、评价自身的工作成果。

4. 对学生能力培养和职业素养的养成起主要支撑和促进作用

"现代物流技术与装备"课程是物流管理专业的核心专业课程，是从事物流生产、建设、管理、服务的工作人员必须学习和掌握的课程。课程建设应着眼于学生就业，立足于学生职业技术能力的培养，可建立"以工作任务为核心，以业务流程为主线，围绕岗位职业能力"的课程体系，形成"企业参观和认识实习＋理论教学＋校内虚拟实训＋校外顶岗实习"的教学运行模式，如图1-3所示。

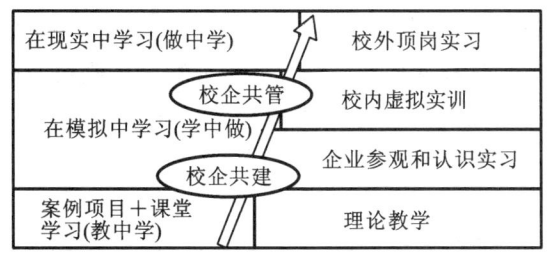

图1-3 物流专业课程学习过程图

（二）教学课程设计

由于"现代物流技术与装备"课程涉及物流设备在不同物流企业和不同企业中物流部门的存在形式不同、使用的装备不同等特点，所以，要上好这个课程，就应把握好该课程的教学设计。在进行"现代物流技术与装备"课程教学设计时，应充分考虑教学理念，如图 1-4 所示。

图 1-4 "现代物流技术与装备"课程教学设计的教学理念

1. 合理组织课程内容，保证学生在校学习与实际工作的一致性

课程选用的教材应综合企业、专家、教师的实践、科研、教学成果，将最新的物流企业的物流设备和具体案例编入教材中，使企业实践与理论教学达到有机结合。

2. 采用虚拟实训的形式，使学生将来能很快融入企业

虚拟实训是指提供现实中各类物流企业的真实运作环境（如真实写字楼、真实配送中心、现代化立体仓库、区域配送中心、制造工厂、百货超市、配送网点等），以及城市、大街、公路货运场、铁路货运场、航空货运大楼、港口码头、集装箱堆场、海关大楼等众多场景及各种物流设施设备（如仓储车辆、集卡车、恒温车、危险品车、RFID 系统、电子标签辅助拣货系统等）。

3. 采用工学结合的培养方式，形成"企业参观和认识实习＋理论教学＋校内虚拟实训＋校外顶岗实训"的教学模式

课程教学过程应采用工学交替的教学模式，注重理论与实践相结合，教学内容与企业业务流程一致，并结合物流职业资格标准进行教学内容和课程体系改革。教学内容应包括企业参观和认识实习、理论教学、校内虚拟实训、校外顶岗实训等四个环节。理论教学内容应严格贯彻高等职业教育"必需、够用"原则，以提高学生物流信息技术使用能力为主线，融知识传授、能力培养、素质教育于一体。

在理论教学过程中，注重教学内容与专业建设、技术发展趋势、学生就业方向等相适应，把生产中出现的新理论、新技术、新设备和新的软件构成反映到教学中来，以拓宽学生知识面，并通过教学短片，将国内企业物流技术使用的情况和国外物流企业先进物流技术使用情况放映给学生观看，缩短课堂与物流实际的距离，使学生在国内企业就业时，可以马上接受国内物流企业的现状，并能为国内物流企业的信息化提供先进的方案，在外资物流企业就业时，能快速地融入其中。

4. 强调"以学生为中心"的教学理念，进行自主学习，提高学生的学习能力

在教学过程中，强调"以学生为中心"的教学理念，注意引入创新教育理念，注意引导学生综

合运用知识,培养学生创新能力。在教学过程中采用案例引入的教学法,先引导学生发挥主观能动性,去思考问题、研究问题、发现问题,进行详细讨论,然后再由任课教师总结归纳,这样既能激发学生的学习兴趣,又能培养学生的创新思维。在实训教学中,为了进一步激发学生的创新能力,学生做完虚拟实训后,要学生进一步提出相关软件的改进意见。该课程自主学习的网络课程于 2007 年在学校立项,2008 年结题,在学校网络课程网站上正常运行。该网站学习资料齐全,学生通过该网站可以自主学习,锻炼自我学习的能力。

5. 注重现代教学资源建设和使用,提高教学质量

注重教学内容先进与实用。培养的学生不但要对现代物流发展趋势及方向有所了解,更要熟练操作常见的物流信息技术设备,初步具有物流系统框架设计能力。在教学技术上,将平面教学与立体化教学技术有效结合,即教师在课堂上"平面"讲授基础理论的同时,多采用多媒体技术、教学短片、图片和难点演示等"立体化"教学手段将生产现场逼真地播放给学生观看。采用虚拟企业让学生更早积累实战经验。在教学形式上,注重教师授课与学生互动融为一体,即教师在部分理论内容讲解完之后,学生通过在线实训进行上机模拟操作,这种在学中练、在练中学的方式既增强了学生的学习兴趣,也提高了课程教学效果。

6. 基于多方位,积极探讨教学评价方法

积极探讨对本课程教学效果的评价方法,改变传统的只以理论学习成绩来评价学生的评价方式,实施了校内考核和社会考核的机制。在学校,学生自评、互评、小组评价、教师评价相结合,通过实训操作考核、专业论文、案例分析、课堂考试等方式进行校内考核。在校外顶岗实习,学生顶岗实践操作,用人单位和指导教师进行系统全面的企业考核,使学生得到开放性的市场评价。

二、"现代物流技术与装备"课程内容

(一)物流的基本功能

物流的基本功能,从实物的流转环节来分,包括储存保管功能、运输功能、装卸搬运功能、包装功能、流通加工功能、配送功能、物流信息功能等。物流的基本功能如图 1-5 所示。

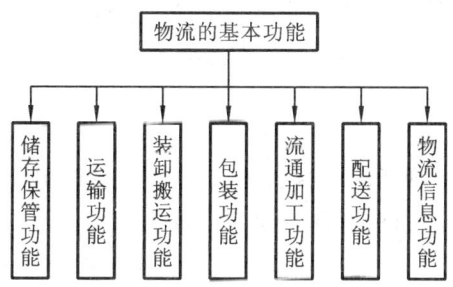

图 1-5 物流的基本功能

1. 储存保管功能

储存保管是物流的支柱功能之一,它和运输共同构成物流的两大支柱功能。产品从生产领域进入消费领域之前,由于季节性、地域性等原因,在流通领域往往需要储存一段时间,这个环节的活动就是储存保管,它包括入库、保管、保养、出库等一系列活动。

2．运输功能

运输是物流的支柱功能之一。物流运输是指劳动者通过使用工具和设备将货物进行空间位移的活动。物流运输不改变货物的实物形态，也不增加其数量，但它通过改变货物的空间位置来创造场所效用，实现其使用价值，满足社会需要。

3．装卸搬运功能

在同一地域范围内以改变物的存放、支承状态的活动称为装卸，改变物的空间位置的活动称为搬运，两者统称为装卸搬运。装卸搬运活动是随着物流运输、储存保管活动的发生而产生的附属性的、保障性的必要的活动。物流过程离不开装卸搬运，它是对运输、储存保管、包装、流通加工等活动进行衔接的中间环节。

4．包装功能

包装是指为了在流通过程中保护商品、便于储运、促进销售，按一定技术方法而采用的容器、材料和辅助物等的总体名称，也是指为了达到上述目的而采用容器、材料、辅助物的过程中施加一定技术方法等的操作活动。在社会再生产过程中，包装是生产的终点，是物流的起点。物流系统的所有构成因素都与包装有着密切的关系。在物流过程中，包装发挥着重要的功能，即保护功能、成组功能、跟踪功能、商品功能、便利功能和效率功能。

5．流通加工功能

流通加工是指物品在从生产地到使用地的流通过程中，根据实际需要施加的包装、分割、计量、分拣、刷标志、拴标签、组装等简单作业的总称。流通加工是一种特殊的加工形式，它一般不创造使用价值，而是在商品从生产领域向消费领域流动的过程中，通过使商品发生物理、化学的变化来满足客户的要求，主要是对商品进行一些简单的加工，以弥补生产领域的不足，可以说是对生产加工的辅助和补充。

6．配送功能

配送是指在经济合理的区域或范围内，根据用户的订货要求和时间计划，在物流结点（物流中心、仓库、商店、货运站等）进行分货、配货，并按时送达指定地点的物流活动。配送是物流的主要功能之一，它处于末端运输的位置，是物流系统中接近用户的一端，是从物流结点到用户的一种特殊的送货形式，它集配货与送货活动于一体，极大地方便了用户。一般情况下，配送集装卸、包装、保管、分拣、配货、运输多种功能于一身，通过一系列活动将货物送达客户手中，体现配送活动的综合功能。

7．物流信息功能

物流信息是指反映物流各种活动内容的知识、资料、图像、数据、文件的总称。物流信息不仅对运输管理、库存管理、订单管理、仓库作业管理等物流活动具有支持保证的功能，而且具有连接整合整个供应链和使整个供应链活动效率化的功能。正是由于物流信息具有此种功能，物流信息在现代物流企业经营战略中的作用越来越突出，因此，建立现代物流信息系统，运用先进的物流信息技术，是物流企业取得竞争优势的必要条件。

（二）"现代物流技术与装备"课程教学内容

物流技术的发展开始从电子化物流向智能化物流转变，随着这一变化趋势，智能物流设备也逐渐崭露头角，尤其是运用现代先进技术，集光、机、电、信息为一体的智能物流设备得到了越来越广泛的运用。"现代物流技术与装备"课程以物流业务流程为主线体现装备使用工作过程，实现课程和教学内容重新排序,以工作任务为核心,将现代物流技术与装备划分为八个教学单元,对重要的物流装备基本理论知识的教学采用讲授的教学方法,打好坚实的理论基础,使学生在实践中能游刃有余地应用。"现代物流技术与装备"课程教学内容如图 1-6 所示。

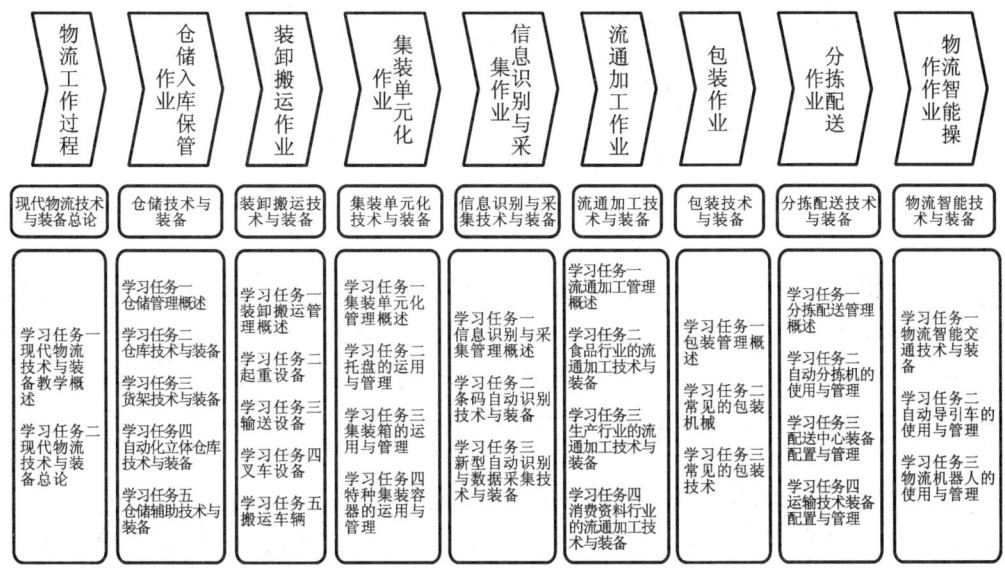

图 1-6　"现代物流技术与装备"课程教学内容示意图

三、"现代物流技术与装备"课程教学方法与手段

(一) 教学方法

教学方法是教师和学生为了实现共同的教学目标,完成共同的教学任务,在教学过程中运用的方式与手段的总称。教学方法包括教师教的方法(教授方法)和学生学的方法(学习方法)两大方面,是教授方法与学习方法的统一。教授法必须依据学习法,否则便会因缺乏针对性和可行性而不能有效地达到预期的目的。但由于教师在教学过程中处于主导地位,所以在教法与学法中,教法处于主导地位。

"现代物流技术与装备"课程要发挥学生在学习中的主体地位,体现学生"先做后学""边做边学"和"做中学"的职业教育理念,积极探索和实践以任务为驱动,理论讲授、体验学习、企业参观、真实案例、项目讨论,以及以赛促教的教学方法改革,并将课堂教学通过学校有效地延伸至企业、社会,如图 1-7 所示。

1. 理论讲授教学法

理论讲授教学法又有人把它称为"讲授-接受教学模式"。它是指通过教师的系统讲解而使学生获得大量知识的教学模式。该模式是在传统的课堂教学模式的基础上,逐渐演化而来的,主要用于系统知识、技能的学习。它偏重于教师的活动,对学生而言,它是一种被动接受的学习方式,其功能是能使学生在短时间内掌握大量知识。

2. 体验学习教学法

"体验学习"意味着学生亲自参与知识的建构,亲历过程并在过程中体验知识和体验情感。体验学习教学法的基本思想是:学生对知识的理解过程并不是教师传授—学生聆听的传递活

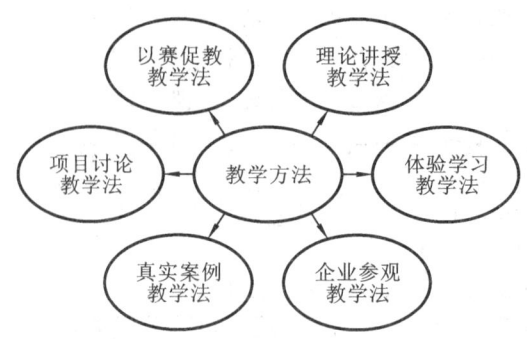

图 1-7　课程教学方法示意图

动,学生获取知识的真实途径是学生在亲自研究、思索、想象中领悟知识,在探究知识中形成个人化的理解。"现代物流技术与装备"课程的讲解是非常枯燥的,而且也很难讲清楚,购买全部物流业务中所涉及的装备也不现实,为此,在上课时老师播放事先制作或下载的系列教学短片,运用虚拟实验和相关仿真软件辅助教学,化抽象为形象,图、文、声并茂,使教学内容更加直观、生动。

这种亲自体验的学习,能大大激发学生学习的积极性和主动性,唤起了学生的求知热情,使学生在求知兴趣的支持下热情地求知,这时,教师及学生都能用较短的时间获得更多的信息,拓展了教学空间,提高了教与学的效率和质量。

3. 企业参观教学法

通过企业参观教学活动,变抽象的理论为直观生动的现场运用,能增强学生的感性认识,便于学生理解。根据物流技术与装备专业课程的教学要求和学习有关知识的顺序,企业参观教学的类型可分为以下三种形式。

(1) 认知学习:在学习新知识之前,教师组织学生到现场去参观或观察,让学生增加感性认识,如图 1-8 所示。

图 1-8　现场教学示意图

(2) 交替学习:与理论授课并行性企业参观教学,即在学习专业知识的过程中组织学生到相关企业参观学习。

(3) 顶岗实习:总结性企业参观教学,即在学习专业知识之后到企业进行顶岗实习,学习物流装备的操作要领及维护知识。

4. 真实案例教学法

在教师的指导下,由学生对选定的具有代表性的真实的典型案例,进行有针对性的分析和讨论,做出自己的判断和评价。这种教学方法能拓宽学生的思维空间,增加学习的兴趣,提高学生的综合能力。真实案例教学法在课程中的应用,能充分发挥它的启发性、实践性,开发学生思维能力,提高学生的判断能力、决策能力和综合素质。

不同企业物流信息化处理的案例,现实中国内和国外都存在很多,选取有代表性的正面或反面的案例,进行案例分析—找出问题—提出改进方案—模拟实现的课程设计。这种以案例分析教学代替平铺直叙,由教师首先提出案例和问题,然后学生分组讨论,最后教师总结和提出解决方案的案例教学法对于学生的理论与实践相结合有非常大的促进作用。

这种教学方法要充分调动学生的积极性,允许他们随时插话提问,允许他们与教师争论,教师并不简单地否定他们的意见,而是用实在、生动的事实说明道理。师生互动讨论能促进学生的思考,激发学生的潜能,让学生在讨论中获得知识。

5. 项目讨论教学法

项目讨论教学法的指导思想是将一个相对独立的任务项目交给学生独立完成,从信息的收集、方案的设计与实施,到完成后的评价,都由学生具体负责,教师起咨询、指导与解答疑难的作用,通过一个个项目的实地进行,要使所有学生能够了解和把握完成项目的每一环节的基本要求与整个过程的重点难点。现代物流技术与装备课程以任务驱动、项目驱动、角色扮演、案例讨论教学法引导学生在教学过程中进行"手—脑—心"全方位的学习。

在本课程中采用项目讨论教学法,教师准备项目计划,和学生一起协调阶段计划,整个项目进行过程中不断修改原始计划。让学生在小组或团队中展开学习,让所有的人都能参与明确的集体任务中,强调集体性任务,强调教师放权给学生。合作学习的关键在于小组成员之间相互依赖、相互沟通、相互合作、共同负责,从而达到共同的目标。通过开展课堂讨论,培养思维表达能力,让学生多参与、亲自动手、亲自操作,激发学习兴趣,促进学生主动学习。

6. 以赛促教教学法

随着全国物流技能大赛的常态化、制度化,大力开展专业的课程改革,搭建各种创新实践平台,以赛促改、以赛促练,使课程改革、教学模式改革与技能大赛实行直接对接。"现代物流技术与装备"课程要改进教学方法,课程改革要充分反映技能大赛对教学的要求,要将技能大赛的内容提炼、转化为课程教学改革项目,反映到教学中去。突出以学生为主体,实现"教、学、做、赛"一体化教学模式。通过项目引导、任务驱动,能够让学生"在学中做、在做中学",增强学生学习的主动性和学习兴趣,提高课堂效率。同时激发学生创新能力和实践操作能力。通过职业技能竞赛、创业大赛和顶岗实习多层次的、循序递进的实践教学坏节,使学生获得职场体验,强化岗位技能和综合职业能力,实现与企业的"零距离"对接。

(二) 教学手段

教学手段是师生教学相互传递信息的工具、媒体或设备。随着科学技术的发展,教学手段经历了口头语言、文字和书籍、印刷教材、电子视听设备和多媒体网络技术等五个使用阶段。现代化教学手段是与传统教学手段相对而言的。

传统教学手段主要是指一本教科书、一支粉笔、一块黑板、几幅历史挂图等。现代化教学手段是指各种电化教育器材和教材,即把幻灯机、投影仪、录音机、录像机、电视机、电影机、VCD机、DVD机、计算机等搬入课堂,作为直观教具应用于各学科教学领域。"现代物流技术与装备"课程采用的教学手段将现代的教学理念、信息技术与传统的教学手段有机地结合,以促进教学质量不断提高,尤其是信息技术与课程的整合和实际工作环境的提前接触,在很大程度上提高了学生的学习兴趣。在本课程中,现代化教学手段的运用主要体现在以下几点。

1. 采用电子课件和生产现场的教学短片

课程负责人组织教师到生产现场录制或从网上下载教学短片,拍摄有关图片,精心制作网络课程,并把多年积累的物流技术的教学短片、教学设备用图片、教学经验融会于其中。通过实物演示便于学生理解抽象的不同物流企业的信息流程。

2. 应用现代教育技术手段网上教学

通过网络教学,学生可以在不同时间和地点掌握专业知识,教师可以在网络上进行答疑,通过与学生互动,了解学生对知识的掌握程度。随着校园网络的完善,网络互动式教学将成为教师传授知识、学生学习知识的一个重要途径。

网络互动式教学可以采用三种学习方式。

一是传统的大课和练习课,一般按照教师设计的一定的顺序来学习。

二是自主学习,由学生自己决定学习任务和学习目标,教师给出系统的知识资料,学生自主学习。

三是问题导向的学习,教师给出一个实际问题,需要学生进行解决,学生在解决问题的过程中查阅资料、获取知识。

三种学习方式可以相互融合。网络互动式教学分成课程、模块、学习单元等部分,采用多媒体进行交流,例如,通过 E-mail、网上聊天、小组讨论、学生网站等通道进行交流。

3. 充分利用校外实训基地,开展产、学、研合作的教学模式

采取教师到企业学习锻炼、教师为企业培训员工、企业工程师到学院给学生讲课、学生到企业生产实习等多种方式,让学生了解当前物流企业现代装备使用的现状,增强学生的感性认识,也让学生逐步熟悉现实中物流企业的工作环境。学生在上课时可以为企业实施现代装备提供技术支持和规划,企业节约了成本,学生学到了知识和技能,企业与学校达到了"双赢"的目的。

4. 充分利用校园网、互联网等现代信息技术,开展一体化教学,方便学生自学

学生课后自学有以下几种途径。

(1) 可以通过校园网学习任课老师提供给学生的资料和图书馆的期刊资源。

(2) 可以通过互联网查找软件企业、物流企业网站等方面的资料。

(3) 可以通过网络上的专业网站和专业论坛等与专业人士交流信息和提问。

(4) 对于基本原理不懂的,还可以通过网络课程上的在线答疑,学生可随时在网上与教师讨论,学生之间也可在网上讨论巩固基本理论。

(5) 学生上完网络课程以后,在进行毕业设计和毕业论文的原始资料收集时也可以通过网络获取。本课程作为学院第二批网络课程,有关教学文件和课件已经上传到网络,学生上网获取资料非常灵活方便,深受学生好评。

5. 逐步构建虚拟企业和虚拟车间

模拟教学是一种更为宏观的教学改革策略,它全面考虑了职业教育与培训特有的属性、要求与规律。模拟生产与服务的环境加上项目教学、案例分析、卡片展示等富有针对性的协同教学行为,综合作用于学生,围绕专业或职业特有的知识能力,以及跨专业的关键能力的教学目的和目标,促进学生专业能力、方法能力、事务能力等的多种能力的发展。"现代物流技术与装备"

课程模拟教学旨在营造物流工作任务流程的环境或情境,使学生能够在模拟真实的职业氛围中学习职业必需的知识、技能和能力,据此还可获得重复训练的机会,以及随时进行评价的可能性。通过虚拟的物流企业和作业车间,让学生了解企业和车间的构成,使学生到企业后能很好地适应工作环境。

任务二　现代物流技术与装备总论

项目目标

知识目标

(1) 掌握现代物流技术与装备的概念,以及物流技术的八大类别。

(2) 掌握常见的八大类别的物流技术的特点。

(3) 掌握中国物流技术与装备的发展状况。

(4) 掌握物流装备配置的总体原则,以及配置、选择的前期准备工作。

(5) 掌握物流装备管理、使用、保养与维护。

能力目标

(1) 能够在原材料、在制品、成品等从供应地向目的地有效转移的全过程中,合理配置完成这些任务的物流装备。

(2) 能够在对物品进行检验、保管、加工、集散、转换运输方式等多种作业过程中,将物流装备进行恰当的管理、使用、保养与维护。

知识链接

一、现代物流技术与装备概述

(一) 现代物流基本概念

1. 物流

物流是指物品从供应地向接收地的实体流动过程,根据实际需要,将运输、储存、装卸搬运、包装、流通加工、配送、信息处理等基本功能进行有机的结合。

2. 物流活动

物流活动是指物流诸功能的实施与管理过程,包括为用户服务、需求预测、销售情报、库存控制、物料搬运、订货销售、零配件供应、工厂及仓库选址、物资采购及包装、退换货、废物利用及处置、运输及仓储等。

3. 物流作业

物流作业是指实现物流功能时所进行的具体操作活动(如运输、储存、装卸搬运、包装、流通加工、配送、信息处理等),都离不开物流技术与装备的支持。

4. 物流技术

物流技术是指物流活动中所采用的自然科学与社会科学方面的理论、方法,以及设施、设备、装置与工艺的总称。它包括各种操作方法、管理技能,如流通加工技术、物品包装技术、物品标志技术、物品实时跟踪技术等。此外,还包括物流规划、物流设计、物流评价、物流策略等。随着计算机网络技术的应用普及,物流技术中综合了许多现代信息技术,如 GIS(地理信息系统)、GPS、EDI、barcode(条码)、物联网(IOT)等。

5. 物流装备

在原材料、在制品、成品等从供应地向目的地有效转移的全过程中,用来完成运输、装卸搬运、储存、分拣、包装、流通加工、配送等方面工作的设备以及所需要的场所,统称为物流装备。物流装备包括运输装备(含载货汽车、铁道货车、货运船舶、货运飞机或客货飞机),装卸搬运装备,仓储装备,装卸机具,输送装备,分拣与理货装备等。物流装备是组织实施物流活动的重要手段,是物流活动的基础。

(二)物流技术的分类

物流技术概括为硬技术和软技术两个方面。物流硬技术是指组织物资实物流动所涉及的各种机械设备、运输工具、站场设施及服务于物流的电子计算机、通信网络设备等方面的技术。物流软技术是指组成高效率的物流系统而使用的系统工程技术、价值工程技术、配送技术等。

物流技术与实现物流活动全过程紧密相关的,物流技术的高低直接关系到物流活动各项功能的完善和发挥。完成物流作业任务常见的物流技术有下列几种。

1. 仓储库存技术

仓储,是指物品在从生产地向消费地的转移过程中,在一定地点、一定场所、一定时间的停滞。仓储是物品流转中的一种作业方式,是物流的一种运动状态,也是社会生产活动的一个组成部分。在这里对物品进行检验、保管、加工、集散、转换运输方式等多种作业。

2. 运输技术

运输技术,是指以运输行业为主要研究对象,以运输效益为核心研究课题产生的科学技术。以运输方式不同,其可分为海洋运输技术、内河运输技术、公路运输技术、铁路运输技术、空中运输技术、管道运输技术、吊装技术及各运输机械驾驶技术。以产生动力方式不同,其可分为核动力技术、石油动力技术、电动力技术、风动力技术、潮汐能动力技术及各种新式能源动力技术。运输技术还包含各种机械修理、动力补充、运输载体调度、运输物调度等。

3. 装卸搬运技术

装卸搬运技术是指装卸搬运活动中所使用的各种装卸搬运设备和工具,以及由科学理论知识和实践经验发展而成的各种装卸搬运方法、技能与作业程序等,它一般由装卸搬运方式的选择、装卸搬运合理化、装卸搬运设备的运用等内容构成。

4. 包装技术

包装是指使用包装设备并运用一定的包装方法,将包装材料附着于物流对象,使其更便于物流作业。对包装技术的研究主要包括包装设备、包装方法和包装材料三部分。包装材料常常是包装改革的主要内容,新材料往往导致新的包装形式与包装方法的出现。对于包装材料的要求是:比重轻,机械适应性好;质量稳定,不易腐蚀和生锈,本身清洁;能大量生产,便于加工;价格低廉。

5. 流通加工技术

流通加工是物流系统和配送中心运作中的重要环节之一。流通加工是指物品从生产地到使用地的流动过程中,为促进销售、维护商品质量和提高物流效率,对其施加包装、切割、剪裁、分拣、计量、组装等简单作业的总称,即在物品从生产者向消费者流动的过程中,为了促进销售、维护商品质量和提高物流效率,对物品进行一定程度的加工。流通加工通过改变或完善流通对象的形态来实现桥梁和纽带的作用,因此,流通加工是流通中的一种特殊形式。

6. 集装单元化技术

集装单元化是指采用各种不同的方法和器具,把经过包装或未经包装的物流对象整齐地汇集成一个便于装卸搬运的作业单元,这个作业单元在整个物流过程中保持一定的形状。以集装单元来组织物流的装卸、搬运、仓储、运输等物流活动的作业方式称为集装箱化作业。集装箱化技术就是物流管理硬技术(设备、器具等)与软技术(为完成装卸搬运、仓储、运输等作业的一系列方法、程序和制度等)的有机结合。它的出现,使传统的包装方式和装卸搬运工具发生了根本变革。

7. 信息识别与采集技术

自动识别技术包含条码及扫描技术、卡识别技术、射频识别技术、生物统计识别技术和光学字符识别技术等。信息采集是指利用传感技术、北斗卫星定位技术、无线通信技术、微处理器集成技术、数据库技术等现代手段、方法实现信息采集、处理、仓储、加密解密、传输、统计、分析、应用。

8. 智能化技术

智能化技术在其应用中主要体现在计算机技术、精密传感技术、GPS 定位技术的综合应用方面。随着产品市场竞争的日趋激烈,产品智能化优势在实际操作和应用中得到非常好的运用,其主要表现在:大大改善了操作者作业环境,减轻了工作强度;提高了作业质量和工作效率;一些危险场合或重点施工应用得到解决;环保、节能;提高了机器的自动化程度及智能化水平;提高了设备的可靠性,降低了维护成本;故障诊断实现了智能化等。

(二) 物流装备与设施分类

物流装备与设施按功能可划分为:仓储装备与设施、装卸搬运装备与设施、集装单元化装备与设施、信息识别与采集装备与设施、流通加工装备与设施、包装装备与设施、分拣配送装备与设施、物流智能装备与设施等八大类。

1. 仓储装备与设施

仓储管理技术作业,是指以保管保养活动为核心,从仓库接收物品入库开始,到按客户需要把物品全部完好地发送出去的全过程的作业。仓储管理技术作业按作业的顺序来分,主要由卸车、检验、整理入库、保管保养、拣出与集中、出库与发运、装车等七个作业环节构成。常用的仓储装备与设施有仓库、货架、自动化立体仓库和其他仓储的辅助装备,如计量设备、通风设备、温湿度控制设备、养护设备和消防设备等。

2. 装卸搬运装备与设施

装卸搬运装备与设施是用来搬移、升降、装卸和短距离输送物料或货物的机械装备与设施。装卸是指在指定地点以人力或机械将物品装入运输设备或从运输设备内卸下的作业活动。装卸是一种以垂直方向移动为主的物流活动,包括物品装入、卸出、分拣、备货等作业行为。搬运则是指在同一场所内,对物品进行的以水平方向移动为主的物流作业。装卸搬运是对运输、保管、包装、流通加工等物流活动进行衔接的中间环节,包括装车(船)、卸车(船)、堆垛、入库、出库,以及联结以上各项作业的短程搬运。

3. 集装单元化装备与设施

集装单元化是指以集装单元为基础组织的装卸、搬运、仓储和运输等物流活动的方式。集装单元的实质就是要形成集装单元化系统。常用的集装单元化物流装备与设施,主要包括集装箱、托盘、滑板、集装袋、货捆、集装装卸设备、集装运输装备与设施、集装识别系统等。

4. 信息识别与采集装备与设施

信息识别与采集装备与设施是指用于物流信息的采集、传输、处理等的物流装备与设施。信息采集与处理设备主要包括计算机及网络、信息识别装置、传票传递装置、通信设备等。

5. 流通加工装备与设施

流通加工装备与设施是指用于物品包装、分割、计量、分拣、组装、价格贴附、标签贴附、商品检验等作业的专用机械装备与设施。流通加工装备与设施种类繁多,可分成食品行业的流通加工装备、生产行业的流通加工装备、消费资料行业的流通加工装备。

6. 包装装备与设施

包装装备与设施,即包装机械,是指完成全部或部分包装过程的机器装备与设施。包装过程包括充填、裹包、封口等主要包装工序,以及与其相关的前后工序。此外,包装还包括计量或在包件上盖印等工序。根据不同的标准,对包装可进行不同的分类,如按照包装设备功能标准可分为灌装机械、充填机械、裹包机械、封口机械、贴标机械、清洗机械、干燥机械、杀菌机械、捆扎机械、集装机械、多功能包装机械,以及完成其他包装作业的辅助包装机械和包装生产线。

7. 分拣配送装备与设施

随着商品经济的发展,用户需求向小批量、多品种方向发展,配送中心配送货品的种类和数量将急剧增加,分拣作业在配送中心作业中所占的比例越来越大,它是指根据顾客的订货要求,迅速、准确地将货物从其储位拣取出来,并按一定方式进行分类、集中,等待配装送货、运输的作业过程。这些功能的完成需要配备不同的配送机械装备。

8. 物流智能装备与设施

物流智能装备与设施是指具有感知、分析、推理、决策、控制功能的制造装备,它是先进制造技术、信息技术和智能技术的集成和深度融合。智能物流设备与设施集现代物流技术中的信息化、自动化、机电一体化等新技术,广泛应用于现代物流业中。目前,在一些物流企业应用的自动导引车、物流机器人、自动分拣设备、电子标签拣货系统等均属于智能物流装备。

二、中国物流技术与装备的发展状况

要实现现代物流业的快速发展,必须要有先进的物流技术和机械装备和设施的支持。随着现代物流的发展和科技的进步,中国物流技术与装备呈现以下发展趋势。

(一) 中国物流技术发展趋势

结合国际物流技术的发展历程与最新趋势,分析未来几年中国物流技术的发展趋势,具体如下。

1. 物流功能智能化的发展趋势

物流的软件管理系统是现代物流系统的灵魂,其管理系统借助激光、红外、自动识别、RFID、手持终端等最新的感知技术感知物品信息,借助无线通信、可编辑逻辑控制器(PLC)、现场总线等信息传输技术收集物品信息,借助数据库、系统管理软件、专家智能系统、云计算技术等现代信息处理技术处理物品信息;借助认址、调速、定位、追踪、控制等技术自动调度和控制物品出入库及搬运等物流作业,实现智能化、自动化的物流配送。现代自动化与智能化物流配送中心已经完全具备了局域物联网的功能,这是未来中国物流系统技术的重要发展趋势。

2. 物流系统与设备一体化发展趋势

现代物流系统的光、机、电和信息技术,要提高设备运行速度和定位精确度,要提升作业能力和设备可靠性。为了达到这一目标,现代物流已经采取了很多最新的现代技术,物流系统与系统设备越来越呈现一体化趋势,具体表现在系列化、标准化、模块化、成套化、系统化等方面。

3. 企业物流与企业生产系统一体化发展趋势

目前,现代物流技术日益渗透生产线中,物流信息打通采购、生产与销售的供应链系统全过程,将采购、生产、销售与现代物流系统紧密融合,建立网络化、数字化的工厂,为今后实现智慧化生产、智慧化物流打下基础,为现代生产制造与物流系统融入社会物联网打下基础。

4. 物流单项技术更高、更快、更准、更智能

物流技术的发展开始从电子化物流向智能化物流转变,随着这一变化趋势,智能物流设备也逐渐崭露头角,尤其是运用现代先进技术,集光、机、电、信息为一体的智能物流设备得到了越来越广泛的运用。

5. 信息采集与测量技术多样化

自动识别技术早已普遍应用,现代 RFID 技术已经有很多的成功案例,手持终端在拣选系统越来越普及,各类传感器在粮食物流、冷链物流、危险品物流等系统开始得到应用,GPS 在车辆配送得到应用,机器视觉与视频智能识别技术在监控及物流操作可视化方面得到应用,语音智能识别技术在拣选系统得到应用。

6. 物流系统信息传输技术多样化

物流系统信息传输与设备导引技术有无线、有线、红外、电磁感应、激光导引、轨道载波通信、无接触能量传输等。

7. 物流信息技术走向物联网

物流信息技术涉及很广,但其总的发展趋势是更加网络化、更加智能化、更加自动化的感知,这正是现代物流网的发展趋势。

(1)自动识别技术系统得到广泛应用。

(2)无线网络通信系统与自动识别系统结合,实现了物流信息实时传输与处理。

(3)工业视频开始向数字化发展。

(4)物流系统管理软件功能越来越丰富。

现代物流系统的发展趋势总的来看就是在向物联网方向发展,推动着智慧物流的变革。

(二)中国物流装备的发展情况

自 20 世纪 70 年代末以来,我国物流装备有了较快的发展,各种物流运输装备数量迅速增长,技术性能日趋现代化,集装箱运输得到了快速发展。随着计算机网络技术在物流活动中的

应用,先进的物流装备系统不断涌现,我国已具备开发研制大型装卸装备和自动化物流系统的能力。总体而言,我国物流装备的发展现状体现在以下几个方面。

1. 物流装备总体数量迅速增加

近年来,我国物流产业发展很快,受到各级政府的极大重视,在这种背景下,物流装备的总体数量迅速增加。

2. 物流装备的自动化水平和信息化程度得到提高

近年来,物流装备在其自动化水平和信息化程度上有了一定的提高,工作效率得到了较大的提高。

3. 物流装备在物流的各个环节都得到了一定的应用

目前,无论是在生产企业的生产、仓储,流通过程中的运输、配送,还是在物流中心的包装加工、搬运装卸等方面,物流装备都得到了一定的应用。

4. 专业化的新型物流装备和新技术物流装备不断涌现

随着物流各环节分工的不断细化,随着以满足顾客需要为宗旨的物流服务需求的增加,新型的物流装备和新技术物流装备不断涌现。这些装备多是专门为某一物流环节的物流作业、某一专门商品、某一专门顾客提供的装备,其专业化程度很高。

三、物流装备配置总体原则

物流装备的配置、选择是企业经营决策中的一项重要工作。物流装备一般投资较大,使用周期长。在配置和选择时,一定要进行科学决策和统一规划,正确地配置和选择物流装备,可以为物流作业选择出最优的技术设备,使有限的投资发挥最大的经济效益。

配置和选择物流装备的总体原则为:技术上先进、经济上合理、生产作业上安全适用、无污染。在具体选配某一物流装备时应考虑以下几个方面。

1. 系统化原则

系统化就是在物流装备配置、选择中用系统的观点和方法,对物流装备运行所涉及的各环节进行系统分析,将各个物流装备与物流系统总目标、物流装备之间、物流装备与操作人员之间、物流装备与物流作业任务等有机地、严密地结合起来,改善各环节的机能,使物流装备配置、选择最佳,使物流装备能发挥最大的效能,并使物流系统整体效益最优。

2. 适用性原则

适用性是指物流装备满足使用要求的能力,它基本包括适应性和实用性。在配置与选择物流装备时,应充分注意到与物流作业的实际需要和发展规划相适应,应符合货物的特性,适应货运量的需要,适应不同的工作条件和多种作业性能要求,操作使用灵活方便。

3. 技术先进性原则

技术先进性是指配置与选择的物流装备能够反映当前科学技术的先进成果,在主要技术性能、自动化程度、结构优化、环境保护、操作条件、现代新技术的应用等方面具有先进的技术,并在时效性方面能满足技术发展要求。先进是指在一定条件下、一定时期的先进。物流装备的技术先进性是实现物流现代化所具备的技术基础,但技术先进性是以适用为前提,以获得最大经济效益为目的,绝不是不顾现实条件和脱离物流作业的实际需要而片面地追求技术上的先进。

4. 低成本原则

低成本是指物流装备的寿命周期成本低,这不仅是一次购置费用低,更重要的是物流装备的使用费用低。在多数情况下,物流装备技术先进性与低成本可能会发生矛盾,但在满足使用的前提下,应对技术先进与经济上的耗费进行全面考虑和权衡,做出合理的判断,这就需要进一步做好成本分析。

5. 可靠性和完全性原则

可靠性是指物流装备在规定的使用时间和条件下,完成规定功能的能力。它是物流装备的一项基本性能指标,是物流装备功能在时间上的稳定性和保持性。

安全性是指物流装备在使用过程中保证人身和货物安全,以及环境免遭危害的能力。它主要包括设备的自动控制性能、自我保护性能,以及对误操作的防护和警示装置等。

随着物流作业现代化水平的提高,可靠性和安全性日益成为衡量物流设备好坏的重要因素。在配置与选择物流装备时,应充分考虑物流装备的可靠性和安全性,以提高物流装备的利用率,防止人身事故的发生,保证物流作业的顺利进行。

6. 一机多用性原则

一机多用是指物流装备具有多种功能,能适应多种作业的能力。配置用途单一的物流装备,使用起来既不方便,也不利于管理。因此,应发展一机多用的物流装备,配置和选择一机多用的物流装备,可以实现一机同时适宜多种作业环境的连续作业,有利于减少作业环节,提高作业效率,并减少物流装备台数,便于物流装备管理,从而充分发挥物流装备潜能,确保以最低的投入获得最大的效益。

7. 环保性原则

在选用物流装备时,应优先选择对环境污染小、噪声低的绿色产品和节能产品。

四、物流装备配置、选择的前期准备工作

1. 了解设备规划的要求

设备规划是指企业根据生产经营发展总体规划和本企业设备结构的现状而制订的用于提高企业设备结构合理化程度和机械化作业水平的指导性计划。科学的设备规划能减少购置设备的盲目性,使企业的有限投资保证重点需要,从而提高投资效益。

设备规划主要包括设备更新规划、设备技术改造规划、新增设备规划。在配置物流装备之前,要根据设备规划,确定所需更新的物流装备,在根据要求进行物流装备配置。

2. 收集有关资料,并进行详细的分析和比较

(1)经济资料。货物的种类及其特性、货运量、作业能力、货物流向等是最主要的经济资料。它们直接影响着物流装备的选配,因此,必须多渠道、正确地收集这些资料。

(2)技术资料。它包括物流设备技术性能现状及发展趋势,主要生产厂家的技术水平状况,使用单位对设备的技术评价等。

(3)自然条件资料。它主要包括货场仓库条件、地基的承受能力、作业空间等资料。

3. 拟订物流装备配置的初步方案

对于同一类货物、同一作业线、同一物流作业过程,可以选用不同的物流设备,因而在拟订初步方案时,可提出多个具有不同程度优缺点的配置方案。之后,按照配置原则和作业要求确

定配置物流设备的主要性能,分析各个初步方案的优缺点,并进行初步选择,去劣存优,最后计算出物流设备生产率或作业能力,以及初步的需要数量。

4. 物流装备配置方案的技术经济评价与方案的确定

为了比较各种配置方案,从经济上分析哪些方案较为有利,必须进行技术经济评价,以便选择一个相对最有利的方案。技术经济评价可用每吨作业的投资额和每吨作业的成本指标进行评价;可用投资回收期法进行评价;可用综合费用比较法进行评价;可用现值比较法进行评价;可用全面综合评比等多种方法进行评价。对各方案进行评价后,还需要进一步分析比较,以便从中选择不仅在技术性能和使用方面有较多的优点,而且也最经济的一项方案。

5. 物流装备选型步骤

物流装备配置方案确定后,接下来就是全面衡量,选择合适的机型,选型步骤如下。

1)预选

在广泛收集物流装备市场货源情报的基础上进行。货源情报的来源主要包括:产品样本、产品目录、广告、展销会,以及销售人员收集到的其他情报等,并进行分类汇编,从中筛选出可供选择的机型和厂家。

2)细选

对预选出来的机型和厂家进行调查、联系和询问,详细了解物流装备的各项技术性能参数、质量指标、作业能力和效率;生产厂商的服务质量和信誉,使用单位对其设备的反映和评价;货源及供货时间;订货渠道、价格、随机附件及售后服务等情况。将调查结果填写在"设备货源调查表"上,并经分析比较,从中选择符合要求的厂家作为联系目标。

3)选定

对选出的厂家进行联系,必要时派专人进行专题调查和深入了解,针对有关问题(如机械性能情况、价格及优惠条件、交货期及售后服务条件、附件、图纸资料、配件的供应等)与厂家进行协商谈判,并做详细记录。之后由企业有关部门进行可行性评估,选出最优的机型和厂家作为第一方案,同时准备第二方案、第三方案以应付订货情况变化的需要,经主管领导及部门批准后定案。

五、物流装备管理

现代物流装备管理是以物流设备的一生为研究对象,以追求设备寿命周期费用最经济和设备综合效率最高为目标,动员全员参加的综合管理。

(一)物流装备管理任务

物流装备管理任务是由装备管理的目的确定的。为保证企业的物流活动提供最优的技术设备,使企业物流系统或物流作业建立在最佳的物质技术基础之上,以获得设备最佳的经济效益,可以把这个任务具体化为以下九个方面。

(1)制订设备综合管理规划。

(2)正确选购设备。

(3)用好、修好、管好设备。

(4)对现有设备进行挖潜、改造和更新。

(5)保证国内外引进设备正常运转。

（6）搞好自制设备的综合管理。

（7）做好设备管理和维修人员的培训工作。

（8）追求设备寿命周期费用最优化。

（9）应用科学管理手段。

设备管理是一项技术工作，又是一项复杂的经济工作和细致的组织工作，因此，要求设备管理工作体现科学性、经济性和群众性。

（二）物流装备管理的主要内容

物流装备管理是对设备进行的全过程管理，它是从设备规划和选购设备或自行设计制造设备开始，到设备在物流系统中使用、维护、修理直至报废退出物流系统的全过程管理。物流装备管理包括以下三个方面的内容。

（1）设备的技术管理。

（2）设备的经济管理。

（3）设备的组织管理。

设备管理的三个方面内容是相互联系的一个整体。其中，技术管理是基础，经济管理是目的，组织管理是手段，只有三者结合，才能实现综合管理的目标。

六、现代物流装备的使用、保养与维护

物流装备在使用过程中，会产生技术状态的不断变化，不可避免地出现干摩擦、零件松动、声响异常等不正常现象，这是设备的隐患，如果不进行及时处理，就会造成设备的过早磨损，甚至酿成严重的事故。因此，应做好设备的使用、维护与保养工作，及时地处理好技术状态变化引起的大量常见的问题，延长其使用寿命。

（一）物流装备的使用

设备的正确、合理使用包括两个方面的含义：①要防止对设备的蛮干、滥用；②要防止设备的闲置不用。只有充分提高设备的利用率，正确合理地使用设备，才可以在节省费用的条件下，充分发挥设备的工作效率，延长设备的使用寿命。为此，设备的使用管理要做到以下几点。

1. 要为各类设备合理地安排生产任务

使用设备时，必须根据工作对象的特点，合理安排生产任务，避免人为的损失。这里包括两个方面的内容：一方面，要严禁设备超负荷运转，不要"小马拉大车"；另一方面，要避免"大马拉小车"，造成设备和能源的浪费。

2. 切实做好工人操作设备的技术培训工作

工人在操作、驾驶、使用设备之前，必须学习有关设备的性能、结构和维护保养知识，掌握操作技能和安全技术规程等必需的知识和技能，经过考核合格后才准使用设备。在管理中，要严禁无证者操作或驾驶。

3. 创造使用设备良好的工作条件和环境

例如，安装必要的防护、防潮、防腐、保暖、降温等装置。在环境恶劣的条件下（如雨天、风天等）禁止作业。

4. 要针对设备的不同特点和要求，制定一套科学的规章制度

科学的规章制度包括：安全操作规程、岗位责任制、定期检查维护规程等。在这些制度里，

具体规定了各类设备的使用方法、操作和维护保养的要求,以及其他有关注意事项。

(二)物流装备的维护保养

物流装备的维护保养是指通过擦拭、清扫、润滑、紧固、调整、防腐、检查等一系列方法对设备进行护理,以维持和保护设备的性能和技术状况。虽然不同的物流设备其结构、性能和使用方法不同,设备维护保养的具体内容也不完全一致,但设备维护保养的基本内容是一致的,即清洁、安全、润滑、防腐、检查。

(1)清洁是指各种物流设备要清洁,做到无灰、无尘、整齐,保持良好的工作环境。

(2)安全是指设备的保护装置要齐全,各种装置不漏水、不漏油、不漏气、不漏电,保证安全,不出事故。

(3)润滑是指设备要定时、定点、定量加油,保证润滑面正常润滑,保证运转畅通。

(4)防腐是指要防止设备腐蚀,提高设备运行的可靠性和安全性。

1. 设备的三级保养制度

1)设备的日常维护保养

物流设备的日常维护是全部维护工作的基础。它的特点是经常化、制度化。一般日常维护保养包括班前、班后和运行中维护保养。日常维护保养一般由操作工人负责进行。日常维护保养的内容大部分在设备的外部。

2)设备的一级保养

设备的一级保养是要使设备达到整齐、清洁、润滑和安全的要求,减少设备的磨损,消除设备隐患,排除一般故障,使设备处于正常技术状态。通过一级保养,使操作者逐步熟悉设备的结构和性能。保养一般每月进行一次或在设备运行 $500\sim700$ h 后进行。每次保养之后要填写保养记录卡,注明谁保养、谁记录,并将其装入设备档案。

3)设备的二级保养

设备二级保养,又称年保。其主要目的是延长设备的大修周期和使用年限,使操作者进一步熟悉设备的结构和性能,使设备达到完好标准,提高及巩固设备的完好率。保养时间一般是按一班制考虑,一年进行一次,或设备累计运转 2 500 h 后进行。保养后,要填写保养记录卡,由操作者验收,验收后交设备科存档。

2. 设备的点检制度

物流设备的点检是一种现代先进的设备维护保养制度,是对影响设备正常运行的一些关键部位进行经常性检查和重点控制的方法。

1)设备点检的含义

设备点检的含义:这里"点"是指预先规定的设备关键部位或薄弱环节;"检"是指通过人的感官或运用检测的手段进行检查,及时准确地获取设备部位的技术状况或劣化的信息,及早预防维修。

2)设备点检的类别

设备点检包括日常点检、定期点检和专项点检三类。

(1)日常点检。日常点检的目的是及时发现设备异常,防患于未然,保证设备正常运行。日常点检项目应根据设备、工种、工序结合本厂实际选择,点检项目不宜过多、过难,一般应围绕加油、简单故障排除、简单修理、调节、清扫、紧固、更换小零件等范围来选择。

（2）定期点检。定期点检主要是测定设备的劣化程度、精度和设备的性能,查明设备不能正常工作的原因,确定下次检修应消除的缺陷。按照检查周期,定期点检可分为周检、半月检、月检、季检、半年检、年检、三年检、五年检等。

（3）专项点检。一般由专职维修人员(包括技术人员)对某些特定的项目,如设备精度,某项或某功能参数等进行定期或不定期的检查测定。目的是了解设备的技术和安全性能。该检查专业性强,通常使用专用工具和专业仪器设备。

3）设备点检的主要工作

虽然设备点检的内容因设备种类和工作条件的不同而差别较大,但设备的点检都必须认真做好以下几个环节的工作。

（1）确定检查点,一般将设备的关键部位和薄弱环节列为检查点。

（2）确定点检项目,即确定各检查部位(点)的检查内容。

（3）制订点检的判断标准,根据制造厂家提供的技术资料和实践经验制订各检查项目的技术状态是否正常的判定标准。

（4）确定检查周期,根据检查点在维持生产或安全方面的重要性和生产工艺的特点,并结合设备的维修经验,确定点检周期。

（5）确定点检的方法和条件,根据点检的要求,确定各检查项目所采用的方法和作业条件。

（6）确定检查人员,确定各类点检的负责人员,确定各种检查的负责人。

（7）编制点检表,将各检查点、检查项目、检查周期、检查方法、检查判定标准,以及规定的记录符号等制成固定表格,供点检人员检查时使用。

（8）做好点检记录和分析,点检记录是分析设备状况、建立设备技术档案、编制设备检修计划的原始资料。

（9）做好点检的管理工作,形成一个严密的设备点检管理网。

（10）做好点检人员的培训工作。

（三）物流装备的修理与日常管理

设备的修理是指修复由于各种原因而损坏的设备,使其功能得到恢复。设备的修理过程包括修复和更换已经磨损、腐蚀的零件、部件。

1. 设备修理的类别

设备修理的类别,一般可分为小修理、中修理和大修埋三种;①小修理是指工作量最小的局部修埋;②中修理是更换与修复设备的主要零件和数量较多的各种磨损零件,并校止设备的基准,以恢复和达到规定的精度、功率和其他的技术要求;③大修理是指工作量最大的一种修理,需要把设备全部拆卸,更换和修复全部的磨损零件,恢复设备原有的精度、性能和生产效率。

2. 设备修理的方法

设备修理方法是指设备在什么情况下进行修理。设备修理方法有以下几种。

（1）定期修理法。定期修理法是根据设备的实际使用情况,参考有关检修周期,制订设备修理工作的计划日期和大致的修理工作量的方法。

（2）检查后修理法。检查后修理法事先只规定设备的检查计划,根据检查的结果和以前的修理资料,确定修理日期和内容的修理方法。

（3）故障修理法。故障修理法就是人们常说的"不坏不修,坏了就修"的方法。

前两种方法称为计划修理方法,对于重要的设备、大型设备多采用这两种方法;后一种方法又叫事后修理法,对于小型简单设备,通常采用这种方法。

3. 设备的日常管理

设备的日常管理是指对设备进行分类、编号、登录,以及调拨、事故处理、报废和日常维护等工作。

(1) 设备购进后,要根据设备的类别进行归类,然后进行编号。编号后进行登记,登记设备的名称、来源、生产单位、用途、技术参数、设备及随主机附带的工具数量、安装地点等。

(2) 设备调出后,要在登录卡片上详细记载去向、所处状态等。

(3) 如果设备发生事故,要分析出现事故的原因,制订避免措施,并安排修复,使设备尽快恢复正常运转状态。

(4) 当设备已经从技术上和经济上认定不能或没有必要继续使用时,要请有关技术人员鉴定,经批准,进行报废处理,使其退出生产过程。

学习测试

一、名词解释

物流技术　物流装备

二、单项选择

(1) 下列物流设备不存在安全隐患的是(　　)。

A. 切削刀具的刀刃

B. 机械设备突出的较长的机械部分,如设备表面的螺栓、吊钩、手柄等

C. 毛坯、工具、设备边缘锋利飞边和粗糙表面,如未打磨的毛刺、锐角翘起的铭牌等

D. 闲置的叉车

(2) 机械设备操作前要进行检查,首先进行(　　)运转。

A. 实验　　　　　　B. 空车　　　　　　C. 实际　　　　　　D. 不需要

(3) (　　)的一个标志是:它是伴随商业活动发生的,也就是说,物流过程和所有权的更迭是相关的。

A. 企业物流　　　B. 社会物流　　　C. 行业物流　　　D. 生产物流

(4) 卸载使用的机械或工具(　　)载人。

A. 可以　　　　　　　　　　　　B. 无法

C. 不确定可不可以　　　　　　　D. 不可以

(5) 当今社会是知识经济的时代,而世界性新科技革命的浪潮必然要求从业人员具有(　　)。

A. 创业拼搏精神　　　　　　　　B. 敬业求实精神

C. 责业守则精神　　　　　　　　D. 敬业爱岗精神

三、不定项选择

(1) 下列选项中属于物流安全的是(　　)。

A. 机械设备的本质安全

B. 合理的作业现场布置,建立安全的工作场所

C. 排除物流中的事故,主要是运动人机(车辆)系统的事故搬运和厂内交通事故

D. 设备可靠性

E. 物流危险品

(2) 用于搬运、升降、装卸和短距离输送物料的机械设备是( )。

A. 运输设备   B. 仓储设备   C. 装卸搬运设备

D. 流通加工设备   E. 叉车

(3) 对于重要的设备和大型设备多采用的修理方法是( )。

A. 定期修理法   B. 检查后修理法   C. 故障修理法

D. 全面修理法   E. 抽查修理法

(4) 物流设备选用与配置的原则包括( )。

A. 系统化原则   B. 适用性原则   C. 经济性原则   D. 超前性原则   E. 环保性原则

(5) 以下属于物流设施的是( )。

A. 物流园区   B. 仓库   C. 配送中心   D. 物流中心   E. 分拣中心

(6) 选择安全物流机械应考虑:( )。

A. 机器设备的工作效率   B. 设备使用和维修的方便性

C. 设备对能源和原材料的消耗程度   D. 设备的安全性和环保性

E. 设备的使用寿命和投资费用

四、论述题

(1) 简述物流装备与设施按功能划分的分类方法。

(2) 简述自动导引系统常见的导引方式。

(3) 简述机器人作业时所具有的特点。

第二章

仓储技术与装备

XIANDAI WULIU
JISHU YU
ZHUANGBEI
SHIWU

人类生存所需要的一切东西,都是取自身体外部,即由大自然提供。当人们在炎热酷暑天口渴时,有可供消暑解渴的各种蔬菜瓜果;当寒冷袭来的时候,有棉毛丝麻之类的东西及各种兽皮羽毛可以为人们御寒。随着工具的改进,以及人们采摘植物和猎取动物的技术的提高,采猎回来的物资当天吃不完,便有了剩余,有剩余就要想办法找地方储藏起来。

随着人们剩余产品的增加,适应存放剩余物品的地方不够用。人们用几个木棍支起一个架子,把物品挂在架子上,就解决了储存地方不够用的问题。那些最原始的木棍支架就是货架的原始雏形。从木架发展成大型立体货架,人类走过了漫长的发展阶段。

有些食物在冬天即使放在露天很长的时间,都不会变坏,而在夏天,在露天放很短的时间就不能食用了,但在夏天若将食物放在低温的山洞中却可以放置很久。于是,人们就开始寻找不同食物在不同季节和不同地方的储藏方法。这就是仓储产生的最原始的原因。

任务分析

仓储的基本功能主要是储存功能、调节功能、保管功能和养护功能。储存是仓储的最基本任务,是仓储产生的根本原因。进行物资储存既是仓储活动的表现,也是仓储的最基本的任务。仓库和堆场是用于储存、保管货物的场所,它伴随着生产的产品剩余而产生。

引导案例

日本东京烟草物流中心

日本东京烟草物流中心是一个精密、快速、无人化、综合了高科技的自动化物流中心,占地面积 27 383 m²,建筑面积 11 373 m²,楼面面积 42 019 m²。每天来自全日本香烟制造公司和保税仓库的 60 辆大型货车的香烟,通过高级计算机的处理和自动化设备的作业,从入库到出库,物流量的 90% 完全实现自动化处理,平均一年处理 600 亿支香烟,为 3 万个香烟零售店配送货品,平均拣选一条香烟时间为 0.11 s(一条香烟重量约为 0.2 kg),这个拣选速度已经接近物理极限了。

香烟从入库到发货的作业过程中,许多设备发挥了重要作用。

(1)自动化立体仓库。来自全日本的各工厂和保税区的香烟,以托盘为单位,进入自动仓库保管。在分货处理时按"先进先出"的保管原则自动进入卸托盘机。产品在库前在每个托盘上要贴条码,托盘规格为 1 100 mm×1 100 mm,每层可堆放 4 个箱子,可放 8 层,即每个托盘可堆放 32 个箱子。

(2)自动卸托盘机。自动卸托盘机在计算机的指示下,从自动仓库送来的托盘上以 4 个箱子为 1 个单位取出箱子,并把箱子方向调整为同一方向,以便条码识别机自动识别,之后通过滚轮输送机把箱子移载到箱式流动货架上。

(3)流动货架。箱子送入流动货架暂存,之后按开箱机要求,以箱为单位送出,以便开箱作业。这组箱式流动货架有 60 列×6 层,此外,还有整条烟的流动货架,这个流动货架有 120 列×5 层。

(4)装箱机。在计算机控制下自动拣货,来自流动货架的一条条香烟以 0.11 s 速度进入各自相应的输送带,一条条香烟在输送带前端排成一列,以 30 条为单位装在塑料箱中,装一箱时间只要 3.3 s,其速度相当快,在塑料箱上,贴有零售店的名称和有关配送信息的标签。

（5）装托盘机。把装满香烟的塑料箱按 6 箱×6 层的堆积方式自动堆放在托盘上。为了配送时取下方便,塑料箱的放置顺序是按用户远近来堆放,远的在下,近的在上。

（6）自动拣货机。用机械手把整箱香烟自动拣取后并堆放在托盘上以备发货。

思考题

（1）仓储设备的自动化使用对未来提高物流运作效率有何影响?

（2）未来仓储设备在提高物流效率基础上还如何发展?

仓储是在产品生产、流通过程中因订单前置或市场预测前置而引起的产品、物品暂时存放的场所。它是集中反映工厂物资活动状况的综合场所,是连接生产、供应、销售的中转站,对促进生产、提高效率起着重要的辅助作用。

任务一　仓储管理概述

项目目标

知识目标

（1）了解仓储的功能和分类。

（2）掌握仓储管理业务流程及技术作业流程。

（3）掌握仓储装备设施管理的概念与分类。

（4）掌握仓储装备设施管理内容及任务。

能力目标

（1）能够根据商品的仓储活动,选用合适功能的仓库。

（2）能够根据作业过程,划分物品的入库管理、保管保养、出库管理三个阶段,并熟悉每个阶段的工作任务。

（3）能够根据仓库的经营方针,对有关设备的购置、安装、使用、维修、改造、更换直至报废的全过程,进行一系列技术、经济、组织等方面的总结。

知识链接

仓储管理对仓储领域内生产力、生产关系及相应的上层建筑中的有关问题进行综合研究,以探索仓储管理的规律,不断促进仓储管理的科学化和现代化。仓储管理是一门经济管理科学,同时也涉及应用技术科学,故属于边缘性学科。

一、仓储的功能和分类

仓储应该融入供应链上下游之中,根据供应链的整体需求确立仓储的角色定位与服务功能。仓储的方法与水平体现在有效的计划、执行和控制等方面。计划、执行和控制是现代管理的基本内涵,科学、合理、精细的仓储当然离不开有效的计划、执行和控制。

（一）仓储的功能

商品的仓储活动是由商品生产和商品消费之间的客观矛盾决定的。仓储保管与仓库有着密切的联系,仓储保管的全部活动几乎都是发生在仓库里。与仓储相关的概念有以下十个。

（1）仓储:保护、管理、储藏货物。与运输相对应,仓储主要以协调需求、供应在时间上的差异为目的,以充分实现产品的价值,满足社会需求。一般而言,仓储具有保管功能,即仓储保管。

（2）仓库:是储存保管货物的建筑物和场所的总称。

（3）保管:是对货物进行保存及对其数量、质量进行管理控制的活动。

（4）储备:是指货物储存起来以备急需的活动,有当年储备、长期储备、战略储备等之分。

（5）库存:处于储存状态的货物。广义的库存还包括处于制造加工状态和运输状态的货物。

（6）经常库存:在正常的经营环境下,企业为满足日常需要而建立的库存。

（7）安全库存:为了防止不确定性因素如大量突发性订货、交货期突然延期等而准备的缓冲库存。

（8）库存周期:在一定范围内,库存货物从入库到出库的平均时间。

（9）仓库管理:对库存货物和仓库设施及其布局等进行规划、控制的活动。

（10）仓库布局:在一定区域或库区内,对仓库的数量、规模、地理位置和仓库设施、道路等各要素进行科学规划和总体设计。

商品在从生产领域向消费领域转移的过程中,一般都要经过商品的仓储阶段,这主要是由于商品生产和商品消费在时间上、空间上,以及品种和数量等方面的不同步所引起的。仓储的功能如图 2-1 所示。

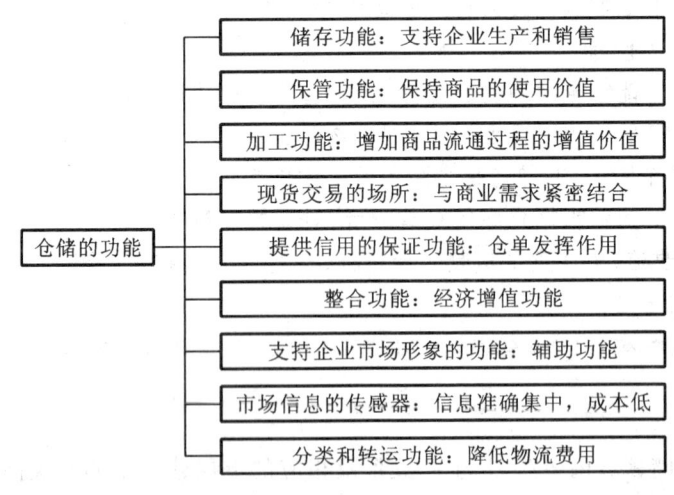

图 2-1　仓储的功能示意图

（二）仓储的分类

按仓储活动运作方式的不同,可分为自有仓库仓储、公共仓库仓储、第三方仓储三种。

（1）自有仓库仓储。在自有仓库情况下,企业对于仓库及物料搬运设备具有财务及管理控制能力。自有仓库可配合企业本身生产线的需要,设计符合自己特点的仓库布置与建筑结构。

（2）公共仓库仓储。公共仓库是由专业从事仓储管理的经营人员管理的、面向社会的、独立于其他企业的仓库。

（3）第三方仓储或称合同仓储,是指企业将物流活动转包给外部公司,由外部公司为企业提供综合物流服务。

二、仓储管理业务流程及技术作业内容

仓储的目的是为了满足供应链上下游的需求。这与过去仅仅满足客户的需求在深度与广度方面都有重大区别。谁委托、谁提出需求,谁就是客户。客户可能是上游的生产者,可能是下游的零售业者,也可能是企业内部,但仓储不能仅仅满足其直接客户的需求,也应满足间接客户即客户的客户需求。

（一）仓储管理技术作业概念

仓储管理技术作业,是指以保管保养活动为核心,从仓库接收物品入库开始,到按客户需要把物品全部完好地发送出去的全过程的作业。仓储管理技术作业按作业的顺序来分,主要由卸车、检验、整理入库、保管保养、检出与集中、出库与发运、装车等七个作业环节构成。

（二）仓储管理技术作业内容

按作业过程来分,主要有物品的入库管理、保管保养、出库管理三个阶段,如图 2-2 所示。

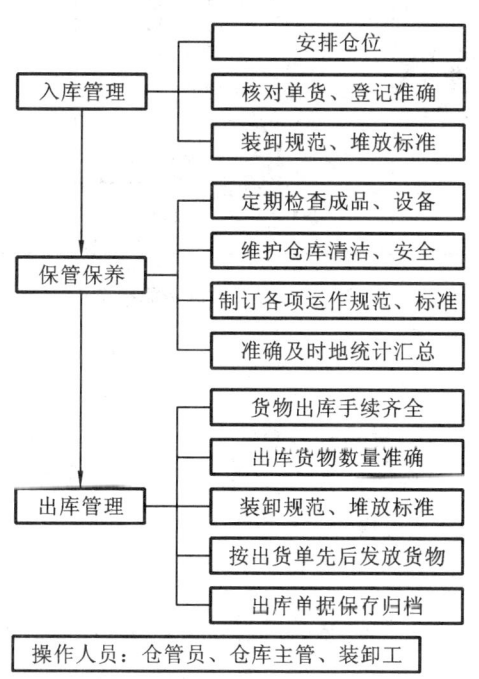

图 2-2 仓储管理技术作业内容图

（三）仓储管理业务流程

根据商品作业流程,仓储系统一般包括收货、存货、取货、配货、发货等环节。具体来讲,仓储管理业务流程如图 2-3 所示。

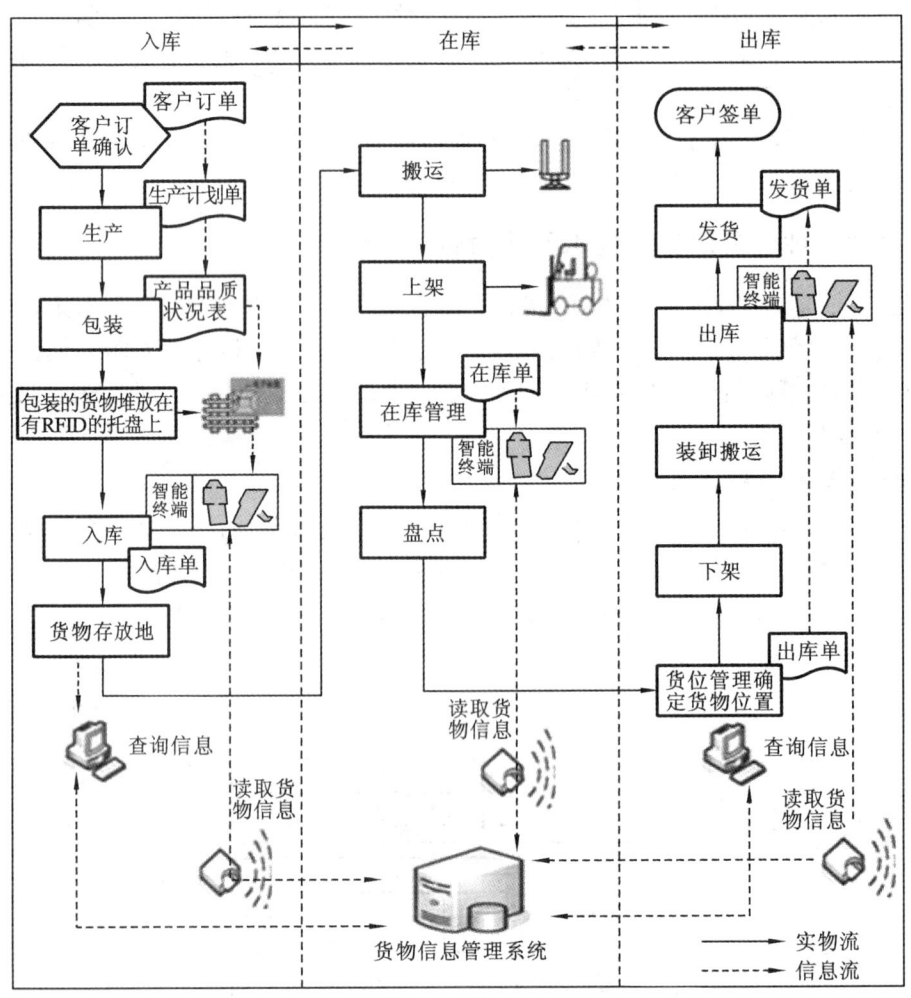

图 2-3　仓储管理业务流程图

三、仓储装备

仓库除主体建筑(库房、货棚、货场)外,仓储业务所需的所有技术装置与机具统称为仓库装备设施或设备,也称仓储装备设施或设备、仓储装备,即仓库进行生产相辅助生产作业,以及保证仓库及作业安全所必需的各种机械设备的总称。

(一) 仓储装备的概念

(1) 仓储装备,是指仓储业务所需要的所有技术装置与机具,即仓库进行生产作业或辅助生产作业,以及保证仓库及作业安全所必需的各种机械设备的总称。

(2) 仓储装备管理,是指根据仓库的经营方针,从设备的调查研究入手,对有关设备的购置、安装、使用、维修、改造、更换直至报废的全过程,相对应地进行一系列技术、经济、组织等活动的总结。

（二）仓储装备的分类

仓库装备按设施及设备的主要用途和特征进行分类,可划分为装卸搬运设备、保管设备、计量设备、养护检验设备、通风照明设备、安全设备、其他用品与工具等。仓储装备分类如表 2-1 所示。

表 2-1　仓储装备分类

功 能 要 求	设 备 类 型
存货、取货	货架、叉车、堆垛机械、起重运输机械等
分拣、配货	分拣机、托盘、搬运车、传输机械等
验货、养护	检验仪器、工具、养护设施等
防火、防盗	温度监视器、防火报警器、监视器、防盗报警设施等
流通加工	所需的作业机械、工具等
控制、管理	计算机及辅助设备等
配套设施	站台、轨道、道路、场地等

（1）装卸搬运设备。这一类装备是商品出入库、在库堆码和堆垛作业而使用的设备,它对于改进仓储管理,减轻仓储劳动强度,提高收发货劳动效率,减少操作中的商品损失,具有重要作用。现有的仓库装卸搬运设备一般分为以下几种。

① 装卸堆码装备。它包括叉车、堆码机、各型起重机、吊车等。其中,巷道堆码起重机是仓库中的专用起重、堆垛、装卸设备。

② 搬运传送装备。它包括各种手推车、电瓶车、内燃机搬运车、拉车、运货卡车,各式平面和垂直传送设备等。近年来,仓库叉车增多,使用托盘和滑片逐渐增加。

托盘是仓库叉车用以装卸、堆码、输送商品的配套设备,能扩大商品的盛载面,有平托盘、箱型托盘、柱托盘等。因为托盘在装卸、搬运中都广泛使用,所以列为装卸搬运装备。

（2）保管装备。这是仓库保管商品的主要装备,各种类型的仓库中,保管装备都是不可缺少的,且数量很大。保管装备通常可分为:①苫垫用品,主要包括苫布、垫垛用品等;②存货用具,包括各种货架、货橱等。

（3）计量装备。计量装备是商品进出库的计量、点数,以及在库盘点、检查中经常使用的度量衡设备。从计量方法角度可以分为:重量计量设备,包括各种磅秤、地下及轨道衡器、电子秤等;流体容积计量设备,包括流量计、波面液位计;长度计量设备,包括检尺器、自动长度计量仪等;个数计量装置,如自动计数器及自动计数显示装置等;还有综合的多功能计量设备等。

（4）养护检验装备。这种装备是商品入库验收与在库养护、测试、化验,以及防止商品发生变质、失效的一系列机具、仪器、仪表等技术装备,主要有测湿仪、红外线装置、空气调节器以及测试、化验使用的部分仪器和工具。

（5）通风、照明、保暖装备。这是商品养护工作和库内作业使用的设备。

（6）安全装备。安全装备包括保障消防安全和劳动安全的必要装备，例如，各种报警器、灭火器材、劳动保护用品等。

（7）其他用品及工具。这是杂项的工具、用品，按实际需要选购配备。凡不归属以上 6 类的各种用品和工具都列入此类，例如，小型打包机、标号打印机等。

此外，加工作业的仓库还需配备专用的加工生产机械设备，例如，自动分选机、液体分装机、打包机等。

（三）仓储装备设施的特点

仓储装备设施是完成货物进库、出库和储存的设备。从仓储机械的作业过程来看，仓储机械具有起重、装卸、搬运、储存和堆码的功能。仓储机械完成物料搬运作业具有以下几点共性。

（1）搬运要求高度、低速。

（2）运动线路较固定。

（3）专业化程度高。

（4）标准化程度高。

（5）机械化、自动化程度高。

（6）节能性和经济性要求高。

（7）环保性要求高。

（8）安全性要求高。

（四）仓储装备设施管理任务

仓储装备设施管理的任务是：保证为仓储的物流活动提供最优的技术装备，使仓储的物流作业活动建立在最佳的物质技术基础上，以获得设备寿命周期费用最经济，设备综合效率最大。具体表现在以下几个方面。

（1）正确选购设备。

（2）制定设备综合管理规划。

（3）用好、修好、管好设备。

（4）对现有设备进行挖潜、改造和更新。

（5）保证国内外引进设备正常运转。

（6）搞好自制设备的综合管理。

（7）做好设备管理和维修人员的培训工作。

（8）追求设备寿命周期费用最优化。

（9）应用科学管理手段。

随着电子技术的发展及其应用和推广，企业为了提高管理效率和质量，广泛采用了计算机管理决策系统，设备管理也开始应用计算机这一先进管理手段。利用计算机可完成设备数据报表资料的统计和分析，以及各种计划的编制，保证了设备管理科学化。

任务二 仓库技术与装备

项目目标

知识目标

(1) 了解仓库的定义及基本服务功能。

(2) 掌握仓库的类型。

(3) 掌握仓库的选址原则及布局条件。

(4) 掌握仓库的作业区域规划及储存区域规划方法。

能力目标

(1) 能够根据商品的特性,选用合适功能的仓库类型。

(2) 能够根据商业任务目的确定合适的仓库选址。

(3) 能够根据仓库的经营方针,对仓库作业区域和储存区域进行有效的规划。

任务引入

仓库和堆场是用于储存、保管货物的场所,它伴随着生产的产品剩余而产生。人们在储藏产品时,找一个通风、温度和湿度好的地方存放产品,这个地方就是仓库。

任务分析

传统的仓储定义是从物资储备的角度给出的。现代仓储不是传统意义上的仓库、仓库管理,而是在经济全球化与供应链一体化背景下的仓储,是现代物流系统中的仓储。随着现代物流业的发展,对仓储作业而言,为了适应物流需求发展的变化,在仓储过程中采用大型自动化的设备是必然的。

知识链接

仓储装备是提高劳动效率、缩短商品进出库时间、提高仓储服务质量、改进商品堆码、维护商品质量、充分利用仓容和降低仓库费用的必要条件,所以仓库设施及设备的管理是仓库经营管理中的一个重要问题。

一、仓库的定义

仓库作为物流服务的据点,在物流作业中发挥着重要的作用。它不仅具有储存、保管等传统功能,还具有拣选、配货、检验、分类、信息传递等功能,以及多品种小批量、多批次小批量等配送功能,附加标签、重新包装等流通加工功能。现代仓库更多地考虑经营上的收益,这是同旧式仓库的区别所在。

仓库是指在计划好的空间环境里供储存物品之用的建筑,如图 2-4 所示。现代仓库从运输周转、储存方式和建筑设施上都重视通道的合理布置,货物的分布方式和堆积的最大高度,并配置经济有效的机械化、自动化存取设施,以提高储存能力和工作效率。

图 2-4　仓库图

从 20 世纪 60 年代开始,仓库的种类数目就按照它们被使用的习惯开始增加,同时,也作为一种房地产投资方式流行开来。

二、仓库的基本服务功能

(一) 仓库的基本服务

1. 现场储备

在实物配送中经常使用现场储备,尤其是那些产品品种有限或产品具有高度季节性的制造商偏好这种服务。它们不是按照年度计划在仓库设施中安排各种存货,而是直接从制造工厂进行装运,并通过在战略市场中获得提前存货的承诺,可以大大减少递送时间。

2. 仓库组合

仓库组合类似于仓库分类。在典型的组合运输条件下,从制造工厂装运整卡车的产品到批发商处,每次大批量的装运可以享受可能低的费率,一旦产品到达了组合仓库时,卸下从制造工厂装运来的货物后,就可以按照每一个顾客的要求或市场需求,选择一种产品的运输组合。通过运输组合进行转运,在经济上通常可以得到特别运输费率的支持,即给予各种转运优惠。

3. 生产支持

制造经济会证明具体的零部件对长时间生产的重要意义,而生产支持仓库则可以向装配工厂提供稳定的零部件和材料供给。由于较长的前置时间或使用过程中的重大变化,所以对向外界采购的项目进行安全储备是完全必要的。对此,大多数总成本解决方案都建议,经营一个生产支持仓库,以经济而又适时的方式,向装配厂供应或"喂给"加工材料、零部件和装配件。

4. 市场形象

也许市场形象利益不像其他服务利益那样明显,但是它常常被营销经理看作是地方仓库的一个主要优点。市场形象因素基于这样的见解和观点,即近距离仓库比起远距离仓库,对顾客的需求反应更敏感,提供的递送服务也更快,并因此而产生这样的印象:认为近距离仓库将会提高市场份额,并有可能增加利润。

(二) 仓库的保管方式

仓库的保管方式一般有以下几种。

(1) 地面平放式——将保管物品直接堆放在地面上。

（2）托盘平放式——将保管物品直接放在托盘上，再将托盘平放于地面。

（3）直接堆放式——将货物在地面上直接码放堆积。

（4）托盘堆码式——将货物直接堆码在托盘上，再将托盘放在地面上。

（5）货架存放式——将库存货物直接码放在货架上。

对于库房保管方式选择哪一种，配送中心应首先考虑出入库的时间和效率，因而较多地着眼于拣选和搬运的方便，库存保管方式必须与之协调。

（三）仓库的功能

一般来讲，仓库具有以下几种功能。

（1）储存和保管的功能。

（2）配送和加工的功能。

（3）调节货物运输能力的功能。

（4）信息传递的功能。

三、仓库的类型

从不同的侧面来分析，仓库有不同的分类标准，可从以下几个方面来讨论仓库的分类。

（一）根据仓库功能分类

1. 储备仓库

储备仓库是指专门长期存放各类储备物资。它是政府为防止自然灾害、战争及国民经济比例严重失调而设立的，以保证完成各项储备任务的仓库，粮食储备仓库就是其中一种，如图 2-5 所示。

2. 流通仓库

流通仓库是指除具有保管功能之外的，面对厂商，集中客户需求实行流通加工（装配、简单加工、包装、开价、理货）、配送等功能的仓库，如图 2-6 所示。

图 2-5　粮食储备仓库图

图 2-6　流通仓库图

3. 专用仓库

专用仓库是指专门用于储存某一类或某几类商品的仓库，如图 2-7 所示。

专用仓库储存的商品都是一些易受外部环境有关自然的、物理的、化学的因素影响而发生霉烂变质、受潮，或共同储存造成相互串味，对商品产生污染或有害卫生影响，不宜和其他商品进行共同储存，必须用专门仓库进行储存。运用专用仓库储存商品，不仅要求较高的技术装备、搬运、装卸、保管条件，而且也要求仓库业务人员，特别是保管员具有相应的商品专业知识和业务技术水平。

4. 保税仓库

保税仓库是指经海关批准专门用于存放保税货物的仓库,如图 2-8 所示。保税货物是指准予在进口国加工后复出口(如来料加工、进料加工),在管理上具有保税性质的货物。

图 2-7　专用仓库图　　　　　　　　　　　图 2-8　保税仓库图

5. 其他仓库

其他仓库包括制品仓库、物资仓库、零件仓库、原材料仓库。

(二)根据仓库建筑形态分类

1. 单层仓库

单层仓库具有形成高大的使用空间,容易满足生产工艺流程要求,内部交通运输组织方便,有利于较重生产设备和产品放置,可实现厂房建筑构配件生产工业化,以及现场施工机械化等特点,如图 2-9 所示。

单层仓库的总平面设计要求道路贯通,装运的汽车、铲车能直接进出仓库。这种仓库一般采用预制钢筋混凝土结构,柱网一般为 6 m,跨度为 12 m、15 m、18 m、24 m、30 m、36 m 不等。地面堆货荷载大的仓库,跨度宜大。库内吊车的起重能力根据储存货物单件的最大重量确定。起重量在 5 t 以下的可用单梁式吊车或单轨葫芦,大于 5 t 的用桥式吊车。仓库要求防潮,如供储存易燃品之用,应采用柔性地面层防止产生火花,屋面和墙面均应不渗水、不漏水。

2. 多层仓库

多层仓库是指两层以上建筑的仓库,该类仓库的结构大多采用钢筋混凝土结构,承受压力大,占地面积小,仓库容量大,如图 2-10 所示。该类仓库常设多层货架,进一步增加了物品储存量,为物品的储存提供了较优越的条件,还可为仓库实现机械化、自动化、开展科技养护和现代化管理打下基础。

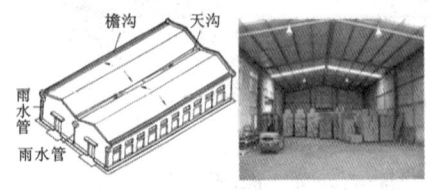

图 2-9　单层仓库图　　　　　　　　　　　图 2-10　多层仓库图

3. 圆筒形仓库

圆筒形仓库一般用现浇预应力钢筋混凝土结构,用滑模法施工。储油库和储气库则用金属结构,如图 2-11 所示。要注意仓库的通风,每层仓库的外墙上应设置百叶窗,百叶窗外加金属网,以防鸟雀。危险品仓库如储油(气)或储化工原料的仓库必须防热防潮,在屋面上加隔热层或按防爆屋面设计,出入口设置防火隔墙,地面用不产生火花的材料,一般可用沥青地面,储油库要设置集油坑。

4. 地下仓库

修建在地下的储品建筑物,如图 2-12 所示。地下仓库具有防空、防爆、隔热、保温、抗震、防辐射,以及储品不易变质、少耗能源、减少维修和运营费用、节省材料、占地面积小和库内发生事故时对地面波及较小等优点。根据储品的不同分为地下粮库,地下冷藏库,地下燃油、燃气库,地下军械、弹药库等。

图 2-11　圆筒形仓库图

图 2-12　地下仓库图

(三) 根据保管类型分类

(1) 普通仓库:常温下的一般仓库,用于存放一般的物资,对于仓库没有特殊要求。

(2) 冷藏仓库:具有冷却设备并隔热的仓库(10 ℃以下)。

(3) 恒温仓库:能够调节温度、湿度的室外仓库(温度大致控制在 10 ℃～20 ℃之间)。

(4) 露天仓库:露天堆码、保管的室外仓库。

(5) 储藏仓库:保管散粒谷物、粉体的仓库,以简仓为代表。

(6) 危险品仓库:保管危险品、高压气体的仓库,以油罐仓库为代表。

(7) 水上仓库:漂浮在水上的储藏货物的泵船、囤船、浮驳或其他水上建筑,或把木材在划定水面保管的室外仓库。

(8) 简易仓库:没有正式建筑,如使用帐篷等简易构造的仓库。

(四) 其他分类形式

(1) 根据仓库用途分类:①自用仓库,是指企业从事内部物流业务的仓库;②营业仓库,是指按照相关管理条例的许可和企业经营需要,向其他一般企业提供保管服务的仓库;③公共仓库,是指国家和公共团体为了公共利益而建设的仓库,如车站货场仓库、港口码头仓库等。

(2) 根据所用建筑材料分类:① 钢筋混凝土仓库;② 钢架金属质仓库;③木架砂浆质仓库;④轻质钢架仓库;⑤其他仓库。

(3) 根据库内形态分类:①一般平地面仓库;②货架仓库;③自动化立体仓库。

四、仓库的选址布局

储存物品的特性不仅直接影响仓库的形态,而且与仓库地点的选择有极大的关系。

(一) 仓库选址的原则

(1) 适应性原则。仓库的选址须与国家的经济发展方针、政策相适应,与我国物流资源分布和需求分布相适应,与国民经济和社会发展相适应。

(2) 协调性原则。仓库的选址应将国家的物流网络作为一个大系统来考虑,在地域分布、物流作业生产力、技术水平等方面互相协调。

（3）经济性原则。仓库的选址定在市区、近郊区或远郊区,其未来物流活动辅助设施的建设规模及建设费用,以及运费等物流费用是不同的,选址时应以总费用最低作为仓库选址的经济性原则。

（4）战略性原则。仓库的选址应具有战略眼光。一是要考虑全局,二是要考虑长远。局部要服从全局,目前利益要服从长远利益,既要考虑目前的实际需要,又要考虑日后发展的可能。

（二）仓库布局的条件

仓库布局包括:仓库内库房、料棚、货场、收发料区、货场内的货垛、货架、通道、作业区、设备等的合理规划、配置和安排。仓库合理布局对提高货物保管质量、加速货物收发、提高仓库作业效率、降低仓储费用等具有重要意义。

（1）适应仓储作业过程的要求有利于仓储业务的顺利进行。

（2）有利于节省投资。仓库布局要能够充分利用现有的资源和外部条件,根据设计规划任务和库存货物的性质选择配置设备,以便最大限度地发挥仓库的效能。

（3）最大限度地利用仓库空间。仓库空间是指仓库内的所有空间,既要考虑仓库的平面面积,又要考虑仓库的垂直空间。

（4）有利于充分利用仓库设施和机械设备。仓库布局要有利于充分利用仓库设施和机械设备,尤其是仓库中固定的设施和机械设备,必须事先考虑好各种使用情况,将其放在最能充分使用的位置。

（5）有利于保证仓库的安全和职工的健康。仓库应严格按照"建筑设计防火规范"的规定建设,并且作业环境的安全卫生标准也要符合国家的有关规定。

（三）仓库布局的基本原则

（1）根据货物特性分区储存,将性质相近的货物集中存放。

（2）将单位体积大,单位重量大的货物存放在货架底层,并且靠近储存区和作业通道。

（3）将周转率大的货物放在仓库装卸搬运最便捷的位置,一般靠近出口。

（4）将同一供应商或同一客户的货物集中存放,便于进行分拣及配货作业。

五、仓库的规划

（一）作业区域的规划

1. 仓库作业区域的划分

（1）收货区。收货区是收货、验货、卸货、搬运的场所,用于临时存放货物。在此区域工作人员须完成接收货物的任务和货物入库之前的准备工作,如入库登记和验货操作等。它的主要设施有卸货站台、验货场区和卸货工具。

（2）储存区。储存区是仓库的主要作业区域,用于长时间、大批量存放货物。储存区通常建有多个库房、料棚或货场。库房、料棚或货场中有时也再次划分成小型的收货区、储存区、理货区、发货区等。

（3）理货区。理货区是进行拣货和配货作业的场所。

（4）加工区。加工区是进行必要的生产性和流通性加工的场所。流通加工是物流环节中货物增值最快的环节。现代的仓库越来越多地设置了加工区用于货物的分装、包装、贴标签等作业活动。

（5）退货区。退货区是仓库在收到退货、次品或废品后进行处理的作业场所。由于配送中货物破损、变质，或者配送错误，或者店铺平衡库存的需要、营销的需要等因素，具有配送功能的仓库常常收到退货，这些货物往往要退还给厂商，因此应专门划出一块区域，用于临时存放这些物品。

（6）废物区。废物区是对废弃包装物、破碎货物、变质货物、加工残屑等废料进行清理或回收利用的场所。

（7）设备存放及维护区。设备存放及维护区是仓库中用来存放叉车、托盘等设备及其维护（充电、充气等）工具，同时对设备进行维护的场所。

（8）办公区。办公区是指挥和协调仓库作业营运的区域，是员工处理行政工作与管理业务的场所。信息处理、业务洽谈、订单处理及指令发布都是在办公区进行的。库管人员的办公室设在仓库内特别是单独隔成房间的是不合理的，既不经济，又不安全。

（9）辅助服务区。辅助服务区是为员工提供饮食、休息、盥洗、接待、娱乐等各项服务的区域。

2. 仓库作业区域的整体规划

现代仓库已由传统的储备型仓库转变成以收发作业为主的流通型仓库。现代仓库一般储存区面积占总面积的 40%～50%；通道面积占总面积的 8%～12%；收货区占总面积的 10%～15%；理货区、加工区占总积的 10%～15%；退货区及废物区占总面积的 5%～10%。

按照仓库内作业功能的不同，根据各项作业的流程，仓库（或库房）的作业平面图如图 2-13 所示。

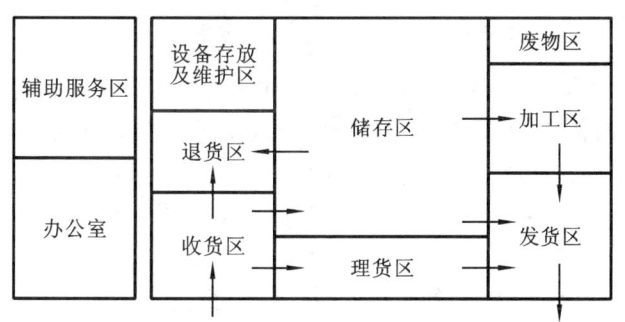

图 2-13 仓库（或库房）的作业平面图

仓库内的通道应根据货物流向的要求，结合地形、面积、各个库房建筑物、货场的位置来决定其走向和形式。仓库通道分为主干道、次干道和消防通道等。主干道应采用双车道，宽度在 6～7 m；次干道为 3～3.5 m 的单车道；消防通道的宽度不得少于 6 m。仓库内若有铁路专线，最好是贯通式，顺着库长方向铺设，并应使岔线的直线长度达到最大限度。

（二）储存区域的规划

储存区根据实际需要，按照储存货物的自然属性（如体积、重量、吸湿性、易燃易爆性、氧化性等）可分为金属材料储存区、非金属材料储存区、机电产品储存区、木材区等；按照储存货物的用途，可分为通用货物储存区和专用货物储存区；按照储存货物使用方向可分为生产资料储存区和生活资料储存区等。一般情况下多按照货物的自然属性划分储存区。

1. 库房、料棚和货场的选择

一个储存区通常拥有几栋库房、料棚或货场。库房有钢结构、钢筋混凝土结构、砖石结构等,防护条件最好;料棚次之,仅能防止雨雪渗透;货场(露天堆场)的防护条件最差。各类货物能否被合理地分配到库房、料棚或货场,对提高保管质量、便利仓库作业和降低保管费用有直接的影响。

2. 库房内部的平面规划

库房内可使用面积可分为保管面积和非保管面积。保管面积是指库内料架和料垛所占的面积,其他的则为非保管面积。非保管面积主要包括通道、墙间距、收货区、仓库人员的办公区等。库房的内部规划的主要目的是在保证作业要求的情况下,尽量扩大库房内的保管面积。

1)货垛、货架的布置

常见的货垛、货架平面布置形式有垂直式布置和倾斜式布置两种。货垛、货架的垂直式布置和倾斜式布置各有其特点。

(1)垂直式布置。垂直式布置是指货垛(或货架)的长度方向与库墙和通道互相垂直。垂直式布置可分为横列式布置、纵列式布置、纵横式布置,如图 2-14 所示。

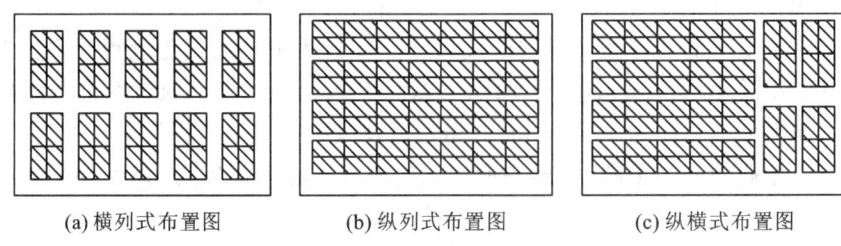

| (a)横列式布置图 | (b)纵列式布置图 | (c)纵横式布置图 |

图 2-14 仓库货垛(或货架)垂直式布置图

① 横列式布置指货垛(或货架)的长度方向与库房的长度方向互相垂直。

横列式布置方式的优点:主通道(运输通道)长且宽,副通道(作业通道)短,整齐美观,便于机械化作业,有利于对商品的盘点、维护保养及存取作业;通风和自然采光良好。横列式布置方式的缺点:主通道占用面积多,仓库面积利用率较低,尤其在土地使用费用日益见涨的今天,资源浪费较多。

② 纵列式布置指货垛(或货架)的长度方向与库房的长度方向互相平行。纵列式布置的优缺点与横列式正好相反,其优点是运输通道较短,占用面积少,仓库面积利用率较高;其缺点是作业通道较长,货物存取不方便,通风采光不良。因此,可根据货物的不同在库时间和进出频率安排货位:在库时间短、进出频繁的货物可放置在主通道两侧;在库时间长、进出不频繁的货物可放置在里侧。

③ 纵横式布置指同一保管场所内,横列式布置和纵列式布置兼而有之,是两种方式的结合,兼有两种布置方式的特点。

(2)倾斜式布置。倾斜式布置是指货垛(或货架)与主通道之间不是互相垂直的,而是有一定的夹角(30°、45°或 60°)。倾斜式布置可分为货垛倾斜式布置和通道倾斜式布置,如图 2-15 所示。

货垛倾斜式布置指货垛的长度方向与库墙和运输通道之间成一锐角。这种布置方式最大的优点是便于利用叉车配合托盘进行作业,能缩小叉车的回转角度,提高装卸搬运效率,而最大

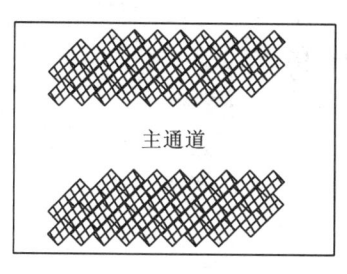

(a) 货垛倾斜式布置图

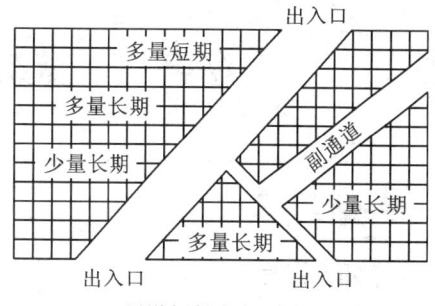

(b) 通道倾斜式布置图

图 2-15 仓库货垛(或货架)倾斜式布置图

的缺点是仓库中有许多死角,仓库面积不能充分利用。

通道倾斜式布置指通道与库墙成一锐角,而货垛垂直于库墙排列。通道倾斜式布置不仅同样便于利用叉车配合托盘进行作业,能缩小叉车的回转角度,提高装卸搬运效率,而且能避免仓库中的死角,充分利用仓库面积。

2) 库房内的通道

库房内的通道分为运输通道(主通道)、作业通道(副通道)和检查通道。库房出入口和通道的宽度和高度最低限度达到 4 m,铲车通道必须达到 2.5~3.5 m,大型货车通道大于 3 m,叉车通道达到 2 m。立柱间隔:通常 7 m 的间隔较合适,适合 2 辆大型货车或 3 辆小型货车并行。

运输通道供装卸搬运设备在库内行走,运输通道的宽度一般为 1.5~3 m。当库内安装有桥式起重机时,运输通道的宽度可为 1.5 m 或更小。

作业通道是供作业人员存取搬运货物的行走通道。一般情况下,作业通道应能够允许手推车的顺利进出,作业通道的宽度应为 1 m 左右。

检查通道是供仓库管理人员检查库存货物的数量及质量时行走的通道。其宽度只要能使检查人员自由通过即可,一般为 0.5 m 左右。

3) 墙间距

为了减少库存商品受到库外温湿度的影响,货垛、料架都应与库墙保持一定的距离,不允许货垛、料架直接靠墙堆码和摆放。墙间距的宽度一般为 0.5 m 左右。墙间距同时也可作为检查通道或作业通道。墙间距兼作作业通道时,可以使库内通道形成网络状,方便作业,此时其宽度需增加 1 倍,约 1 m。

3. 库房内部的竖向规划

库房内部竖向规划潜力很大,在不增加库房面积的情况下,竖向规划可扩大储存能力、节约建筑投资。竖向规划可采用下列方式。

(1) 就地堆垛。就地堆垛是借助货物的外部轮廓或包装进行码垛。

(2) 使用料架。使用料架是将货物直接装入料箱、托盘后存入料架。

(3) 托盘、集装箱堆码。托盘、集装箱堆码是将货物装入集装箱或码放在托盘上,然后把集装箱或托盘进行堆码。

(4) 空中悬挂。空中悬挂是将某些货物悬挂在库墙或库房的上部结构上。

(5) 采用架上平台。采用架上平台是在料架上方铺设一层承载板,构成第二层平台,可直接堆放货物或摆放料架。

任务三　货架技术与装备

项目目标

知识目标

(1) 了解货架的定义及功能。

(2) 掌握货架常用的分类方法。

(3) 掌握常用货架的使用特性及优缺点。

(4) 掌握不同情况下货架的选择原则。

能力目标

(1) 能够根据不同商品的特性,选用合适类型的货架作为储存设备。对常用货架进行有效使用及维护保养。

(2) 能够根据库容量,存放货物的种类、数量、出入库频率、保管要求、费用水平等参数进行合理的选择和设计货架。懂得常用货架操作、维护保养。

知识链接

货架泛指存放货物的架子。货架是仓库现代化和提高效率的重要工具,因此货架行业也就应运而生了,而且市场需求份额越来越高。随着经济飞跃发展,外资企业大量涌入我国长江三角洲、珠江三角洲一带,不仅带动了当地经济的发展,而且也带来新的管理理念和管理技术。

一、货架的概述

(一) 货架的概念

货架是指用支架、隔板或托架组成的立体储存货物的设施。货架结构如图 2-16 所示。

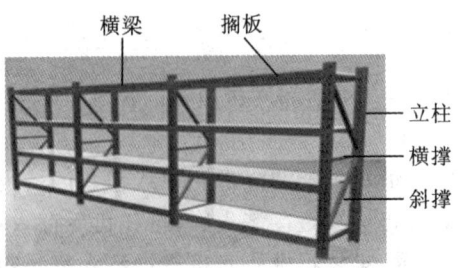

图 2-16　货架结构

随着现代工业的迅猛发展,物流量的大幅度增加,为实现仓库的现代化管理,改善仓库的功能,不仅要求货架数量多,而且要求具有多功能,并能实现机械化、自动化要求。

（二）货架的功能

货架的优点有以下几点。

（1）货架是一种架式结构物，可充分利用仓库空间，提高库容利用率和储存能力。

（2）物品存取方便，便于清点及计量，可做到先进先出和先进后出等要求。

（3）存入货架中的货物，互不挤压，物资损耗小，可完整保证物资本身的功能，减少货物的损失。

（4）保证存取货物的质量，可以采取防潮、防尘、防盗、防破坏等保管措施，以提高物资储存质量。

（5）新型的货架技术、结构及功能有利于实现仓储的机械化及自动化的管理。

货架的缺点有以下几点。

（1）货架选择是仓库长期运营战略的一部分，选择货架之后，不能随意更改，给仓库运营方式、改变客户结构等都会形成障碍。

（2）货架系统要有较高的仓储管理水平作保证。特别是物品品种较多，对保质期要求较高的仓库，货架系统必须有较好的仓库管理系统（warehouse management system，WMS）支持。

（3）货架系统不适用于较重物品的储存，较重物品的垂直运动会消耗较多的能量，对叉车消耗较大。

（4）货架系统对仓库建设标准的要求比平面仓库要高，如照明系统、防火系统等，带来设计的难度和建筑成本增加。

（5）货架系统本身的投资较大，并且需要与价值昂贵的升高叉车相配合。

二、货架的分类

货架的结构种类很多，分类的方法也不尽相同，常用的分类方法有以下几种。

（一）货架按发展历程分类

货架按发展历程可分为：传统货架和新型货架。

（1）传统式货架包括：层架、层格式货架、抽屉式货架、橱柜式货架、U形架、悬臂架、栅架、鞍架、气罐钢筒架、轮胎专用货架等。

（2）新型货架包括：旋转式货架、移动式货架、装配式货架、可调式货架、托盘货架、进车式货架、高层货架、阁楼式货架、重力式货架、屏挂式货架等。

货架的种类很多，但仓储货架分：轻型仓储货架、中型仓储货架、重型仓储货架、阁楼货架等。

（二）货架按适用性分类

（1）货架按货架的适用性可以分为：通用货架和专用货架。

（2）按货架的制造材料分为：钢货架、钢筋混凝土货架、钢与钢筋混凝土混合式货架、木制货架、钢木合制货架等。

（3）按货架的封闭程度分为：敞开式货架、半封闭式货架、封闭式货架等。

（4）按结构特点分为：层架、层格式货架、橱架、抽屉式货架、悬臂架、三脚架、栅架等。

（5）按货架的可动性分为：固定式货架、移动式货架、旋转式货架、组合货架、可调式货架、流动储存货架等。

（6）按货架用途分为：药店货架，便利店货架等。

（7）按货架结构分为：整体结构式（货架直接支撑仓库屋顶和围棚），分体结构式（货架与建筑物分为两个独立系统）。

（三）货架按载货分类

（1）按货架的载货方式分为：悬臂式货架、橱柜式货架、棚板式货架。

（2）按货架的构造分为：组合可拆卸式货架、固定式货架。其中又分为单元式货架、一般式货架、流动式货架、贯通式货架。

（3）按货架高度分为：低层货架，高度在5 m以下；中层货架，高度在5～15 m；高层货架，高度在15 m以上。

（4）按货架重量分为：重型货架，每层货架载重量在500 kg以上；中型货架，每层搁板载重量150～500 kg；轻型货架，每层货架载重量在150 kg以下。

三、常用货架

（一）托盘式货架

托盘式货架是指存放装有木制或钢制货物托盘的货架，整体使用材质为钢材结构，如图2-17所示。

在仓库中有单排连接和双排连接两种，即单双向通廊式托盘式货架。使用插接组合式结构，层高和宽度可自由调节，每层载重量可达1 000～3 000 kg。货架的大小根据仓储量的大小及货物托盘的尺寸大小而定。

托盘式货架存取货物灵活，作业速度快，可100%自由选取所需货物，适用于一般仓储和配送中心。货物的装卸使用叉车或堆垛起重机。

（二）悬臂式货架

悬臂式货架，带有可调试钳位夹杆，是由3～4个悬臂和纵梁相连而成，悬臂式货架分为单面和双面两种，如图2-18所示。其整体由金属材料制造而成，悬臂上垫有木质衬垫或橡胶衬垫，防止材料的碰撞和划痕。悬臂式货架结构简单，载重能力好。货架的组合结构、规格尺寸和承载重量根据储存材料尺寸大小而定。悬臂式货架适用于存放长物料、板材、环形物料和不规则的货物。

图 2-17　托盘式货架　　　　　　　图 2-18　悬臂式货架

（三）重力式货架

重力式货架是利用储存货物的重力运动而设计的货架，又称为流动式货架，可以实现整批量货物的入库、储存和出库作业。重力货架有2～4层，每层货架装有滑道，滑道由左右辊轮、导轨和缓冲装置等组成,如图 2-19 所示。存货时托盘从货架斜坡高端送入滑道,通过导向轮下滑,逐个存放。取货时从斜坡低端取出货物,其后的托盘逐一向下滑动待取。

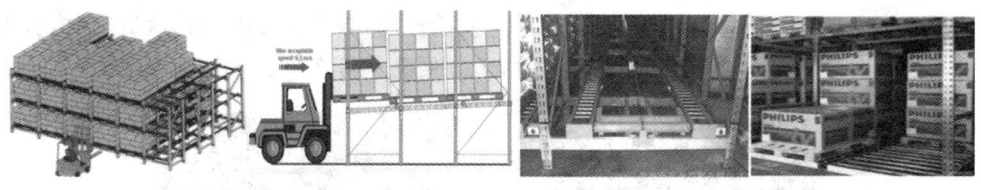

图 2-19 重力式货架

重力式货架工作原理是依靠货物自重力在货架滑道(滑轨、辊子或滚轮)上滑行,达到在储存深度方向使货物运动的储存系统。滑道有一定的坡度,大小根据货物底部托盘的材质决定。对于木托盘,坡度取 30%～35%;对于塑料托盘,坡度取 20%～25%;对于钢质托盘,坡度取 15%～20%。每个托盘载重为 500～1 500 kg。

(四) 货格式货架

货格式货架是一种组合式常用货架,基本结构是由薄钢板冲压或轧制而成的带孔立柱、横梁、阁板、防撞角,以及各种附件构成,如图 2-20 所示。立柱和横梁的连接通过挂片多扣挂接或螺栓实现,挂片焊在横梁上且带有小钩,组装时将小钩挂到立柱的对应孔中,并配备安全插销。根据结构组成的不同,货格式货架又分为阁板式、横梁式和牛腿式三种结构;根据储存货物高度的不同,又分为低位式、中位式和高位式三种。低位式高度不超过 5 m,中位式高度一般在 5～10 m,而 10 m 以上的高度则属于高位式货架。

图 2-20 货格式货架

图 2-21 抽屉式货架

(五) 抽屉式货架

抽屉式货架又称模具货架,如图 2-21 所示。其主要用于存放各种模具物品;顶部可配置葫芦移动车(手拉或电动);抽屉底部设有滚轮轨道,承载后依然能用很小的力自如地拉动;附加定位保险装置,安全可靠;根据承载能力可分为轻量型、重量型两种。

1. 抽屉式货架结构

安全可靠,可容易地抽出 600～2 000 kg(1 层的载重量)的货物,辅之以行车,可实现模具等重物的轻松存取作业。抽屉式货架的顶部选配手拉葫芦移动车,便于模具的起吊和存取,抽屉板下设置有滚轮轨道,使载重后依然能用很小的力轻松拉动。

2. 抽屉式货架的特点

减少找模、换模的时间,起落迅速,减少人力;模具等重量物品便于放置,整理不占空间;抽屉式棚架板间距可任意调整;模具货架全部采用组合式,安装简单迅速。

（六）驶入式货架

驶入式货架采用钢质结构,钢柱上装有向外伸出的水平突出构件,当托盘货物送入时,突出的构件将托盘底部的两个边托住,使托盘本身起横梁作用,当货架没有放托盘货物时,货架正面便成了无横梁状态,这时就形成了若干个通道,可方便叉车等车辆出入行驶,如图 2-22 所示。

图 2-22　驶入式货架

叉车直接驶入货架内进行作业,叉车与架子的正面成垂直方向驶入,在最内部设有托盘的位置,卸放托盘货载直至装满,取货时再从外向内地取货。驶入式货架既是货物的保管场所,又是叉车的行驶通道,提高了库容量及空间利用率,但叉车只能从架子的正面驶入,很难实现先进先出,所以货架的每一巷道只适合保管同一种货物,而且适合于保管少品种、大批量,以及不受保管时间限制的货物。

（七）旋转式货架

旋转式货架是指通过货架的水平、垂直或立体方向的转动,将储存的货物转动到一定位置后出库的货架,又称为回转式货架。旋转式货架在货架的上部或底部装有电力驱动装置,通过开关或计算机控制,货架中的货格沿着由两个直线段和两个曲线段组成的环形轨道运行。存取货物时,把货物所在货格编号由控制端输入,此货格则以最近的距离自动旋转至拣货点停止。

旋转式货架分为整体旋转式货架和分层旋转式货架,其中整体旋转式又分为垂直旋转式货架、水平旋转式货架、立体旋转式货架三种,如图 2-23 所示。

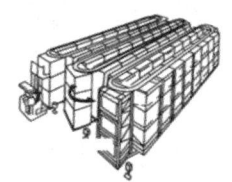

(a)垂直旋转式货架　　　　(b)水平旋转式货架　　　　(c)立体旋转式货架

图 2-23　整体旋转式货架

（1）垂直旋转式货架类似垂直提升机,在其两端悬挂有成排的货格,货架可正转、反转。货架的高度在 2~6 m 之间,正面宽 2 m 左右,单元货位载重 100~400 kg,回转速度每分钟 6 m 左右,通过命令控制对应货格到拣选台。

（2）水平旋转式货架,其长度可达 10~20 m,高度达 2~3.5 m,单元货位载重 200~250 kg,每分钟回转速度 20~30 m。水平旋转式货架各层可以独立旋转,每层都有各自的轨道,用计算机控制时,可以同时执行几个命令,使各层货物从近到远有序地到达拣选地点,拣选效率很高。

（3）立体旋转货架,其储存密度大,货架间不设通道。由于拣货线路简捷,拣货效率高,不易出差错,适用于多品种、拣选频率高的货物储存。

（八）移动式货架

移动式货架,如图 2-24 所示,是指在底部装有轮子或驱动装置,靠动力或人力沿轨道移动的货架。其可分为移动式普通货架和移动式托盘货架两种。移动式货架通过移动控制,一组货架只需一个通道进行出入库的操作,不需要出入库时,各货架之间没有通道相隔,货架紧密排列,全部封闭,安全锁住货架,并可以防尘、防光等,需要出入库操作时,通过货架的移动,让出所需通道的位置进行作业。移动式货架的移动方式有电动和手动两种方式,电动方式可以是通过按钮开关控制,也可以通过声音或遥控控制,同时还具有光电检测、启动报警、多重保护等功能。

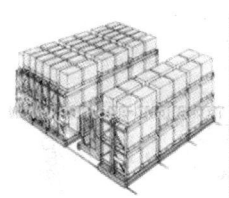

图 2-24 移动式货架

图 2-25 阁楼式货架

（九）阁楼式货架

阁楼式货架是指用货架作为楼面支撑,将空间设计为多层,每层都可以储存货物的货架。阁楼式货架适用于库房较高、货物较轻、人工存取、储货量大的情况,如五金、汽配、电子元件等分类储存,也适用于现有旧仓库的改造,可提高仓库的空间利用率,如图 2-25 所示。

阁楼式货架通常为 2～3 层,结构主要由多层货架或柱片、楼板、连接件、栏杆、楼梯、侧护网等部分组成,其中楼板根据需要有冲孔板、花纹板、镀锌网格栅板、木板等,同时配有楼梯、扶手和货物提升电梯等,底层货架用于储存货物,也是上层建筑承重梁的支撑（柱）。

四、货架的选择

对于储存不同货物的仓库应选用不同的货架。在选择时,应根据库容量、存放货物的种类和数量、出入库频率、保管要求、费用水平等参数进行合理的选择和设计。

（一）货架的选型原则

（1）实用性原则。

（2）低成本高效益原则。

（3）安全可靠性原则。

（4）尽量采用先进技术原则。

（二）不同情况下货架的选择

（1）改造仓库货架的选择。有很多企业将原来的堆垛储存仓库改建成货架储存仓库,以利于仓库的利用率和作业效率。

（2）新建立体化仓库货架的选择。对于新建立体化仓库,应该根据储存物品的品种、规格、载重、出入库的频率和仓库的规模以及仓库的高度进行合理的选择。

（3）固定式货架和流动式货架的选择。对于固定式货架,由于技术比较成熟,可以借鉴的

经验较多,投资也相对小一些。流动式货架适用于所储存的物资品种多、数量少、以拣选作业为主的仓库。

任务四　自动化立体仓库技术与装备

 **项目目标**

知识目标

(1) 了解自动化立体仓库的定义、优缺点、构成。

(2) 掌握自动化立体仓库的管理与控制系统。

(3) 掌握立体仓库的不同分类方法。

(4) 掌握自动化立体仓库巷道式堆垛机的组成、特点及类型。

(5) 熟悉自动化立体仓库周围出入库配套设备。

能力目标

(1) 能够在根据仓储储存货物的特点及数量选择建设自动化立体仓库时,综合考虑整个企业的营运策略和设置自动化立体仓库的目的,并进行详细的方案规划和综合测评,最终确定建设方案。

(2) 能够熟悉自动化立体仓库的管理与控制系统,并能操作完成入库、出库作业任务。

(3) 能够根据仓储储存货物的特点及数量选择合适的自动化立体仓库的主要外围设备。

(4) 能够懂得自动化立体仓库的日常操作及维护。

知识链接

随着科学技术和工业生产的飞速发展,现代物流技术领域内出现了一种新型仓储方式——自动化立体仓库(简称自动化仓库)。它是以高层货架为主体,以成套搬运设备为基础,以计算机控制技术为手段的高效率物流、大容量储存的机电一体化高科技集成系统。它集机械、电子、计算机、通信、网络、传感器和自动控制等多种技术于一体,以搬运机械化、控制自动化、管理微机化、信息网络化为特征,成为现代化物流设计中产品生产与储存的枢纽。

一、自动化立体仓库概述

自动化立体仓库又被称作自动化仓储系统,由高层货架、巷道堆垛起重机(有轨堆垛机)、出入库输送机系统、自动化控制系统、计算机仓库管理系统及其周边设备组成,如图2-26所示。

自动化立体仓库是一种利用高层立体货架(托盘系统)储存物资,应用电子计算机控制管理和应用自动控制的堆垛机进行存取作业的仓库。

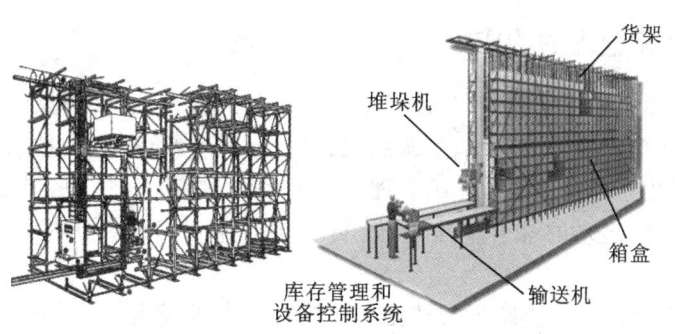

图 2-26　自动化立体仓库概略构造图

（一）自动化立体仓库的定义

定义一：货架自动化立体仓库，简称立体仓库，一般是指采用几层、十几层乃至几十层高的货架储存单元货物，用相应的物料搬运设备进行货物入库和出库作业的仓库。由于这类仓库能充分利用空间储存货物，故常形象地将其称为"立体仓库"。

定义二：自动化立体仓库，也叫自动化立体仓储，物流仓储中出现的新概念，是当前技术水平较高的形式。其主体由货架、巷道式堆垛起重机、出入库工作台、自动运进（出）及操作控制系统组成。自动化立体仓库的货架是钢结构或钢筋混凝土结构的建筑物或结构体，货架内是标准尺寸的货位空间，巷道堆垛起重机穿行于货架之间的巷道中，完成存、取货的工作。其在管理上采用计算机及条码技术。

（二）自动化立体仓库的优缺点

1. 优点

（1）高层货架储存。高层货架储存，储存区大幅度向高空发展，节省了库存占地面积，提高了空间利用率。

（2）扩大了仓储能力。

（3）自动存取。自动化仓库使用机械和自动化设备，运行和处理速度快，劳动生产率高，并且可有效地降低操作人员的劳动强度。

（4）计算机控制。计算机控制能够有效地减少货物处理和信息处理过程中的差错。

（5）储存信息管理及时准确。自动化仓库的计算机信息管理系统可以与企业的生产信息系统集成，实现企业信息管理的自动化。

2. 缺点

（1）基建和设备投资高。自动化仓库结构复杂，配套设备多，安装精度要求高，施工周期长，一次性资金投入大。

（2）自动化立库的操作、维护和保养要求高。

（3）作业流程要求严格，弹性小，柔性差，整体配套要求高。

（4）弹性较小，难以应付储存高峰的需求。

因此，在选择建设自动化立体仓库时，必须综合考虑自动化立体仓库在整个企业中的营运策略地位和设置自动化立体仓库的目的，并进行详细的方案规划和综合测评，最终确定建设方案。

二、自动化立体仓库的构成

自动化立体仓库主要由货物储存系统、货物存取和运输系统、货物控制和管理系统三大系统组成,并有与之相配套的供电系统、空调系统、消防报警系统、称重计量系统、包装系统、网络通信系统等。自动化立体仓库的计算机管理及控制系统,是基于现代信息技术、控制技术及计算机通信技术等发展起来的综合应用系统,自动化立体仓库的高新技术水平就是由此而体现的。

由于物流系统的多样性,决定了自动化仓库的多样性,但它总是由下面四个主要部分组成:储存结构、货物存取机、输送设备、控制装置。

(一)储存结构

储存结构,也称为料架系统,是自动化仓库的基础,由于这种料架比较高,所以它直接关系到存取机的制造与安装公差问题,这样在设计储存结构时就必须考虑到存取的操作及仓库防火要求,储存结构根据使用要求大体上有以下几点。

(1)单元货架是将货物存放在集装箱或托盘上,然后再装入单元货架式仓库的货格中储存。

(2)活动货架式由电动货架组组成。这种仓库的货架可以在轨道上行走,由控制装置来控制货架的合拢与分离,作业时货架分开,在巷道中可以进行作业;不作业时可将货架合拢,这样可大大节约仓库面积,提高仓库平面利用率和空间利用率。

(3)拣选式仓库,由分拣机构提取少于单元载荷量的物品,它有巷道内和巷道外两种分拣方式,巷道内分拣又分为人工分拣和自动分拣两种,同样,巷道外分拣也分为人工分拣和自动分拣。

(二)货物存取机

货物存取机,有的称堆垛起重机,是物流系统的基本组成部分,因为它具有高空储存作业的性能,所以它能进行以下作业。

(1)准确、安全的作业,可设有手动、半自动、全自动作业方式。

(2)如果进行全自动作业,中央控制室可对其进行遥控操作。

(3)能在仅比它所装载货物稍宽的窄巷道中作业。为了适应各种货物装载功能和作业量,货物存取机具有相应的各种各样的尺寸与构造。

(三)输送设备

输送设备,是指除货物存取机外,用来运送货物进出库的设备。不少系统输送机使用得并不多,大量使用的是结构更为复杂的,能把货物存取机和其他设备的操作联结起来成为一种更为完善的输送设备系统。

4. 控制装置

控制装置,能把所有仓库设备有机地组合在一起,形成一个系统。当前,很多自动化仓库均采用计算机控制,现代的自动化仓库很多都采用分布式计算机控制,其实就是由几台小型(微型)计算机一起来完成以前由一台计算机所担负的任务。

三、自动化立体仓库的管理与控制系统

自动化立体仓库的管理与控制系统是管理和控制立体仓库物流和信息流的综合系统,它是一个分层分布式计算机控制系统,由管理级、监控级、控制级和设备级构成,实现了"动态账本"功能,主要包括计算机管理系统、后台监控系统、PLC 控制系统等。

(一)管理系统的主要功能

1. 出入库作业功能

(1)响应各种终端的入库申请。

(2)根据出入库原则和现有库存情况,确定存取货物的最佳货位。

(3)获取并检测各出入库货物的相关信息。

(4)根据最短路径原则,形成一条或数条从原地址到目的地址的最佳路径。

(5)在执行任务的过程中,软件通过控制系统中各设备的运行状态和物流状态,随时选择各货箱的最佳状态链,使货箱以最短的时间到达目的地。

(6)系统故障检测和处理功能。

2. 数据管理功能

(1)查询现存货物的所有信息,查询方式有按品名、型号、货位、生产车间、入库时间和条码查询等。

(2)特定时间段内,出入库货物信息查询。

(3)仓库现有空货位查询。

(4)盘库。

(5)编制、打印各种报表和数据,如各终端作业报表,空货位报表,紧缺物资报表等。

(6)出入库作业完成后更新相应的数据库记录。

(7)维护整个仓库的数据库系统。

3. 信息交换功能

整个通信系统应有如下功能:①各终端与服务器之间的通信,如出入库申请、入库货箱条码信息上传等;②管理器与服务器之间的通信(各终端申请任务表的查询、数据库的查询);③管理机与下位各 PLC 之间的通信(出入库任务指令的发送、各状态信息的检测等);④管理机与监控终端的通信(出入库任务指令的发送、各状态信息的检测等);⑤管理机与监控终端的实时通信(系统内各设备的运行状态和库内货箱实时位置的实时显示)。

4. 库存分析功能

库存分析功能主要由储存货位限制、市场状况和用户具体要求等因素决定,对于仓库系统而言,管理软件主要有下述几项功能:①根据生产计划和某种产品所需,分析、判断现有各种材料和半成品的库存是否满足需求,若有不足,则做出报警提示,并编制相应的紧缺物质报表;②对库存各类货物的余缺(即超过上限或者小于下限者)做出相应的报警提示;③通过对在库货物记录信息的分析,可以对仓库的货物周转和资金占用等情况进行定量报告。

(二)自动化立体仓库控制系统的功能

立体化仓库是相对于平台库和楼板库而言的立体存货的高层仓库,它可分为简易式立体

库、半自动化立体库和全自动化立体库等类型。它包括土建、机械、电气、电子技术等综合性工程,是机械和电气、强电控制和弱电控制相结合的产物。

1. 自动化立体仓库堆垛机的控制系统

巷道堆垛机是自动化仓库中最主要的设备,它通过对货物进行存取和转移,完成出入库的功能。为此,堆垛机具有三大机构:行走机构(又称运行机构)、升降机构(又称起升机构)、货叉伸缩机构,如图 2-27 所示。

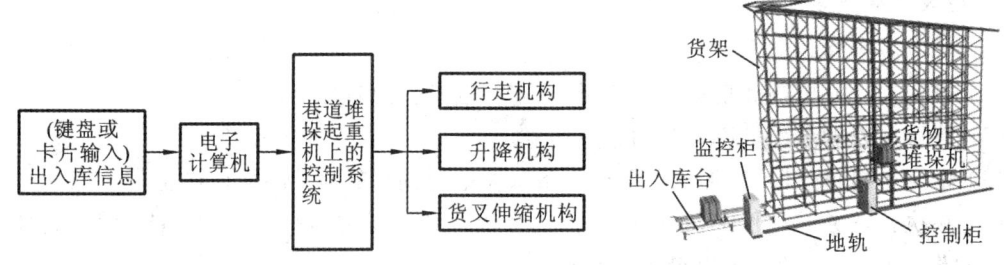

图 2-27   自动化立体仓库作业机构组成图

行走机构与升降机构使堆垛机到达指定货位,然后利用货叉伸缩机构与升降机构一起完成存取作业。这三大机构由堆垛机的自动控制系统控制。

2. 控制系统基本组成结构

(1) 自动化立体仓库主要由货物储存系统、货物存取和传送系统、控制和管理系统等三大系统所组成,与之配套的有供电系统、空调系统、消防报警系统、称重计量系统、信息通信系统。外围设备由库房、货架、堆垛机、自动控制与信息传输装置、计算机和输送机等组成。

(2) 自动化立体仓库控制系统采用四级计算机分布式控制,如图 2-28 所示,分为仓储管理子系统(第一层)、数据采集子系统(第二层)、监控调度子系统(第三层)和下位控制执行子系统(第四层)。控制对象是自动输送机系统、自动分拣机系统、自动堆垛机、AGV(automated guided vehicle,自动导引车)、其他自动化设备等。

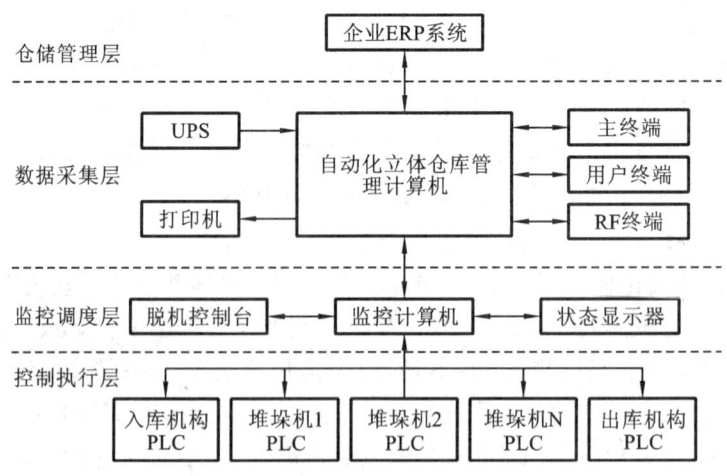

图 2-28   自动立体仓库监控系统结构图

3. 控制系统基本功能

(1) 控制系统的主要任务是对一具体仓库的材料、货物的入库、出库等基本信息进行管理，优化仓库储存的效率，管理材料在库情况并控制仓库中的自动化设备，实现仓库中材料的自动出入库操作和储存操作。

(2) 后台监控系统是采用仓库管理监控级和实时控制级二级联网的在线联机自动控制，具有仿真动画效果。

(3) PLC 控制系统是采用工业型可编程序控制器(PLC)和交流变频调速器作为控制单元，可有手动、半自动、单机自动、联机自动等多种控制方式。

（三）自动化立体仓库堆垛机的工作流程

自动化立体仓库的库房由一般由机架、走行机构、升降机构、载货台、伸叉、导轨组成，巷道端部有出入库货物的转轨设施，巷道长度与货架高度根据储存量的需要及厂房的结构尺寸而定。其主要功能是按照控制指令的要求向高层货架高速度、高密度地自动存取物料。堆垛机存取货物指令流程图如图 2-29 所示。

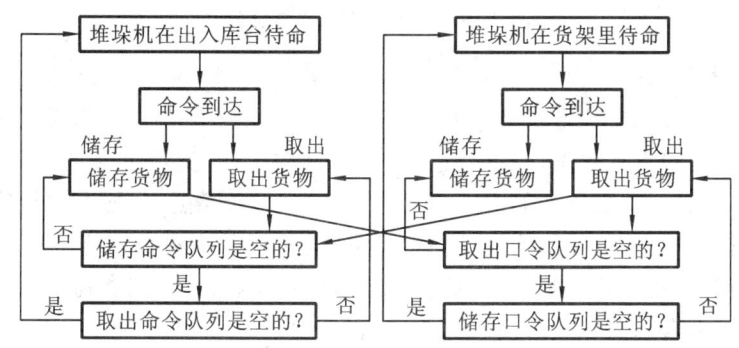

图 2-29　堆垛机存取货物指令流程图

单元式高层货架的定位：货架沿仓库的长度方向(Y 方向) 分若干列，沿宽度方向(X 方向) 分若干排，沿高度方向(Z 方向) 分若干层，因此，货架上每一个货位可以用列、排、层(X、Y、Z) 唯一确定。在自动化立体仓库的物流输送过程中，堆垛机实现货物在各出入库端到货格的搬运。

四、立体仓库的分类

（一）按照立体化仓库高度分类

按照立体化仓库高度可分为低层立体化仓库、中层立体化仓库和高层立体化仓库。

(1) 低层立体化仓库高度在 5 m 以下，主要是在原来老仓库的基础上进行改建的，是提高原有仓库技术水平的手段。

(2) 中层立体仓库高度在 5~15 m 之间，由于中层立体仓库对建筑，以及仓储机械设备的要求适中，造价合理，是目前应用最多的一种仓库。

(3) 高层立体仓库的高度在 15 m 以上，由于其对建筑以及仓储机械设备的要求高，造价太高，安装难度大、应用较少。

（二）按立体化仓库货架构造分类

1．单元货格式立体仓库

单元货格式立体仓库是一种标准格式的通用性较强的立体仓库,如图 2-30 所示。其特点是每层货架都是由同一尺寸的货格组成,货格开口面向货架之间的通道,装取货机械在通道中行驶并能对左、右两边的货架进行装、取作业。每个货格中存放一个货物单元或组合货物单元。

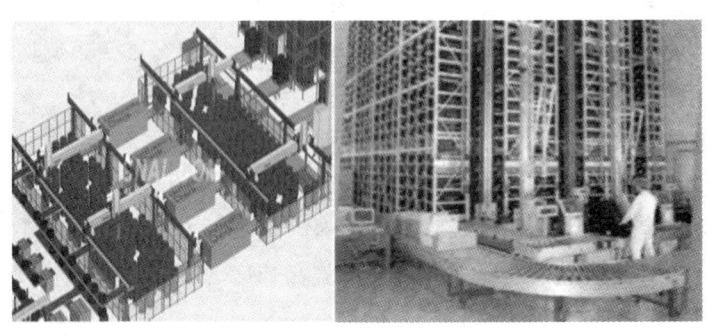

图 2-30　单元货格式立体仓库

2．贯通式立体仓库

贯通式立体仓库又称流动型货架仓库,贯通式立体仓库是一种密集型的仓库,如图 2-31 所示。这种仓库货架之间没有间隔,不留通道,货架紧靠在一起,实际上成了一个货架组合整体。这种货架独特之处在于,每层货架的每一列纵向贯通,像一条条隧道,隧道中能依次放入货物单元,使货物单元排成一列。货架结构一端高一端低,使贯通的通道成一定坡度。在每层货架底部安装滑道、辊道或在货物单元装备(如货箱、托盘)底部安装轮子,则货物单元便可在其自身重力作用下沿坡道高端自动向低端运动。

图 2-31　贯通式立体仓库

3．自动化柜式立体仓库

自动化柜式立体仓库是小型可移动的封闭式立体仓库,由柜外壳、控制装置、操作盘、储物箱及传动机构组成,如图 2-32 所示。其主要特点是小型化、轻量化、智能化,尤其是封闭性强,有很强的保密性。

4．条型货架立体仓库

条型货架立体仓库的货架每层都伸出支臂,专门利用侧式叉车进出货,用于存放条型、筒型货物的立体仓库,如图 2-33 所示。

图 2-32 自动化柜式立体仓库

图 2-33 条型货架立体仓库

（三）按立体化仓库建筑形式分类

按立体化仓库建筑形式可分为整体式立体仓库和分离式立体仓库。

1. 整体式立体仓库

整体式立体仓库是指高层货架与建筑物是一体的，不能单独拆装，是一种永久性的设施，所以层数较高，采用钢筋混凝土结构，如图 2-34 所。货架除了储存货物以外，还可以作为建筑物的支撑结构，就像是建筑物的一个部分，即库房与货架形成一体化结构。

2. 分离式立体仓库

分离式立体化仓库的建筑物与货架不是连为一体的，而是分别建造的，不是永久性的设施，可以根据需要进行重新安装和改造，所以层数较低，采用钢结构，如图 2-35 所示。分离式立体仓库的货架独立存在，建在建筑物的内部。

图 2-34 整体式立体仓库

图 2-35 分离式立体仓库

（四）按立体化仓库自动化程度分类

按自动化程度可分为半自动化立体仓库和全自动化立体仓库。

半自动化立体仓库是指货物的存取和搬运一部分由人工操作机械完成，另一部分由计算机启动控制完成。

全自动化立体化仓库是指货物的存取和搬运过程都是由计算机自动控制。

五、自动化立体仓库巷道式堆垛机

（一）巷道式堆垛机的组成

巷道式堆垛机是自动化立体仓库中最重要的运输设备。过去的仓库货物运输中，在桥式起重机小车上悬挂一个立柱，利用货叉在立柱上的上下运动及立柱的旋转运动来搬运货物，通常称之为桥式堆垛机。巷道式堆垛机由机架、运行机构、起升机构、载货台及存取货物机构、电气设备和安全保护装置六个部分组成，如图 2-36 所示。

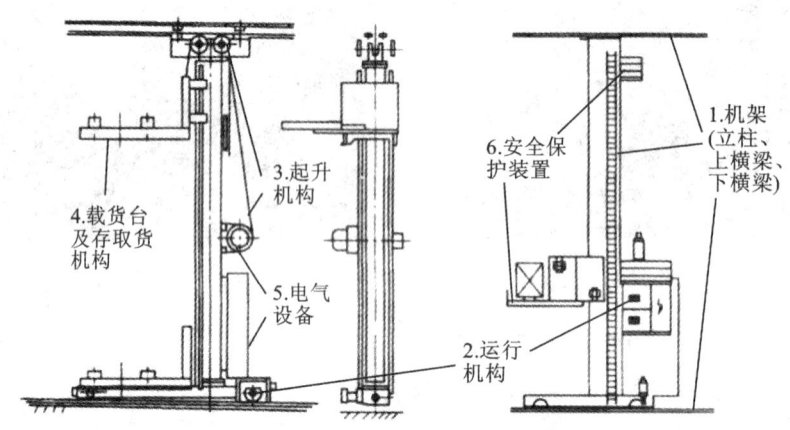

图 2-36　堆垛机结构示意图

1. 机架

堆垛机的机架由立柱、上横梁和下横梁组成,整机结构高而窄。根据立柱的个数,机架可分为单立柱和双立柱两种类型。

2. 运行机构

在堆垛机的下横梁上装有运行驱动机构和在轨道地轨上运行的车轮。驱动方式有地面驱动式、顶部驱动式和中部驱动式等几种,常用地面驱动方式。

3. 起升机构

堆垛机的起升机构由电动机、制动器、减速器、卷扬机或链轮以及钢丝绳和起重链等柔性件组成,负责载货台的上下运动。电机转动带动卷扬机,然后钢丝绳牵引载货台做升降运动。常用的减速机有齿轮减速机,需要较大的减速比时可以选用蜗轮蜗杆减速机和行星齿轮减速机。

4. 载货台及存取货机构

载货台是托盘单元货物的承载装置。用于需要搬运整个货物单元的堆垛机,载货台由货物和存取货装置构成。

5. 电气设备

电气设备主要包括电力拖动、检测控制和安全保护等装置。

6. 安全保护装置

堆垛机是一种起重机械,高速行驶在又高又窄的货架巷道中,为了保证人身及设备的安全,必须配备完善的硬件及软件安全保护装置,并在电气控制上采取一系列连锁和保护措施。

(二)巷道式堆垛机的特点

有轨巷道式堆垛机的主要用途是在高层货架的巷道内来回穿梭运行,将位于巷道口的货物存入货格内,或取出货格内的货物运送到巷道口。

(1)因为高层货架的高度和货架巷道之间的距离狭窄,堆垛机整体结构高而窄。

(2)堆垛机的金属结构要求的刚度和精度比较高。

(3)堆垛机配备特殊的取物装置,常用的有伸缩货叉、伸缩平板和可对物料箱或特殊形状货物作业的机械手。

(4)堆垛机的电力拖动系统要求同时满足工作速度快,启动、制动速度快,平稳和准确三个方面的要求。

（5）人工操作安全要求高。

（三）巷道式堆垛机的类型

（1）按立柱结构形式的不同，可分为单立柱堆垛机和双立柱堆垛机。

① 单立柱堆垛机：单立柱堆垛机的金属结构由一根立柱和下横梁组成，如图 2-37 所示。这种堆垛机的自重轻，但刚性较差，一般用在起重量 2 t 以下，起升高度不大于 45 m 的仓库。其行走速度最高可达 160 m/min，载货台的升降速度最高可达 60 m/min，货叉伸缩速度最高可达 48 m/min。

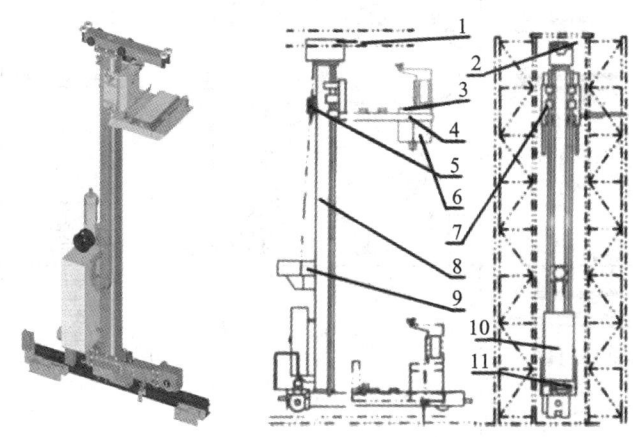

图 2-37　单立柱堆垛机示意图

1—上横梁；2—上水平导轮；3—货叉机构；4—载货台；5—松绳过载安全装置；
6—司机室；7—断绳安全装置；8—立柱；9—起升机构；10—电器控制柜；11—运行机构

② 双立柱堆垛机：双立柱堆垛机的金属结构由两根立柱和上下横梁组成，如图 2-38 所示。这种堆垛机刚性好，运行速度高，能快速启动、制动，但自重较大，起重量可达 5 t，适于各种起升高度的仓库，能用于大件货物的作业。

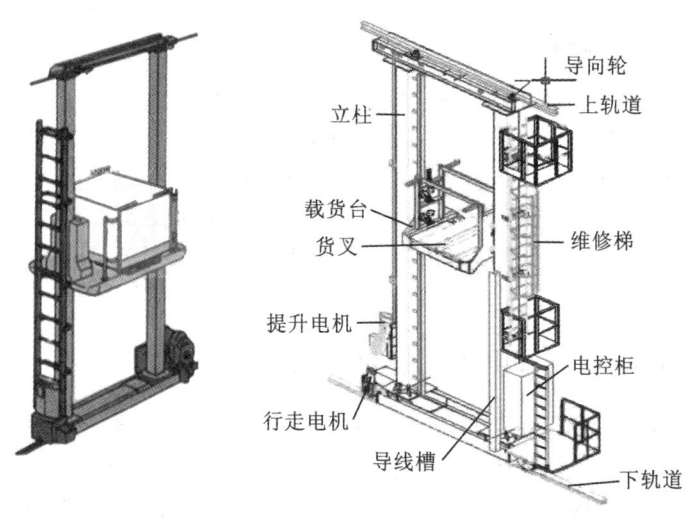

图 2-38　双立柱堆垛机示意图

（2）按作业方式不同，可分为拣选式堆垛机、单元式堆垛机和拣选单元混合式堆垛机，如图 2-39 所示。

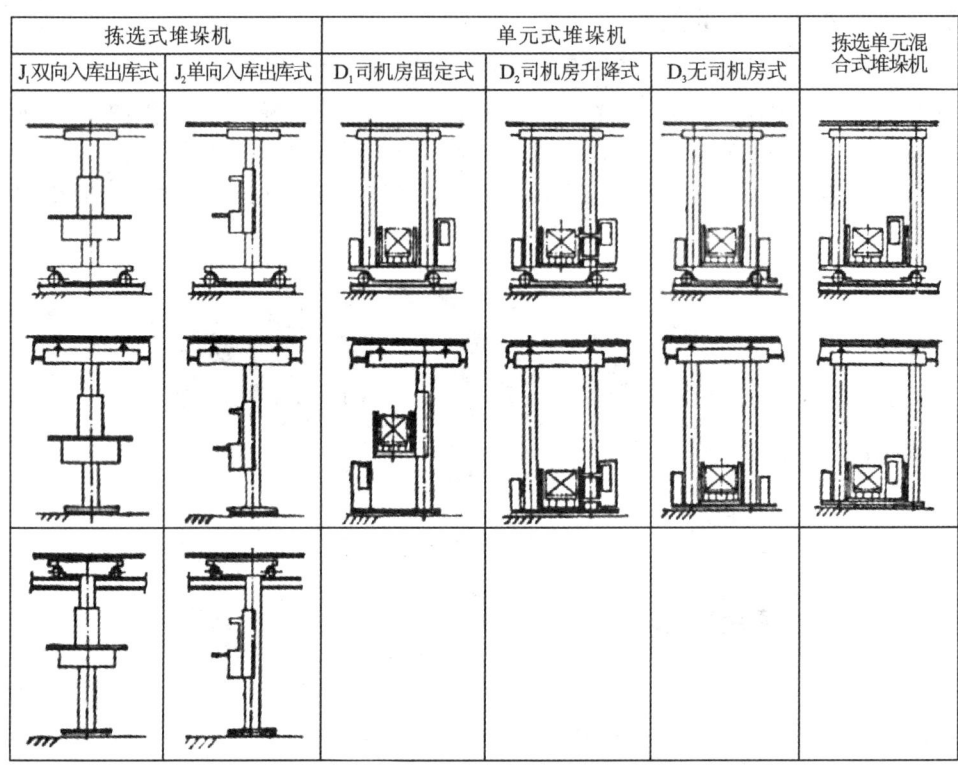

拣选式堆垛机		单元式堆垛机			拣选单元混合式堆垛机
J₁双向入库出库式	J₂单向入库出库式	D₁司机房固定式	D₂司机房升降式	D₃无司机房式	

图 2-39　按作业方式分类的堆垛机结构图

① 拣选式堆垛机：拣选式堆垛机是由操作人员从货格的托盘中存入或取出少量货物、进行出入库作业的堆垛机，其特点是没有货叉。

② 单元式堆垛机：单元式堆垛机是对托盘单元货物进行出入库作业的堆垛机。

③ 拣选单元混合式堆垛机：具有单元式与拣选式综合功能的堆垛机，其载货台上既有货叉装置，又有司机室，可满足两种作业方式的要求。

（3）按支承方式不同，可分为悬挂式堆垛机和地面支承式堆垛机。

① 悬挂式堆垛机：悬挂式堆垛机悬挂在巷道上方的轨道下翼缘上运行，运行机构安装在堆垛机门架的上部，同时利用地面上导轨稳定堆垛机的摆动和倾斜，如图 2-40 所示。

② 地面支承式堆垛机：地面支承式堆垛机的运行轨道铺设在地面上，堆垛机用下部的车轮支承和驱动，如图 2-41 所示。上部导轮用来防止堆垛机倾倒或摆动，在遥控时可兼作信号电缆吊架的导轨。

六、自动化立体仓库周围出入库配套设备

现代化自动立体仓库的设备一般包括货架、托盘、储存机械、搬运机械、输送机械等设备。常用的仓储出入库配套的机械设备除了有各种堆垛起重机、叉车、重力和动力输送机、巷道式堆垛机、装卸堆垛机器人、自动导向车等，还有载货电梯、液压升降机、固定平台搬运车和牵引车等。

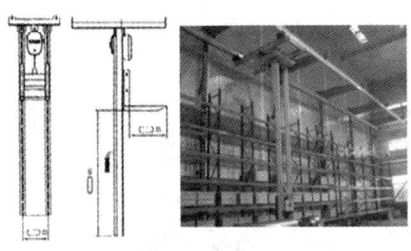

图 2-40 悬挂式堆垛机图

图 2-41 地面支撑式堆垛机图

（一）载货电梯

载货电梯由钢丝绳、链条和液压缸驱动,在仓库货物出入库区运送托盘货物、容器、单件货或人。与起重机不同,电梯运送的货物是放在轿厢内,沿着垂直或倾斜方向、固定的导轨进行运输。

（二）简易叉式搬运车

简易叉式搬运车是一种轻小型的利用人力提升货叉的装卸、搬运设备,用于搬运装载于托盘上的货物,在货物出入库或仓库车间内有着广泛的应用。简易叉式搬运车的货叉可以和滚轮做成一体,也可与滚轮分开,如图 2-42 所示。

图 2-42 简易叉式搬运车图

（三）固定平台搬运车

固定平台搬运车是在仓库室内经常使用的短距离的搬运货物的车辆设备,如图 2-43 所示。

图 2-43 固定平台搬运车图

一般情况下,采用蓄电池或电动机作为动力进行驱动,有三轮和四轮两种形式。固定平台搬运车的主要性能参数有额定承载量、载货平台面积、载货平台高度、最小转弯半径、最大牵引力、运行速度(空载/满载)、爬坡度(空载/满载)等。

（四）液压升降机

液压升降机又称作液压升降平台,如图 2-44 所示,是一种相对简单,且适应能力很强的起重机械。其有两种类型:单剪支臂平台和双剪支臂平台。

液压升降平台主要由载货平台、剪式支臂、液压油缸和电动油泵等组成,其升降由油缸驱动剪式支臂来完成,可在起升高度范围内的任意位置停止,将搬运人员和机械及货物一起运输,常

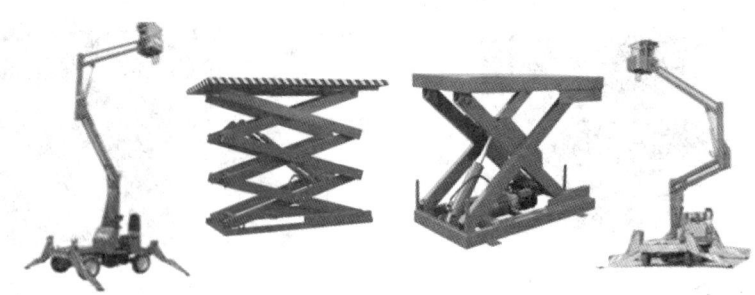

图 2-44　升降平台图

用于楼层间的垂直运输、车辆的装卸、货架巷道内的储存或拣货作业。

（五）牵引车

牵引车是指具有牵引装置，专门用于牵引载货挂车进行水平搬运的车辆。牵引车没有取物装置和载货平台，不能装卸货物，也不能单独搬运货物，如图 2-45 所示。

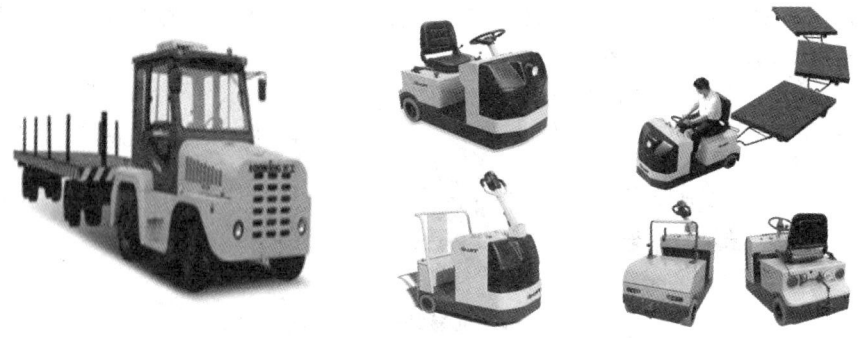

图 2-45　牵引车示意图

牵引车根据动力大小可分为普通牵引车和集装箱牵引车。普通牵引车可以拖挂平板车，用于装卸区内的水平搬运；集装箱牵引车用于拖挂集装箱挂车，用于长距离搬运集装箱。当平板车或集装箱挂车被拖到指定的地点装卸货物后，牵引车就会拖开这些挂车与其他的挂车结合。

根据所提供的动力不同，牵引车可分为内燃牵引车和电动牵引车。内燃牵引车一般采用经济性良好的柴油机进行驱动，只有小型牵引车才采用汽油机进行驱动。内燃牵引车的底盘结构形式与普通汽车类似，主要用于室外的牵引作业。电动牵引车采用蓄电池和直流电动机进行驱动，主要用于室内的牵引作业。

七、自动化立体仓库的设计

随着经济全球化步伐的加快，物流供应链中蕴藏的巨大潜力越来越引起人们的注意。物流中心则是物流供应链中重要的枢纽之一。它是接受并处理下游用户的订货信息，对上游供应方的大批量货物进行集中储存、加工等作业，并向下游进行批量转运的设施和机构。

（一）自动化立体仓库实现功能的直接执行机构

自动化立体仓库实现功能的直接执行机构包括以下几种。

（1）自动仓储设备（自动化立体仓库）。

（2）其他货架（平面托盘货架与流动货架等）。

（3）各种输送机（辊道输送机、链条输送机、皮带输送机、升降移载机、提升机等）。

（4）各种分拣设备。

（5）无人台车。

（6）其他各种辅助设备。

（二）自动化立体仓库设计步骤

作为物流中心的重要组成部分，自动化立体仓库直接影响到企业领导者制定的战略和计划，以及指挥和调整企业的行动。自动化立体仓库设计步骤如下。

（1）收集、研究用户的原始资料，明确用户所要达到的目标。

（2）确定自动化立体仓库的主要形式及相关参数。所有原始资料收集完毕后，可根据这些第一手资料计算出设计时所需的相关参数。

（3）合理布置自动化立体仓库的总体布局及物流图。

（4）选择机械设备类型及相关参数。

（5）初步设计控制系统及仓库管理系统的各功能模块。

（6）仿真模拟整套系统。

（7）进行设备及控制管理系统的详细设计。

自动化立体仓库设计的一般过程在具体设计中，可结合具体情况灵活运用。

任务五　仓储辅助技术与装备

项目目标

知识目标

（1）了解在物流过程中使用的各种类型计量装置。

（2）掌握库存物资过程中的各种养护技术与装备。

（3）掌握在仓库中加强仓储安全，防止事故，确保人员、设备和物资安全的技术与装备。

（4）掌握各种计量设备、养护设备以及安全防护设备的基本使用与维护知识。

能力目标

（1）能够根据各种计量设备稳定性、灵敏性、正确性和不变性的特点，在仓库中正确使用各种计量设备。

（2）能够根据不同条件下不同物资的储存环境，正确选用养护技术与装备。

（3）能够在不同环境下，正确选用安全技术与装备，以保证仓储的物资及人员安全。

（4）能够在日常仓储管理中，将计量、养护及安全技术与装备向员工进行知识普及。

知识链接

一、计量设备

计量设备是利用机械原理或电测原理确定物质物理量大小的设备。仓库中应用的各种计量设备,都必须具有稳定性、灵敏性、正确性和不变性的特点。

稳定性是指计量设备的计量感应部分在受力后离开平衡位置,在所受力撤销以后能够回到原来位置。

灵敏性即计量装置的灵敏度,是指计量装置能感应出的最小荷重变化。

正确性是指计量装置每次对不同物品的计量结果应该在误差所允许的范围内。

不变性是指对同一物体连续称重,每次所计量的结果应该在误差所允许的范围内。

在物流过程中使用的计量装置有多种,根据计量方法的不同可以分为:重量计量设备,包括各种磅秤、地重衡、轨道衡、电子秤;流体容积计量设备,包括液面液位计、流量计;长度计量设备,包括检尺器、长度计量仪;个数计量设备,包括自动计数器、自动计数显示装置。

(一) 电子秤

电子秤是进行重量计量的电子称重设备。与传统的机械秤不同,电子秤反应速度快,称重数据可以储存、远距离传输,以实现安全报警和作业自动化,有足够的精确度,称重值数码显示,避免了人为的读数误差等。电子秤主要由三个部分组成,即传力系统、称重传感器和称重显示仪表。电子秤结构示意图如图 2-46 所示。电子秤示意图如图 2-47 所示。

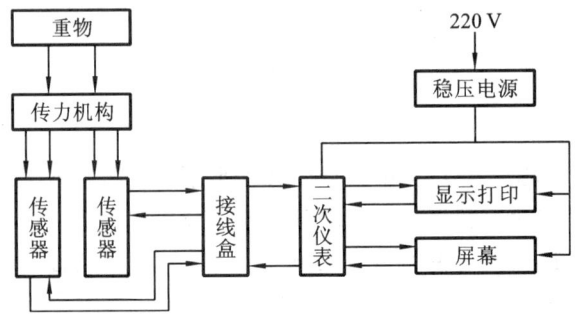

图 2-46　电子秤结构示意图

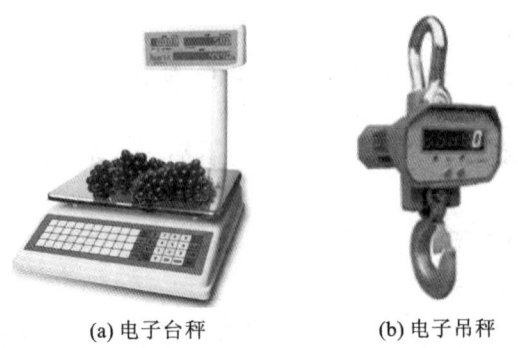

(a) 电子台秤　　　　　(b) 电子吊秤

图 2-47　电子秤示意图

1. 传力系统

传力系统是将被称物品的重量准确无误地传递给称重传感器的整套机械装置,它主要包括称重平台、吊挂、安全定位等部件。

2. 称重传感器

称重传感器的作用是将物品的重量的力信号转换成电信号。将力信号转换成电信号的装置很多,称重传感器按其转换原理可分为电阻应变式、电容式、压电式、振频式等。

3. 称重显示仪表

称重显示仪表是对称重传感器在承受载荷时的输出电压信号进行测量,并给出以重量为单位的载荷重量示值。

数字式仪表是将称重传感器输出的连续模拟信号加以放大后通过模数转换器变换成脉冲数字量,最后以数码形式显示被称物品的重量。数字式仪表的优点是:测量精度高;读数直观,避免人为的读数误差;能自动计量、远距离计量,以及实现生产自动控制。

(二)地重衡和轨道衡

地重衡是一种地下磅秤,是将磅秤的台面安装在车辆行驶的路面上,使通过的车辆能够迅速称重,如图 2-48 所示。地重衡是可将汽车、马车等和所载货物一同称重的杠杆秤,是可称量汽车或畜力车载重量的衡器。按结构和功能分为机械式、机电结合式和电子式三类,以机械式为最基本型。机械式和机电结合式的秤体安放在地下的基坑里,秤体表面与地面持平。电子式的秤体直接放在地面上或架在浅坑上,秤体表面高于地面,两端带有坡度,可移动使用,又称无基坑汽车衡。

图 2-48 地重衡示意图

轨道衡是有轨式的地下磅秤,在有轨车辆通过时,称出车辆的总重量的衡器,如图 2-49。称量铁路货车载重的轨道衡分静态轨道衡、动态轨道衡和轻型轨道衡三种。

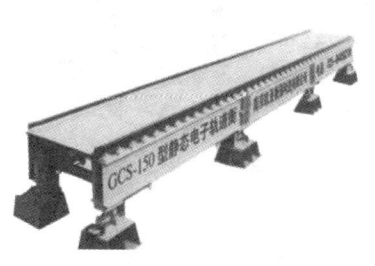

图 2-49 轨道衡

地重衡和轨道衡都分机械式和电子式两类。机械式地重衡和机械式轨道衡需要人工参与操作，计量的误差较大，计量的准确率为 0.5%。电子式地重衡和机械式轨道衡带有自动显示装置，误差较小，准确度较高，其准确率为 0.1%～0.2%。

（三）自动检重秤

自动检重秤又称自动分选秤或动态秤，是一种对不连续成件载荷进行准确、高速自动称量检测选别的衡器，如图 2-50 所示。

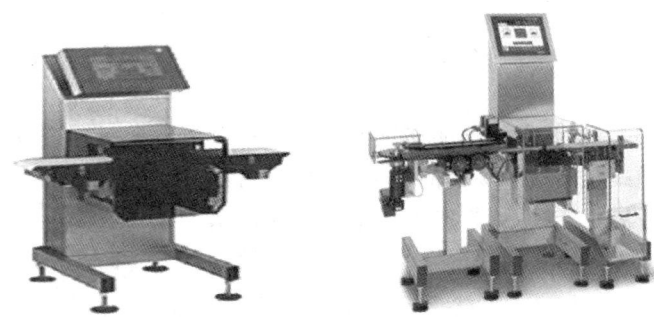

图 2-50 自动检重秤示意图

自动检重秤的功能是对物品的重量进行连续检测，因此它除了可以进行检验产品重量以外，还可以检验产品件数和按照重量对产品进行分类。其主要用来校验生产流水线上产品的重量，并对重量不合格的产品进行剔除。自动检重秤可设定分选范围及有关参数，储存多个品种的运行参数，并能与装填设备联机使用，较准确地调节装填量，方便安装调试。

自动检重秤主要由输送机、称重传感器和显示控制器组成。输送机是由传送装置和称量装置组成的，对瞬间通过输送机的物品进行称量。

（四）电子皮带秤

电子皮带秤主要由秤体、称重传感器、测速传感器和电脑计算仪（也称为显示控制器、仪表）等四个部分组成，如图 2-51 所示。它根据重力作用对皮带输送机所输送的松散物料进行自动连续计量，广泛应用于电力、矿山、冶金、建材、轻工、港口及交通运输部门的动态计量和控制配料。

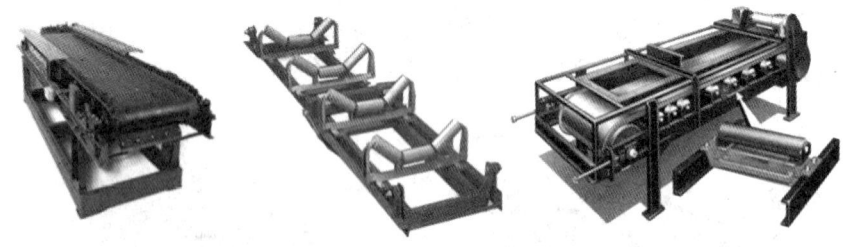

图 2-51 电子皮带秤示意图

电子皮带秤的主要特点如下。

（1）秤架结构简单，无辅助传力机构，影响称量准确度的因素少，安装于现场上、下皮带之间，不占用空间高度，安装方便。

（2）称重传感器采用全密封处理，防潮防腐性能好，并安装与秤架方梁内，处于受拉状态，系统稳定性好,且不受外部水、尘污及物料堆积的影响。

(3)支点采用无摩擦耳轴支撑,线性度好,适用于在各种恶劣环境下使用。

(4)仪表具有防水、防尘的优良性能,功能齐全,有自动调零、半自动调零、数字修正量程、电子校准、故障自检、数字标定、停电保持(在正常情况下能保持五年)等功能。

二、养护技术与装备

影响库存物资储存的因素多种多样,而仓库温湿度条件是影响库存物资质量的两个最重要因素,为了使库内的温湿度条件符合物资养护条件标准,有时就需要排除库内多余的热量,对库内温湿度进行控制,改善库内的储存环境。这样,就需要设置不同的通风设备、减湿设备等构成仓库养护系统。

(一)通风系统及通风机

1. 通风系统

按照通风系统的动力,可以分为自然通风和机械通风两类。

1)自然通风

自然通风是依靠室内和室外的温度差所造成的热压,或建筑物在风力作用下造成的风压,以及气体的扩散作用来使室内和室外的空气进行交换。气体的扩散作用一般很小,自然通风主要通过室内外的温度差和风对建筑物的作用实现的。

自然通风通过定期开启门窗等方法或者根据空气自然流动规律,利用门窗来控制和调节流入和排出的空气实现。自然通风是一种最经济的通风方式,这种通风方法有时也被称为调节换气。

2)机械通风

机械通风是指依靠通风机所造成的压力差,借助通风管网来实现输送空气的方法。机械通风系统又可以分为四类。

(1)进气式通风系统。向库内输入新鲜空气,可以是全面的输气,也可以是局部的输气,这种通风系统称为进气式通风系统,或简称送风系统。

(2)排气式通风系统。将库内的污浊空气排出的通风系统称为排气式通风系统,或简称排风系统。同样,它也可以是局部的或全面的排气。

(3)联合式通风系统。如果单独设置进气式通风系统或单独设置排气式通风系统,还不能满足通风要求。可采取进气和排气并用的联合式通风系统,即一方面通过排气式通风将污浊空气从库内排出,另一方面通过进气式通风将洁净新鲜的空气补充进来,从而达到较好的通风效果。

(4)空气调节系统(简称空调系统)。这是一种比较先进,也是比较完善的机械通风系统。不论各种外在因素和内在因素如何变化,以及对室内的气象条件影响如何,空气调节系统都能为室内创造出完全符合在卫生和技术上所要求的人工气象条件。空气调节系统一般包括各种空气净化、除尘、加热、冷却、加湿和干燥等空气处理设备。

2. 通风机

在机械通风系统中,迫使空气在通风管网中流动的机器称为通风机,如图 2-52 所示。

(1)按照不同的工作原理和结构形式,通风机可以分为离心式通风机和轴流式通风机。

图 2-52　仓库通风机

（2）按照不同的输送介质和要求，通风机可以分为以下几种。

①普通通风机。这种通风机所输送的介质（空气），一般温度不高于 160 ℃、含尘量小而且对设备的腐蚀性不大。

②除尘通风机。这种通风机的叶片较少，而且成流线形。它一般用来输送含尘浓度超过 150 mg/m³ 以上的含尘空气，或用来输送气体。

③排风机。装有冷却轴承的装置，它是专门用来排除湿度很高的空气或气体。

④耐酸通风机。这种通风机用不锈钢、耐酸塑料或陶瓷等耐酸材料制成。它专门用来输送腐蚀性很强的空气或气体。

⑤防爆式通风机。防爆式通风机的外壳和叶轮是用软金属（如铜或铝）制造的。它用来输送容易引起爆炸或燃烧的气体或含有某种可能引起爆炸的工业粉尘的空气。

（3）按照通风机所产生的压力大小，它又可分为以下几种。

①低压通风机。如果通风机在通风管网中所造成的压力在 100 mm 汞柱以下时，称为低压通风机。这种通风机可以用来输送普通的空气、被有害气体或蒸汽污染了的空气。

②中压通风机。如果通风机在通风管网中所造成的压力在 100～300 mm 汞柱的范围内。这种通风机一般可以用在管网较长、阻力较大的通风系统上，也可以用来输送含有砂子、金属屑、木屑、亚麻和棉纤维等工业粉尘的空气。

③高压通风机。如果通风机在通风管网中所造成的压力大于 300 mm 汞柱时，称为高压通风机。这种通风机可以用在极复杂的通风管网中输送空气，或用在物料的气体输送系统中。

（二）减湿设备

目前，在仓库中常用的空气减湿方法主要有三种：吸湿剂减湿、通风减湿和冷却减湿。通风减湿设备和冷却减湿设备如图 2-53 所示。

(a) 通风减湿设备　　　　　　　　　　(b) 冷却减湿设备

图 2-53　通风减湿设备和冷却减湿设备

1. 吸湿剂减湿

常用的吸湿剂有带孔隙的硅胶，即成胶状的二氧化硅（SiO_2），以及活性氧化铝（Al_2O_3）、氯化钙($CaCl_2$)等。

硅胶是一种无毒、无臭、无腐蚀性的半透明结晶体,不溶于水。硅胶能吸收相当于自身重量 25%～50%的水分。如果将这种吸满了水分的硅胶加热到 150 ℃,其中的水分就会迅速排出,但硅胶的性质不变,因而可以继续使用,这种去水过程称为"再生"。再生后的硅胶吸水能力有所下降,而且在再生过程中,总会有些损耗,所以应及时补充和更换新硅胶。

活性氧化铝也是一种带孔隙的固体物质,它能吸收相当于自身重量 18%～24%的水分。

氯化钙是白色的多孔结晶体,略有苦咸味,吸湿能力较强,但吸湿后就潮解,最后变成氯化钙溶液。氯化钙对金属有强烈的腐蚀作用,使用起来不如硅胶方便,但因其价格低廉,加热后也能再生和重复使用,所以应用比较广泛。

常用的氯化钙有两种:一种是工业纯氯化钙,纯度为 70%,吸湿量可达本身重量的 100%;另一种是无水氯化钙,纯度为 95%,吸湿量可达自身重量的 150%。由于工业纯氯化钙的价格比无水氯化钙低得多,因此,使用工业纯氯化钙较为经济。

2. 通风减湿

如果将比室内空气含湿量低的室外空气送到室内,而将湿度较高的空气排出,则可以达到通风减湿的目的。我国大部分地区,每年都有几个月室外空气中的含湿量较低,在其他月份,一天之内有时也会出现室外空气含湿量较低的情况。所以,如果能加强管理,掌握好有利时机,进行有组织的自然通风或机械通风,也可以达到减湿的目的。

通风减湿是一种较经济的方法,除机械通风外,如能大量利用自然通风的话,则更有利。不过单纯通风无法调节室内温度,因此,在一些余热量很小的室内,虽然它能使空气的含湿量降低,但空气的相对湿度仍可能较高。

3. 冷却减湿

1)冷却减湿的原理

用干式冷却或湿式冷却的方法,使空气的温度降低到这样一种程度,即空气中所含水蒸气超过它的饱和量而从空气中凝结出来。显然,这一温度必须低于空气的露点温度。当空气被冷却到低于它的露点温度时,空气中多余的水分就会凝结出来。

如果空气中有一部分水蒸气凝结成水而被排除出去,空气的含湿量就要减少,这样也就达到了对空气去湿的目的。

使低温水或冷盐水通过空气冷却器来冷却空气,这种方法,空气和水不直接接触,所以称为空气的干式冷却法。当低温水的温度和被冷却空气的温度相差 15～17 ℃时,空气经过干式冷却后,温度可以降低 3～5 ℃。如果要使送进空气的温度降低 5 ℃以上,就需要用制冷机进行冷却。

用低温水或循环水喷雾冷却空气的方法,虽然不能把空气的温度任意降低,但是它能把空气的温度降低到某一限度以内,这种空气和水直接接触的降温方法,称为空气的湿式冷却法。在进行湿式冷却时,作为喷雾用的低温水,必须低于空气的露点温度。如果喷雾用水的温度高于空气的露点温度时,不仅达不到降温的目的,反而会使空气的含湿量增加。

在低温水的温度还不符合要求的情况下,可以采用机械制冷来冷却空气。

2)冷冻减湿机

冷冻减湿机,又称除湿机或降湿机,是由制冷系统和风机等组成。在这里制冷剂的循环和一般制冷机一样,需要减湿的空气先经过蒸发器,由于制冷剂吸热蒸发,使蒸发器的表面温度降到空气露点温度以下,因而空气被降温,离开蒸发器的空气又进入冷凝器。

由于冷凝器里是来自压缩机的高温气态制冷剂,它被低温空气冷却成了液态,而空气本身则升温。虽然这样得到的空气温度较高,但含湿量很低,这就达到了减湿的目的。

冷冻减湿机的优点是效果可靠、使用方便,缺点是投资和运行费较高。目前,我国各地生产的冷冻减湿机型号很多,减湿量大小不等,由每小时几千克到几十千克。有固定式的,也有移动式的,需要时可根据样本和使用条件加以选用。

(三)空气幕

1. 空气幕的作用

空气幕是利用特制的空气分布器喷出一定温度和速度的幕状气流,借以封住门洞,减少或隔绝外界气流的侵入,以维持库内或某一作业区的一定气象条件。空气幕常称为风幕,它的作用有以下几点。

(1)防止库外(室外)冷、热气流侵入。用于运输工具、货物出入的库房、工厂、车间或商店、剧场等公共建筑的大门。

(2)为保持库内一定的相对湿度而不受库外气象条件的影响,也可设置空气幕进行阻隔。

(3)防止尘埃、虫害等入侵。凡是开启频繁的主要通道库门,又不可能设置门斗或前室时,为维持库内一定的气象条件,往往可以设空气幕装置。

2. 空气幕的分类

空气幕按照空气分布器的安装位置可以分为侧送式空气幕、下送式空气幕和上送式空气幕三种,如图 2-54 所示。

(a) 侧送式空气幕　　　　　(b) 下送式空气幕　　　　　(c) 上送式空气幕

图 2-54　空气幕的分类示意图

1)侧送式空气幕

侧送式空气幕分为单侧和双侧面种,单侧空气幕适用于宽度小于 4 m 的门洞和车辆通过门洞时间较短的场合。

2)下送式空气幕

往往冬季冷空气都是从门洞的下部侵入,而下送式空气幕的射流最强区刚好在门洞下部,所以这种形式空气幕的挡风效率是最高的,而且它不受大门开启方向的影响。

3)上送式空气幕

上送式空气幕适用于一般需要用空气幕进行阻隔的仓库大门和一般公共建筑,如剧院、宾馆、百货公司等。这类空气幕可作隔绝夏天热气流侵入和室内降温之用。

三、安全装备与技术

仓库是物资的集聚地,又是仓储作业的劳动场所,具有较多的机械与设备。因此,按照科学方法,采用相应的技术措施,加强仓储安全,防止事故,确保人员、设备和物资的安全,对避免人民生命财产遭受损失,保证物资周转和供应工作顺利进行,有十分重要的意义。

(一)仓库防雷设备

1. 避雷针

1）避雷针的避雷原理

由于直击雷是雷云和大地间的直接放电,突出地面的高耸建筑物最易首先接触到而遭到破坏,因此,在许多需要保护的构筑物上或建筑物附近都设置有避雷针。避雷针的避雷原理是:利用避雷针的接闪器高出被保护物的突出地位,将雷电引向自身,然后通过引下线的接地装置,将雷电流泄入大地,以使被保护物免遭雷击。

2）避雷针的构造与计数要求

避雷针的构造,由接闪器、引下线、接地体和支持物四部分组成,如图 2-55 所示。

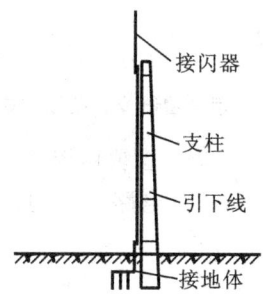

接闪器
支柱
引下线
接地体

图 2-55　避雷针结构示意图

（1）接闪器。接闪器使整个地面电场发生畸变,由于范围很小,其对雷云向地面发展的先驱放电几乎没有影响。

（2）引下线。引下线是连接接闪器和接地体的金属导体,以使雷电流泄入大地。引下线应满足机械强度、耐腐蚀和热稳定性的要求。其一般采用镀锌圆钢或扁钢,也可采用镀锌钢绞线。其尺寸要求分别是:圆钢直径大于或等于 8 mm;扁钢厚度大于或等于 4 mm,截面积大于或等于 48 mm^2;钢绞线截面积大于或等于 25 mm^2。引下线、接闪器和接地装置应确保连接牢固可靠,以减小连接处的电阻。

（3）接地装置。接地装置通常是指接地体和接地线的总称。因为已经把引卜线单独作为防雷装置的一个组成部分,所以,防雷接地装置主要是指接地体而言。接地装置是防雷装置的重要组成部分,用以向大地泄放雷电流,以免防雷装置的对地电压过高。

（4）支持物。避雷针的接闪器固定在支持物的顶部,通过支持物将接闪器伸向一定高度的空间,从而构成避雷针的保护被围。避雷针按支持物的不同分为独立避雷针和附设避雷针。

独立避雷针是离开建筑物一定距离单独装设,通常采用水泥杆、木杆、钢塔架、多节不等直径的钢管或圆钢焊接的钢柱作为支持物。

附设避雷针是以建筑物和构筑物本身作为避雷针的支持物,将接闪器和引下线直接装设在建筑物上,它相对独立避雷针而言,故称为附设避雷针。

避雷针按照支持物上接闪器离水平面的高度不同,保护同一目标避雷针数量不同,以及避雷针的布局结构不同,分为单支、双支等高、双支不等高、三支等高、三支不等高等多种形式。

2. 避雷器

避雷器是并联在被保护的电力设备或设施上的防雷装置,用以防止雷电流通过输电线路传入筑物和用电设备而造成危害。

避雷器有保护间隙、管型避雷器、普通阀型避雷器、磁吹阀型避雷器、压敏阀型避雷等多种形式。仓库用电设备常用普通低压阀型避雷器。

1) 低压阀型避雷器的避雷原理

阀型避雷器及其接线方式,如图 2-56 所示。

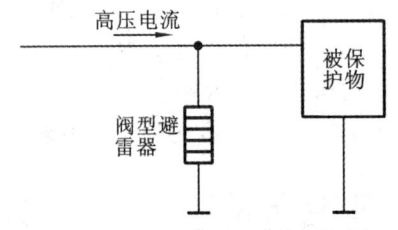

图 2-56　阀型避雷器及其接线方式

低压阀型避雷器的构造,如图 2-57 所示。它主要由瓷裙、间隙元件和阀性电阻盘组成。间隙元件一端接火线,电阻盘一端接地线。平时,电路上通过的是工频电流,电压较低(一般为 220 V 或 380 V)。

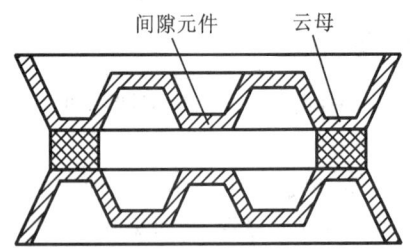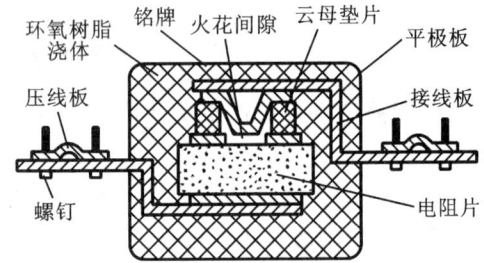

图 2-57　阀型避雷器的构造示意图

这时电阻盘的电阻很大,线路向大地的泄漏电流很小,只有几微安,可以认为线路与大地之间是开路的;当雷电流沿线袭来时,电压很高,火花间隙被击穿,电阻盘的电阻变得很小,雷电流通过避雷器顺利地泄入大地(电流值可达几十千安),从而保护了线路上连接的用电设备不致雷电流的破坏。当雷电流泄入地后,线路上又只有工频电流通过时,电压变小,电阻盘的电阻变大,通过避雷器的电流值变得很小,火花间隙上的电弧被熄灭,线路又恢复正常工作。

2) 低压阀型避雷器的选型与安装要求

低压阀避雷器有 FS-0.22 型,FS-0.38 型和 FS-0.50 型三种。它们的保护额定电压分别为 220 V、380 V 和 500 V,选用低压阀型避雷器时,应根据线路的额定电压来确定,如一般的照明线路为 220 V,即选用 F-0.22 型避雷器,一般动力线路为 380 V,即选用 FS-0.38 型避雷器。

3. 避雷线、避雷网和避雷带

仓库专用建筑物除常用到避雷针、避雷器两种避雷装置外,根据需要还可采用避雷线、避雷网、避雷带等避雷装置。

避雷线、避雷网、避雷带,是以其线、网、带为接闪器的避雷装置,避雷原理和避雷针相同,在构造上也是由接闪器、引下线、接地体和支持物四个部分组成。由此可见它与避雷针相比仅接闪器的形式不同,其他构造和要求与避雷针的构造和要求一致。

(二) 仓库常用灭火器

灭火器是人们用来扑灭各种初期火灾的很有效的灭火器材,其中小型的是手提式灭火器,比较大一点的为推车式灭火器。根据灭火剂的多少,也有不同规格。因为不同的物质燃烧是有不同的特点,必须根据不同物质的燃烧特点,有针对性地选择灭火器进行灭火。

1. 灭火器的种类

(1) 按灭火器里所充填的灭火剂分类。可分为干粉灭火器、二氧化碳灭火器、卤代烷类(哈龙)灭火器、泡沫灭火器、清水灭火器几种。

(2) 按驱动灭火剂喷出的压力形式分类。可分为储气瓶式灭火器、储压式灭火器、化学反应式灭火器几种。

2. 灭火器的主要应用性能

1) 干粉灭火器

干粉灭火器(见图 2-58)是利用二氧化碳气体或氢气气体作动力,将灭火筒内的干粉喷出来灭火的。干粉是一种干燥的、易于流动的微细固体粉末,由能灭火的基料和防潮剂、流动促进剂、结块防止剂等添加剂组成,主要用于扑救石油、有机溶剂等易燃液体、可燃气体和电气设备的初起火灾。干粉灭火器按移动方式分为手提式、背负式和推车式三种。

2) 二氧化碳灭火器

二氧化碳灭火器(见图 2-59 所示)是充装液态二氧化碳,利用气化的二氧化碳降低燃烧区温度,隔绝空气并降低空气中氧含量来进行灭火的,主要用于扑救贵重设备、档案资料、仪器仪表、600 V 以下的电气设备及油类初起火灾,不能扑救钾、钠等轻金属火灾。二氧化碳灭火器主要由钢瓶、启闭阀、虹吸管和喷嘴等组成。

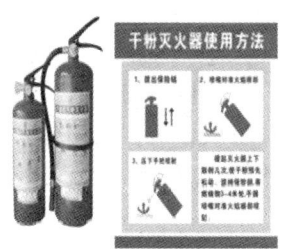
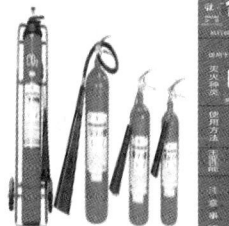
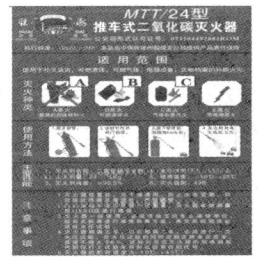

图 2-58 干粉灭火器示意图   图 2-59 二氧化碳灭火器示意图

常用的又分为 MT 型手轮式和 MTZ 型鸭嘴式两种。

3) 卤代烷灭火器

卤代烷灭火器(见图 2-60)主要包括哈龙 1211、哈龙 1301 等,由于其在灭火防爆和抑爆方面均具有独特的灭火效果,并且不导电、无残留,是灭火器中的首选灭火药器。卤代烷灭火器中的灭火剂具有高挥发性,可通过各种渠道不断向大气层释放,大多数积聚在对流层。

4) 水型灭火器和泡沫灭火器

水型灭火器和泡沫灭火器的构造原理基本一样。水型灭火器装的是水(清水)或混有各种

(a) 哈龙1211灭火器

(b) 哈龙1301灭火器

图 2-60 卤代烷灭火器示意图

添加剂的水,以增强灭火效力,如图 2-61 所示。

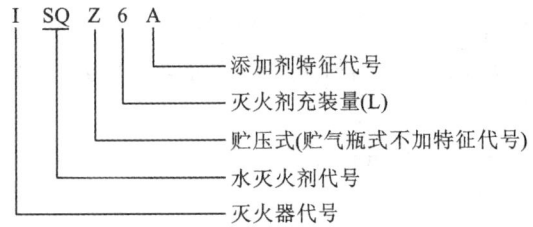

I SQ Z 6 A
— 添加剂特征代号
— 灭火剂充装量(L)
— 贮压式(贮气瓶式不加特征代号)
— 水灭火剂代号
— 灭火器代号

图 2-61 水型灭火器示意图

泡沫灭火器有化学泡沫灭火器和机械泡沫灭火器两种灭火器,如图 2-62 所示。

(a) 化学泡沫灭火器

(b) 机械泡沫灭火器

图 2-62 泡沫灭火器示意图

　　化学泡沫灭火器是一种化学反应式的灭火器,它是由装在灭火器筒体的碳酸氢钠水溶液和少量的泡沫添加剂(外药),与装在内胆里的硫酸铝水溶液(内药)组成。机械泡沫灭火器是将机构泡沫液和水的混合液装在灭火器筒体内,再充装进一定压力的氮气(贮压式)或另外装有一定量二氧化碳的贮气瓶。

　　化学泡沫灭火器灭火时将灭火器倒置,内药和外药相混合进行化学反应产生泡沫和二氧化碳气体,靠内部产生的二氧化碳气压力将泡沫喷出,覆盖在燃烧物表面上,即可降低燃烧物的温度,又隔绝空气,从而达到灭火效果(属于物理灭火)。

　　机械泡沫灭火器灭火时打开释放阀,泡沫混合液在筒内气压作用下喷出,在喷管的出口处有混合液体,以和空气混合产生大量的泡沫覆盖在燃烧物上,从而达到灭火效果。水型灭火器主要是将水喷射到燃烧物上,使其冷却而达到灭火效果。水型灭火器和泡沫灭火器都不能扑救带电物体火灾。灭火器使用温度范围一般为 4~55 ℃,冬季注意防冻。只有化学泡沫灭火器灭火时需要倒置,其他水型灭火器和泡沫型灭火器不得倒置喷射。

学习测试

一、名词解释

仓储　仓库　保管　库存　仓库管理

二、单项选择

(1) 仓库管理过程的开始是从(　　)作业开始的。

A. 出库作业　　B. 搬运作业　　C. 入库作业　　D. 盘点作业

(2) 属于仓储辅助作业的是(　　)。

A. 验收　　　　B. 保管　　　　C. 出库　　　　D. 配货

(3) 仓库的基本操作是(　　)。

A. 搬运和拣选　B. 搬运和储存　C. 理货和储存　D. 理货和拣货

(4) 仓储作业流程为(　　)。

A. 入库—保管—出库

B. 入库接运—理货—验收—保管—出库

C. 接运—内部交接—验收—保管—出库

D. 接运—理货—堆码—保管—盘点—出库

(5) 采用公共仓储的优点在于资金投入少以及(　　)。

A. 稳定的需求　B. 安全的供给　C. 高度的控制　D. 灵活性

(6) 经海关批准设立的专门存放保税货物及其他未办结海关手续货物的仓库是(　　)。

A. 自用仓库　　B. 营业仓库　　C. 公用仓库　　D. 保税仓库

(7) 一个仓库的主体部分是(　　)。

A. 生产作业区　B. 辅助生产区　C. 行政生活区　D. 其他

(8) 下面不属于库房分区的是(　　)。

A. 收货区　　　B. 发货区　　　C. 温度可控区　D. 防虫区

(9) 下列哪一种货架不能实现先进先出(　　)。

A. 重力式货架　B. 驶入式货架　C. 托盘式货架　D. 阁楼式货架

(10) 自动储存取货系统由高层货架、(　　)、出入库输送机系统、自动化控制系统、计算机仓库管理系统及其周边设备组成,可对集装单元物品实现自动化存取和控制的仓库。

A. 叉车　　　　　　　　　　　　　B. 巷道堆垛起重机

C. 无轨堆垛机　　　　　　　　　　D. 升降机

(11) 对风吹、雨淋、日晒无影响等基本不受气候条件影响的物品,可(　　)存放。

A. 设专门仓库　　　　　　　　　　B. 在货场露天

C. 在一般仓库中　　　　　　　　　D. 专柜存放

(12) 二氧化碳是一种惰性气体,具有不导电、不腐蚀、无余渣、不会损坏物品、可长期保存不会变质、随时可用的特点,最适宜扑灭(　　)火灾。

A. 电气　　　　B. 铝粉　　　　C. 铝镁合金　　D. 硝酸纤维

(13) 对于经日晒不影响质量的商品生霉后可采取(　　)方法,这样既能散去商品的水分,又能杀灭商品上的霉菌。

A. 摊晾　　　　B. 烘烤　　　　C. 曝晒　　　　D. 低温消毒

(14) 立体仓库的建筑高度一般为 5 m 以上,最高的立体仓库可达(　　)。

A. 25 m　　　　　B. 30 m　　　　　C. 40 m　　　　　D. 50 m

(15) 重型货架的每层货架载重量为(　　)。

A. 150 kg 以上　B. 150~250 kg　C. 150~500 kg　D. 500 kg 以上

(16)(　　)是专门存放堆码在托盘上货物的货架,其承载能力和每层空间适合于存放整托盘货物。

A. 阁楼式货架　B. 托盘货架　　C. 移动式货架　　D. 重力式货架

(17)(　　)物品适宜放置于靠近仓库出口的区域。

A. 不常用的　　B. 重量轻的　　C. 体积小的　　　D. 出入库频繁的

(18) 既可以防潮、防热、防干裂、防冻,又可以防霉、防虫、防锈蚀、防老化的商品养护措施是(　　)。

A. 密封　　　　B. 通风　　　　C. 吸潮　　　　　D. 药物防治

(19)(　　)布置方式的最大优点是便于叉车配合托盘进行作业,能缩小叉车的回转角度,提高装卸搬运效率;而最大的缺点是造成不少死角,仓库面积不能被充分利用。

A. 横列式　　　B. 纵列式　　　C. 通道倾斜式　　D. 料垛倾斜式

(20) 库房内墙围成的面积,减去支柱、楼(电)梯、间隔墙、消防设施等的面积,是库房内可以用来存放商品实有的面积,称为(　　)。

A. 建筑面积　　B. 使用面积　　C. 有效面积　　　D. 总面积

三、不定项选择

(1) 在仓库中可增加空间利用率的设备是(　　)。

A. 叉车　　　　B. 货架　　　　C. 托盘　　　　　D. 起重机

(2) 广泛应用于办公室存放文档、图书馆存放档案文献、金融部门存放票据、工厂车间及仓库存放工具和物料的货架是(　　)。

A. 阁楼式货架　B. 装配式货架　C. 拣选式货架　D. 移动式货架

(3) 关于重力式货架下列说法不正确的是(　　)。

A. 重力式货架是密集型货架的一种,能够大规模密集存放货物

B. 重力式货架可保证货物先进先出

C. 重力式货架出入库作业完全分离,增加了出入工具的运行距离

D. 重力式货架有利于进行拣选活动,是拣选式货架中很重要的一种

(4) 下列关于货架说法正确的是(　　)。

A. 货架是一种架式结构物,可充分利用仓库空间,提高库容利用率

B. 悬臂式货架用于长条形物料的存放

C. 托盘式货架是存放装有货物托盘的货架,可实现机械化作业,便于单元化存取

D. 重力式货架属于通道式货架的一种

E. 移动式货架是一种带轮且可移动的货架

(5) 自动化立体仓库按建筑形式不同,可分为(　　)。

A. 单元货格式　　　　　　B. 贯通式　　　　　　　　C. 自动化柜式

D. 整体式　　　　　　　　E. 分离式

(6) 自动化立体仓库主要由下列哪些部分组成(　　)。

A. GPRS　　　　　　　　　　B. 高层货架　　　　　　　　C. 输送设备系统

D. 控制与管理系统　　　　　　E. 存取设备系统

(7) 仓库中使用最广泛的计量设备是(　　　)。

A. 重量计量设备　　　　　　　　　　　　B. 流体容积计量设备

C. 长度计量设备　　　　　　　　　　　　D. 个数计量设备

(8) 根据计量方法的不同,计量设备可以分为(　　　)。

A. 重量计量设备　　　　　　　　　　　　B. 长度计量设备

C. 流体容积计量设备　　　　　　　　　　D. 个数计量设备

E. 单元计量设备

(9) 目前,在仓库中常用的空气减湿方法主要有(　　　)。

A. 吸湿剂减湿　　　　　　　B. 洒水减湿　　　　　　　　C. 通风减湿

D. 密封减湿　　　　　　　　E. 冷却减湿

(10) 在常用的吸湿剂中,应用比较广泛的是(　　　)。

A. 带孔隙的硅胶　　　　　　　　　　　　B. 活性氧化铝

C. 氯化钙　　　　　　　　　　　　　　　D. 碳酸钙

(11) 适用于扑救贵重设备、档案资料、仪器仪表、600 V 以下的电气设备及油类初起火灾的灭火器是(　　　)。

A. 干粉灭火器　　　　　　　　　　　　　B. CO_2灭火器

C. 卤代烷灭火器　　　　　　　　　　　　D. 泡沫灭火器

(12) (　　　)主要用于扑救石油、有机溶剂等易燃液体、可燃气体和电气设备的初起火灾。

A. 干粉灭火器　　　　　　　　　　　　　B. CO_2灭火器

C. 卤代烷灭火器　　　　　　　　　　　　D. 泡沫灭火器

(13) (　　　)由于在灭火防爆和抑爆方面均具有独特的效果,并且不导电、无残留,是灭火器中的首选。

A. 干粉灭火器　　　　　　　　　　　　　B. CO_2灭火器

C. 卤代烷灭火器　　　　　　　　　　　　D. 泡沫灭火器

(14) 出库的原则有(　　　)。

A. 先进先出　　　　　　　　　　　　　　B. 包装不好者先出

C. 近期失效者先出　　　　　　　　　　　D. 已损坏者不出

(15) 通风的一般方法有(　　　)。

A. 通风散热　　　B. 通风散潮　　　C. 机械吸潮　　　D. 吸湿剂吸潮

四、案例分析

2008 年 2 月 14 日,佛山市三水区一烟花爆竹仓库发生大爆炸,爆炸发生时传出三声巨响。在广东佛山市三水区、南海区、禅城区、高明区均有震感,其中离爆炸发生地点 1 km 左右的一个村庄,所有居民楼房的玻璃窗户全部震碎。

调查发现,该事故的直接原因是储存在粤通公司(公司名简称)A2 仓库内的烟花爆竹火药受潮,产生并聚集了大量热量从而导致爆炸,并引发临近仓库里的烟花爆竹燃烧爆炸。省安全监管局依法对粤通公司处以人民币 20 万元罚款,并吊销公司及其相关责任人的证照。另外,6 名法定责任人也受到处罚。该事故的间接原因是使用部分 C 级仓库违规超量储存 A 级产品

（烟花在制作过程中，因药物混合，并且裸露，最容易引起爆炸，属于 A 级危险等级，到了组装、包装过程时则较安全，属于 C 级危险等级，装箱后，安全系数更高）。

认真阅读、分析上述材料，请回答以下问题。

（1）粤通公司教训深刻，你认为其管理制度存在哪些缺陷？应如何改进？

（2）通过对本章内容的学习，你对仓储管理安全知识的普及重要性认识了多少？

第三章

装卸搬运技术与装备

XIANDAI WULIU

JISHU YU

ZHUANGBEI

SHIWU

 **任务引入**

产品从生产到用户,要经过多次周转,每经过一个流通终端,每转换一次运输方式都必须进行一次装卸搬运作业。装卸搬运作业的工作量和所花费的时间,耗费的人力、物力在整个物流过程中都占有很大的比重。因此,合理配备装卸搬运机械设备是完成装卸搬运作业的根本保证。

 **任务分析**

装卸搬运机械是指用来搬移、升降、装卸和短距离输送物料的机械。它是物流系统中使用频度最大、使用数量最多的一类机械设备,是物流机械设备的重要组成部分,是进行装卸搬运作业的手段。装卸搬运机械设备主要配置在工厂、中转仓库、配送中心、物流中心以及车站货场和港口码头等,其涉及面非常广泛。按照用途和结构特征,一般可分为起重机械、连续运输机械、装卸搬运车辆、专用装卸搬运机械;按照装卸搬运物料种类,可分为单元物料装卸搬运机械、散装物料装卸搬运机械、集装物料装卸搬运机械。

引导案例

广东国药的装卸搬运成本计量节约行动

广东国药医药有限公司(后简称广东国药)是中国医药集团总公司这艘医药航母在华南战区的一艘战舰,是一个以市场为核心、现代医药科技为先导、金融支持为框架的新型公司。虽然广东国药已形成规模化的产品生产和网络化的市场销售,但其流通过程中物流管理严重滞后,造成物流成本居高不下,不能形成价格优势。这严重阻碍了物流服务的开拓与发展,成为公司业务发展的"瓶颈"。

装卸搬运活动是衔接物流各环节活动正常进行的关键,而广东国药恰好忽视了这一点,由于搬运设备的现代化程度低,只有几个小型货架和手推车,大多数作业仍处于人工作业为主的原始状态,工作效率低,且易损坏物品。另外,仓库设计不合理,造成长距离的搬运。并且库内作业流程混乱,形成重复搬运,大约有70%的无效搬运,这种过多的搬运次数,不仅损坏了商品,也浪费了时间。

广东国药的装卸搬运成本计量节约行动,表明装卸搬运活动是衔接物流各环节活动正常进行的关键,从广东国药的装卸搬运成本计量不难看出,装卸搬运应减少操作次数,提高装卸搬运活性指数,实现装卸作业的省力化等。

建议和方法

如果说物流硬件设备犹如人的身体,那么物流软件解决方案则构成了人的智慧与灵魂,灵与肉的结合才是完整的人。同理,要想构筑先进的物流系统,提高物流管理水平,单靠物流设备是不够的。

(1)减少装卸搬运环节。改善装卸作业,即要设法提高装卸作业的机械化程度,还必须尽可能地实现作业的连续化,从而提高装卸效率,缩短装卸时间,降低物流成本,有其合理化措施。

(2)防止和消除无效作业。尽量减少装卸次数,努力提高被装卸物品的纯度,选择最短的作业路线等都可以防止和消除无效作业。

(3)提高物品的装卸搬运活性指数。企业在堆码物品时应事先考虑装卸搬运作业的方便性,把分类好的物品集中放在托盘上,以托盘为单元进行存放,既方便装卸搬运,又能妥善保管好物品。

(4) 积极而慎重地利用重力原则,实现装卸作业的省力化。装卸搬运使物品发生垂直和水平位移,必须通过做功才能完成。由于我国目前装卸机械化水平还不高,许多尚需人工作业,劳动强度大,因此必须在有条件的情况下利用重力进行装卸,将设有动力的小型运输带(板)斜放在货车、卡车上进行装卸,使物品在倾斜的输送带(板)上移动,这样就能减轻劳动强度和能量的消耗。

(5) 进行正确的设施布置。采用"L"形和"U"形布局,以保证物品单一的流向,既避免了物品的迂回和倒流,又减少了搬运环节。

思考题

(1) 结合案例分析说明广东国药业务发展的"瓶颈"。

(2) 面对广东国药的现状,你能提出哪些改进措施?

任务一　装卸搬运管理概述

知识目标

(1) 掌握装卸搬运的定义。

(2) 理解装卸搬运的基本方法。

(3) 掌握装卸搬运的目标和装卸搬运合理化。

(4) 掌握装卸搬运装备及其选择原则。

能力目标

(1) 能够根据作业对象、作业手段、作业特点、作业方式选择合适的装卸搬运方法。在满足装卸搬运作业的前提下,装卸搬运要尽量实现装卸搬运的距离短、时间少、质量高、费用省的目标。

(2) 能够根据搬移、升降、装卸和短距离输送物料和货物的特点,选择机械实现装卸搬运的合理化、效率化、省力化。

(3) 能够从经济性的角度来综合考虑各方面的因素,权衡利益得失,进行全面分析比较,在多个适用方案中选择出最经济合理、先进、优质的装卸搬运机械。

一、装卸搬运的概念

(一) 装卸搬运的定义

在同一地域范围内(如车站范围、工厂范围、仓库内部等)以改变"物"的存放、支承状态的活动称为装卸,以改变"物"的空间位置的活动称为搬运。

一般来说,搬运是指物体横向或斜向的移动,装卸指上下方向的移动。广义的装卸包括了搬运活动。在特定场合下,单称"装卸"或单称"搬运"也包含了"装卸搬运"的完整含义。

搬运的"运"与运输的"运"区别在于物体的活动范围不同,运输活动是在物流结点间进行,而搬运则是在物流结点内进行,而且是短距离的移动。

(二)装卸工艺

装卸工艺是指按照一定的劳动组织形式,运用装卸机械及其配套工具等物质手段,遵照规定的技术标准和规范,完成货物在不同运输方式之间换装作业的方法和程序。其主要内容包括装卸作业的操作方法、作业技术标准和规范,以及维护工艺纪律的生产组织程序。

装卸工艺过程是指货物从进港到出港所进行的全部作业的综合,它由一个或一个以上的操作过程组成。货物经过港口有直接换装和间接换装两种方式。

(三)装卸搬运的地位

装卸搬运是物流过程中的重要环节,它在生产领域及各个物流环节中起着支持和衔接的重要作用。物流的各个环节之间,以及同一个环节的不同活动之间,都必须有装卸搬运作业。装卸搬运活动联系着物流的其他功能,成为提高物流效率、降低物流成本、改善物流条件、保证物流质量最重要的环节之一。

在物流过程中,装卸活动是不断出现和反复进行的,它出现的频率高于其他各项物流活动,每次装卸活动都要花费很长时间,所以往往成为决定物流速度的关键。

此外,进行装卸操作时往往需要接触货物,因此,这是在物流过程中容易造成货物破损、散失、损耗、混合等损失的主要环节。

二、装卸搬运的方法

装卸搬运的基本方法,可以分别从作业对象、作业手段、作业特点、作业方式的角度进行划分。

(一)按装卸作业对象分类的方法

1. 单件作业法

单件作业法是指将货物单件、逐件进行装卸搬运的方法,这是人工装卸搬运阶段的主导方法。当前,当装卸机械涉及各种装卸搬运领域的时候,单件、逐件装卸搬运的方法也依然存在。

2. 集装作业法

集装作业法是指先将货物集零为整(集装化)后,再对集装件(箱、网、袋等)进行装卸搬运的方法。这种方法又可按集装化方式的不同,分为集装箱作业法、托盘作业法、货捆作业法、滑板作业法等。

1)集装箱作业法

集装箱的装卸搬运作业在港口是以跨车、轮胎龙门起重机、轨道龙门起重机为主进行垂直装卸,以拖挂车、叉车为主进行水平装卸,而在铁路车站则以轨道龙门起重机为主进行垂直装卸,以叉车、平移装卸机为主进行水平装卸。

2)托盘作业法

托盘作业法是用叉车作为托盘装卸搬运的主要机械,即叉车托盘化。水平装卸搬运托盘主要采用搬运车辆和滚子式输送机;垂直装卸搬运托盘主要采用升降机、载货电梯等。而在自动化仓库中,则采用桥式堆垛机和巷道堆垛机完成在仓库货架内的取、存装卸。

3) 货捆作业法

货捆作业法是先将散件货物组成一个货物单元(集装袋、网等),再利用带有与各种框架集装化货物相配套的专用吊具的门式起重机、桥式起重机和叉车等进行装卸搬运作业,是颇受欢迎的集装化作业方式。

4) 滑板作业法

滑板作业法是用与托盘尺寸相一致的带翼板的滑板承放货物,组成搬运作业系统,再用带推拉器的叉车进行装卸搬运作业。

3. 散装作业法

散装作业法是指对煤炭、建材、矿石等大宗货物,以及谷物、水泥、化肥、食粮、原盐等货物采用的散装、散卸的方法,目的是提高装卸效率,降低装卸成本。其主要有重力法作业、倾翻法作业、机械法作业、气力输送法作业等。

1) 重力法作业

重力法作业是利用货物的势能来完成装卸作业的方法。比如,重力法卸车是指底开门车或漏斗车在高架线或卸车坑道上自动开启车门,煤炭或矿石等散装货物依靠重力自行流出的卸车方法。

2) 倾翻法作业

倾翻法作业是将运载工具的载货部分倾翻,从而将货物卸出的方法。比如,自卸汽车靠液压油缸顶起货箱实现货物卸载。

3) 机械法作业

机械法作业是指采用各种装卸搬运机械(如带式输送机、链斗装车机、单斗装载机、抓斗机、挖掘机等),通过舀、抓、铲等作业方式,达到装卸搬运的目的。

4) 气力输送法

气力输送法是利用风机在气力输送机的管内形成单向气流,依靠气体的流动或气压差来输送货物的方法。

(二) 按装卸作业手段和组织水平分类的方法

1. 人工作业法

人工作业法是一种完全依靠人力,使用无动力器械来完成装卸搬运的方法。

2. 机械化作业法

机械化作业法是指以各种装卸搬运机械,采用多种操作方法来完成货物的装卸搬运作业的方法。机械化作业方法是目前装卸搬运作业的主流。

3. 综合机械化作业法

综合机械化作业法要求作业机械设备和作业设施、作业环境的理想配合,要求对装卸搬运系统进行全面的组织、管理、协调,并采用自动化控制手段(如电子计算机控制与信息传递),以完成高效率、高水平的装卸搬运作业。这是代表装卸搬运作业发展方向的作业方法。

（三）按装卸作业特点分类的方法

1. 间歇作业法

间歇作业法是指以间歇运动完成对货物装卸搬运的作业方法,即在两次作业中存在一个空程准备过程的作业方法,如门式起重机和桥式起重机作业。间歇作业法的特点是有较强的机动性,装卸地点可在较大范围内变动,主要适用于货流不固定的各种货物,尤其适用于包装货物、大件货物,散装货物也可采用这种方法。

2. 连续作业法

连续作业法是指在装卸搬运过程中,通过连续输送机械,进行连续不断的装卸作业的方法。如带式输送机、链斗装车机作业。连续作业法的特点是作业线路固定,动作单一,输送均匀,中间无停顿,货间无间隔,便于实现自动控制。在装卸量较大、装卸对象固定、货物对象不易形成大包装的情况下,适宜采用这种方法。

（四）按装卸作业方式分类的方法

1. 垂直装卸法

垂直装卸法(也称为吊装吊卸法),是指采取提升和降落的方式对货物进行装卸搬运的方法。垂直装卸法采用比较多的一种装卸方法,其所用的装卸设备通用性较强,应用领域较广,如起重机、叉车、提升机等,但这种装卸方法消耗的能量较大。

2. 水平装卸法

水平装卸法(也称为滚装滚卸法),是指采取平移的方式对货物进行装卸搬运的方法。这种装卸搬运方法不改变被装货物的势能,比较省力,但需要有专门的设施,例如,能和汽车水平接靠的适高站台、汽车和火车之间的平移工具等。

三、装卸搬运的原则和合理化

装卸搬运的原则是指装卸搬运活动要求达到的目标和应当遵循的基本原则。由于装卸搬运在整个物流活动中起着十分重要的作用,根据装卸搬运的目标和特点,人们在长期的生产实践中,总结出了装卸搬运的基本原则,这对于提高物流系统整体效用具有十分重要的作用。

（一）装卸搬运的目标

为了实现装卸搬运的合理化,在满足装卸搬运作业要求的前提下,装卸搬运要尽量实现装卸搬运的距离短、时间少、质量高、费用省的目标。

（1）装卸搬运距离要短。

（2）装卸搬运时间要少。

（3）装卸搬运质量要高。

（4）装卸搬运费用要省。

（二）装卸搬运的基本原则

（1）安全文明原则。

（2）省力节能原则。

（3）装卸搬运次数最小化原则。

（4）装卸搬运程序化原则。

（5）机械化原则。

（6）系统化原则。

（三）不合理的装卸搬运

对于装卸搬运的合理化，很难有一个绝对的标准，但是，在装卸搬运作业时，必须避免由于不合理的装卸搬运而造成的损失。不合理的装卸搬运，具体表现在以下几个方面。

（1）过多的装卸搬运次数。

（2）过大包装的装卸搬运。

（3）无效物质的装卸搬运。

可见，如能防止和减少无效装卸搬运，则可节省装卸劳动，提高装卸效率，使装卸搬运合理化。

（四）装卸搬运的合理化

装卸搬运的基本原则是装卸搬运合理化经验的总结，也是合理化的基本要求。因此，装卸搬运合理化，首先必须坚持装卸搬运的基本原则，其次是按照合理化的需求进行装卸搬运作业。装卸搬运合理化的主要目标是节省时间，节约劳动力，降低装卸成本。为此，可以从以下几个方面着手。

（1）防止无效装卸搬运。

（2）提高装卸搬运活性。

为了便于装卸搬运，总是期望物料处于最容易被移动的状态，物料放置被移动的难易程度，称为活载程度，也称活载性或活性，即把物品从静止状态转变为装卸搬运运动状态的难易程度。

货物所处的状态不同，装卸搬运的难易程度也不一样，则活性也就不同。如果很容易转变为下一步的装卸搬运而不需要做过多装卸搬运前的准备工作，则活性就高；反之，则活性低。日本物流专家远藤健儿教授把物料放置的活载程度分为 0、1、2、3、4 共五个等级，该数值称为活载性指数或活性指数。各个等级物料放置状态如图 3-1 所示。

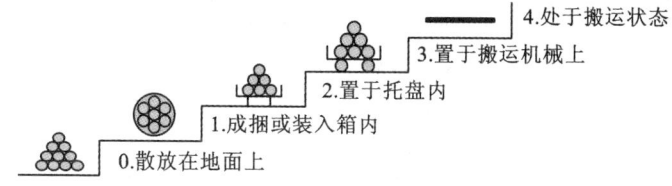

图 3-1　物料放置活性状态示意图

（3）减少装卸次数。

（4）缩短搬运距离。

（5）实现省力化。

四、装卸搬运装备及其选择

装卸搬运机械是指用来搬移、升降、装卸和短距离输送物料和货物的各种机械。它也是实现装卸搬运合理化、效率化、省力化的重要手段。

（一）装卸搬运装备及其分类

装卸搬运装备种类很多，为了适应装卸搬运行业发展的需要，常按以下方法进行分类。

1. 按装卸搬运装备的作业性质进行分类

装卸搬运装备按作业性质可分为：装卸机械、搬运机械和装卸搬运机械三大类，其具体分类如表 3-1 所示。

表 3-1　装卸搬运装备按作业性质分类表

装备类型	装卸搬运装备名称	特　点
装卸机械	手动葫芦 固定式起重机	结构简单，专业作业效率高，成本低，但功能单一，会降低系统效率
搬运机械	各种搬运车、 手推车、 带式输送机	同上
装卸搬运机械	叉车 跨运车 龙门起重机 气力装卸输送机械	两种作业操作合二为一，系统效果较好

2. 按装卸搬运装备的用途进行分类

装卸搬运装备按用途可分为：单件作业机械、集装作业机械和散装作业机械三大类，其具体分类如表 3-2 所示。

表 3-2　装卸搬运装备按用途分类表

装备类型	装卸搬运装备名称	特　点
单件作业机械	桥式类型起重机 门式类型起重机 臂式类型起重机 梁式类型起重机 悬挂输送机 辊子输送机 带式输送机 板式提升机 电梯/升降台/升降机 大型叉车/侧叉/跨车 件货装卸船（车）机 各种类型分拣设备 盘式输送机 链式输送机	单件作业使用的各种装卸搬运机械也可用于各种集装单元的装卸搬运作业

装 备 类 型	装卸搬运装备名称	特　　点
集装作业机械	集装箱龙门起重机 岸臂集装箱起重机 集装箱叉车 集装箱跨车 侧面类型集装箱装卸车 水平类型集装箱装卸车 滚装类型集装箱装卸车 挂车和底盘车 牵引车 叉车 托盘搬运车/移动器堆垛机 码盘机/卸盘机/给盘机 汽车尾板装卸装置	专门用于搬运集装箱货物
散装作业机械	斗式类型装卸机 斗轮类型装卸机 侧翻类型装卸机 抓斗类型装卸机 连续输送机 气力输送装置	专门用来装载搬运散装货物

3. 按装卸搬运装备的结构特点进行分类

装卸搬运装备按结构特点可分为:起重机械、连续输送机械、工业车辆和专用装卸机械四大类,其具体分类如表 3-3 所示。

表 3-3　装卸搬运装备按结构特点分类法

装 备 类 型	装卸搬运装备名称	特　　点
起重机械	轻小起重机械: 葫芦、绞车 升降机: 电梯、升降机	间歇作业,重复循环,短时载荷,升降活动,使货物在一定范围内上下、左右、前后移动
	起重机: 桥式类型起重机 门式类型起重机 臂式类型起重机 梁式类型起重机	

续表

装备类型	装卸搬运装备名称	特　　点
连续输送机械	有牵引构件的输送机： 带式输送机 板式输送机 链式输送机 悬挂输送机 斗式提升机 板式提升机 自动扶梯	连续动作,循环运动,持续载荷,路线一定
	无牵引构件的输送机： 螺旋输送机 振动输送机 辊子输送机	
	气力输送装置： 悬浮式气力输送装置 推送式气力输送装置	
工业车辆	叉车： 前移式叉车 插腿式叉车 平衡重式叉车 跨车 侧叉	轮式无轨底盘上装有起重、输送、牵引、承载装置,可以在设施内进行流动作业
	人力搬运车： 台车、手推车 手动液压托盘搬运车 升降式搬运车	
	动力搬运车： 轨道无人搬运车 牵引车、挂车、底盘车 单斗装载机	

续表

装备类型	装卸搬运装备名称	特　点
专用机械	翻车机 堆取料机 堆垛机、拆垛机 集装箱专用装卸机械 托盘专用装卸机械 船航专用装卸机械 车辆专用装卸机械	带专用取物装置的起重、输送机械与工业车辆的综合，一般进行专门作业
	分拣专用机械： 押出式 浮出式 斜行式 倾斜落下式	在计算机的控制下连续动作，将不同的货物搬运到各自被指定的位置

（二）装卸搬运装备的选择及其原则

装卸搬运机械的选择，应该本着经济合理、提高效率、降低费用的总要求，在考虑货物的特性、作业的特性以及经济性等诸方面的因素后，才能做出综合判断，以便使所选择的装卸搬运机械能发挥出最大的效益。

装卸搬运机械的选择，具体应遵循以下几个基本原则。

1. 根据货物的特性进行选择

货物的特性是指货物的种类，如散货、包装货物等。货物种类不同，或者货物性质不同，则装卸搬运这些货物的机械设备也有所不同。所以，要在考虑货物特性的基础上，从作业安全和效率出发，选择合适的装卸搬运机械。一些不同货类所使用的装卸搬运机械如表 3-4 所示。

表 3-4　一些不同货类所使用的装卸搬运机械

货　类	在装卸搬运作业中可使用的典型机械
件杂货	门机、运输工具吊杆
木材	门机、堆场龙门吊、木材抓斗
集装箱	岸臂式装卸搬运桥、堆场轮胎式龙门吊
干散货	移动式卸船机、堆场斗轮式堆取料机
散粮	吸粮机、夹皮带机、斗式提升机
液体货	输送管道

2. 根据作业的特性进行选择

作业的特性包括作业的性质、作业的场合、作业的运动形式、作业量、作业搬运距离等。装卸搬运机械的选择应该尽可能与作业的特性相适应。

（1）明确作业的性质是单纯的装卸、单纯的搬运还是装卸、搬运兼顾，从而可选择更合适的装卸搬运机械。

（2）不同的作业场合，需要选择不同的装卸搬运机械。如在铁路专用线、仓库等场合，可选择龙门起重机。而在集装箱港口码头,则可选择岸臂集装箱装卸桥、集装箱跨运车等。

(3)针对水平、垂直、斜向三种典型的装卸搬运作业运动形式,也需要选择不同的装卸搬运机械。例如:水平运动,可选择卡车、牵引车等;垂直运动,可选择提升机、起重机等;斜向运动,可选择连续运输机、提升机等。

(4)作业量的大小,也影响到所需要选择的装卸搬运机械的类型和数量。如对作业量大的,应选择作业能力较强的大型专用机械。而对作业量小的,则可选择中小型通用机械。

(5)对长距离搬运,一般选择火车、船舶、载货汽车、动力牵引车等运输设备;而对较短距离搬运,则可选择叉车、跨运车、连续运输机械等机械设备。

3. 根据综合经济性进行选择

选择装卸搬运机械还必须考虑机械设备的质量、价格、安全、能耗、装配拆卸、维护保养、通用性、利用率等因素。

同时,因为选择装卸搬运机械是作为企业的设备投资,资金、规模、影响都比较大,所以投资必须经济、适当、合理。也就是说,必须在一定的经营规模下,取得最好的经济效果。它们之间的逻辑关系可由图 3-2 表达。

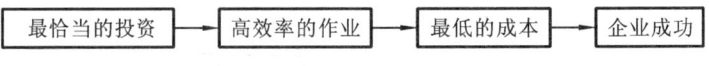

最恰当的投资 → 高效率的作业 → 最低的成本 → 企业成功

图 3-2 装卸搬运机械设备投资对企业的影响

任务二 起 重 设 备

项目目标

知识目标

(1)了解起重设备定义及工作特点。

(2)掌握起重设备按照用途和构造类型进行分类的方法。

(3)掌握常见桥架类型起重机的各类型结构、工作的特点。

(4)掌握常见臂架类型起重机的各类型结构、工作的特点。

能力目标

(1)能够根据工作需要选用常见的有千斤顶、电动或手拉葫芦、绞车、滑车的起重设备。

(2)能够根据起重机的驱动装置、工作机构、取物装置、操纵控制系统和金属结构特点选择合适的常见桥架类型起重机和臂架类型起重机。

(3)能够根据起重机主要性能特征的技术经济指标进行合理的维护保养。

一、起重设备概述

起重设备是一种以间歇作业方式对物料进行起升、下降和水平移动的装卸搬运机械。

起重设备的工作原理为：承载物料的取物装置借助庞大金属结构的支撑，通过多个工作机构的单独运动或组合运动提升物料，并在一定范围空间内运移，然后按需要将物料安放到指定位置，空载回到原处，准备再次作业，从而完成一个物料装卸搬运的工作循环。在工作中，起重机的各工作机构经常处于反复启动、制动、正向运动和反向运动的状态，是一种间歇动作的机械，具有间歇性和周期性的特点。

在现代生产中，起重设备不仅在物料运输领域起着重要作用，广泛用于输送、装卸、建筑工程和仓储等作业，而且直接参与生产工艺过程。

二、起重设备的分类

起重设备的种类很多，通常按照主要用途和构造类型对其进行分类。按主要用途可分为通用起重设备、建筑起重设备、冶金起重设备等；按构造类型可分为轻小型起重设备、起重机和升降机三大类。

1. 轻小型起重设备

轻小型起重设备一般只有一个升降机构，常见的有千斤顶、电动或手拉葫芦、绞车、滑车等，如图 3-3 所示。其特点是结构紧凑、自重轻、操作方便。

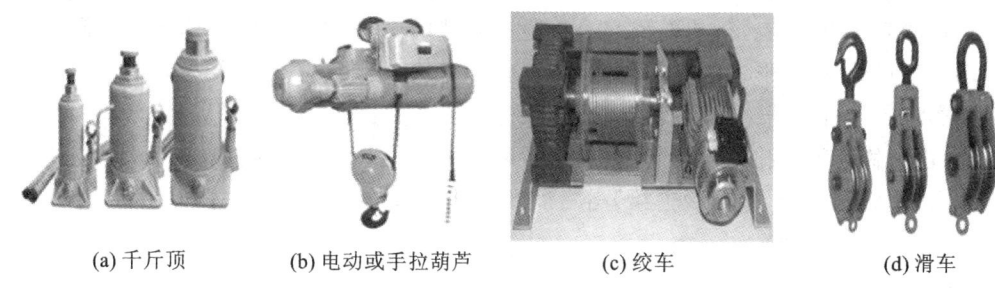

(a) 千斤顶　　　(b) 电动或手拉葫芦　　　(c) 绞车　　　(d) 滑车

图 3-3　轻小型起重设备

2. 起重机

当起重设备除了具有起升机构以外，还有其他运动机构时，其结构组成必然比单机构的轻小型起重设备复杂得多，我们称这类起重设备为起重机，又称吊车。

根据金属结构的类型不同，起重机可分为：桥架类型起重机和臂架类型起重机两大类别。除了按构造类型分类外，起重机还可以按行驶性能分为：有轨运行起重机和无轨运行起重机。有轨运行起重机装有车轮，可以在铺设的轨道上在有限范围内工作。例如，各种桥架类型起重机、塔式起重机、门座起重机等。无轨运行起重机的运行装置配备橡胶轮胎或履带，常见的各种流动式起重机，机动性好，可以在各种路面上长距离行驶，灵活转换作业场地。

3. 升降机

常见的升降机有货物升降机、电梯等，如图 3-4 所示。升降机类起重设备只有一个升降机

图 3-4 升降机

构,出于安全性考虑,电梯往往配有完善的安全装置及其他附属装置,其复杂程度是轻小型起重设备不能相比的,所以单独列为一类。

三、常见起重机

大多数起重机是通用式的,广泛应用于车间、仓库、露天堆放场等处,也有许多起重机是专门为特定工作场所或某种工艺服务的。例如,兑铁水起重机、脱锭起重机等冶金起重机,铸造起重机、锻造起重机等服务于热加工的起重机,门座起重机、卸船机等专门用于港口装卸作业的起重机,用于仓储料库的堆垛起重机,还有专门用于海上作业的浮式起重机等。起重机在许多重要国民经济部门得到广泛的使用,成为现代物流和制造业组织生产的基础装备之一。

(一)桥架类型起重机

桥架类型起重机的最大特点,是以桥形金属结构作为主要承载构件,取物装置悬挂在可以沿主梁运行的起重小车上。桥架类型起重机通过起升机构的升降运动、小车运行机构和大车运行机构的水平运动,在矩形三维空间内完成对物料的搬运作业。

桥架类型起重机根据结构形式不同还可以进一步分为:桥式起重机(俗称为天车、行车)、门式起重机(也被称为带支腿的桥式起重机、包括装卸桥和集装箱门式起重机)和缆索起重机(由于跨度太大,用缆索取代了桥形主梁)等。下面重点介绍桥式起重机、门式起重机和龙门起重机。

1. 桥式起重机

桥式起重机是桥架在高架轨道上运行的一种桥架型起重机,又称天车。普通桥式起重机一般由起重小车、桥架运行机构、桥架金属结构组成。桥式起重机的桥架沿铺设在两侧高架上的轨道纵向运行,起重小车沿铺设在桥架上的轨道横向运行,构成一矩形的工作范围,可以充分利用桥架下面的空间吊运物料,不受地面设备的阻碍。桥式起重机广泛地应用在室内外仓库、厂房、码头和露天储料场等处,是拥有量最大和使用最广泛的一种轨道运行式起重机。最常见最典型的是通用桥式起重机,如图 3-5 所示。

2. 门式起重机

门式起重机是桥梁通过两侧支腿支撑在地面轨道或地基上的桥架型起重机,又称龙门起重机。通用门式起重机除了门架外,其机构和零部件一般与桥式起重机通用。门式起重机的类型很多,常见的是按主梁结构形式分类,可分为单主梁门式起重机和双主梁门式起重机,如图 3-6 所示。主梁又分为箱形结构和桁架结构(见图 3-7)。

图 3-5　通用桥式起重机

图 3-6　单主梁门式起重机和双主梁门式起重机　　　图 3-7　桁架结构门式起重机

门式起重机不仅具有结构简单、快速轻巧、组合结构系统性好、互换性强、容易组装等特点，而且其跨距与立柱高度可调，以适应不同的工作场地，广泛应用于公路、铁路、仓库、料场、港口码头等的装卸搬运，还可以配以多种专用钩具进行多种特殊作业。

3.龙门起重机

龙门起重机又称龙门吊或门式起重机，它是因支承在两条刚性支腿或一刚一柔支腿上的主梁构成的龙门框架而得名，其外形结构，如图 3-8 所示。龙门起重机的起重小车在主梁的轨道上行走，而整机则沿着地面轨道行走。为了增加作业面积，主梁两端可以具有外伸悬臂。悬臂长度是龙门起重机的支腿，这些限制悬臂部分最外端的距离。

图 3-8　龙门起重机外形结构示意图

龙门起重机具有场地利用率高、作业范围大、适应面广、通过性强等特点，在仓库、货场、车站、港口、码头等场所，担负着生产、装卸、安装等作业过程中的货物装卸搬运任务，是企业生产经营活动中实现机械化、自动化的重要生产力。龙门起重机应用十分普遍，其使用数量仅次于桥式起重机。

（二）臂架类型起重机

臂架类型起重机的结构特点是，都有一个悬伸、可旋转的臂架作为主要受力构件，又称为旋转起重机。其工作机构除了起升机构外，通常还有旋转机构和变幅机构，通过起升机构、变幅机构、旋转机构和运行机构四大机构的组合运动，可以实现在圆形或长圆形空间的装卸作业。臂架类型起重机主要包括门座起重机、桅杆起重机、甲板起重机、浮式起重机和流动式起重机等。

1. 门座起重机

门座起重机是指可转动的起重装置安装在门形座架上的一种臂架型起重机，因具有能让运输车辆顺利通过的门架结构而得名。门形座架的 4 条腿构成 4 个"门洞"，可供铁路车辆和其他车辆通过，如图 3-9 所示。门座起重机大多沿地面或建筑物上的起重机轨道运行，进行装卸作业。

(a) 港口门座起重机　　　　　(b) 铁路门座起重机　　　　　(c) 变幅式门座起重机

图 3-9　门座起重机类型

2. 桅杆起重机

桅杆起重机是以桅杆为机身的动臂旋转起重机。由桅杆、动臂、支撑装置和起升、变幅、回转机构组成。

桅杆起重机按支撑方式分斜撑式桅杆起重机和纤缆式桅杆起重机，如图 3-10 所示。①斜撑式桅杆起重机用两根钢性斜撑支持桅杆，动臂比桅杆长，只能在 270°以内回转，但起重机占地面积小。②纤缆式桅杆起重机用多根缆绳稳定桅杆，即在桅杆底部装上转盘，动臂比桅杆短，能作 360°回转。

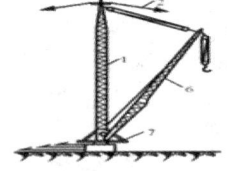

(a) 斜撑式桅杆起重机　　　　　　　　(b) 纤缆式桅杆起重机

图 3-10　桅杆起重机

桅杆起重机一般都利用自身变幅滑轮组和绳索自行架设，具有结构轻便、传动简单、装拆容易等优点。广泛应用于定点装卸重物和安装大型设备。

3. 甲板起重机

甲板起重机是电液式重载型油缸变幅起重机。专门为普通货船和其他运输船进行有效和安全的装卸货物而设计制造的，如吊装大型件货、船舱盖等。起重机通过其转柱安装在船体的上甲板上，能防风、防雨、防浪。甲板起重机如图 3-11 所示。

图 3-11　甲板起重机

甲板起重机可安装在油码头、化工码头等,用于起吊液体软管和其他危险品。当船舶横倾 5°或纵倾 2°时,吊机均能正常工作。也可安装在各种游轮、化学品船、LPG(液化石油气)/LNG (液化天然气)等特殊船舶上,可用于起吊软管、货物、补给品等各类零星物品。

4. 浮式起重机

浮式起重机也称为起重船或浮吊,如图 3-12 所示。内河港口使用非自航式起重船,通常在方型船甲板上,设置不同形式的起重机,再配置船舶系缆设备及生活设施等。中小型浮式起重机一般采用岸上供电。若为自航式,则需要装设推进系统。浮式起重机按回转性能可分为回转式浮式起重机和非回转式浮式起重机两种。

(a) 回转式浮式起重机　　　　　　(b) 非回转式浮式起重机

图 3-12　浮式起重机

回转式浮式起重机又分为半回转式和全回转式,起重机部分可作 360°回转的,称为全回转浮式起重机。半回转式浮式起重机结构简单,操作方便,一般固定于码头上吊运散装货物等。全回转式浮式起重机结构较为复杂,但其起重臂架能作 360°回转,不仅在中小型浮式起重机上应用十分广泛,且随着技术水平的不断提高,在大型浮式起重机上的应用也越来越广泛。

非回转式浮式起重机,一般臂架支承在甲板上,有臂架固定式(包括非工作性变幅)及臂架变幅式。臂架固定式浮式起重机由于工作性能差,目前已较少采用。非回转式动臂起重机虽然机动性不强,必须用弯曲航线来运送吊件,但是其造价低廉。

5. 流动式起重机

流动式起重机机动灵活,应用比较广泛,可以将其安装在地基上使用,也可以将其安装在可行走的车辆上,因此称为流动式起重机。这类起重机包括:汽车起重机、履带起重机、轮胎起重机,如图 3-13 所示。

1) 汽车起重机

汽车起重机将起重装置安装在载重汽车底盘上。其动力由汽车发动机供应,有可伸缩、俯仰的箱形吊臂和可伸缩的支腿,均为液压操纵。汽车起重机转移迅速,机动灵活,对路面破坏小,但起吊时必须将支腿落地,不能负载行驶,且对工作场地要求较高,必须平整、压实,以保证操作平稳安全。

(a) 汽车起重机　　　　　　　(b) 履带起重机　　　　　　(c) 轮胎起重机

图 3-13　流动式起重机

2）履带起重机

履带起重机是将起重回转台安装在履带行驶机构上的一种臂架犁起重机。在回转台上装有起重臂、发动机、传动机构、卷扬机和操纵室,其尾部挂有平衡重。履带起重机操纵灵活,使用方便,可在一般道路上行驶和工作,车身能回转360°,臂杆可俯仰,可以负载行驶,在场地比较平整、要求吊装高度不大的渡槽、桥梁、单层厂房等安装中广泛应用。履带起重机的缺点是稳定性较差,转移速度慢,对路面有一定的破坏作用。

3）轮胎起重机

轮胎起重机将起重回转台安装在一个由加重轮胎和轮轴组成的特制底盘上,车轮间距大,两侧装有可伸缩的支腿,操作方便,稳定性较好,行驶速度快,对路面破坏性小,一般在支腿状态下吊装,不负重行驶。

四、起重机的构造

起重机由驱动装置、工作机构、取物装置、控制操纵系统和金属结构组成。通过对控制系统的操纵,驱动装置将动力能量输入转变为机械能,将作用力和运动速度传递给取物装置,取物装置把被搬运物料与起重机联系起来,通过工作机构单独或组合运动,完成物料搬运任务。

（一）驱动装置

驱动装置是用来驱动工作机构的动力设备。几乎所有的有轨起重机、升降机、电梯等都采用电力驱动。对于可以远距离移动的流动式起重机(汽车起重机、轮胎起重机和履带起重机)多采用内燃机驱动。人力驱动适用于一些轻小起重设备,也用作某些设备的辅助驱动和意外事故状态下的临时动力。

（二）工作机构

起升机构、运行机构、变幅机构和旋转机构,被称为起重机的四大机构。

起重机通过某一机构的单独运动或多机构的组合运动,达到搬运物料的目的。①起升机构是用来进行物料垂直升降的机构,是起重机最主要、最基本的机构。只要有起升机构,该机构就可以称为起重设备。②运行机构是用来实现水平搬运物料的机构。有些运行机构仅用来调整起重机的工作位置。③变幅机构是通过改变臂架的长度和仰角来改变作业幅度的机构。④旋转机构可使臂架绕着起重机的垂直轴线作回转运动,使起重机可以在环形空间内运移物料。变幅机构和旋转机构是臂架起重机特有的工作机构。

（三）取物装置

根据被吊物料不同的种类、形态、体积大小，采用不同种类的取物装置。成件的物品常用吊钩、吊环；粮食、矿石、化肥等散料常用抓斗、料斗抓取；液体物料使用桶、罐等。对于特殊的物料常采用特种吊具，比如用起重横梁吊运长形物料，用电磁吸盘吊运导磁性物料，用旋转吊钩吊运钢卷以及专为集装箱设计的吊具等。

（四）控制操纵系统

控制操纵系统包括各种操纵器、显示器及相关元件和线路，通过电气和液压系统，起重机司机可以控制起重机的运动，保证起重作业任务的顺利进行。

（五）金属结构

金属结构是起重机的重要组成部分。它是整台起重机的骨架，将起重机各部分组合成一个有机的整体，并形成一定的作业空间，承受作用在起重机上的各种载荷和自重。起重机与其他一般机器的显著区别是：起重机具有庞大、可移动的金属结构，多机构进行组合工作。起重机具有周期间歇式作业循环、起重载荷的不均匀性、各机构运动循环的不一致性和机构负载的不等时性等特点。

五、起重设备的性能指标

表征起重机主要性能特征的技术经济指标是选用起重机的主要依据，主要包括起重量、跨度、幅度、起升高度、机构工作速度、工作级别等。对于轮胎起重机，还包括最小转弯半径、最大爬坡度、最小离地间隔等指标。

（1）起重量 G，是指被起升重物的重量，单位为千克或吨。它又可分为额定起重量、最大起重量、总起重量、有效起重量等。

（2）额定起重量 G_n，是指起重机吊起物料连同可分吊具或属具（如抓斗、电磁吸盘、平衡梁等）重量的总和。额定起重量通常标定在起重机的标牌上。

（3）总起重量 G_z，是指起重机能吊起的物料连同可分吊具和长期固定在起重机上的吊具或属具（包括吊钩、滑轮组、起重钢丝绳，以及在起重小车以下的其他起吊物）重量的总和。

（4）有效起重量 G_p，是指起重机能吊起的物料的净重量。

（5）起升高度 H，一般是指起重机工作场面或起重机运行轨道顶面到取物装置上极限位置（采用吊钩时取吊钩钩口中心计算，采用抓斗或其他吊具时取其最低点计算）之间的垂直距离。

（6）幅度 R，是指臂架类起重机旋转中心线到取物装置中心线之间的水平距离。

（7）跨度 L，是指桥式类起重机大车运行轨道中心线之间的水平距离。

（8）工作速度 V，起重机的工作速度主要是指起升速度、变幅速度、旋转速度和运行速度四种。

（9）轮压，指桥架自重和小车处在极限位置时，起重机自重和额定起重量作用下在大车车轮上的最大垂直压力。

起重机今后发展的方向是进一步增大起重性能，向大型化发展，扩大作业范围，增加科技含量，实现机电一体化，提高计算机技术应用水平，增强安全可靠性和作业的舒适性。

任务三　输送设备

 **项目目标**

知识目标

(1) 了解输送设备的主要技术性能指标。

(2) 掌握输送机的分类及发展。

(3) 掌握物流中的常见输送机及工作特点。

(4) 掌握连续输送装备的选型与管理方法。

能力目标

(1) 能够根据在物流工作中运送的散料物料和成件物品是连续或间歇的特性选择输送设备。

(2) 能够根据被输送物料的物料粒状大小、表面状态、容重、散落性、外摩擦系数、破碎性等特性选择合适的输送机。

(3) 能够根据物料的输送量大小、输送距离和方向、工艺流程选用经济合理的输送机。

 **知识链接**

中国古代的高转筒车和提水的翻车,是现代斗式提升机和刮板输送机的雏形;17 世纪中叶,开始应用架输送设备提供空索道输送散状物料。19 世纪中叶,各种现代结构的输送设备相继出现了螺旋输送机。1905 年,在瑞士出现了钢带式输送机。1906 年,在英国和德国出现了惯性输送机。此后,输送机受到机械制造、电机、化工和冶金工业技术进步的影响,不断完善,逐步由完成车间内部的输送,发展到完成在企业内部、企业之间甚至城市之间的物料搬运,成为物料搬运系统机械化和自动化不可缺少的组成部分。

一、输送设备概述

在物流活动中,输送设备是按照规定路线连续地或间歇地运送散料物料和成件物品的搬运设备。输送设备与起重设备相比较,在工作时,输送货物是沿着一定的路线不停地输送,以连续的方式分布在承载构件上,货物的装载和卸载都是在运动过程中进行的,无须停车,启动制动少。

输送机系统是由两个以上输送机及其附件组成的一个比较复杂的工艺输送系统,完成物料的搬运、装卸、分拣等功能。广泛应用于工厂企业的流水生产线、物料输送线,以及流通中心、配送中心物料的快速拣选和分拣。

二、输送设备的主要技术性能指标

它是表征输送设备工作性能的主要参数,是选用和管理连续输送设备的重要依据。

（1）生产率 Q，生产率是指输送机在单位时间内输送货物的重量，用 Q 表示，以吨/小时为单位。

（2）输送速度，输送速度是指被输送货物或物料沿输送方向的运行速度。

（3）充填系数，充填系数是指输送机承载件被物料或货物填满程度的系数。

（4）输送长度，输送长度是指输送机的装载点与卸载点之间的距离。

（5）提升高度，提升高度是指货物或物料在垂直方向上的输送距离。

（6）其他性能指标包括安全系数、制动时间、起动时间、电动机功率、轴功率，以及单位长度牵引构件的重量传入点张力、最大动张力、最大静张力等。

三、输送机的分类及发展

1. 输送机的分类

输送机一般按有无牵引件来进行分类。

1）具有牵引件的输送机

具有牵引件的输送机一般包括牵引件、承载构件、驱动装置、张紧装置、改向装置和支承件等。这类输送机种类繁多，主要有带式输送机、板式输送机、小车式输送机、自动扶梯、自动人行道、刮板输送机、埋刮板输送机、斗式输送机、斗式提升机、悬挂输送机和架空索道等。

2）没有牵引件的输送机

没有牵引件的输送机结构组成各不相同，用来输送物料的工作构件也不相同。它们的结构特点是：利用工作构件的旋转运动或往复运动，或利用介质在管道中的流动使物料向前输送。

例如：辊子输送机的工作构件为一系列辊子，辊子做旋转运动以输送物料；螺旋输送机的工作构件为螺旋，螺旋在料槽中做旋转运动以沿料槽推送物料；振动输送机的工作构件为料槽，料槽做往复运动以输送置于其中的物料等。

2. 输送机的发展

未来的输送机将向着大型化、扩大使用范围、物料自动分拣、降低能量消耗、减少污染等方面发展。大型化包括大输送能力、大单机长度和大输送倾角等几个方面。

水力输送装置的长度已达 440 km 以上，带式输送机的单机长度已近 15 km，并已出现若干台联系甲乙两地的"带式输送道"。不少国家正在探索长距离、大量连续输送物料的更完善的输送机结构。

扩大输送机的使用范围是指发展能在高温、低温条件下有腐蚀性、放射性、易燃性物质的环境中工作的，以及能输送炽热、易爆、易结团、黏性物料的输送机。

四、物流中的常见输送机

（一）带式输送机

带式输送机是一种利用连续而具有挠性输送带连续或间歇运动来输送各种轻重不同物品的输送机。带式输送机既可输送各种散料，又可输送各种纸箱、包装袋等单件重量不大的件货，用途广泛，如图 3-14 所示。

（1）皮带输送机包括：90°皮带转弯机、180°皮带转弯机、45°皮带转弯机、不锈钢皮带输送机、塑料喷嘴皮带输送机、报刊皮带输送机、皮带提升机、电子元件皮带输送机、灯检皮带输送

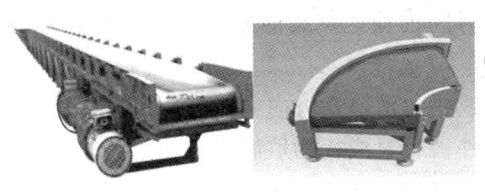

(a) 90°皮带转弯机　　(b) 180°皮带转弯机　　(c) 45°皮带转弯机

图 3-14　带式输送机

机、多层皮带输送机。

（2）输送带的材质有橡胶、橡塑、PVC、PU 等多种材质，除用于普通物料的输送外，还可满足耐油、耐腐蚀、防静电等有特殊要求物料的输送。采用专用的食品级输送带，可满足食品、制药、日用化工等行业的要求。

（3）结构形式有槽型皮带机、平型皮带机、爬坡皮带机、转弯皮带机等多种形式，输送带上还可增设提升挡板、裙边等附件，能满足各种工艺要求。输送机两侧配以工作台、加装灯架，可作为电子仪表装配、食品包装等装配线。驱动方式有减速电机驱动和电动滚筒驱动。

（4）调速方式有变频调速和无级变速。

（5）机架材质有碳钢、不锈钢和铝型材。

（6）皮带输送机性能特点：输送带根据摩擦传动原理而运动，具有输送量大、输送距离长、输送平稳、物料与输送带没有相对运动、噪音较小、结构简单、维修方便、能量消耗少、部件标准化等优点。

（二）管链输送机

管链输送机是输送粉状、小颗粒状及小块状等散状物料的连续输送设备，可以水平、倾斜和垂直组合输送。管链输送机分为：水平管链输送机和垂直管链输送机，如图 3-15 所示。

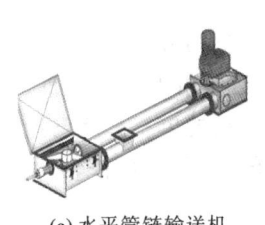

(a) 水平管链输送机　　　　　(b) 垂直管链输送机

图 3-15　管链输送机

管链输送机作为在输送行业的新兴输送设备，已经在越来越多的行业得到了应用。

（1）当水平输送时，物料颗粒会受到链片在运动方向的推力，当料层间的内摩擦力大于物料与管壁的外摩擦力时，物料就随链片向前运动，形成稳定的料流。

（2）当垂直输送时，管内物料颗粒会受链片向上的推力，因为下部给料阻止上部物料下滑，产生了横向侧压力，所以增强了物料的内摩擦力，当物料间的内摩擦力大于物料与管内壁外摩擦力及物料自重时，物料就随链片向上输送，形成连续料流。

（三）辊子输送机

辊子输送机是一系列以一定间距排列的辊子组成的，用于输送成件物品或托盘货物的输送设备,如图 3-16 所示。

图 3-16　辊子输送机

辊子输送机与生产过程和装卸搬运系统能很好地衔接和配置,利用多种功能,组成流水作业,可并排组成大宽度的输送机,以运送大型成件物品。为了保证货物在辊子上移动时的稳定性,支承面至少应该接触四五个辊子,即辊子的间距应小于货物支承面长度的 1/4。辊子输送机也可以布置成一定的坡度,使货物能靠自身的重力从一处移至另一处。但起点和终点要有一定的高差限制,如果输送距离较长,必须分成几段,在每段的终点设一个升降台,把货物升至一定高度,再次沿重力式辊道移动。

辊子输送机结构简单、运转可靠、布置灵活、输送平稳、使用方便、经济节能,因而在仓库、港口、货场得到了广泛的应用。

(四)链条输送机

链条输送机有多种形式,使用最广的是最简单的链条输送机,由两根套筒辊子链条组成,如图 3-17 所示。链条由驱动链轮牵引,链条下面有导轨,支承着链节的套筒辊子。货物直接压在链条上,随着链条的运动而向前移动。

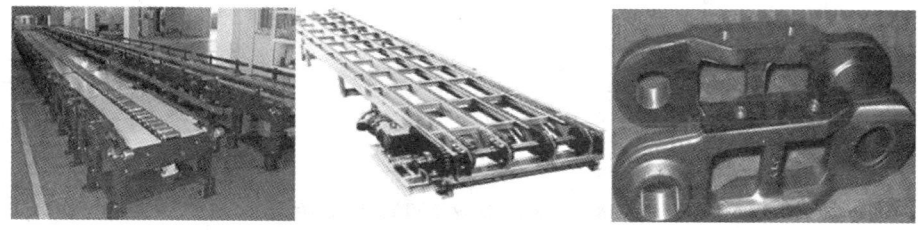

图 3-17　链条输送机的链条结构示意图

链条输送机是用特殊形状的锛片制成一种链条,它可用来安装各种附件,如托板。用链条和托板组成的链板输送机是又一种应用广泛的连续输送设备。如果托板铰接在链条上,可以侧向倾翻,则可以制成自动分拣机。在需要把物品卸出的位置,使托板倾翻,即可使物品滑到相应的溜槽内。

另一种新颖的链条输送机是链板式垂直提升机,托住物品的是一串互相铰接的板条。提升机有两对链条,托板的第一根板条铰接在一对链条上,托板的最后一根板条铰接在另一对链条上。物品先在送货输送机上等待,如图 3-18 所示。

当第一对链条运行至物品入口处时,探测装置发出信号,起动送货输送机,使之与提升机同步运行,物品逐渐转到由板条组成的托板上。当第一根板条随着第一对链条经过转向轮向上移动时,最后一根板条也正好随着第二对链条向上移动,于是两对链条拉着载货托盘垂直提升。链条运行至顶部,第一根板条随第一对链条经过转向链轮垂直地向下移动,后续的板条继续把

图 3-18 链板式提升机作业示意图

物品送到出口输送机上,当最后一根板条随着第二对链条向下移动时,整个托板成为垂直状态。

(五)螺旋输送机

输送设备中有一种叫作螺旋输送机(俗称绞龙)。螺旋输送机是利用带有螺旋叶片的螺旋轴的旋转,使物料产生沿螺旋面的相对运动,物料受到料槽或输送管臂的摩擦力作用不与螺旋一起旋转,从而将物料轴向推进,实现物料输送的设备。其整体结构及内部结构由头节、中间节、尾节及驱动部分构成,如图 3-19 所示。

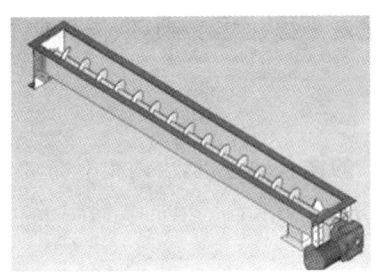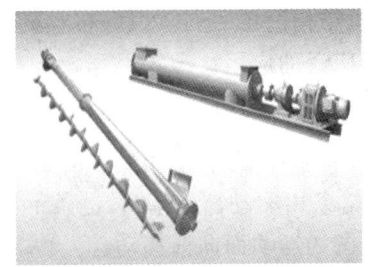

图 3-19 螺旋输送机示意图

螺旋输送机分为固定式和移动式两种。① 固定式螺旋输送机一般属慢速输送机,可以进行距离不太远的水平输送或低倾角的输送,通常用于车间内。② 移动式螺旋输送机一般属于快速输送机,可以完成高倾角和垂直输送,通常用于物料出库、装卸、灌包等作业。

螺旋输送机具有构造简单、占地少、设备容易密封、便于多点装料及多点卸料、管理和操作比较简单等优点。

螺旋输送机的缺点是运行阻力很大,比其他输送机的动力消耗大,且机件磨损较快,维修量大。

(六)悬挂式输送机

单轨悬挂式输送机是最简单的架空输送设备。它有一条由工字钢组成的架空单轨线路,承载滑架上有一对滚轮,承受物品的重量,沿轨道滚动,吊具挂在滑架上。如果物品的重量太大,可以用平衡梁把物品挂在两个或四个滑架上,滑架由链条牵引,如图 3-20 所示。

链条由链轮驱动,也可以由履带式驱动装置驱动。转向可用链轮,也可以用滚柱组转向装置。悬挂式输送机的上、下料作业是在运行过程中完成的。通过线路的升降可实现自动上、下料,如图 3-21 所示。

悬挂式输送机多应用于机械、汽车、电子、家用电器、轻工、食品、化工等行业大批量流水生产作业中。单机输送能力大,可采用很长的线体实现跨厂房输送。特点是:结构简单,可靠性

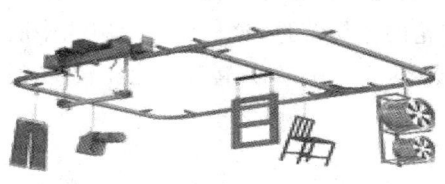

图 3-20　单轨悬挂式输送机

(a)悬挂输送机的自动上料作业　　　(b)悬挂输送机的自动下料作业

图 3-21　悬挂式输送机的自动上、下料作业示意图

高,能在各种恶劣环境下使用,造价低,耗能少,维护费用低,可大大减少使用成本。

（七）斗式提升机

斗式提升机是垂直提升散碎物料的连续运输机械。它的牵引件可以是运输带或者链条,在牵引件上按一定的间距固定着很多料斗,驱动装置带动牵引件回转,料斗从提升机的底部刮起物料,随牵引件上升到顶部后,绕过链轮或者卸料滚筒,物料即从料斗内卸出,如图 3-22 所示。

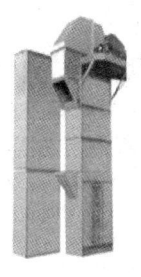
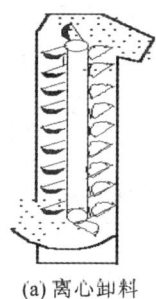
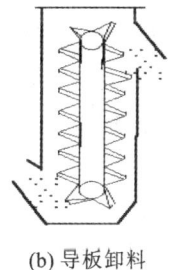
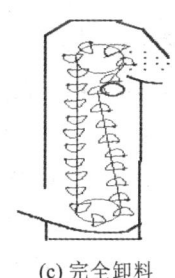

(a)离心卸料　　　　(b)导板卸料　　　　(c)完全卸料

图 3-22　斗式提升机示意图

按卸料方式,斗式提升机可分为三种形式:离心卸料型、导板卸料型、完全卸料型。

（1）离心卸料型斗式提升机,如图 3-22(a)所示,有比较高的提升速度,利用斗子在顶部链轮或滚筒处回转时产生的离心力将物料抛出。它的运输量比较大,但不适用于输送那些破碎后品级降低的物料,也不适用于输送容易飞扬的粉尘状物料。

（2）导板卸料型斗式提升机,如图 3-22(b)所示,它的料斗一个接一个,在顶部卸料时利用前一个料斗的背面作为导板溜槽,为此,斗背两侧应有挡板,这种提升机的速度比较低。但由于料斗间距短,运输量仍然比较大,它在卸料时不会引起物料与卸料挡板的冲击,故障少,耐用可靠,但不适用于输送黏性物料,造价也比较高。

（3）完全卸料型斗式提升机与离心卸料型斗式提升机相似，如图 3-22（c）所示。在它顶部端链轮的卸料侧有一个改向链轮，链条从改向链轮的内侧绕过，这样就可使料斗中的物料全部卸出。完全卸料型斗式提升机的运行速度比较低（约 35 m/min），运输量也比较少，但卸料时斗口垂直向下，即使黏性物料也能靠重力卸出。

（八）气力输送系统

气力输送系统是由一定速度和压力的空气带动粉粒状物料在管内流动，实现在水平和垂直方向上移动的输送系统。在多数气力输送机系统中，物料颗粒呈悬浮状态。气力输送系统有三类，即吸送式气力输送、压送式气力输送和混合式气力输送。

1）吸送式气力输送系统

吸送式气力输送系统如图 3-23 所示。鼓风机在系统中造成负压，物料在吸嘴处随空气被吸入管道，到达容积式分离器，大部分物料由卸料器卸出。物料粉尘随气流进入离心式分离器和除尘器后与空气分离。空气从鼓风机的出气口排入大气。

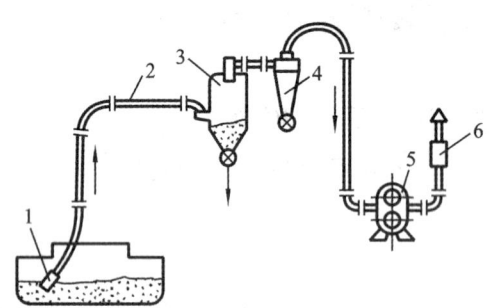

图 3-23　吸送式气力输送系统示意图

1—吸嘴；2—输送管；3—分离器；4—除尘器；5—鼓风机；6—消声器

吸嘴由内管和外管组成，内管与系统管道相连。在系统负压的作用下，空气从内管与外管的间隙中进入吸嘴，在流动过程中把物料卷入管内。夹带物料的气流从管道进入分离器后，由于流动面积突然扩大，速度骤然下降，便失去夹带物料的能力，大部分物料颗粒在重力的作用下落在分离器的底部，只有少量粉尘继续随空气从分离器顶部溢出。

2）压送式气力输送系统

压送式气力输送系统如图 3-24 所示。鼓风机在系统中产生正压，物料从供料器进入系统，被压缩空气吹入管道，到达分离器后，从卸料器卸出，气流经除尘器过滤后进入大气。

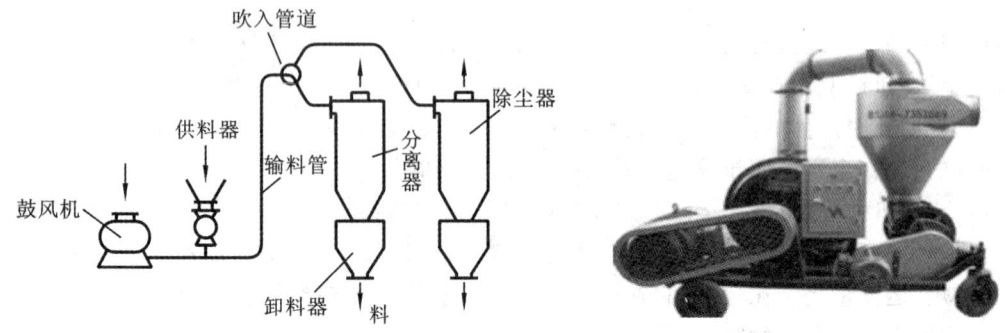

图 3-24　压送式气力输送系统示意图

供料器有多种形式:轮式、叶轮式、容器式等。对于水泥等粉状物料,适宜采用容器式供料器。物料输送首先要把物料装入密封的容器中,装到一定高度后,关闭加料口并打开供料口。压缩空气同时送到容器的顶部和底部。进入容器底部的压缩空气使物料流态化,即物料与空气充分混合,达到极易流动的状态。然后在顶部压缩空气的压力下,流态化物料经供料口压送到系统管道中。容器卸完料后,再一次进行装料,重复上述过程。

压送式气力输送系统只能在一处供料,但可以在多处卸料。由于压力高,可以作长距离输送,生产率较高。缺点是需要比较复杂的供料器,还要有较好的密封技术,以免粉尘从管道泄漏造成污染。

3)混合式气力输送系统

混合式气力输送系统由吸送部分和压送部分组成,如图 3-25 所示。

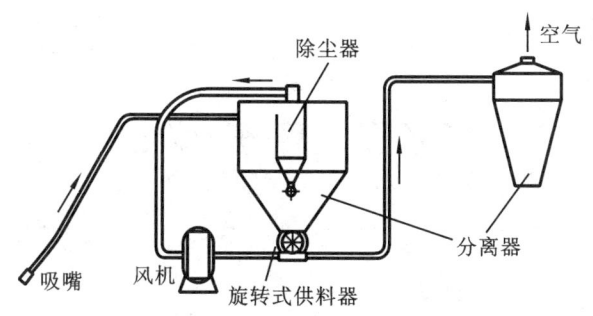

图 3-25　混合式气力输送系统示意图

混合式气力输送系统综合了吸压式气力输送系统和压送式气力输送系统的优点:吸取物料方便;能较长距离输送;可以由几个地点吸取物料,同时向几个不同的目的地输送。

五、连续输送装备的选型与管理

正确配置和选择输送装备,加强设备管理,是充分发挥设备效能、完成输送任务的根本保证。

(一) 选型

选用输送机械常按以下原则进行。

(1) 根据被输送物料的性质选用。物料粒状大小、表面状态、容重、散落性、外摩擦系数、破碎性等特性,影响着输送机械的选用。

(2) 根据被输送物料的输送量大小进行选用。通常,输送速度大则物料的输送量大。

(3) 根据物料的输送距离和方向进行选用。输送距离长的水平输送,一般选用胶带输送机。对于垂直输送多采用斗式提升机;对于既要求水平输送又要求垂直输送的散装物料,一般可用斗式提升机或刮板输送机。

(4) 根据物料在输送中的工艺流程来选用。物料从何处接收、发放到什么设备上或场所,决定着不同输送机械的选用。

(5) 根据安装场地进行选用。安装场地不同,要求选用不同的输送设备,因此,应根据安装场地位置的条件,选用相适宜的输送机械。

（二）管理

对于输送装备的管理要注意如下几点。

（1）要突出输送机械选型、操作和维护。

（2）选型时，应认真进行调研和考察，确定备选方案，然后进行技术与经济评估，做出科学的购买决策。

（3）要严格执行输送机械操作规程，加强对有关人员的培训，并在使用中按要求检查，发现问题，应马上解决。

（4）还要科学保养，保证输送机械始终处于良好技术状态之中，使输送机械达到最佳输送效果。

正确选用输送机械，须综合考虑各方面的因素，权衡利益得失，进行综合分析比较，选择经济合理的优质输送机械。

任务四　叉车设备

知识目标

（1）了解叉车的定义和工作的特点。

（2）掌握叉车的分类。

（3）掌握叉车的主要技术参数。

（4）掌握常见叉车的结构及工作特点。

能力目标

（1）能够根据物流工作作业区中的物资日吞吐量、作业高度、搬运距离与叉车的技术性能等参数选择合适搬运的叉车。

（2）能够根据仓库的直角通道最小宽度、堆垛通道最小宽度、回转通道最小宽度选择合适的叉车。

（3）能够根据叉车的最大宽度和高度、最小离地间隙和叉车稳定性等参数选择叉车适用的场地。

一、叉车的概述

（一）叉车的概念

叉车，又称铲车，是指对成件托盘货物进行装卸、堆垛和短距离运输作业的各种轮式搬运车辆。它以货叉作为主要的取货装置，是物流领域装卸搬运设备中应用最广泛的一种设备。

叉车的前部装置装有标准货叉,可以自由地叉入托盘取货和放货,依靠液压起升机构升降货物,由轮胎式行驶系统实现货物的水平搬运。

(二)叉车的特点

叉车除了使用货叉以外,通过配备其他取物装置,还能用于散货和多种规格品种货物的装卸作业。叉车具有良好的动力性能,根据叉车工作的需要,叉车的前进和后退的最大行驶速度相同,前进挡和后退挡的挡数相同。叉车的上方设置护顶架,部分叉车装有司机室。叉车的工作具有如下特点。

(1)有很强的通用性。在物流的各个领域都有所应用,如仓库、车站、码头和港口都要运用叉车进行作业。

(2)具有装卸和搬运的双重功能。实际上,叉车是装卸和搬运一体化的设备。它将装卸和搬运两种作业合二为一,加快了作业的效率。

(3)有很强的灵活性。叉车底盘与汽车相比较,它的轮距较小,这样叉车的转弯半径就很小,作业时灵活性增强。

二、叉车的分类

(一)叉车按其所使用的动力不同分类

叉车按其所使用的动力不同可分为:汽油叉车、柴油叉车、蓄电池叉车和液态燃料叉车,如图 3-26 所示。

(a)汽油叉车　　(b)柴油叉车　　(c)蓄电池叉车　　(d)液态燃料叉车

图 3-26　叉车按其所使用的动力不同分类

(二)叉车按照性能和功用分类

叉车按照性能和功用分类,有平衡重式叉车、插腿式叉车、侧面式叉车、前移式叉车、集装箱式叉车、拣选式(低位、高位)叉车和重型叉车等八种,如图 3-27 所示。其中平衡重式叉车的应用最为广泛。

(三)叉车按照车型分类

叉车按照车型分类,通常可以分为三大类:内燃叉车、电动叉车和仓储叉车。

1)内燃叉车

内燃叉车以汽油、柴油内燃为动力,又分为普通内燃叉车、重型叉车、集装箱叉车和侧面叉车,如图 3-28 所示。

(1)普通内燃叉车。一般采用柴油、汽油、液化石油气或天然气发动机作为动力,载荷能力 1.2~8 t,作业通道宽度一般为 3.5~5 m,考虑到尾气排放和噪音问题,通常用在室外、车间或其他对尾气排放和噪音没有特殊要求的场所。由于燃料补充方便,因此,可实现长时间的连续

(a) 平衡重式叉车　　(b) 插腿式叉车　　(c) 侧面式叉车　　(d) 前移式叉车

(e) 集装箱式叉车　　(f) 高位拣选式叉车　　(g) 低位拣选式叉车　　(h) 重型叉车

图 3-27　叉车按照性能和功用分类

(a) 普通内燃叉车　　(b) 重型叉车　　(c) 集装箱叉车　　(d) 侧面叉车

图 3-28　内燃叉车类型

作业，而且能胜任在恶劣的环境下（如雨天）工作。

（2）重型叉车。采用柴油发动机作为动力，承载能力 10～52 t，一般用于货物较重的码头、钢铁等行业的户外作业。

（3）集装箱叉车。采用柴油发动机作为动力，承载能力 8～45 t，一般分为空箱堆高机、重箱堆高机和集装箱正面吊。应用于集装箱搬运，如集装箱堆场或港口码头作业。

（4）侧面叉车。采用柴油发动机作为动力，承载能力 3～6 t。在不转弯的情况下，具有直接从侧面叉取货物的能力，因此主要用来叉取长条形的货物，如木条、钢筋等。

2）电动叉车

电动叉车以电动机为动力，蓄电池为能源。承载能力 1～8 t，作业通道宽度一般为 3.5～5 m，如图 3-29 所示。

(a) 四轮电动叉车　　(b) 手动电动叉车　　(c) 三轮电动叉车

图 3-29　电动叉车类型

电动叉车由于对环境没有污染，噪音小，因此广泛应用于室内操作和其他对环境要求较高的工况,如医药、食品等行业。随着人们对环境保护的重视,电动叉车正在逐步取代内燃叉车。由于每组电池一般在工作约 8 h 后需要充电,因此对于多班制的工况需要配备备用电池。

3) 仓储叉车

仓储叉车主要是为仓库内货物搬运而设计的叉车,如图 3-30 所示。

(a) 高位三向堆垛仓储叉车　　　　(b) 低位托盘仓储叉车

图 3-30　仓储叉车类型

除了少数仓储叉车(如手动托盘叉车)是采用人力驱动的,其他都是以电动机驱动的,因其车体紧凑、移动灵活、自重轻和环保性能好而在仓储业得到普遍应用。在多班作业时,电机驱动的仓储叉车需要有备用电池。

三、叉车的主要技术参数

叉车的技术参数是指反映叉车技术性能的基本参数,是选择叉车的主要依据。叉车的主要技术参数有以下几点。

(一)载荷中心距

载荷中心距是指在货叉上放置标准重量的货物,确保叉车纵向稳定时,其中心至货叉垂直段前臂间的水平距离。

(二)额定起升量

额定起升量是指用货叉起升货物时,货物重心至货叉垂直段前臂的距离不大于载荷中心距时,允许起升货物的最大重量。

(三)最大起升高度

最大起升高度是指叉车在平坦坚实的地面上,满载、轮胎气压正常、门架直立、货物升全最高时,货义水平段的上表面至地面的垂直距离。

(四)最大起升速度

叉车最大起升速度通常是指叉车满载时,货物起升的最大速度,以 m/min 表示。提高最大起升速度,可以提高作业效率,但起升速度超过限度,容易发生货损和机损事故。

(五)门架倾角

门架倾角是指无载的叉车在平坦坚实的地面上,门架相对其垂直位置向前或向后的最大倾角。前倾角的作用是为了便于叉取和卸放货物;后倾角的作用是当叉车带货运行时,预防货物从货叉上滑落。根据作业需要,一般叉车前倾角为 3°～6°,后倾角为 10°～12°。

（六）满载最高行驶速度

满载最高行驶速度是指叉车在平直、干硬的路面上满载行驶时所能达到的最高车速。一般情况下，内燃叉车的最高运行车速是 27 km/h，库内作业的运行速度是 14～18 km/h。

（七）满载最大爬坡度

满载最大爬坡度指叉车满载时，在干燥、坚实的路面上，以低速挡等速行驶所能爬越的最大坡度。一般情况下，内燃叉车的最大爬坡度为 20°～30°。

（八）叉车的制动性能

叉车的制动性能反映叉车的安全性。我国的内燃平衡重式叉车标准对于制动性能作了如下规定：如果采用脚制动，叉车车速为 20 km/h，空载运行时，紧急制动的制动距离不得大于 6 m；叉车在车速为 10 km/h，满载运行时，紧急制动的制动距离不大于 3 m。如果采用手制动，空载运行时能在 20°的下坡上停住，满载运行时能在 15°的上坡停住。

（九）最小转弯半径

当叉车在无载低速行驶、打满方向盘转弯时，车体最外侧和最内侧至转弯中心的最小距离，分别称为最小外侧转弯半径和最小内侧转弯半径。最小外侧转弯半径越小，则叉车转弯时需要的地面面积越小，机动性越好。

此外，还有直角通道最小宽度、堆垛通道最小宽度、回转通道最小宽度、叉车的最大宽度和高度、最小离地间隙和叉车稳定性等参数来作为选择叉车的依据。

四、常见叉车的结构及工作特点

（一）平衡重式叉车

平衡重式叉车是叉车中应用最广泛的一种形式，占叉车总数的 80% 以上，其特点是工作装置位于叉车的前端，货物载于前端的货叉上，为了平衡前端货物的重量，需要在叉车的后部装有平衡重。前轮为驱动轮，后轮为转向轮。平衡重式叉车的外形如图 3-31 所示。

1）平衡重式叉车工作装置的组成和功用

平衡重式叉车主要由门架、货叉、起升液压缸和倾斜液压缸等组成。

（1）门架。门架是叉车工作装置的骨架，门架支撑着起升液压缸，同时要承受货物的垂直作用力和纵向弯矩。根据工作的需要，门架可做成两节门架和三节门架。两节门架由不能升降的外门架和可沿外门架升降的内门架组成。叉车在未工作以前，内门架和外门架的高度是一样的。当叉车进行堆码工作时，内门架沿着外门架上升。

（2）货叉。货叉是承载货物的装置，由水平段和垂直段两部分组成。垂直段与滑架连接，连接的方式有挂钩式和轴套式两种形式。水平段用于支撑货物，水平段的前端做成叉形以利于叉取货物。货叉是关系到作业安全的重要部件，对材料和制造工艺有特殊的要求。

（3）起升液压缸和倾斜液压缸。起升液压缸和倾斜液压缸控制着门架的起升和倾斜。起升时，起升液压缸首先带动货叉升至极限位置，然后再带动内门架上升；倾斜液压缸的作用可使

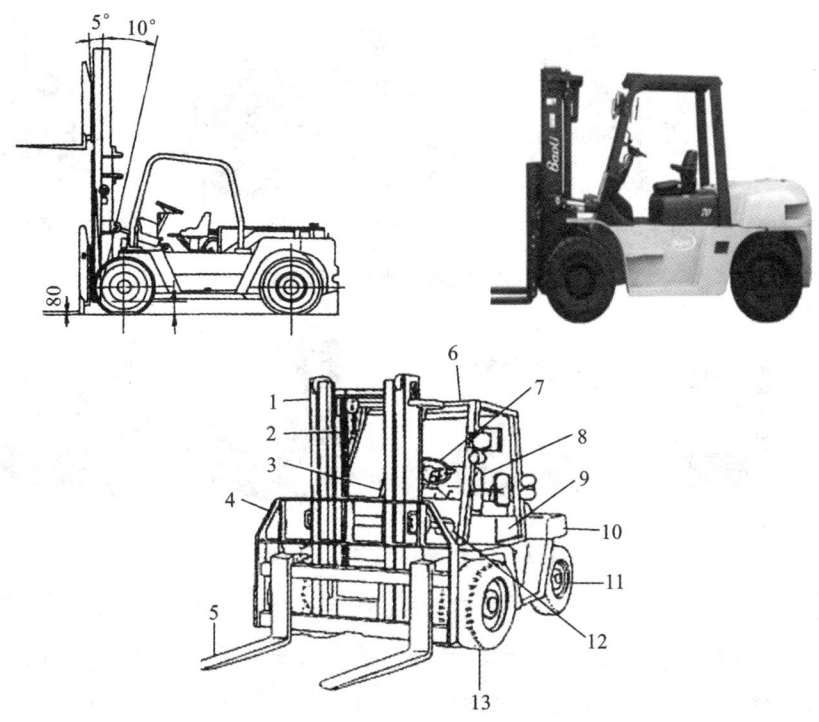

图 3-31 平衡重式叉车结构

1—门架;2—起升液压缸;3—控制杆;4—挡货架;5—货叉;6—护顶架;7—方向盘;8—座椅;

9—内燃机罩;10—平衡重;11—后轮胎;12—倾斜液压缸;13—前轮

门架前倾或后倾一定的角度,带动货叉前俯或后仰,以便叉起和卸下货物。

2)平衡重式叉车的应用场合

平衡重式叉车是目前应用最广泛的一种,由于其没有支撑臂,因此需要较长的轴距和平衡重来平衡载荷,这样叉车的重量和尺寸都较大,需要较大的作业空间。同时,货叉直接从前轮的前方叉取货物,对叉取货物的体积一般没有要求;动力较大,底盘较高,具有较强的地面适应能力和爬坡能力,适用于室外作业。

(二)插腿式叉车

叉车前方带有小轮子的支腿能与货叉一起伸入货物底部,由货叉托起货物。货物的重心位于前后车轮所包围的支撑平面内,叉车稳定性好,不必再设平衡重。

插腿式叉车一般由电动机驱动,蓄电池供电,起重量在 2 t 以下。插腿式叉车分为:电动式插腿式叉车、手动液压插腿式叉车、内燃侧面插腿式叉车和内燃前倾式插腿式叉车等四类,如图3-32 所示。

它的作业特点是起重量小、车速低、结构简单、外形尺寸小、行走轮直径小、对地面要求较高。适用于通道狭窄的仓库和室内堆垛、搬运作业。

(三)侧面式叉车

侧面式叉车的门架、起升机构和货叉位于叉车的中部,可以沿着横向导轨移动,如图3-33所示。

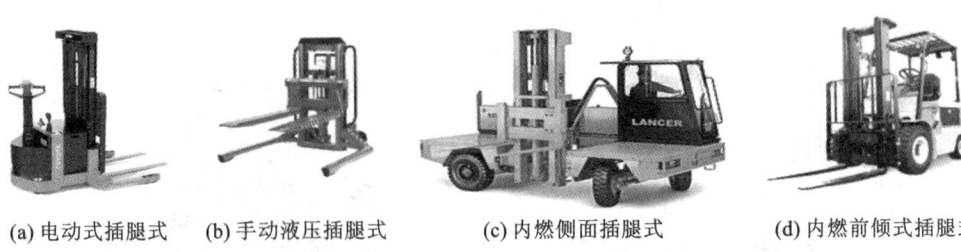

(a) 电动式插腿式　　(b) 手动液压插腿式　　　(c) 内燃侧面插腿式　　　　(d) 内燃前倾式插腿式

图 3-32　插腿式叉车外形类型

图 3-33　侧面式叉车外形类型

侧面式叉车货叉位于叉车的侧面,侧面还有一货物平台。当货叉沿着门架上升到大于货物平台高度时,门架沿着导轨缩回,降下货叉,货物便放在叉车的货物平台上。侧面式叉车的门架和货叉在车体一侧。车体进入通道,货叉面向货架或货垛,装卸作业不必先转弯再作业。因此这种叉车适合于窄通道作业,且有利于条形长尺寸物品的装卸和搬运。

（四）前移式叉车

前移式叉车的货叉可沿叉车纵向前后移动。有两条前伸的支腿,与插腿式叉车比较,前轮较大,支腿较高,作业时支腿不能叉入货物的底部。前移式叉车与插腿式叉车一样,都是货物的重心落到车辆的支撑平面内,因此稳定性很好。设备外形如图 3-34 所示。

图 3-34　前移式叉车外形类型

前移式叉车分门架前移式和货叉前移式两种。前者的货叉和门架一起移动,叉车驶近货垛时,门架可能前伸的距离要受外界空间对门架高度的限制,因此只能对货垛的前排货物进行作业。货叉前移式叉车的门架则不动,货叉借助于伸缩机构单独前伸。如果地面上具有一定的空间允许插腿叉入,叉车能够超越前排货架,对后一排货物进行作业。

前移式叉车一般以蓄电池作动力,起重量在 3 t 以下。优点是车身小,重量轻,转弯半径小,机动性好,适合于通道较窄的室内仓库作业。

（五）集装箱式叉车

集装箱式叉车作为港口码头堆场常用的专用装卸机械,主要用于空集装箱堆垛作业,外形如图 3-35 所示。

图 3-35 集装箱式叉车外形类型

近年来,随着港口货运业务的持续增加,其投入生产作业的使用频率也越来越高。随着集装箱叉车迅速发展,集装箱叉车结构和操作较复杂,装载视线差,装卸效率也较低,目前,叉车起升机构的结构形式已满足不了集装箱叉车发展的需要。一般适用在集装箱吞吐量不大的普通综合性码头和堆场上进行作业。

国内开发出了堆码空箱 5～7 层的空箱叉车,堆码重箱 3～5 层的重箱叉车。随着堆码集装箱层数的增加,集装箱叉车最大起升高度越来越大,7 层空箱叉车最大起升高度达 18.3 m,国外已开发出了堆码空箱 8～9 层的空箱叉车。

（六）拣选式叉车

拣选式叉车:在某些工况下(如超市的配送中心),不需要整托盘出货,而是按照订单拣选多种品种的货物组成一个托盘,此环节称为拣选。当供应商或货主通知物流中心按配送指示发货时,拣选叉车拣选系统在最短的时间内从庞大的高层货存架储存系统中准确找到要出库的商品所在位置,并按所需数量出库,将从不同储位上取出的不同数量的商品按配送地点的不同运送到不同的理货区域或配送站台集中,以便装车配送。

按照拣选货物的高度,拣选式叉车可分为:①低货位拣选式叉车,2.5 m 内,承载能力 2.0～2.5 t;②中高货位拣选式叉车,最高可达 10 m,承载能力 1.0～1.2 t,(中高位,带驾驶室提升)。拣选式叉车如图 3-36 所示。

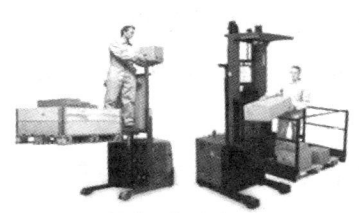 

(a) 低货位拣选式叉车　　　　　　　　(b) 高货位拣选式叉车

图 3-36 拣选式叉车外形类型

低货位拣选式叉车:通常配备一个三向堆垛头,操作者可乘立在上下车便利的平台上。驾驶搬运车和上下车拣选物料的搬运车,适于车间内各个工序间加工部件的搬运,减轻操作者搬运、拣选的强度。在拣选时叉车不需要转向,货叉旋转就可以实现两侧的货物堆垛和取货,通道宽度1.5~2.0 m,提升高度可达12 m。叉车的驾驶室始终在地面不能提升,考虑到操作视野的限制,主要用于提升高度低于6 m的工况。

高货位拣选式叉车的主要作用是高位拣货。操作台上的操作者可与装卸装置一起上下运动,并拣选储存在两侧货架内的货物。高货位拣选式叉车也配有一个三向堆垛头,通道宽度1.5~2.0 m,提升高度可达14.5 m。

其驾驶室可以提升,驾驶员可以清楚地观察到任何高度的货物,也可以进行拣选作业。适用于多品种少量出库的特选式高层货架仓库。起伸高度一般为4~6 m,最高可达13 m,大大提高仓库空间的利用率。为保证安全,操作台起伸时,只能微动运动。高货位拣选式叉车的效率和各种性能都优于低货位拣选式叉车,因此,该车型已经逐步替代低货位拣选式叉车。

五、叉车的选用

(一)根据叉车的功用不同,选择某一种类型的叉车

(1)平衡重式叉车。动力较大,底盘较高,具有较强的地面适应能力和爬坡能力,适用于室外作业。

(2)插腿式叉车。起重小、车速低、结构简单、外形小巧,适用于通道窄的仓库内作业。

(3)侧面式叉车。其所具有的特点使得它适合于窄通道作业。

(4)前移式叉车。具有操作灵活性和高荷载性的优点,同时体积和自重不会增加很多,可以节省空间,适用于通道较窄的室内仓库作业。

(5)集装箱式叉车。搬运重量大,专门用于集装箱的装卸和搬运。

(6)高货位拣选式叉车。主要作用是高位拣货,适用于多品种少量出库的特选式高层货架仓库。

不同的叉车类型具有不同的功用,适用于不同的场合。应根据仓库的实际的情况,选择与场合相适用的叉车类型,实现资源的合理优化配置,提高利用率。

(二)根据作业区的日吞吐量、作业高度、搬运距离等进行选择

作业区的日吞吐量、作业高度、搬运距离应与叉车的技术性能参数相符。一方面,根据作业区的日吞吐量,确定所选叉车的搬运能力和叉车的数量。在选择时应保证货叉的最大起升高度高于作业区的作业高度。

(三)托盘、作业区的场地、电梯及集装箱的高度等其他影响因素

大部分叉车都是以托盘为操作单位的,所以托盘的尺寸和规格直接影响叉车类型的选择。同时,作业区场地的光滑度、平整度状况和承载能力极大地影响叉车的使用,尤其是使用提升的室内叉车时。此外如果需要叉车进出电梯或是在集装箱内作业,则电梯和集装箱的入口高度会影响叉车类型的选择。

任务五 搬 运 车 辆

 **项目目标**

知识目标

（1）了解搬运车辆的概念、应用场所及分类。

（2）掌握人力搬运车辆和机动搬运车辆的特点。

（3）掌握牵引车、固定平台搬运车、集装箱跨运车的特点及适用场合。

（4）掌握其他机动搬运车辆的结构、类型及工作特点。

能力目标

（1）能够根据物流工作作业区的物资日吞吐量、作业高度、搬运距离确定是选择人力搬运车辆还是机动搬运车辆。

（2）能够根据物流搬运距离是在车间内还是车间之间选用合适的牵引车。

（3）能够根据码头货物批量大小及集装单元跨运和装卸特点选用集装箱跨运车。

（4）能够根据车间、仓库、站台、货场等处短距离轻小物品的特点选用一种方便而经济的搬运工具。

知识链接

在各种搬运车辆中，手推车出现最早。18世纪工业革命之后，人们开始制造以各种原动机驱动的运货车辆，随着运输效率的提高，搬运和装卸成了薄弱环节，搬运车辆得到迅速发展。20世纪40年代又出现了无人驾驶搬运车。

一.搬运车辆概述

（一）搬运车辆概念

搬运车辆是指依靠本身的运行和装卸机构的功能，实现货物的水平搬运和短距离运输、装卸的各种车辆。搬运车辆作业的目的是改变货物的存放状态和空间位置。

（二）搬运车辆的功能

搬运车辆是指用于企业内部对成件货物或托盘货物进行装卸、堆垛、牵引或推顶，以及短距离运输作业的各种轮式搬运车辆，还包括非铁路干线使用的各种轨道式搬运车辆。搬运车辆机动性好，适应性强，已经广泛应用于港口、车站、机场、货场、工厂车间、仓库、流通中心和配送中心等处，并可进入船舱、车厢和集装箱内进行托盘货物的装卸、搬运作业，是托盘运输、集装箱运输必不可少的设备,保证了装卸搬运工作的高效进行。

二、搬运车辆分类

(一)搬运车辆按照所采用的动力装置不同进行分类

搬运车辆是广泛应用的物料搬运机械,按照所采用的动力装置不同进行分类一般分为人力搬运车辆和机动搬运车辆两种,它包括手推车、牵引车和拖车、起升车辆、电动搬运车、内燃搬运车和无人驾驶搬运车等。

1. 人力搬运车辆

人力搬运车辆是一种以人力为主,在路面上从事水平运输的搬运车。这是最古老,但至今仍应用最广泛的搬运设备之一。它具有轻巧灵活、易操作、回转半径小、价格低等优点,广泛使用于车间、仓库、站台、货场等处,是短距轻小物品的一种方便而经济的搬运工具。随着手动液压、电动液压技术的应用,及与托盘运输的结合,人力搬运车辆目前已成为车间、仓库、站台、货场等最常见的搬运方式。

2. 机动搬运车辆

机动搬运车辆可分:电动式车辆和内燃式车辆。一般情况下,内燃式车辆所提供的动力较大,电动式车辆所提供的动力较小。

(1)电动式车辆。由电动机驱动,由蓄电池供电,其结构简单,操作较容易,环境污染小,维修方便。

(2)内燃式车辆。以内燃机作为动力,内燃机又分为柴油机、汽油机和液化石油气机等。

(二)搬运车辆按照作业方式不同进行分类

搬运车辆按照作业方式不同可分为三大类,固定平台搬运车、牵引车和起升车辆。具体分类如图 3-37 所示。

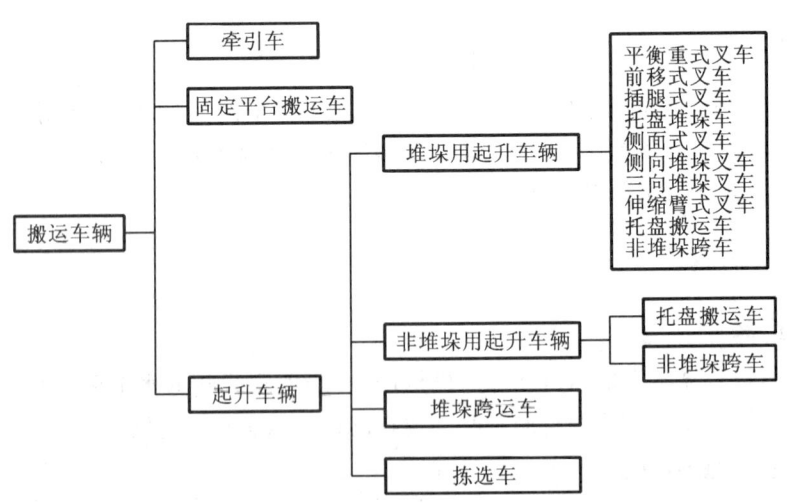

图 3-37 搬运车辆按照作业方式进行分类

三、搬运车辆的主要性能参数

（一）搬运车辆的额定载重量

搬运车辆的额定载重量是指车辆在规定条件下、正常使用时，可起升和搬运货物的最大重量。

（二）搬运车辆的水平行驶速度

搬运车辆的水平行驶速度是指车辆在平直的路面上行驶时，所能达到的最大速度。

（三）搬运车辆的起升速度和下降速度

搬运车辆的起升速度和下降速度是指车辆在一定载荷条件下，所能上升和下降的最大速度。

（四）搬运车辆的最小转弯半径

搬运车辆的最小转弯半径是指搬运车辆在空载低速行驶、打满方向盘即转向轮处于最大偏转角时，瞬时转向中心距搬运车辆纵向中心线的距离。搬运车辆转弯半径的大小影响搬运车辆的作业灵活性。

（五）搬运车辆的自重

搬运车辆的自重即搬运车辆在空载时的总重量，也称为搬运车辆的轮压。从节省能源的角度考虑，搬运车辆的自重越小越好。

（六）搬运车辆的尺寸

搬运车辆的尺寸即搬运车辆的总长、总宽和总高。选择搬运车辆时，要考虑搬运车辆的尺寸是否满足作业场地的要求。

四、常见的人力搬运车辆

（一）杠杆式手推车

杠杆式手推车是最古老的、最实用的人力搬运车，它轻巧、灵活、转向方便，但因靠体力装卸、保持平衡和移动，所以仅适用于装载货物较轻、搬运距离较短的场合，如图 3-38 所示。为适合现代需要，目前，还采用了自重轻的型钢和铝型材作为车体，阻力小的耐磨的车轮，还有可折叠、便携的车体。

（二）手推台车

手推台车是一种以人力为主的搬运车，轻巧灵活、易操作、回转半径小，广泛应用于车间、仓库、超市、办公室等，是短距离运输轻小物品的一种方便而经济的搬运工具，如图 3-39 所示。一般每次搬运量为 5～500 kg，水平移动距离为 30 m 以下，搬运速度为 30 m/min 以下。

（三）手动托盘搬运车

手动托盘搬运车，在使用时将其承载的货叉叉入托盘孔内，由人力驱动液压系统来实现托盘货物的起升和下降，并由人力拉动完成搬运作业，它是托盘运输中最简便、最有效、最常见的装卸、搬运工具，如图 3-40 所示。

图 3-38 杠杆式手推车

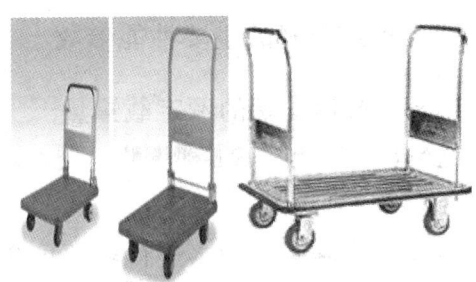

图 3-39 手推台车

(四) 手推液压堆高车

手推液压堆高车是利用人力推拉运行的简易式插腿式叉车,其起升机构有:手摇机械式、手动液压式和电动液压式三种,如图 3-41 所示。适用于工厂车间、仓库内效率要求不高,但需要有一定堆垛、装卸高度的场合。

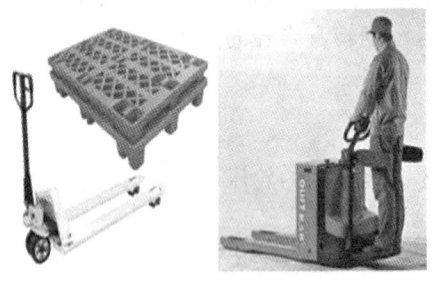

图 3-40 手推托盘搬运车

  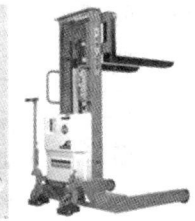

(a) 手摇机械式   (b) 手动液压式   (c) 电动液压式

图 3-41 手推液压堆高车类型

(五) 手动液压升降平台车

手动液压升降平台车如图 3-42 所示,是采用手压或脚踏为动力,通过液压驱动使载重平台作升降运动的手推平台车,可调整货物作业时的高度差,减轻操作人员的劳动强度。

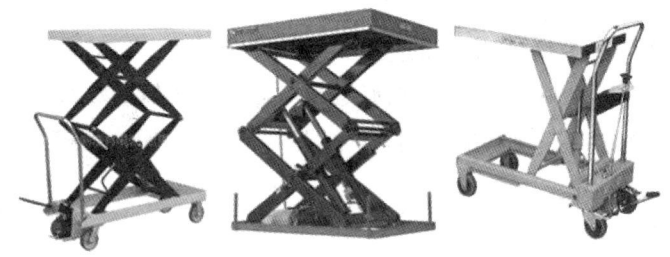

图 3-42 手动液压升降平台车

五、常见机动搬运车辆

(一) 牵引车

1. 牵引车概念

牵引车是指具有牵引装置,专门用于牵引载货挂车进行水平搬运的车辆。牵引车没有取物装置和载货平台,不能装卸货物,也不能单独搬运货物。

牵引车采用电动机驱动,利用其牵引能力(2~8 t),拉动几个装载货物的小车,具有牵引一组无动力台车能力的搬运车辆。牵引车作业时,台车的物料装卸时间与牵引车的运输时间可交叉进行,且牵引一组台车,从而提高工作效率。牵引车经常用于车间内或车间之间大批货物的运输,如汽车制造业仓库向装配线的运输、机场的行李运输。

2. 牵引车的分类

(1)根据作业场所的不同可分为:室内牵引车和室外牵引车,如图3-43所示。室内牵引车操作平台离地较低,实心车轮直径较小,适用于室内平坦路面;室外牵引车为充气轮胎,直径较大,可在室外不平的路面上行驶。

(2)牵引车根据动力大小可分为:普通牵引车和集装箱牵引车,如图3-44所示。普通牵引车可以拖挂平板车,用于装卸区内的水平搬运;集装箱牵引车用于拖挂集装箱挂车,用于长距离搬运集装箱。当平板车或集装箱挂车被拖到指定的地点装卸货物后,牵引车就会拖开这些挂车与其他的挂车结合。

(a)室内牵引车　　(b)室外牵引车　　　　　(a)普通牵引车　　(b)集装箱牵引车

图3-43　根据作业场地牵引车所分类型　　　图3-44　根据动力大小牵引车所分类型

(3)根据所提供的动力不同,牵引车可分为内燃牵引车和电动牵引车,如图3-45所示。内燃牵引车一般采用较经济的柴油机进行驱动,只有小型牵引车才采用汽油机进行驱动。内燃牵引车的底盘结构形式与普通汽车类似,主要用于室外的牵引作业;电动牵引车采用蓄电池和直流电动机进行驱动,主要用于室内的牵引作业。

(二)固定平台搬运车

固定平台搬运车是具有较大承载物料平台的搬运车,采用电机平行布置的两级减速后轮驱动技术以及严谨、科学的人机工程设计有效地保证了整机的可靠性、稳定性和作业效率。

固定平台搬运车根据动力不同分:内燃型和电瓶型,如图3-46所示。相对承载卡车而言,固定平台搬运车具有承载平台离地低、装卸方便、结构简单、价格低、轴距较小、轮距较小、作业灵活等特点,一般用于企业内车间与车间、车间与仓库之间的运输。

(a)内燃牵引车　　(b)电动牵引车　　　　(a)内燃型　　(b)电瓶型

图3-45　根据所提供的动力不同牵引车所分类型　　图3-46　固定平台搬运车的类型

（三）集装箱跨运车

集装箱跨运车是用于集装箱码头前沿和库场之间短途水平搬运和堆码集装箱的专用机械。集装箱跨运车按基本结构形式可归纳为三类。

（1）无平台的跨运和装卸共用结构的集装箱跨运车，如图3-47所示。这种结构形式的车体由两片垂直的"Π"形框架组成，门架上部用纵梁连接，下部安装在底梁上，司机室安装在后框架的一侧，动力装置设在底架上。

图 3-47　无平台的跨运和装卸共用结构的集装箱跨运车

车体为跨运和装卸共用结构。其特点是：由于没有平台，转弯半径小；起吊集装箱时，由于门架两侧外倾载荷相同，因而两侧轮胎向外位移也相同；堆码和通过的集装箱层数相同。但司机室位于后框架上，司机视线较差。

（2）有平台的跨运和装卸共用结构的集装箱跨运车，如图3-48所示。这种结构形式的跨运车，其车体与无平台式基本相同，只是车架后部设有平台，平台与后框架连接并支承在底架上，司机室和动力装置安设在平台上。

车体亦为跨运和装卸共用结构。这种结构的优点是：司机视线有改善；起吊集装箱时，门架两侧载荷相同，因而两侧车轮向外位移也相同；由于前后轮轴距较长，车体启动、制动和走行时颠簸较小，对路面产生的轮压也较小，但通过的集装箱层数比堆码时要少一层。由于设有平台，转弯半径较大。

图 3-48　有平台的跨运和装卸共用结构的集装箱跨运车

（3）有平台的跨运和装卸专用结构的集装箱跨运车，如图3-49所示。这种结构形式其车体为一片水平"Π"形门架，前后通过4根立柱与底梁连接，跨运部分与装卸部分是单独的。

它以门形车架跨在集装箱上，由装有集装箱吊具的液压升降系统吊起集装箱，进行搬运堆码。还可用跨运车将集装箱装在集装箱底盘车上，同时也可将集装箱从底盘车上卸下。该机型可实现一机多用，既可作为码头前沿至库场的水平运输机械，又可进行堆场2～3层集装箱堆码和装卸作业。

图 3-49 有平台的跨运和装卸专用结构的集装箱跨运车

六、搬运车如何选择

搬运车普遍应用于物流、堆栈、闺阁、车间、宿舍、机场等。根据用于提升、定位、装配、堆叠、卸垛、运输的场所,货品在搬运时可分为水平搬运和垂直搬运。但是很多时候,搬运车的选择会根据工作环境来进行慎重的考虑,这就需要工作人员进行正确的选择,本节内容就手动搬运车不同的产品类型进行简单介绍,让其更好地服务生产。

(一)手动液压搬运车

手动液压搬运车是依靠液压动力源为基础提供动力进行货物搬运的,液压装置体积较少,而且操作简单,使用更加灵活方便。一般适用于机场、车站或者小型加工产。

(二)手动托盘搬运车

手动托盘搬运车是采用能力驱动液压系统来实现货物托运的,在工作时只需要掌握控制开关,将货叉叉入托盘孔内,并由人力拉动完成搬运作业。在升降过程中要注意保持平衡性与稳定性。

(三)手动电子秤搬运车

这种搬运车具有前两者共有的优势,只不过电子系统具有承载预警功能,在货物托运上有严格的要求,对此需要注意操作安全。

手动搬运车性能优势极佳,可以满足小型货物托运要求,更加适用于生活领域,同时在选择的时候要善于根据环境要求来选择适宜的搬运车,这样才能为生产带来实际帮助。

学习测试

一、名词解释

装卸 搬运 装卸搬运活性 集装单元化

二、填空

(1)搬运是在同一场所内(通常是指在某一个物流节点,如仓库、车站或码头等),对物品进行以_____为主的物流作业。

(2)装卸搬运活性是指把货物从静止状态转变为装卸搬运运动状态的_____,装卸搬运活性指数共分_____个等级,货物的装卸搬运活性指数越大,则搬运难度_____。

(3)装卸搬运技术很多,目前的装卸搬运技术主要表现在_____技术上。

三、单项选择

(1)装卸搬运活性指数是用来表示各种状态下的物品的搬运难度的,它可以分为( )个等级。

A. 2　　　　　B. 3　　　　　C. 4　　　　　D. 5

（2）运用装卸搬运活性指数的概念来分析与表示搬运活性水平的高低时，处于运行状态的物品，因为不需要再进行其他作业就能运走，其活性指数最高定为（　　　）。

A. 0　　　　　B. 1　　　　　C. 4　　　　　D. 5

（3）放于搬运车、台车或其他可移动挂车上的货物，它的装卸搬运活动指数是（　　　）。

A. 0 级　　　　B. 1 级　　　　C. 2 级　　　　D. 3 级

（4）物流过程中，运输、仓储、包装和装卸搬运各环境的改善，不能仅从单方面来进行考虑，应将各环节作为一个系统来看待，考虑综合效益。在物料搬运中体现了（　　　）。

A. 集装化原则　　　　　　　　　　　　B. 系统化原则

C. 提高搬运灵活性原则　　　　　　　　D. 无效搬运原则

（5）在以下 4 个选项中，（　　　）属于搬运的原则，又属于搬运的目标。

A. 利用重力的影响和作用　　　　　　　B. 提高搬运灵活性

C. 消除无效搬运　　　　　　　　　　　D. 人身和财产安全

（6）在搬运过程中，要尽量做到（　　　），力求避免入库货物在搬运途中的停顿和重复劳动，这对于准确计数、缩短卸车时间、加速货物入库都十分有利。

A. 数量准、批次清　　　　　　　　　　B. 分类搬运

C. 一次连续搬运到位　　　　　　　　　D. 少量多次搬运

（7）用于垂直移动货物作业的车辆有（　　　）。

A. 牵引车　　B. 平板车　　C. 搬运车　　D. 装卸叉车

（8）装卸搬运技术装备应用特点是：适应性强、设备能力强和（　　　）。

A. 机动性较差　　　　　　　　　　　　B. 作业范围广泛

C. 作业成本低　　　　　　　　　　　　D. 作业环境较差

（9）目前，常用的轮胎式集装箱龙门吊起重机起重重量为（　　　）。

A. 20 t　　　　B. 30 t　　　　C. 40 t　　　　D. 50 t

（10）下列不属于输送设备主要技术性能的指标是（　　　）。

A. 输送速度　　　　　　　　　　　　　B. 输送长度

C. 提升高度　　　　　　　　　　　　　D. 输送货物重量

（11）适应性强，应用最为广泛的叉车是（　　　）。

A. 步行操纵式叉车　　　　　　　　　　B. 平衡重式叉车

C. 前移式叉车　　　　　　　　　　　　D. 电动托盘叉车

（12）适用于在通道狭窄的仓库内作业的叉车是（　　　）。

A. 平衡重式叉车　　　　　　　　　　　B. 插腿式叉车

C. 伸缩臂式叉车　　　　　　　　　　　D. 前移式叉车

（13）叉车正常作业时，通道的最小理论宽度为（　　　）。

A. 载荷中心距　　　　　　　　　　　　B. 最小转弯半径

C. 堆垛通道最小宽度　　　　　　　　　D. 叉车的最大宽度

（14）室内经常使用的短距离的搬运车辆是（　　　）。

A. 托盘搬运车　　B. 手推车　　C. 平台搬运车　　D. 牵引车

四、不定项选择

(1) 装卸搬运合理化的主要目标是( )。

A. 节约时间 　　　　　　　　 B. 节约劳动力 　　　　　　　　 C. 作业自动化

D. 节约资金 　　　　　　　　 E. 降低装卸成本

(2) 不合理的装卸搬运具体表现在( )几个方面。

A. 过多的装卸搬运次数 　　　　　　　　　　　 B. 过大包装的装卸搬运

C. 过长的装卸搬运时间 　　　　　　　　　　　 D. 无效物质的装卸搬运

E. 过多的人力投入装卸搬运

(3) 下列不属于起重机主要性能指标的是( )。

A. 起重量 　　　　　　　　　 B. 额定起重量 　　　　　　　　 C. 幅度

D. 跨度 　　　　　　　　　　 E. 不让算 　　　　　　　　　　 F. 不让想

(4) 用于垂直和水平移动货物作业的车辆有( )。

A. 牵引车 　　　　　　　　　 B. 平板车 　　　　　　　　　　 C. 搬运车

D. 装卸叉车 　　　　　　　　 E. 手动托盘搬运车

(5) 气力输送中属于正常输送状态的是( )。

A. 悬浮流 　　　　　　　　　 B. 底密流 　　　　　　　　　　 C. 部分流

D. 疏密流 　　　　　　　　　 E. 停滞流

(6) 下列属于专用的高效率装卸搬运机的有( )。

A. 吊车 　　　　　　　　　　 B. 电子小车 　　　　　　　　　 C. 电动叉车

D. 夹抱车 　　　　　　　　　 E. 手推台车

(7) 下列属于臂架类起重机械的有( )。

A. 桅杆起重机 　　　　　　　 B. 甲板起重机 　　　　　　　　 C. 门式起重机

D. 门座起重机 　　　　　　　 E. 流动起重机

(8) 起重机的工作速度有( )。

A. 带式输送机 　　　　　　　 B. 变幅速度 　　　　　　　　　 C. 旋转速度

D. 变频速度 　　　　　　　　 E. 起升速度

(9) 起重设备常用取物装置包括( )。

A. 吊钩 　　　　　　　　　　 B. 抓斗 　　　　　　　　　　　 C. C 形卷钢吊具

D. 电磁吸盘 　　　　　　　　 E. 起重无泵真空吸盘

(10) 下列关于大宗散碎物料的装卸系统说法正确的是( )。

A. 装、卸车机主要用于港口、货场、工矿企业的煤炭、矿石、砂石等散货

B. 常用的装、卸车机有悬挂式和气力输送式

C. 翻车机主要用于小型散货码头或货场

D. 翻车机的卸车效率正常为每小时 40～60 辆

E. 散货卸船机的机构一般是起重设备和输送机械的组合,或者输送机械与不同的输送机械的组合

(11) 仓储作业中常用的工属具有( )几大类。

A. 主动工属具 　　　　　　　　　　　　　　　 B. 搬运车和牵引车工属具

C. 单元货物装卸工属具 　　　　　　　　　　　 D. 叉车工属具

E. 散碎物料工属具

（12）装卸搬运机械的选择，应本着（　　）的总要求。

A. 经济合理　　　　　　　　B. 提高效率　　　　　　　　C. 降低费用

D. 选用进口机械　　　　　　E. 自动化程度高

五、论述题

（1）装卸搬运设备的主要指标有哪些？

（2）装卸搬运地点要考虑的因素有哪些？

（3）装卸时间的分析内容有哪些？

第四章

集装单元化技术与装备

XIANDAI WULIU

JISHU YU

ZHUANGBEI

SHIWU

任务引入

杂散货物的组合方式,是随科学技术进步而发展的。在科学不太发达,起重机具、装卸机具没有被普遍采用,装卸工作全要依靠人力进行时,杂散货物的组合包装程度主要受两个因素制约:一个因素是包装材料的限制,包装材料强度和材料自重约束了包装体的大型化;另一个因素是人力装卸能力的限制,包装必须限制在人的最大体能范围之下。因此,那时的杂散货物组合体,重量一般在 50 kg 以下。

任务分析

从运输角度来看,集装所组合的组合体往往正好是一个装卸运输单位,非常便于运输和装卸,因而在这个领域把集装主要看成是一个运输体(货载),称为单元组合货载,或称为集装货载。集装是材料科学和装卸技术两个方面有了突破性进展之后才出现的,用大单元实现组合,是整个包装技术的一大进步。

引导案例

物流标准箱破解物流难题——可循环利用

山东 D 速是一家以手机、家电等商务快件配送为主营业务的快递企业。山东 D 速与山东高速物流集团下属山东高速标准箱物流有限公司合作,在省内部分线路上使用物流标准箱。在济南市天园路 1 号山东高速标准箱物流有限公司场站,不论何时呈现在人们眼前的物流标准箱,都是缩小版的海运集装箱。标准箱采用钢材制作,物流标准箱分大、中、小三种,其中较受市场欢迎的是中箱,中箱的长 2 050 mm、宽 2 438 mm、高 2 600 mm,宽度与海运集装箱完全相同,工作人员称之为"陆上班轮"。

山东高速标准箱物流有限公司共试验运营 33 辆 LNG(液化天然气)新能源牵引车、1 000 多个物流标准箱,与省内的 5 市 10 个场站连接成网,开通了 13 条线路,与 D 速、明达等 9 家快递公司达成合作。每天晚上 7 点左右,山东高速标准箱物流有限公司派出牵引车,把前一天放在山东 D 速场站的已完成卸货、装货的物流标准箱拖走,发往省内各城市,往复循环利用。

比如:当天从济南经潍坊中转发往日照的货物,与原来使用普通货车相比,使用物流标准箱便于机械化操作,减少了拆箱分拣环节,转运时使用叉车即可,比人工装卸货物节省 15% 的人力成本,节省了 30 min 的时间,且避免了人工装卸转运可能出现的差错。

物流标准箱把运货物变成了运箱子,方便、快捷、安全、差错少。能否真正做好,还要看箱管系统、空箱调运系统的工作效率,能否可循环利用最为关键。将运输线路纳入物流标准箱系统,从目前看,成本优势不明显,但随着更多线路的纳入和规模的扩大,其成本优势必将显现。

物流标准箱同时集成应用 3G(第三代移动通信技术)、RFID、EDI、GPS 等信息技术,实现智能调度与优化管理。物流标准箱包括普通箱和保温箱两种,其中,保温箱保证温控货物在 10 h 以内的运输过程中温度变化不超过 5 ℃,降低传统冷藏货物的运输成本。运载车辆全部使用 LNG 新能源,降低环境污染和燃油成本。

通过创新内部结构降低自重,并发明新式扭锁,实现箱体之间的连接,以及箱体与车辆的连接。从集装器具、运输车辆、配送车辆、甩挂运输场站及设施都自成一套标准化体系,便于进行全国推广复制。物流标准箱还能有效保护公司运输的手机、家电等高价值货物,防盗、防污、防碰撞、防破损。物流行业是一个实现充分市场化竞争的行业,解决物流行业多、小、散、乱等问题,还要靠市场化手段。在公路上应用集装化运输是一个突破性的做法,可以有效提高装卸速度,提升安全保护水平。

思考题

(1) 在物流单体动作上,我国汽车的吨公里运费是全世界最低的,只有欧洲的三分之一,但整体效率低下,原因是什么?

(2) 为什么物流标准箱的可循环利用是破解物流难题的关键?

任务一 集装单元化管理概述

项目目标

知识目标

(1) 了解集装单元化产生的背景。

(2) 掌握集装单元化的概念、特点、原则及意义。

(3) 掌握物流、物流系统与物流模数的概念。

(4) 掌握标准化、物流标准化的概念和重点,以及物流标准化的方法。

(5) 掌握集装单元化技术发展的意义。

能力目标

(1) 能够在物流装备的设计、制造及操作过程中,依据物流模数确定有关系列的尺寸,并从中选择全部或部分确定为定型的生产制造尺寸。

(2) 能够在整个物流系统设计时以集装模数尺寸为依据决定各设计尺寸。

(3) 能够在实际物流系统操作的各个环节中始终保持托盘货物单元的形态,并贯彻实施托盘作业一贯化与托盘共用系统。

知识链接

随着物流管理技术的不断发展,集装技术也不断发展和完善,集装形成了若干种典型的方式,一般不做特殊解释的集装,主要是指集装箱和托盘。除了集装箱、托盘这两种应用面广、适应货物种类多的主体集装箱方式外,还有集装袋、集装网络、罐式集装、集装捆等特种集装容器,属于交叉领域非典型的集装方式,主要作用是将零杂货物组合成单元货物,并以这些器具为承托物,以单元货物形态进行物流活动。

一、集装的含义

（一）集装的概念

将许多单件物品通过一定的技术措施组合成尺寸规格相同、重量相近的大型标准化的组合体，这种大型的组合状态称为集装。

集装从包装角度来看，是一种按一定单元将杂散物品组合包装的形态，是属于大型包装的形态。在多种类型的产品中，小件杂散货物很难像机床、构件等产品那样进行单件处理，由于其杂、散，且个体体积、重量都不大，所以，总是需要进行一定程度的组合，才有利于销售，有利于物流，有利于使用。比如，箱、袋等都是杂散货物的组合状态。

（二）集装的方式和种类

集装器具主要有三大类，如图 4-1 所示，即托盘、集装箱和其他集装器具。

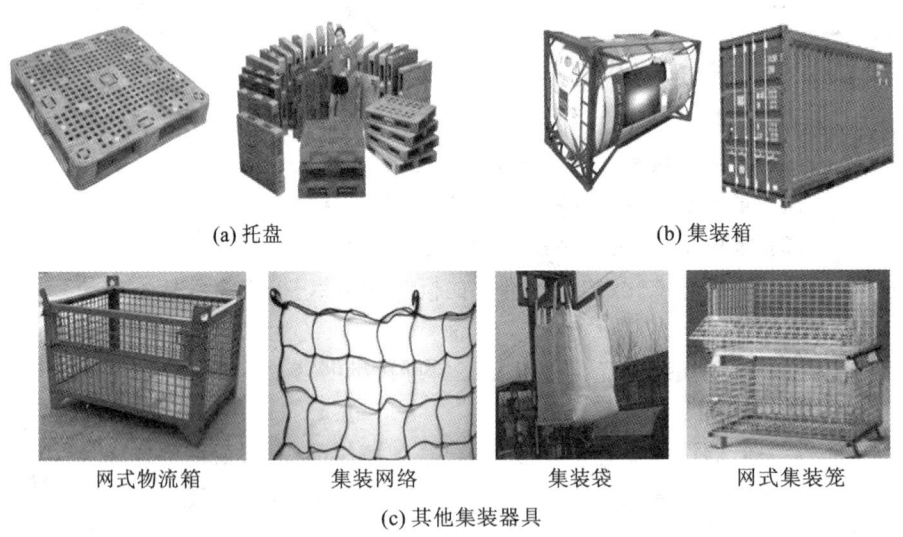

(a) 托盘   (b) 集装箱

网式物流箱   集装网络   集装袋   网式集装笼

(c) 其他集装器具

图 4-1　集装器具

各种典型的集装器具及其变形体如下。

（1）托盘。最典型的是平托盘，其变形体有柱式托盘、架式托盘（集装架）、笼式托盘（集装笼）、箱式托盘、折叠式托盘、轮式托盘（台车式托盘）、薄板托盘（滑板）等。

（2）集装箱。最典型的是普通集装箱，其变形体有笼式集装箱、罐式集装箱、台架式集装箱、平台集装箱、折叠式集装箱等，许多类型的集装箱和相应的托盘在形态上区别并不大，但规模相差较大。

（3）集装容器。典型的集装容器是集装袋，其变形体有集装网络、集装罐、集装桶等。

（4）集装货捆。集装网络也是货捆的一种变形体。

（三）集装系统

集装系统是以集装方式进行全物流过程各项活动，并对此进行综合、全面管理的物流形式。集装系统有时简称集装或集装单元化，这是许多活动的总称。

集装系统既是一种包装形式，又远远超出包装的范畴；既是一种运输或储存形式，又不完全只起运输或储存的作用。集装贯穿了物流的全过程,在全过程中发挥作用。

在集装系统中,首要的问题是将货物形成集装状态,即形成一定大小和重量的组合体,这是集零为整的方式。将零散货物集中成一个单元,称单元组合,又称集装单元化。这样形成的货载称单元组合货载,又称集装货载。

集装单元化是物流现代化的标志。随着科学技术的发展,生产技术得到了发展,各种交通工具、交通设施以及交通网络也得到了发展,同时市场扩大为大量生产提供了良好的环境,而大量生产的产品要输送到各地,因此,大批量、长距离输送显得越来越重要。要实现大批量、长距离的输送必须依靠集装单元化技术,目前世界各国大都采用了集装单元化技术进行物流活动。

二、集装单元化

(一)集装单元化的概念

集装单元化是以集装单元为基础组织的装卸、搬运、储存和运输等物流活动的方式。集装单元的实质就是要形成集装单元化系统。集装单元化系统是由货物单元、集装器具、装卸搬运设备和输送设备等组成的高效、快速地进行物流业服务的人工系统。

(二)集装单元化的特点

(1)通过标准化、通用化、配套化和系统化以实现物流功能作业的机械化、自动化。

(2)物品移动简单,减少重复搬运次数,缩短作业时间,提高作业效率,装卸机械的机动性增高。

(3)改善劳动条件,降低劳动强度,提高劳动生产率和物流载体利用率。

(4)物流各功能环节便于衔接,容易进行物品的数量检验,清点交接简便,减少差错。

(5)货物包装简单,节省包装费用,降低物流功能作业成本。

(6)容易高堆积,减少物品堆码存放的占地面积,能充分灵活地运用空间。

(7)能有效地保护物品,防止物品的破损、污损或丢失。

(8)集装单元化的缺点是作业有间歇,需要宽阔的道路和良好的路面,托盘和集装箱的管理烦琐,设备费用一般较高。托盘和集装箱自身的体积及重量,使物品的有效装载减少。

(三)集装单元化的原则

物流集装单元化的主要特点是集小为大,而这种集小为大是按标准化、通用化的要求进行的,它使中小件散杂货以一定的规模进入市场、进入流通领域,形成规模优势。集装单元化的效果实际上就是这种规模优势的效果。所以,集装单元化的原则为:

(1)集装单元器具标准化原则;

(2)集装单元化的通用化、系统化、配套化原则;

(3)集装单元化的集散化、直达化、装满化原则;

(4)集装单元化的效益化原则。

(四)集装单元化的意义

(1)为装卸作业机械化、自动化创造了条件,加速了运输工具的周转,缩短了货物运输时间,从总体上提高了运输工具装载量和容积利用率。

(2)促使包装合理化,采用集装后,物品的单体包装及小包装要求可降低甚至可去掉小包装,不仅节约了包装材料,而且由于集装化器具包装强度高,对货物损伤的防护能力强,能有效减少物流过程中的货差、货损,保证货物安全。

（3）方便仓储保管作业,标准集装货物便于堆码,能有效提高仓库、货场单位面积的储存能力。

（4）减轻或完全避免污秽货物对运输工具和作业场所的污染,改善环境状况。

（5）集装单元化的最大效果是以其为核心所形成的集装系统,将原来分离的物流各环节有效地联合为一个整体,使整个物流系统实现合理化。集装货物便于清点,简化了物流过程各环节间、不同运输方式间的交接手续,促进不同运输方式之间的联合运输,实现"门到门"的一条龙服务。

三、物流模数

（一）物流

物流是指为了满足客户的需要,以最低的成本,通过运输、保管、配送等方式,实现原材料、半成品、成品及相关信息由商品的产地到商品的消费地所进行的计划、实施和管理的全过程。

物流中的"物"是物质资料世界中同时具备物质实体特点和可以进行物理性位移的那一部分物质资料。"流"是物理性运动,这种运动有其限定的含义,就是以地球为参照系,相对于地球而发生的物理性运动,称为"位移"。"流"的范围可以是地理性的大范围,也可以是在同一地域、同一环境中的微观运动、小范围位移。

"物"和"流"的组合,是一种建立在自然运动基础上的高级的运动形式。其互相联系是在经济目的和实物之间、在军事目的和实物之间,甚至在某种社会目的和实物之间,寻找运动的规律。因此,物流不仅是上述限定条件下的"物"和"流"的组合,更是限定于军事、经济、社会条件下的组合,是从军事、经济、社会角度来观察"物"的运输,达到某种军事、经济、社会的要求。

（二）物流系统

物流系统是指在一定的时间和空间里,由所需输送的物料和包括有关设备、输送工具、仓储设备、人员以及通信联系等若干相互制约的动态要素构成的具有特定功能的有机整体。

随着计算机科学和自动化技术的发展,物流管理系统也从简单的方式迅速向自动化管理演变,其主要标志是自动物流设备,如自动导引车、自动储存和提取系统、空中单轨自动车、堆垛机等,以及物流计算机管理与控制系统的出现。物流系统的主要目标在于追求时间和空间效益,实现功能的最大化。而实现物流系统优化的方法之一就是物流系统的标准化,物流模数是物流系统标准化的方法之一。

（三）物流模数

物流模数是指物流设施与设备的尺寸基准。

物流模数是为了物流的合理化和标准化,以数值关系表示的物流系统中各种因素的标准尺度。它是由物流系统中的各种因素构成的,这些因素包括货物的成组、成组货物的装卸机械、搬运机械和设备、运输设施、用于货物保管的机械和设备等。

四、物流标准化的方法

标准化是对产品、工作、工程或服务等普遍的活动规定统一的标准,并且对这个标准进行贯彻实施的整个过程。物流标准化是指以物流为一个大系统,制定系统内部设施、机械装备、专用工具等各个分系统的技术标准,制定系统内各分领域如包装、装卸、运输等方面的工作标准,以系统为出发点,研究各分系统与分领域中技术标准与工作标准的配合性,按配合性要求,统一整个物流系统的标准,研究物流系统与相关其他系统的配合性,进一步谋求物流大系统的标准统一。

标准化的内容,实际上就是经过优选之后的共同规则。物流标准化的一些方法,主要指初步规格化的方法及做法。

（一）确定物流的基础模数尺寸

物流的基础模数尺寸的作用和建筑模数尺寸的作用大体相同。物流的基础模数一旦确定,设备的制造、设施的建设、物流系统中各环节的配合协调、物流系统与其他系统的配合就有所依据。目前,ISO 中央秘书处及欧洲各国基本认定 600 mm×400 mm 为物流的基础模数尺寸,如图 4-2 所示。

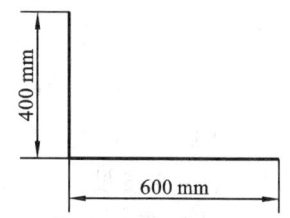

图 4-2　物流的基础模数尺寸

如何确定物流的基础模数尺寸呢?为什么确定 600 mm×400 mm 为物流的基础模数尺寸呢?大体说明如下:由于物流标准化系统较之其他标准系统建立较晚,所以确定基础模数尺寸主要考虑了目前对物流系统影响最大而又最难改变的事物,即输送设备。采取"逆推法",由输送设备的尺寸来推算最佳的基础模数。当然,在确定基础模数尺寸时也考虑到了现在已通行的包装模数和已使用的集装设备,并从行为科学的角度研究了人及社会的影响。从其与人的关系看,基础模数尺寸是较适合人体操作的尺寸。

（二）确定物流模数尺寸

物流模数尺寸即集装基础模数尺寸,物流标准化的基点应建立在集装的基础之上,还要确定集装的基础模数尺寸(即最小的集装尺寸)。集装基础模数尺寸可以从 600 mm×400 mm 按倍数系列推导出来,也可以在满足 600 mm×400 mm 的基础模数的前提下,从卡车或大型集装箱的分割系列推导出来。

日本在确定物流模数尺寸时,就以卡车(早已大量生产并实现了标准化)的车厢宽度为物流模数确定的起点,推导出集装基础模数尺寸,如图 4-3 所示。

物流模数作为物流系统各环节的标准化的核心,是形成系列化的基础。依据物流模数进一步确定有关系列的大小及尺寸,再从中选择全部或部分,确定为定型的生产制造尺寸,这就完成了某一环节的标准系列。

（三）以分割及组合的方法确定系列尺寸

目前,基础模数尺寸是物流标准化的基础和物流标准化首先要拟定的数据,具体有如下几个。

(1) 物流基础模数尺寸,是指为使物流系统标准化而制定的标准规格尺寸。国际标准化组织中央秘书处和欧洲各国确定的物流基础模数尺寸为 600 mm×400 mm。

(2) 物流模数尺寸(集装基础模数尺寸),是指在物流基础模数尺寸的基础上,推导出的各种集装设备的基础尺寸,以 1 200 mm×1 000 mm 为主,也允许 1 200 mm×800 mm 及 1 100 mm×1 100 mm。以此尺寸作为设计集装设备三项(长、宽、高)尺寸的依据。

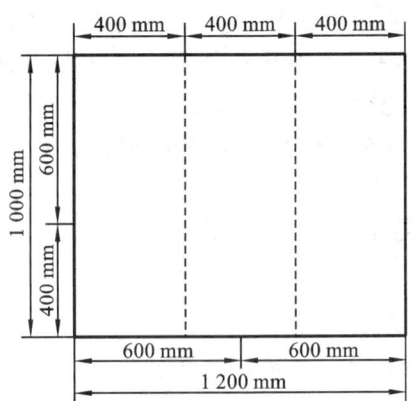

图 4-3 物流的基础模数与集装基础模数尺寸的配合关系

在物流系统中,集装起贯穿作用,集装尺寸必须与各环节物流设施、设备、机具相匹配。因此,整个物流系统设计时往往以集装模数尺寸为依据,决定各设计尺寸。集装模数尺寸是影响和决定物流系统标准化的关键。

(3) 物流建筑基础模数尺寸,是指物流系统中各种建筑物所使用的基础模数尺寸。它是以物流基础模数尺寸为依据而确定的,也可以选择共同的模数尺寸。该尺寸是设计物流建筑物长、宽、高,门窗尺寸,建筑物立柱间距、跨度及进深等尺寸的依据。

许多国家都以上述基础模数尺寸为基准修改本国物流的有关标准,以便和国际的发展趋势吻合。日本等一些国家在用 1 200 mm×1 000 mm 模数尺寸系列的同时,还发展了 1 100 mm ×1 100 mm 正方形的集装模数,且已形成物流模数系列。

(四) 物流标准化国际概况

从世界范围来看,几乎所有国家都还处于物流体系标准化的初始阶段。在这初始阶段,标准化的重点在于制订标准规格尺寸来实现全物流系统的贯通,取得提高物流效率的初步成果。日本是对物流标准化较重视的国家之一,标准化的速度也很快。

我国虽然尚未从物流系统角度全面开展各环节的标准化工作,也尚未研究物流系统的配合性等问题,但是,已经制定了一些分系统的标准,其中汽车、叉车、吊车等已全部实现了标准化,包装模数及包装尺寸、联运通用平托盘也制定了国家标准。参照国际标准,还制定了运输包装部位的标示方法国家标准。其中,联运通用平托盘外部尺寸系列规定优先选用尺寸两种,即TP2 800 mm×1 200 mm,TP3 1 000 mm×1 200 mm;可选用尺寸一种,为TP1 800 mm×1 000 mm。托盘高度基本尺寸为 100 mm 与 70 mm 两种。

五、物流标准化的重点

物流系统标准化取决于和集装单位的配合性。其中包括:

(1) 集装单位与生产企业最后工序(也是物流活动的初始环节)——包装的配合性;

(2) 集装单位与装卸机具、装卸场所、装卸小工具(如吊索、跳板等)的配合性;

(3) 集装单位与仓储设施的配合性;

(4) 集装单位与运输设备(如运输设备的载重、有效空间尺寸等)、设施的配合性;

(5) 集装单位与末端物流的配合性;

（6）集装单位与国际物流的配合性。

综上所述,物流标准化的重点内容就是:货物的集装单位与物流过程中的固定设施、移动设备、专用工具的配合性。具体来讲,以集装系统为物流标准化的基点,这个基点的作用之一,就是以此为准来解决全面的标准化。因此,必须实现集装与物流其他各个环节之间的配合性。

任务二　托盘的运用与管理

项目目标

知识目标

（1）了解托盘的概念、特点和使用方法。

（2）掌握托盘的基本种类、基本构造。

（3）掌握托盘标准化的必要性、种类。

（4）掌握托盘货物的装盘码垛方式以及托盘货体的紧固方法。

（5）掌握托盘维修和管理。

能力目标

（1）能够根据操作货物的特性选择不同形态、不同材质制成的合适的托盘。

（2）能够根据包装、卡车车厢、铁路货车车厢、集装箱箱体等配套规格尺寸和系列化规格标准选择购置适当的储物托盘。

（3）能够根据货物特性正确选用托盘货物的装盘码垛方式、货体的紧固方法。

知识链接

随着经济活动总量的增长,仓库发挥的作用越来越大,为提高仓库的出入库效率和仓库的库容量利用系数,实现仓储作业的机械化、自动化。托盘作为叉车的附属搬运工具,又成了一种储运工具,为解决大量物资的快速装卸问题,托盘的应用得到进一步发展。

一、托盘的概述

（一）托盘的概念

托盘是指用于集装、堆放、搬运和运输的放置作为单元负荷的货物和制品的水平平台装置,是一种用于自动化或机械化装卸、搬运和堆存货物的集装工具。

我国物流方面的国家标准把托盘定义为:用于集装、堆放、搬运和运输的,放置作为单元负荷的货物和制品的水平平台装置。其基本功能是装物料,同时还应便于叉车和堆垛机的叉取和存放。

为了提高出入库效率和仓库利用率,实现自动化作业,通常采用货物连带托盘的储存方法,托盘成为一种储存工具。

（二）托盘的特点

托盘作为一种装卸储运物料的轻便平台，便于利用叉车、搬运车辆或吊车等装卸、搬运单元物品或小数量的物品。托盘的主要优点如下。

（1）自重小。用于装卸、运输托盘本身所消耗的劳动较少，无效运输及装卸比运输集装箱要少。

（2）返空容易，返空时占用的运力小。由于托盘造价不高，又很容易互相替代，互以对方托盘为抵补，无须像集装箱那样有固定的归属者，也无须像集装箱那样返空，即使返空也比集装箱容易。

（3）装盘容易。装货时不必像集装箱那样深入箱体内部，装盘后可采用捆扎、紧包等技术处理，使用简便。

（4）装载量虽较集装箱小，但也能集中一定数量，比一般包装的组合量大得多。

（三）托盘的使用方法

托盘的使用有两种方法：托盘联运和专用托盘。

（1）托盘联运。托盘联运是托盘的重要使用方法。托盘联运又称一贯托盘运输，其含义是将载货托盘货体，从发货人开始，通过装卸、运输、转运、保管、配送等物流环节，将托盘货体原封不动地送达收货人的一种"门到门"运输方法。

（2）专用托盘。专用托盘是按某一领域的要求，在这一领域的各个环节，采用专用托盘作为贯通一气的手段，实际上，是这一小领域的托盘联运。各个产业领域，各小流通领域，各工厂、车间、仓库内部都有提高工效、追求物流合理化的问题，因此，托盘专用也是托盘使用的宽广领域中不可忽视的一个领域。

（四）托盘作业一贯化与托盘共用系统

由于物流系统中要处理的绝大部分对象是各种杂散货，它们形状各异，大小不一，难以适应物流作业机械化、自动化的要求。把各种杂散货堆码在托盘上形成的托盘货物单元形状规则，可以用叉车等物流设备进行装卸搬运，大大提高了作业效率；同时，可以实现单元货格式货架储存，提高仓库的容积率。

为了减去转载时码盘、拆盘的工序，人们提出实现托盘流通或联营，即托盘从港内、站内、企业内部使用发展为随车运输，成为一种运输工具，或者从托盘装卸—托盘搬运—托盘储存—托盘运输—托盘售货，连贯发展成为托盘物流。

合理的做法是在形成托盘货物单元以后，在物流系统各个环节始终保持托盘货物单元的形态，托盘与所装载的货物构成一个整体直至送达最终用户，这就是托盘作业一贯化，即在物流全程都要实施托盘化作业。托盘共用系统示意图如图4-4所示。

在实现托盘作业一贯化的过程中，回收随同货物发往四面八方的托盘对于任何发货企业来说都是不可能完成的任务。要解决实施托盘作业一贯化所产生的托盘回收的问题，必须依靠国家和有关企业的力量，建立某种形式的社会化托盘回收系统，以实现托盘共用。

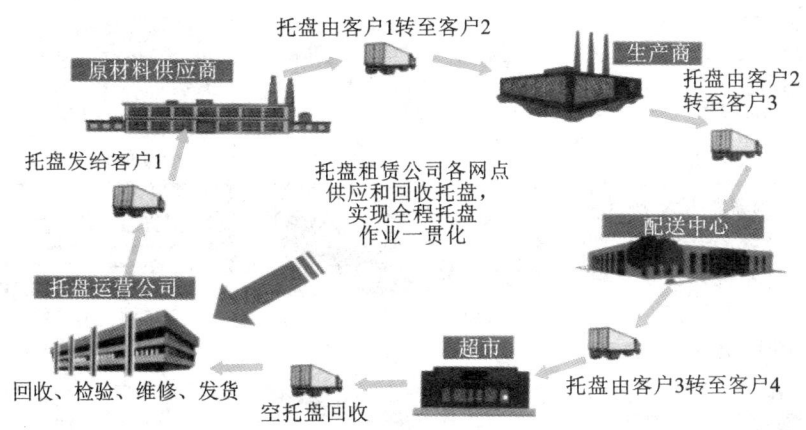

图 4-4 托盘共用系统示意图

二、托盘的基本种类及基本构造

(一)托盘的基本种类

托盘是一种重要的集装器具,是在物流领域中适应装卸机械化而发展起来的一种集装器具。托盘按其基本形态分类,大致分为:①平托盘;②柱式托盘;③箱式托盘;④轮式托盘;⑤特种专用托盘。

(二)托盘的基本构造

1. 平托盘

运输中一般用的托盘,主要是指平托盘。平托盘是托盘中使用量最大的一种,可以说是通用托盘。其中,木制平托盘的基本构造如图 4-5 所示。

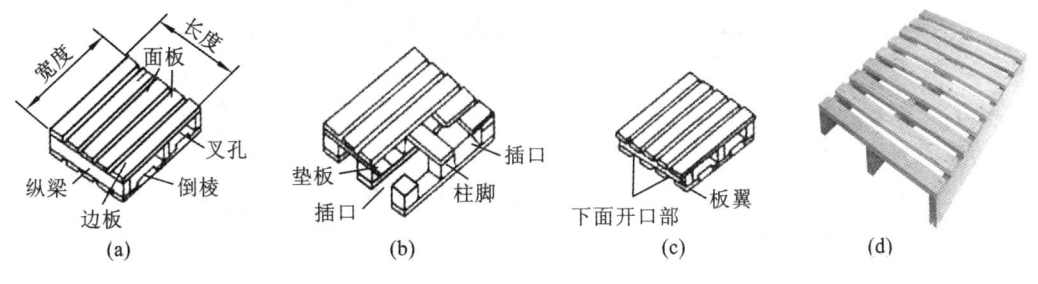

图 4-5 木制平托盘的基本构造

平托盘可细分为多种,具体的分类方法如下。

(1)按台面分类。平托盘按承托货物台面可分成单面型、单面四向型、单面单翼型、单面使用型、单面使用四向型、单面使用单翼型、双面使用型、双面使用四向型、双面使用单翼型等 9 种,如图 4-6 所示。

(2)按叉车叉入方式分类。平托盘按叉入方式可分为单向叉入型、双向叉入型、四向叉入型等 3 种,如图 4-7 所示。四向叉入型,叉车可从 4 个方向进叉,因而叉运较为灵活。

(3)按制造材料分类。平托盘按制造材料可分为木制平托盘、塑料制平托盘、钢制平托盘和高密度合成板平托盘等 4 类。

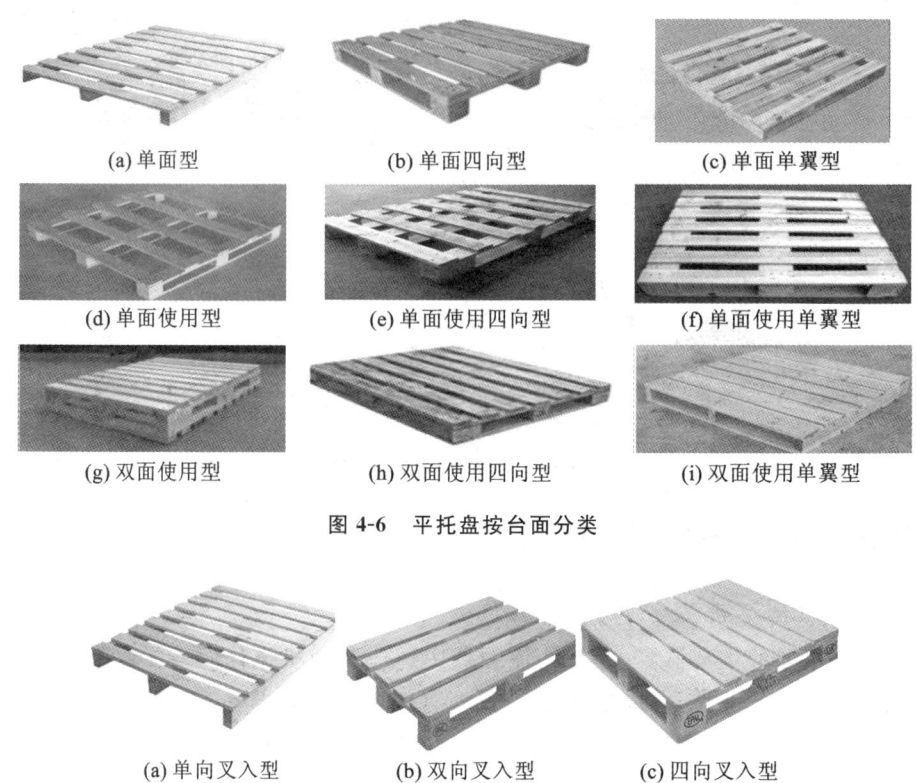

(a) 单面型　　　　　　　　(b) 单面四向型　　　　　　(c) 单面单翼型

(d) 单面使用型　　　　　(e) 单面使用四向型　　　　(f) 单面使用单翼型

(g) 双面使用型　　　　　(h) 双面使用四向型　　　　(i) 双面使用单翼型

图 4-6　平托盘按台面分类

(a) 单向叉入型　　　　　(b) 双向叉入型　　　　　(c) 四向叉入型

图 4-7　平托盘按叉车叉入方式分类

① 木制平托盘。各种类型木制平托盘,如图 4-8 所示。木制平托盘制造方便,便于维修,也较轻,是使用广泛的平托盘。

图 4-8　各种类型木制平托盘

② 塑料制平托盘。各种类型塑料制平托盘,如图 4-9 所示。采用塑料模制成平托盘,一般是双面使用型,双向叉入或四向叉入,由于塑料的强度有限,很少有翼形的平托盘。

塑料制平托盘最主要的特点是:重量轻,平稳、美观,整体性好,无味无毒,易冲洗消毒,不腐烂,不助燃,无静电火花,可回收,耐腐蚀性能强,可着各种颜色以分类区分。塑料制平托盘是整体结构,不存在透钉刺破货物的问题,是仓储的重要工具,适合周转使用。但塑料制平托盘的承载能力不如钢制平托盘、木制平托盘。

③ 钢制平托盘,如图 4-10 所示。

用角钢等异型钢材焊接制成的平托盘,和木制平托盘一样,也有叉入型和单面、双面使用型

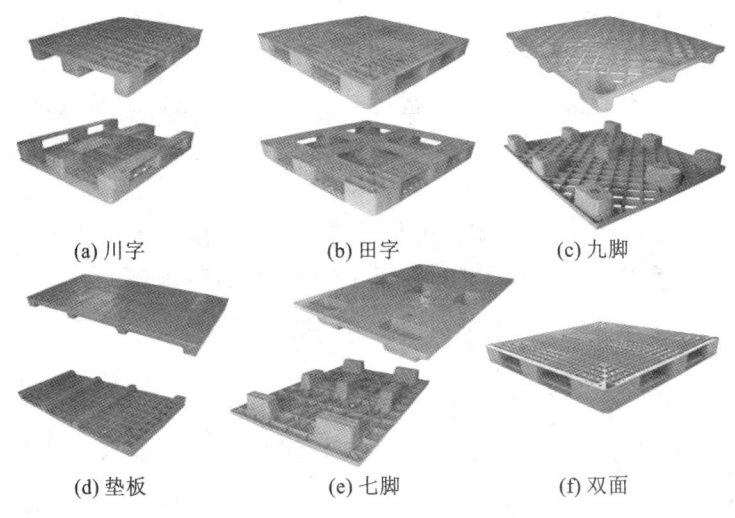

(a) 川字	(b) 田字	(c) 九脚
(d) 垫板	(e) 七脚	(f) 双面

图 4-9　各种类型塑料制平托盘

图 4-10　钢制平托盘

等各种类型。钢制平托盘的自重较重,比木制平托盘重,人力搬运较为困难,最近采用轻钢结构,可使用人力,方便搬移。钢制平托盘最大的特点是强度高、不易损坏和变形、维修工作量较小。钢制平托盘制成翼形平托盘的优势:这种托盘不但可使用叉车装卸,也可利用两翼套吊吊具进行吊装作业。

④ 高密度合成板平托盘(免熏蒸)。高密度合成板平托盘包括纸质材料高密度合成板平托盘和其他材料(如各类废弃物、再生环保材料)高密度合成板平托盘两类,如图 4-11 所示。

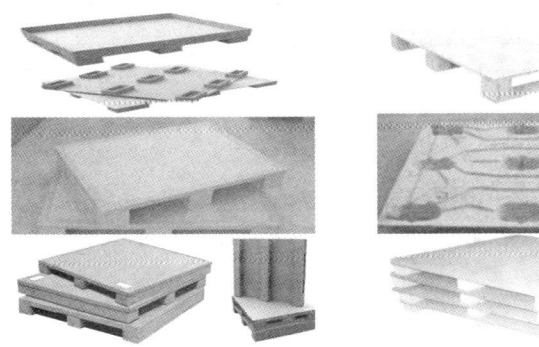

(a) 纸质材料高密度合成板平托盘　　(b) 其他材料高密度合成板平托盘

图 4-11　各类高密度合成板平托盘

纸质材料经高温高压压制而成的高密度合成板平托盘,具有重量轻、强度高、韧性好、不易变形、抗压、抗冲击、防震、隔热、隔音等特点。纸质材料高密度合成板平托盘逐渐被大众认同和接受,其应用的领域也越来越广泛。

其他材料(各类废弃物、再生环保材料)等经高温高压压制而成的高密度合成板平托盘,没有木制平托盘的木结、虫蛀、色差、耐湿性能差等缺点,具有高抗压、重承载、低成本等优点。它适合各类货物的运输,尤其是重货的成批运输,是替代木制平托盘的上佳选择。

2. 柱式托盘

柱式托盘的四个角是固定式或可卸式的柱子,这种托盘的进一步发展即可从对角的柱子上端用横梁连接,形成门框形。柱式托盘的柱子部分用钢材制成,按柱子固定与否分为固定柱式和可卸柱式 2 种,如图 4-12 所示。

(a) 固定柱式   (b) 可卸柱式

图 4-12 柱式托盘类型

柱式托盘的主要作用有两个:一是防止托盘上放置的货物在运输、装卸等过程中发生塌垛;二是利用柱子支撑重量,可以将托盘货载堆高叠放,而不用担心压坏下部托盘上放置的货物。

3. 箱式托盘

箱式托盘的基本结构是沿托盘四个边由板式、栅式、网式等各种平面组成箱体,有些箱体有顶板,有些箱体没有顶板。箱式托盘有固定式、折叠式和可卸式 3 种,如图 4-13 所示。

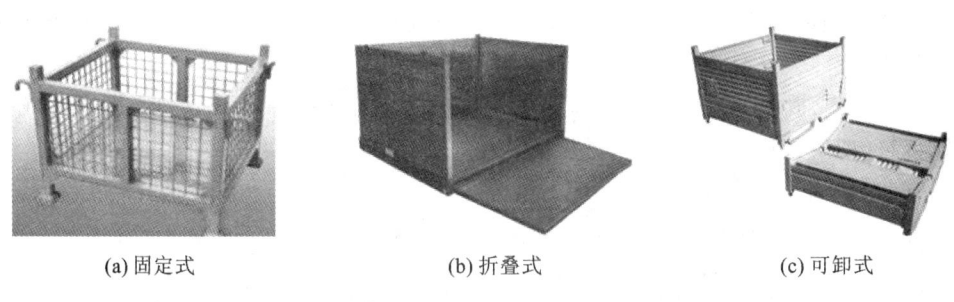

(a) 固定式   (b) 折叠式   (c) 可卸式

图 4-13 箱式托盘类型

箱式托盘的主要特点:一是防护能力强,可有效防止塌垛,防止货损;二是由于四周的护板护栏,这种托盘装运范围较大,不但能装运可码垛的整齐形状包装的货物,也可装运各种异形、形状不能稳定的物品。

4. 轮式托盘

轮式托盘(见图 4-14)的基本结构是在柱式托盘、箱式托盘下部装有小型轮子,这种托盘不但具有一般柱式托盘、箱式托盘的优点,而且可利用轮子做短距离运动,可不需要搬运机具就实现搬运。可利用轮子做滚上滚下的装卸,也有利于装放车内、船内后,移动其位置,所以轮式托盘有很强的搬运性。此外,轮式托盘在生产物流系统中,还可以兼做作业车辆。

图 4-14 轮式托盘

5. 特种专用托盘

上述托盘都带有一定的通用性,可装多种中小件杂散包装的货物。托盘制作简单、造价低,对于某些较大数量运输的货物,都可制出装载效率高、装运方便、适于有特殊要求的某种物品的专用托盘。现在各国采用的专用托盘种类不计其数,都在某些特殊领域发挥着作用。

(1) 航空托盘,如图 4-15 所示,是航空货运或行李托运用托盘,一般采用铝合金制造,为适应各种飞机货舱及舱门,一般制成平托盘,托盘上所载物品以网罩固定。

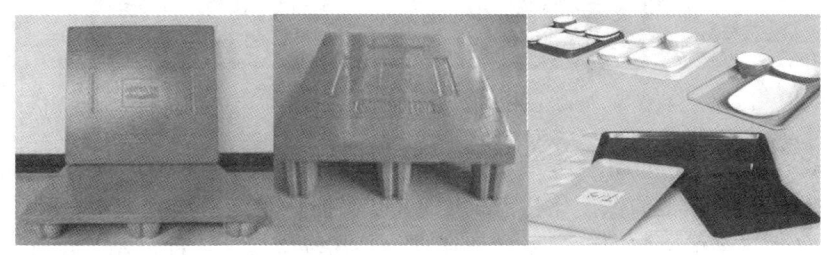

图 4-15 航空托盘

(2) 玻璃集装托盘,又称平板玻璃集装架,如图 4-16 所示。这种托盘能支撑和固定立放的平板玻璃,在装运时,平板玻璃顺着运输方向放置以保持托盘货载的稳定性。平板玻璃集装托盘有若干种,使用较多的是 L 形单面平托盘。

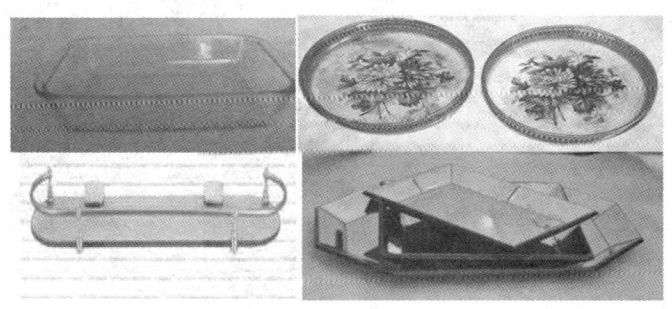

图 4-16 玻璃集装托盘

(3) 油桶专用托盘。专门装运标准油桶的异型平托盘,托盘为双面型,如图 4-17 所示。油桶专用托盘两个面皆有稳固油桶的波形槽或侧挡板,油桶卧放于托盘上面,在波形槽或侧挡板的作用下,油桶不会发生滚动。同时,还可几层叠垛,解决桶形物难以堆高码放的问题,也方便储存。

图 4-17　油桶专用托盘

图 4-18　托盘货架式托盘

（4）托盘货架式托盘，如图 4-18 所示。它是一种框架形托盘，框架正面尺寸比平托盘略宽，以保证托盘能放入架内，架的深度比托盘宽度小，以保证托盘能搭放在架上。架子下部有 4 个支脚，形成了叉车进叉的空间。这种货架式托盘也是托盘货架的一种，是货架与托盘的集合体。

（5）长尺寸物托盘，如图 4-19 所示，是专门用于装放长尺寸材料的托盘，这种托盘叠高码放后便成了组装式长尺寸货架。

图 4-19　长尺寸物托盘

（6）轮胎专用托盘，如图 4-20 所示。轮胎本身有一定的耐水性和耐蚀性，因而在物流过程中不必密闭，且轮胎本身很轻，装放于集装箱中不能充分发挥箱体的载重能力。轮胎储运的主要问题是储运时的压、挤，因此采用托盘是一种很好的选择。

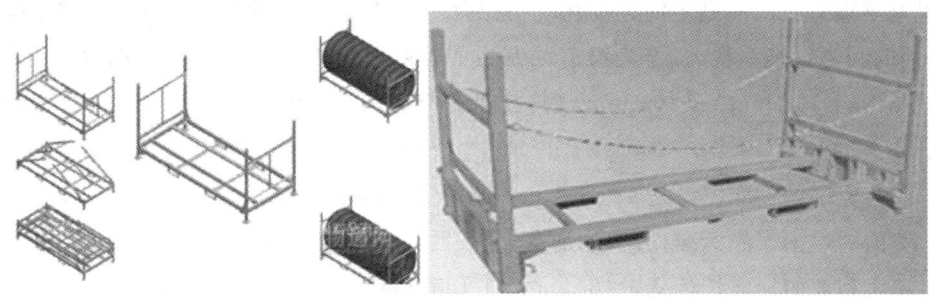

图 4-20 轮胎专用托盘

三、托盘的标准化

（一）托盘标准化的必要性

托盘如果只在工厂和仓库使用，是不能发挥其效益的，只有全程托盘化，即以商品单位为搬运单位，运输到目的地后又连同托盘一起搬运，才能取得良好的效果。

实施全程托盘化，必然涉及托盘回收的问题。将商品装载托盘上送到目的地时，既不能将托盘放下不管，也不能等对方卸下商品再带回空托盘，那样会导致时间效力差，因此，托盘交换系统就显得很重要。商品送到的时候，或者带回同样数量的空托盘，或者集中起来委托专业回收公司送回。为此，必须做到托盘标准化，这是最基本的条件。

托盘标准化是实现托盘联运的前提。标准化是实现物流机械和设施标准化的基础，也是产品包装标准化的依据。只有以托盘尺寸为标准，决定包装、卡车车厢、铁路货车车厢、集装箱箱体等配套规格尺寸和系列化规格标准，才能体现装卸搬运、保管、运输和包装作业的合理性和效率性。

除此之外，托盘的规格尺寸还涉及集装单元货物尺寸，集装单元货物尺寸又涉及包装单元尺寸，卡车车厢、铁路货车车厢、仓库通道及货格尺寸，甚至关系到物流的基础设施，火车站、港口、码头等货物装卸搬运场所的构造结构、装卸搬运机具的标准尺寸。

（二）托盘标准化的种类

各国的托盘规格，特别是在欧洲托盘规格制定时一般都考虑了以下因素，即与桥梁、隧道、运输道路及货车站台设施相适应，与货车等车辆宽度相配合，再由托盘规格来决定仓库支柱的间距、货架的尺寸，所以改变托盘规格将涉及一系列的复杂问题。

（1）ISO 制定了 4 种托盘国际规格，但没有谈及它们的优劣。在 1997 年以前，1 140 mm×1 140 mm 是 ISO 的正式规格托盘，1 100 mm×1 100 mm 在误差允许范围内被承认，1997 年，ISO 的作业委员会将 1 100 mm×1 100 mm 设定为 ISO 托盘标准规格。

ISO 承认的托盘规格有：①欧洲规格，1 200 mm×800 mm；②欧洲一部分、加拿大、墨西哥规格，1 200 mm×1 000 mm；③美国规格，1 219 mm×1 016 mm；④亚洲规格，1 100 mm×1 100 mm。

（2）世界上占主导地位的国家使用的托盘，多包括在以上这 4 种之中，这些都是各国按自己国家的基本设施情况而制定的标准化规格托盘。如前所述,无论把这4种托盘规格统一为哪一种,各国的利害得失都很大,作为没有强制力的国际组织无法强迫每一个国家执行。在这4种托盘规格中,1 100 mm×1 100 mm 规格托盘是与现在流行于世界的ISO国际集装箱相配合而被设计出来的。

(3) 现在美国的标准托盘是48 in(1 in=25.4 mm)×40 in(即1 219 mm×1 016 mm)。

(4) 美国周边国家的标准托盘,如加拿大、墨西哥为1 000 mm×1 000 mm。

(5) 澳大利亚的标准托盘是1 165 mm×1 165 mm。

(6) 欧洲以1 200 mm×800 mm 的托盘为标准托盘的国家最多。

(7) 英国、德国及荷兰有1 200 mm×800 mm 及1 200 mm×1 000 mm 两种托盘标准,其他北欧各国拥有统一型1 200 mm×800 mm 的托盘标准。英国制定托盘统一的政策较晚,目前是两种托盘规格并存的情况。

(8) 日本、韩国、新加坡等国家和某些地区(如中国的台湾)所制定的标准托盘是1 100 mm×1 100 mm,东南亚各国现在还没有由国家来制定托盘标准。1 100 mm×1 100 mm 的托盘由于与ISO国际标准集装箱相配合,普及率很高。

从某种意义上讲,托盘的标准化,不单单是托盘租赁、托盘流通和循环使用的前提,也是实现装卸搬运、包装、运输和保管作业机械化、自动化的决定因素。

四、托盘的装盘堆垛、紧固方法与管理

(一) 托盘货物的装盘码垛方式

在托盘上放置同一形状的立体包装货物时,可采取各种交错咬合的办法码垛,以提高货垛的稳定性。从货物在托盘上堆码时的行列配置来看,有4种基本堆码模型,如图4-21所示。

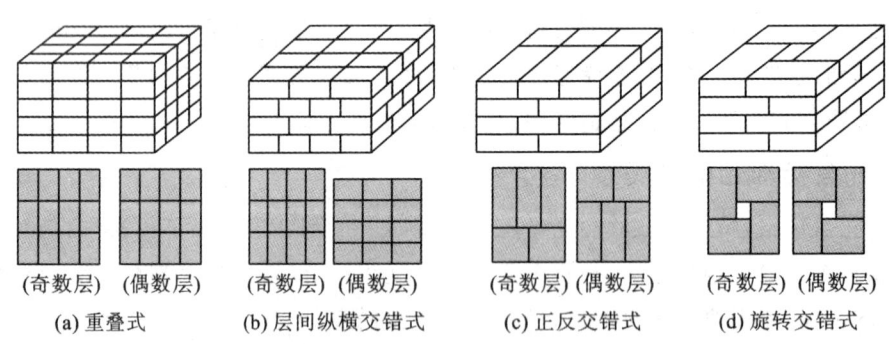

(a) 重叠式　　　(b) 层间纵横交错式　　　(c) 正反交错式　　　(d) 旋转交错式

图4-21　托盘货物的基本堆码模型

(1) 重叠式,即各层码放方式相同,上下对应。这种堆码方式的优点是操作速度快,各层重叠之后,包装物四个角和边重叠垂直,能承受较大的荷重。其缺点是各层间缺少咬合作用,货垛稳定性差,容易发生塌垛。一般情况下,重叠式码放需要配以各种紧固方式。

(2) 层间纵横交错式,是奇数层的货物之间呈90°交叉堆码的模型。这种堆码方式层间有一定的咬合效果,但咬合强度不高,如果配以托盘转向器,装完一层之后,利用转向器将托盘旋

转 90°，装盘操作劳动强度和重叠式的相同。在正方形托盘一边长度为货物的长、宽尺寸的公倍数的情况下，可以采用这种模型。

重叠式和层间纵横交错式都适合用自动装盘机进行装盘操作。

（3）正反交错式，是在同一层中，不同列的货物以 90°垂直码放，而奇数层和偶数层之间呈 180°进行堆码的方式。这种方式类似于房屋砖的砌筑方式，不同层间咬合强度较高，相邻层间不重缝，货垛稳定性好，但操作较麻烦，且包装体间不是垂直互相承受载荷的，下部货体易被压坏。

（4）旋转交错式，是一种风车形的堆码形式，在各层中改变货物的方向进行堆码，每层相邻的两个包装体都呈 90°，上下两层间的码放又相差 180°。这种码放方式的优点是层间相互咬合强度大，托盘货体稳定性好，不易塌垛。其缺点是码放难度大，中央部分的无效空间也过大，致使托盘的表面利用率降低。

（二）托盘货体的紧固方法

托盘货体的紧固是保证货体稳定性，防止塌垛、散垛，避免货差、货损的重要手段。托盘货体常用的紧固方法有以下几种。

1. 捆扎

捆扎是用绳索、打包带等柔软索具对托盘货体进行捆扎以保证货体稳定的方法，如图 4-22 所示。在防止箱形货物（瓦楞纸箱、木箱）散垛时用得较多。这种方式按如何扎带分成水平、垂直和对角等捆扎方式。捆扎打结的方法有结扎、黏合、热融、加卡箍等，这种方式存在着扎带部分货物不易移动，未扎带部分容易发生货物脱出的缺点，且保管时多层货物的堆压以及输送中的震动冲击易使带子变松，从而降低防止散垛的效果，这是需要注意的。

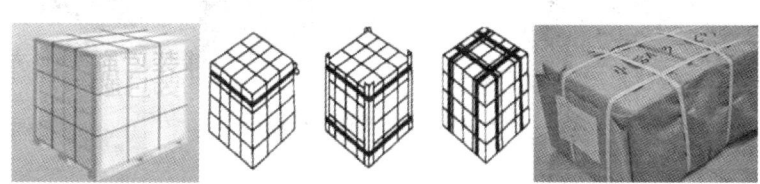

图 4-22 捆扎

2. 网罩紧固

加网罩紧固主要用于装有同类货物托盘的紧固，多见于航空运输，将航空专用托盘与网罩结合起来，就可以达到紧固的目的。将网罩套在托盘货物上，再将网罩下端的金属配件挂在托盘周围的固定金属片上（或将绳网下部缚牢在托盘的边沿上），以防形状不整齐的货物发生倒塌，如图 4-23 所示。为了防水，可在网罩之下用防水层加以覆盖。网罩用棉绳、布绢和其他纤维绳等材料制成。绳的粗细视托盘货物的重量而定。

3. 加粗架紧固

将墙板式的框架加在托盘货物的相对的两面或四面以至顶部，用以增加托盘货体的刚性。框架的材料以木板、胶合板、瓦楞纸板、金属板等为主。加固方法有固定式和组合式两种，如图

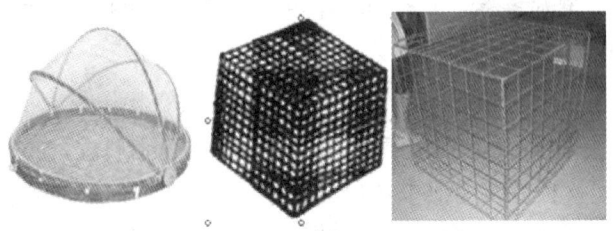

图 4-23　网罩紧固

4-24所示。采用组合式需要打包带紧固，使托盘和货物结合成一体。

图 4-24　加粗架紧固

4. 专用金属卡具固定

对某些托盘货物，最上部如能伸入金属夹卡，则可用专用夹卡将相邻的包装物卡住，以使每层货物通过金属卡成为整体，防止个别货物分离滑落，如图 4-25 所示。

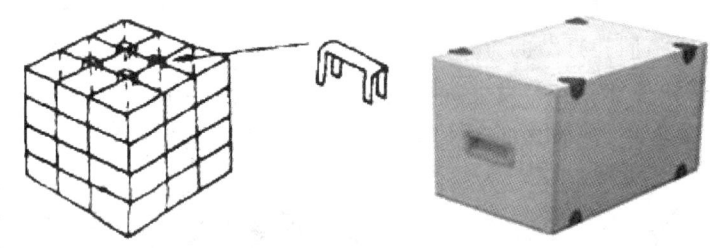

图 4-25　专用金属卡具固定

5. 层间夹摩擦材料紧固

将具有防滑性能的纸板夹在各层器具之间，以增加摩擦力，防止水平移动（滑动）或冲击时托盘货物各层间的移位。防滑片除纸板外，还有软质聚氨酯泡沫塑料等片状物，如图 4-26 所示。另外，在包装容器表面涂上二氧化硅溶液，也可以取得较好的防滑效果。

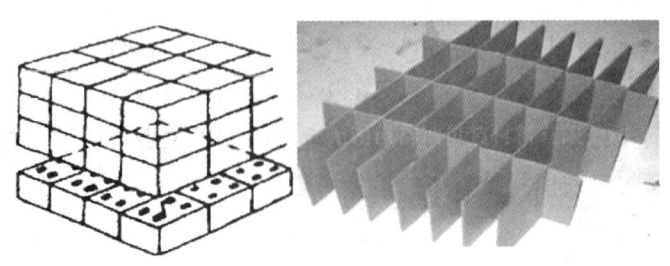

图 4-26　层间夹摩擦材料紧固

6. 黏合紧固

黏合有两种方法:一是在下一层货箱上涂上胶水使上下货箱黏合;二是每层之间贴上双面胶条,将两层货箱通过胶条黏合在一起,防止物流中托盘货物从层间滑落,如图 4-27 所示。这种方式对水平方向滑动的抵抗能力强,但在分离托盘的货载时,从垂直方向容易分开。这种方式的主要缺点是胶的黏度随温度发生变化,在使用时应选择适合温度条件的黏合剂(例如,水剂胶在低温下使用时,胶冻结成冰,难于使用)。另外,在使用时必须根据货物的特性(重量、包装形态等)来决定用量和涂布方法。与这种方式相近的,也有在货物表面涂布耐热树脂,货物间不相互胶结而靠增加摩擦力来防止散垛。

图 4-27 黏合紧固

7. 收缩薄膜紧固

将热缩塑料薄膜制成一定尺寸的套子,套于托盘货垛上,然后进行热缩处理,塑料薄膜收紧后,便将托盘与货物紧箍成一体,如图 4-28 所示。

图 4-28 收缩薄膜紧固

这种紧固形式属五面封,托盘卜部与大气相通。塑料薄膜不但起到紧固和防止塌垛的作用,而且由于不透水,还可起到防雨水的作用。这有利于克服托盘货体不能露天存放,需要仓库的缺点,可大大扩展托盘的应用领域。但是,由于通气性不好,又由于在高温(120～150 ℃)下加热处理,有的商品及容器材料不能适应而不采用这一方法。

8. 拉伸薄膜紧固

用拉伸塑料薄膜将货物与托盘一起缠绕裹包形成集装件,如图 4-29 所示。顶部不加塑料薄膜时,形成四面封;顶部加塑料薄膜时,形成五面封。拉伸包装不能形成六面封,不能防潮,但它不进行像热缩包装那样的热处理,对需要防止高温的货物是有效的。由于塑料薄膜的透气性较差,所以对需要透气的水果等货物,可用网络树脂薄膜代替塑料薄膜的方法。另外,拉伸薄膜比收缩薄膜捆缚力差,只能用于轻量物品的集装。

图 4-29   拉伸薄膜紧固

9. 平托盘周边垫高稳固

平托盘周边垫高稳固如图 4-30 所示,将平托盘周边稍稍垫高,托盘上放置的货物会向中心靠拢,在物流中发生摇摆、震动时,可防止层间滑动错位,防止货垛外倾,因而能起到稳固作用。

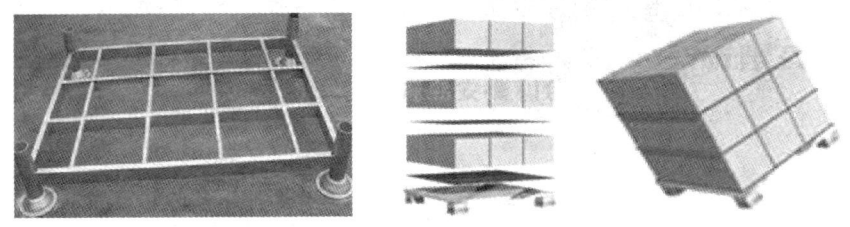

图 4-30   平托盘周边垫高稳固方法

(三)托盘的管理和联营体系

联营共用托盘有几种方式:①对口交流方式;②即时交换方式;③租赁方式;④租赁交换并用方式;⑤结算交换方式。

托盘在联运系统中的管理和集装箱有很大的不同,主要在于联运托盘种类少,尺寸及材料大体相同,托盘价格相差不大,因此,无须像集装箱那样严格按计划返运,无须像集装箱那样有明确的不可变的归属。基于这个特点,托盘可只保留一个数量的归属权,具体托盘则可在联营系统中广泛进行交换,而不强调个别托盘的归属和返盘。

(四)托盘的维修保养

在托盘保养管理中,最重要的一点是不使用破损的托盘,如果破损的托盘不经修理而照常使用,不仅会缩短托盘的寿命,而且还有可能造成货物的破损和人身事故。导致托盘破损的原因有:叉车驾驶员的野蛮驾驶操作;货叉损伤盘面或折架;人工装卸空托盘时跌落。

木制平托盘破损最多的部位是盘面,从修理的实例看,盘面的重钉修理占修理总数的 60%~80%,所以托盘的物理寿命除了因叉车操作不当,使横梁损伤报废之外,更取决于盘面的重钉次数。盘面靠三个钉子钉在横梁上,考虑到横梁的钉穴,重钉修理次数仅限为 3 次,如果从目前修理的实际情况为每两年一次来考虑,其寿命为 8 年。对场内保管用的托盘,应当以提高寿命为目标,进行有益于降低成本和有效利用资源的努力。在实际工作中,也有的地方对横梁采取增强措施,将使用寿命提高到 10 年以上。从一般的实际使用情况看,运输用托盘的寿命平均为 3 年,场内保管用托盘的寿命平均为 6 年。

任务三　集装箱的运用与管理

 项目目标

知识目标

（1）了解集装箱的定义。

（2）掌握集装箱的特点、运输方式的特点和运输的优越性。

（3）掌握国际标准集装箱的类型及各自特点。

（4）掌握集装箱的结构与检查方法。

（5）掌握集装箱在使用过程中，类型的选择、规格尺寸的选择以及常见货物使用的集装箱、装载要求管理。

能力目标

（1）能够在工作中协调集装箱运输系统的海运、陆运、空运、港口、货运站以及与集装箱运输有关的海关、商检、船舶代理公司、货运代理公司等单位和部门，使之互相配合，发挥集装箱运输系统省时、省事、省费用、迅速、安全、货损货差少等优势。

（2）能够在工作中，根据货主要求选择合适类型的集装箱，并能对选择集装箱的外部、内部、箱门、清洁状况、附属件及设备进行恰当的检查。

（3）能够在工作中依据货物特点选择合适规格尺寸的集装箱，并能安排合适的装载方式。

知识链接

集装单元化系统的基本要素包括工具要素、管理要素和集装系统的社会环境支撑要素。集装工具要素主要由各种集装器具及配套工具构成，如集装箱、托盘、周转箱、集装袋、散装罐、仓库笼等。其中集装箱是最主要的集装器具。

一、集装箱概述

"集装箱"在中国南方及香港被称为"货柜"，英文为"container"或"box"，即一种可以装货的容器或盒子。

集装箱是由美国人发明并首先使用的，1921年3月19日集装箱出现在美国纽约铁路运输总公司。集装箱运输之父——美国货车司机马尔科姆·麦克莱恩（1915—2001年）在1946年研制发明集装箱运输货物获得成功，并广泛应用于汽车、铁路、轮船和飞机运输，使全球运输业发生了革命性的变革。英国人也不甘落后，他们于8年后，即1929年开始了英国-欧洲大陆海陆直达集装箱联运，但这些使用都只是局部的、小规模的。

（一）集装箱的定义

集装箱是最主要的集装器具，它能为铁路、公路、水路和航空运输所通用，能一次性装入若干个运输包装件、销售包装件或散装货物。

集装箱是一种包装方式，也是一种运输器具。1970年，国际标准化组织正式给集装箱下了定义。我国国家标准《集装箱术语》（GB/T 1992—2006）对集装箱是这样定义的。

集装箱是一种运输设备，它能满足下列要求：①具有坚固耐久性，能反复使用；②适用于在一种或几种运输方式中运输，在中途转运时，集装箱内的货物不需换装；③装有快速装卸和搬运装置，特别是便于从一种运输器具转移到另一种运输器具；④便于货物装满和卸空；⑤具有1 m³或1 m³以上的容积。

集装箱是具有一定规格和强度进行周转用的大型货箱（亦称货柜箱）。根据货物特性和运输需要，集装箱可以用钢、玻璃钢、铝等材料制成。它是适合于铁路、水路、公路和航空等多种运输方式的现代化集装器具。

（二）集装箱的特点

集装箱是应用广泛的集装化设备，其特点主要表现在：

（1）集装箱强度高，防护能力强，可有效防止货损、货差、盗窃，保证货物安全；

（2）使用集装箱，可节省包装材料和包装费用，简化理货手续，降低物流费用；

（3）集装箱便于堆放，节省占地面积，有利于充分利用空间；

（4）与其他集装设备相比，集装箱的数量较大，在散杂货的集装方式中，优势尤为明显；

（5）集装箱的自重大，这样无效运输和装卸的比重就比较大，降低了物流效率，此外，集装箱自身的造价高，限制了更为广泛的应用，同时也增加了物流成本；

（6）集装箱返空困难，空箱运输浪费人力、物力，在每次物流运输中分摊成本较高。

二、集装箱运输的特点与优越性

集装箱运输是目前国际上现代化程度较高、标准化程度较高的一种运输工具。它适用铁路、公路、水路和航空等运输方式，具有简便、省时、省事、省费用、迅速、安全、货损货差少等优点。

（一）集装箱运输方式的特点

（1）集装箱运输可以实现"门到门"的服务。

（2）集装箱运输适用于组织多式联运。

（3）集装箱运输消除了所运货物外形差异。

（4）集装箱运输需要大量的初始投资。

（5）集装箱运输需要新的管理体制和新的管理人员。

（6）集装箱运输增加了一些潜在的不安全因素，对运输提出了更高的要求。

（二）集装箱运输的优越性

1. 高效益

集装箱运输经济效益高主要体现在以下几个方面：

（1）简化包装，大量节约包装费用；

（2）减少货损货差，提高货运质量；

（3）减少营运费用，降低运输成本。

2. 高效率

传统的运输方式具有装卸环节多、劳动强度大、装卸效率低、船舶周转慢等缺点，而集装箱运输完全改变了这种状况。

（1）普通货船装卸，一般每小时为 35 t 左右，而集装箱装卸，每小时可达 400 t 左右，装卸效率大幅度提高。

（2）由于集装箱装卸效率很高，受气候影响小，船舶在港停留时间大大缩短，因而船舶航次时间缩短，船舶周转加快，航行率大大提高，船舶生产效率随之提高，从而也提高了船舶运输能力，即在不增加船舶数量的情况下，可完成更多的运量，这样的高效率有了高效益，增加了船舶公司的收入。

3. 高投资

集装箱运输虽然是一种高效率的运输方式，但是它同时又是一种资本高度密集的行业。

（1）船舶公司必须对船舶和集装箱进行巨额投资。

（2）集装箱运输中港口的投资也相当大。

（3）为开展集装箱多式联运，还需有相应的内际设施及内陆货运站等，为了配套建设，这就需要兴建、扩建、改造、更新现有的公路、铁路、桥梁、涵洞等，这方面的投资是非常巨大的。

4. 高协作

集装箱运输涉及面广、环节多、影响大，是一个复杂的运输系统工程。集装箱高协作结构图如图 4-31 所示。

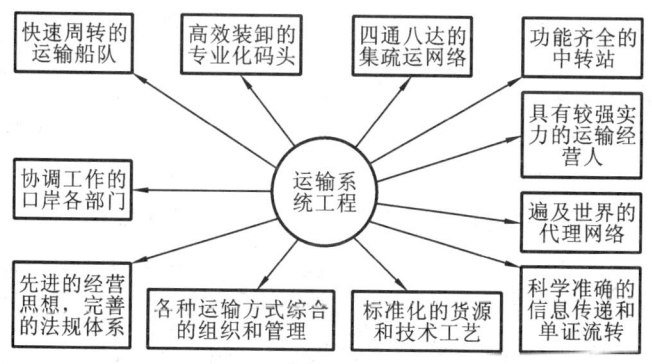

图 4-31　集装箱高协作结构图

集装箱运输系统包括海运、陆运、空运、港口、货运站，以及与集装箱运输有关的海关、商检、船舶代理公司、货运代理公司等单位和部门。如果互相配合不当，就会影响整个运输系统功能的发挥，如果某一环节失误，必将影响全局，甚至导致运输生产停顿和中断。因此，要求搞好整个运输系统各环节、各部门之间的高度协作。

5. 多式联运

集装箱运输在不同运输方式之间换装时，不用搬运箱内货物而只需换装集装箱，这就提高了换装作业效率，适于不同运输方式之间的联合运输。在换装转运时，海关及有关监管单位只需加封或验封转关放行，从而提高了运输效率。

6．工作人员(管理人员、技术人员、业务人员)素质要求高

国际集装箱运输与多式联运是一个资金密集、技术密集及管理要求很高的行业,是一个复杂的运输系统工程,这就要求管理人员、技术人员、业务人员等具有较高的素质,才能胜任工作,才能充分发挥国际集装箱运输的优越性。

(三)集装箱运输的缺陷

1．集装箱运输需要大量的初始投资

开展集装箱运输需要一系列新的设施与设备,这都需要有大量资金投入。

2．建立新的管理体制,形成新的管理人员队伍

集装箱运输在信息管理、箱务管理、堆场管理、装卸运输管理、机械设备管理、单证报表管理等方面有全新的理念和方法,必须形成新的管理体制,建立新的管理理念,形成新的管理队伍。这些目标都不是一蹴而就的,需要有相当长的时间的积累。

3．增加了一些潜在的不安全因素

(1)全集装箱船常有 1/3(有时高达 1/2)的集装箱装在甲板上,这样就提高了船舶的重心,降低了行船的稳定性。

(2)全集装箱船为使箱子入舱,其舱口必须大于普通货船,这使得集装箱船与普通货船相比,抵抗纵向变形的能力减弱了许多。

(3)货物装箱铅封后,在途中无法知道箱内货物的状态。如果在装箱时处置不妥,用集装箱运输,途中就没有任何得到纠正的机会,由此可能导致很严重的货损。

三、国际标准集装箱的类型

国际标准集装箱按照用途,可分为以下类别。

(一)杂货集装箱

杂货集装箱又称为干货箱,如图 4-32 所示,是一种通用集装箱,适用范围很大,除需制冷、保温的货物与少数特殊货物外,只要在尺寸和重量方面适合用集装箱装运的货物,均可用杂货集装箱装运。在结构上,杂货集装箱的门均有水密性,可 270°开启。

图 4-32　杂货集装箱

(二)敞顶集装箱

敞顶集装箱,如图 4-33 所示,其主要适用于装载大型货物和重型货物,如钢材、木材、玻璃等。可用吊车从箱顶吊入箱内,避免像一端开门或两端开门的通用集装箱一样,只能从一端装货。这种集装箱不易损坏货物,可减轻装箱的劳动强度,又便于在箱内把货物固定。

图 4-33 敞顶集装箱

这是一种特殊的通用集装箱,除箱顶可以拆下外,其他结构与通用集装箱类似。

(三)台架式集装箱

台架式集装箱,如图 4-34 所示。一般来说,台架式集装箱没有箱顶和侧壁,可以用吊车从顶上装货,也可以用叉车从箱侧装货,适合于装载长件货和重件货,如重型机械、钢材、钢管、木材、钢锭、机床及各种设备。

图 4-34 台架式集装箱

(四)保温集装箱

为了运输需要冷藏或保温的货物,保温集装箱的所有箱壁都采用导热率低的材料制成。

1. 冷藏集装箱

冷藏集装箱是以运输冷冻食品为主,能保持所定温度的保温集装箱。国际上采用的冷藏集装箱(见图 4-35)有两种:①内置式冷藏集装箱,集装箱内带有冷冻机;②外置式冷藏集装箱,只在集装箱端壁上设有进气孔和出气孔,由船舶的冷冻装置供应冷气。冷藏集装箱可分为可制冷的和只有保温功能的两类。

 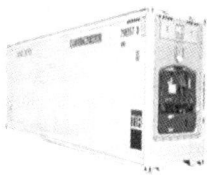

(a)内置式冷藏集装箱   (b)外置式冷藏集装箱

图 4-35 冷藏集装箱

2. 隔热集装箱

隔热集装箱,如图 4-36 所示,是为载运水果、蔬菜等货物,防止温度上升过快,以保持货物鲜度而具有充分隔热结构的集装箱。通常用冰作为制冷剂,保温时间为 72 h 左右。

图 4-36　隔热集装箱

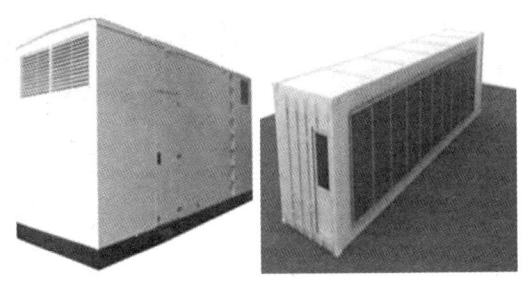

图 4-37　通风集装箱

3. 通风集装箱

通风集装箱,如图 4-37 所示,适合装载球根类农作物、食品,以及其他需要通风、容易汗湿变质的货物,如原皮、水果、蔬菜等。当船舶驶经温差较大的地方时,通风集装箱可防止由于箱内温度变化造成结霜或汗湿而使货物变质。

通风集装箱的外表与杂货集装箱类似,其区别在于其侧壁或顶壁上设有若干供通风用的窗口。其通风方式一般采用自然通风,有的通风集装箱为了排出污水,还设有排水口。将其通风口关闭,通风集装箱即作为杂货集装箱使用。

(五)散货集装箱

散货集装箱主要是用于装运粮食、粒状货物等,也可用于装运普通的件杂货,如图 4-38 所示。

图 4-38　散货集装箱

散货集装箱的外形与杂货集装箱的相近,在一端有箱门,同时在顶部有装货口,在箱门的下方还设有卸货口。散货集装箱除端口有水密性以外,箱顶的装货口与端门的卸货口也有很好的水密性,可以有效防止雨水侵入。

(六)罐式集装箱

罐式集装箱,如图 4-39 所示,是专门装运油类、酒类、液体食品及液态化学品的集装箱,它还可以用来装运酒精和其他液态危险品。罐式集装箱由罐体和箱体框架两部分构成。罐体顶部设有装货口,装货口的盖子必须具有水密性,罐底应安装排出阀。

(七)动物集装箱

动物集装箱,如图 4-40 所示。为了避免阳光照射,动物集装箱的箱顶和侧壁是用玻璃纤维加强塑料制成的。为了保证箱内有较新鲜的空气,侧面和端面都有用铝丝网制成的窗子。侧壁下方设有清扫口和排水口,另还装有喂食槽,专门用来装运猪、牛、羊、鸡、鸭等活牲畜。

图 4-39 罐式集装箱

图 4-40 动物集装箱

(八) 汽车集装箱

汽车集装箱主要用于装载小型轿车,如图 4-41 所示。一般在简易箱底上装一个钢制框架,设有端壁和侧壁,箱底采用防滑钢板。如图 4-42 所示,汽车集装箱一般有单层和双层两种结构。

图 4-41 装载小型轿车的汽车集装箱

图 4-42 汽车集装箱的结构

(九) 组合式集装箱

组合式集装箱又称子母箱,如图 4-43 所示。它带有独立的底盘,箱顶、侧壁和端壁可以分解和组合,既可以单独运输货物,也可以紧密地装在 20 ft(1 ft=0.304 8 m)和 40 ft 的集装箱内,作为辅助集装箱使用。

(十) 服装集装箱

服装集装箱是杂货集装箱的一种变型,是在集装箱内侧梁上装有许多横杆,每根横杆垂下若干绳扣,成衣利用衣架上的钩,直接挂在绳扣上,如图 4-44 所示。服装集装箱有单层的、双层的、三层的、四层的等。

图 4-43 组合式集装箱

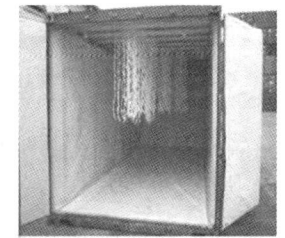

图 4-44 服装集装箱

这种服装运输方法无须包装,节约了大量的包装材料和费用,也节省了包装劳动力。将横杆的绳扣收起,这类集装箱就能作为普通杂货箱使用。

(十一)其他用途集装箱

集装箱的应用越来越广泛,集装箱的种类也越来越多。其他用途集装箱如流动电站集装箱、流动房屋集装箱、流动办公室集装箱等,如图4-45所示。

图4-45　流动办公室集装箱

四、集装箱的结构与检查方法

(一)集装箱的结构

通用集装箱是一个矩形箱体,由两部分组成:一部分是承受货物重量和冲击等外力的主要构件,起重包括脚柱、上端梁、下端梁、上侧梁和下侧梁等,这些主要构件都采用高强度的材料制造;另一部分主要用于防护货物日晒雨淋的外表面,包括箱顶板、侧壁、端壁和箱门等。通用集装箱各构件如图4-46和图4-47所示。

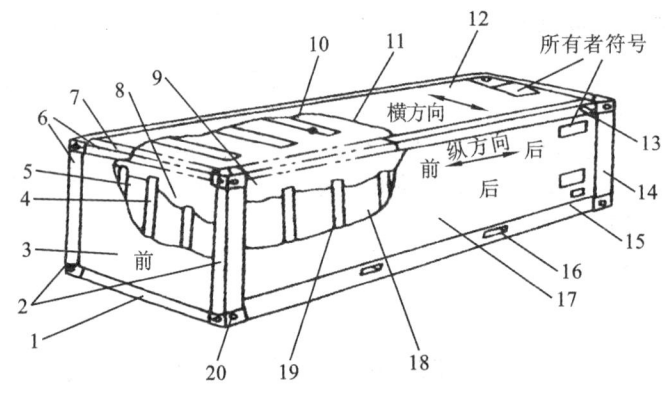

图4-46　集装箱各构件(一)

1—下端梁;2、14—脚柱;3—端壁;4—端柱;5—端壁板;6—端框架;7—上端梁;
8—端壁内衬板;9—侧壁内衬板;10—顶梁;11—箱顶板;12—箱顶;13—上侧材;
15—下侧材;16—叉槽;17—侧壁;18—侧壁板;19—侧壁柱;20—配件

集装箱由于承受运输途中、装卸作业等各种载荷的作用,必须具有既能保护货物又能承受外力的足够强度。

(二)集装箱的检查方法

选择的集装箱必须经过严格检查,包括外部、内部、箱门、清洁状况、附属件及设备等。使用有缺陷的集装箱,轻则导致货损,重则在运输、装卸过程中造成箱毁人亡事故。所以,对集装箱

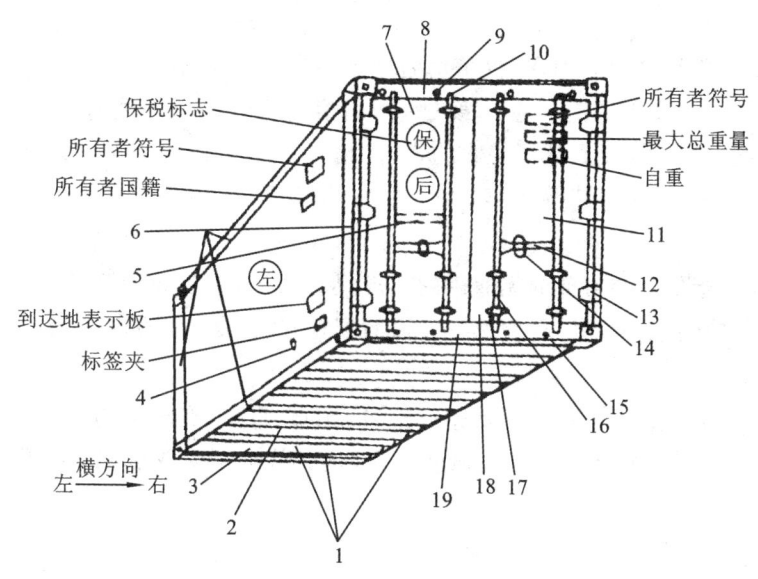

图 4-47 集装箱各构件（二）

1—箱底结构；2—底端梁；3—箱底；4—门钩扣槽；5—箱门横构件；6—侧框架；7—门板；

8—门楣；9—门锁凸轮；10—凸轮托座；11—端门；12—门铰链；13—门锁把手；14—把手锁；

15—门槛；16—门锁杆；17—门锁杆托架；18—门钩；19—门底缘材

的检查是货物安全运输的基本条件之一。

发货人、承运人、收货人以及其他关系人在相互交接时，除对集装箱例行检查外，应以设备交接单等书面材料确认集装箱交接时的状态。通常，对集装箱的检查应做到以下几个方面。

（1）外部检查。外部检查指对集装箱进行六面察看，外部是否有损伤、变形、破口等异样情况，如有，即做出修理部位标志。

（2）内部检查。内部检查是对集装箱的内侧进行六面察看，是否漏水、漏光，有无污点、水迹等。

（3）箱门检查。检查箱门是否完好，门的四周水密性是否良好，门锁是否完整，箱门能否重复开启。

（4）清洁检查。清洁检查是指集装箱内有无残留物、污染物、锈蚀异味、水迹。如不符合要求，应予以清扫，甚至更换。

（5）附属件的检查。附属件的检查是指对集装箱的加固环节进行检查，如对板架式集装箱的支柱、平板集装箱和开顶集装箱上部延伸结构的检查。

五、集装箱的使用与管理

（一）集装箱类型的选择

要正确选择集装箱，首先要了解以下内容。

1. 货物特性

货物特性决定了运输要求，如危险品、易碎品、鲜活易腐品等货物特点不一，对箱型选择也就不同。

2．货物种类与货名

为了保证运输货物安全无损，仅仅了解货物的一般特性是不够的。例如对于危险货物来说，不能只知道它是危险货物就满足了，要进一步了解它是属于哪一类危险货物，是易爆炸品、易燃品还是腐蚀性货物，还要具体了解它的货名，此外，还要知道它有无包装，是什么包装，货物是清洁的还是脏的，有没有气味等。

3．货物包装尺寸

由于我国货物运输包装目前尚无通用的标准尺寸系列，包装规格繁多，要选择相应的集装箱型号，必须了解货物包装尺寸，以便选择合适的配置方法，充分利用集装箱的空间。

4．货物重量

任何集装箱可装货物的重量都不得超过集装箱的载重量，有时货物重量虽小于载重量，但如果该货物是集中负荷，可能造成箱底强度不足，这时就必须采取措施，利用货垫使集中负荷分散。

5．集装箱运输过程

在整个运输过程中，有哪几种运输工具，是否转运和换装作业，采用何种作业方式，运输过程中的外界条件如何，是否高温、多湿等都应了解。运输过程不同，箱型也应不同。

（二）对集装箱规格尺寸的选择

对集装箱规格尺寸的选择一般需要综合考虑多种因素，这些因素主要包括：

（1）与国内外运输公司、货主的合作问题；

（2）货物的数量、运输批量和货物的密度；

（3）全程（特别是内陆）运输的条件；

（4）经济合理性。

（三）常见货物使用的集装箱

（1）干货集装箱多用于装布匹、服装、玻璃、陶瓷、电视机、收音机、钟表仪器、自行车、缝纫机、工艺美术品、书籍等货物。

（2）冷藏集装箱主要用于装冷冻鱼肉、冰激凌等冷冻食品；冷藏集装箱用于装胶卷、药品、乳制品、黄油、糖果等需低温保存的物品。

（3）隔热集装箱用于装水果、蔬菜等需保持货物鲜度的货物。

（4）通风集装箱用于装干鱼、水果、蔬菜等不需要冷冻而具有呼吸作用的货物。

（5）罐式集装箱用于装酒、食用油、汽油、柴油、润滑油、化学品类等液体货物。

（6）干散货集装箱用于装谷物、煤、盐、化学品等。

（7）开顶集装箱用于装木材、钢材、大型货物和重物。

（8）汽车集装箱用于装小型轿车。

（9）动物集装箱用于装鸡、鸭、鹅、牛、猪、马、羊等活牲畜。

（四）集装箱的货物装载

在集装箱内装货时，应预先将货物的重量和集装箱的容积计算清楚，使货物能装满箱底，并注意货物重量的分配。除了重不压轻、大不压小的装货原则外，装载时货物重量要在箱底平均分布。如果不能平均分布，有可能因集中负荷而造成箱底脱落，底梁弯曲。另外，如整个集装箱的重心有偏移,则吊具吊起时,集装箱会产生倾斜,且放在地盘车上时,前后轮的重量分布不均衡。除此之外,还要针对不同的货物,采用不同的装卸工艺。

1. 箱装货的装载

普通木箱、框架木箱、钢丝板条箱装箱时,如外包装无破损,也无其他异常情况,则可以从下面往上堆装。小型木箱可装入密封式集装箱内,具有一定重量的大型木箱,由于受装载作业面的限制,可装在开顶集装箱内。除了性质特殊的货物和包装脆弱的木箱外,一般在货物之间都不需要插入衬垫。

2. 波纹纸板箱的装载

波纹纸板箱因大部分压力是由箱的周边支撑的,因此,堆码时要把箱角对齐,在码垛时尽可能不要重叠式堆码,而要采用正反交错式堆码或纵横交错式堆码。如采用重叠式堆码,各箱之间若码不齐,或有一箱强度较弱,上面的箱子就会向那个方向倾斜,由于中心的移动,会引起箱子倒塌。正反交错式堆码和纵横交错式堆码时,因箱与箱相互联系在一起,即使有强度较弱的箱子,该箱也不会影响到整体。波纹纸板箱在整个面上承受负荷时,其强度较大,如部分面上承受负荷,则强度较弱,因此,应正确装载,使负荷承受在整个面上。

3. 捆包货的装载

捆包货承受压缩负荷的能力较大,其装载可以与箱装货的装载方法相同,但对于纤维制品,为防止捆包破裂,损坏包内货物,应使用捆包加紧器。另外,要避免与带角和带突出的货物混载,通常捆包货用机械装箱。使用叉车装箱时,应检查集装箱的箱底强度,避免使用橡胶轮胎的叉车损坏箱底。捆包货如遇到火星、火花等会受损害,因此,应使用蓄电池驱动的电动机械。

4. 袋装货的装载

对于装砂糖、水泥的纸袋,装粮食的麻袋,装粉货的布袋等的装载,在装箱前箱底应铺设聚氯乙烯薄膜货帆布,防止破袋而露出货物,并可防止集装箱污损。如包装正常,则从下往上交错堆码。这种方法可使集装箱的侧壁和端壁承受的压力变小,而且堆箱底的表面有一定的摩擦,故不易塌货。袋装货一般都是重货,故装货时注意不要超过集装箱载重量,同时还要注意重量的分配。在装卸袋装货时,为防止袋破而禁用手钩。此外,袋装货堆防潮防水能力较差,为了防止货物因箱顶滴水而受潮,应在货物上面进行遮盖。

5. 鼓桶类货的装载

这一类货物是圆形时,因集装箱是方的,因此装箱时容易产生空隙,而且固定此类货物也较困难。在装箱时一定要检查货物是否有泄漏。装载时盖向上进行竖装。堆码时要插入衬垫,以使负荷均匀,鼓桶稳定。上层的鼓桶要用绳索货铁链把几个桶捆在一起,组成大型货物单位,以防止移动。

6. 滚筒货和卷盘货的装载

滚筒货通常要竖装,在侧壁和端壁上要设胶合板,以增强承受货物压力的能力。货物之间如有空隙,要用柔软的衬垫或纱头等填塞。如竖装两层时,货层要铺设胶合板,防止损坏货物。这类货物最好不要横装,因横装容易产生变形和造成货损。当一定要横装时,首先要利用楔子使货物离开端壁和侧壁,从第一层开始,每件都必须用楔子止动。卷盘货水平装载时,要铺满整个箱底。同时要制作若干个坚固的空心木座。插在货物与端壁之间,牢固地靠在侧壁上,垂直装载时,货物要紧紧地靠在端壁和侧壁上。

7. 托盘货的装载

装载集装箱内的托盘货,货物本身必须用钢带、布带或有收缩性的塑料带牢牢地固定在托盘上。为了充分利用集装箱的空间,必须注意使托盘的集装尺寸与集装箱的尺寸匹配。为了提高装卸效率和托盘底面积的利用率,以及降低货物固定费用而使托盘相互之间和托盘与货物内壁之间留有 20 mm 的空隙,则采用适当的堆码方法。

(五)集装箱的管理

为了随时能够掌握和控制集装箱在周转使用过程中的各种状态,采用高效率的集装箱管理信息系统——集装箱编目控制系统进行管理。

集装箱编目控制系统将有关集装箱的固定特征,如箱号、箱类、箱型、尺寸、购(租)箱、地点、日期等资料,事先储存在计算机中,而集装箱的日常动态信息则使用特定的代码随时输入计算机。

通过集装箱编目控制系统,不仅能够掌握及跟踪分布在国内外集装箱码头堆场、集装箱货运站、内陆货站、货主仓库及运输途中的有关集装箱地理位置和使用状态变化的动态信息,而且还可对各个运输环节的集装箱需求情况做出预测。此外,还可以汇总、统计、分析有关集装箱管理方面的各项经营指标。

任务四 特种集装容器的运用与管理

项目目标

知识目标

(1)了解除了集装箱、托盘外,其他集装容器的使用特点。

(2)掌握集装袋的概念、特点、设计依据、标准和使用要点。

(3)掌握集装网络的定义、特点、常用材料和适用范围。

(4)掌握罐式集装箱的概念、组成结构、特点和适用范围。

(5)掌握集装捆的定义和特点。

(6)掌握滑板的定义、结构、优势和缺点。

能力目标

(1)能够为了实现物流作业机械化、自动化以提高物流系统的作业效率,对不规则货物选择合适的集装容器把货物归整成统一规格的作业单元。

(2)能够在物流实际操作过程中,根据货物特点选择集装方式,并对物流全过程各项活动进行综合、全面管理。

(3)能够在推广应用集装单元化技术的过程中,注意各个集装容器的使用特点,并做好维护和保养工作。

除了集装箱、托盘这两种应用面广、适应货物种类多的主体集装箱方式外,还有集装袋、集装网络、罐式集装箱、集装捆等多种特种集装容器,是在某些货物、某些领域能发挥特殊作用的集装方式。

一、集装袋

(一)集装袋概述

1. 集装袋的概念

集装袋又称柔性集装袋、吨装袋、太空袋等,是一种袋式集装容器,是集装单元器具的一种,配以起重机或叉车,就可以实现集装单元化运输,它适用于装运大宗散状粉粒状物料。它的主要特点是柔软、可折叠、自重轻、密闭隔绝性强。集装袋的结构如图4-48所示。集装袋在我国的使用范围正在扩大,特殊用途的如电石、矿物等集装袋的出口也在增加。因此,集装袋产品的市场需求潜力很大,发展前景非常广阔。

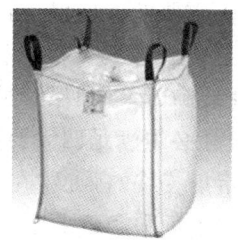

图 4-48 集装袋的结构

2. 集装袋的特点

集装袋主要装的是块状、粒状或粉状物品,内容物的物理密度和松散程度对其整体结构的影响有明显的不同。集装袋的主要特点如下。

(1)结构简单,装载量大。集装袋是一种柔性运输包装容器。集装袋的制作材料,是各种高强度纺织材料,为保护基材,提高强度、整体性及加强密封性能,纺织材料表面涂覆橡胶或塑料。

(2)集装袋主要用于包装粉状、粒状物品以及小包装物品,如粮食、食盐、砂糖、饲料、化肥、水泥、化工原料、矿产品、有色金属产品等。

(3)由于集装袋体轻又可折曲,所以比同样用途的金属容器,易于整个物流过程的处理,在返空、清洗、存放方面更有优势,其使用方便、便于周转和回收重复使用。

(4)节省费用,降低成本。采用集装袋有利于粉状、粒状、液体类等难以处理的物品的物流,而且可提高装卸效率,降低费用和减少物流损失。

(5)集装袋可制成大型的、大容积的包装容器。集装袋的基布材料是聚丙烯纺织材料,也采用天然纤维织帆布材料,表面涂覆材料有EVA塑料、乳胶、聚丙烯及聚氯乙烯等。

3. 集装袋的种类

集装袋产品正处于发展的上升阶段,特别是一吨装、托盘形式(一只托盘装一个集装袋,或装四个)的集装袋非常受欢迎。

(1)按集装袋形状的不同,集装袋可分为圆筒形和方形两种,一般常见的以圆筒形较多。

(2)按适装物品形状的不同,集装袋可分为粉粒体集装袋和液体集装袋两种,两种集装袋在构造及材质选择上有区别。

(3)按吊带设置方式不同,集装袋可分为顶部吊带(吊带在顶部袋口处)、底部托带(四根吊带从底部托货,从上部吊运)及无吊带三种。前两种在装卸时可叉可吊,后一种只能依靠叉车装卸。

(4)按装卸料方式不同,集装袋可分为上部装料下部卸料两个口、上部装料并卸料一个口的两种。

(5)按集装袋的材质不同,集装袋可分为涂胶布袋、涂塑布袋、交织布袋三种。

集装袋产品应用很广,特别是包装散装的水泥、粮食、化工原料、饲料、淀粉、矿物等粉、粒状物体,甚至于电石之类的危险品,装卸、运输、储存都非常方便。

(二)集装袋的设计依据及标准

1. 集装袋的设计依据

集装袋的质量是至关重要的。所以,国际市场上对集装袋产品有严格的标准,且标准的侧重点各不相同。我国集装袋设计要严格执行 GB/T 10454—2000 国家标准。集装袋作为出口包装,要保证出口货物在装卸、运输和保管过程中有效地保护装载物品,安全完好地将货物运至目的地。因此,集装袋设计必须满足四大要点,即安全性、保管性、使用性、密封性。

(1)安全性。主要指集装袋的强度,在设计时要考虑包装容积、盛载物重量和包装单位个数,还要考虑运输距离的远近和搬运次数的多少,采用何种运输工具和运输方法。

(2)保管性。应根据用户的使用条件,合理地选用材料,合理地进行配比。塑料制品在阳光暴晒下的抗老化能力是目前比较关注的问题,也是集装袋在实际使用过程中经常遇到的问题。在生产过程中要注意抗紫外线助剂的使用以及材料的选择。

(3)使用性。在设计集装袋时,要充分考虑客户使用集装袋的具体方式和方法,如提吊方式、运输方式、装载物料性能等。另外,还要考虑是否为食品包装,要考虑对所包食品无毒、无害。

(4)密封性。包装物料不同,密封要求就不同。如粉料或有毒物品、怕受污染的物品对密封性能要求非常严格,容易受潮或霉变的物料对气密性也有特殊的要求。所以,在设计集装袋时,注意考虑基布覆膜工艺和缝制工艺对密封性的影响。

在国内外同类标准中,安全系数的设置一般为5～6倍。5倍安全系数的集装袋产品能够安全使用的时间更长。安全系数是产品最大承受能力与额定设计荷载之间的比值,主要看集装袋装上数倍的内容物,反复提升,内容物和袋体是否有异常情况,连接处是否破损。吊带在与袋体连接时,有顶吊、底吊、侧吊等多种形式,并通过缝线连接,所以缝线也相当重要。只凭吊带的高强度,基布和缝线达不到一定强度,也不能确保集装袋整体的高性能。如果增加了抗紫外线助剂,集装袋的应用范围更广,有更强的竞争力,这是不争的事实。

2. 集装袋标准

中国的集装袋标准执行的是 GB/T 10454—2000 国家标准,这是在 GB/T 10454—1989 的基础上修改而成的。中国集装袋标准规定了集装袋的分类结构、技术要求及检验要求等。该标准适用于容积在 0.5～2.3 m³ 之间,载重在 500～3 000 kg 之间,安全系数必须达到 1.6 倍的集装袋。

GB/T 10454—2000 严格规定了集装袋基布和吊带技术指标要求,从安全角度出发,明确了集装袋结构全部为底吊结构,如图 4-49 所示。

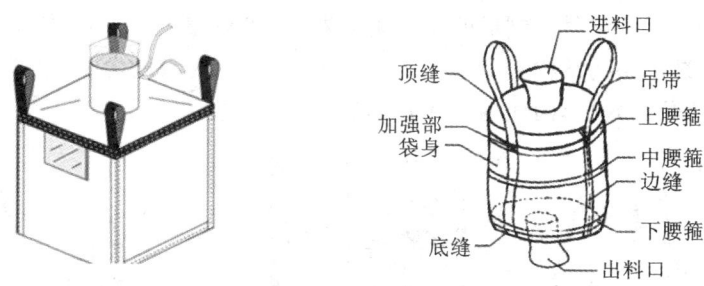

进料口
顶缝
吊带
加强部
上腰箍
袋身
中腰箍
边缝
底缝
下腰箍
出料口

图 4-49 集装袋结构分解示意图

对于集装袋性能判定的依据,要尽可能用接近客户所要装载的产品做试验,这就是标准中所写的"试验专用的标准填充料",尽可能地使技术标准能接受市场经济的挑战。

（三）集装袋的使用

集装袋是以聚丙烯为主要原料的,一般来说,通过提吊试验的集装袋是不会出问题的。凡能达到 5 倍以上安全系数的集装袋,4 个吊带中的 2 个或 2 个吊带中的 1 个必然有额定荷载 2.5 倍以上的拉力性能,哪怕 2 根吊带断开,集装袋整体也不会有问题。如果在港口、铁路、卡车吊装时袋子掉下来,只有两种情况:一是操作有误;二是该类集装袋未能通过提吊试验。集装袋在装卸运输作业中的注意事项具体如下。

（1）在吊装作业中不要站立在集装袋的下面。

（2）将吊钩挂在吊带或吊绳的中央部位,不要斜吊、单面吊或斜拉吊集装袋。

（3）作业中不要与其他物品摩擦、勾挂或碰撞集装袋。

（4）不要将吊带向外侧反向拉扯。

（5）集装袋使用叉车作业时,不要使钢叉接触或扎到袋体,防止扎破集装袋。

（6）在车间搬运时,尽量使用托盘,避免用吊钩直接勾挂集装袋一面晃动一面搬运。

（7）在装货、卸货和堆码时都要保持集装袋直立。

（8）不要将集装袋放在地上或混凝土上拖行。

（9）不得已在室外保管时,集装袋应放在货架上,并一定要用不透明棚布严实地盖好集装袋。

（10）使用后,用纸或不透明棚布将集装袋包好,存放在通风处。

（四）我国集装袋发展历程

我国塑料编织（又简称塑编）的集装袋主要出口日本、韩国,并正在大力开发中东、非洲、美国和欧洲的市场。因生产石油和水泥,中东地区对集装袋的需求量很大;非洲地区,几乎所有的国有石油企业都以发展塑料编织制品为主,对集装袋的需求量也很大。

随着环保意识的提高,国际市场上集装袋的使用将会越来越普及,市场前景会更好,这为集装袋提供了发展契机,我们要紧紧抓住机遇,不断改善装备水平,提高产品质量,调整产品结构,扬长避短,在不同的产品档次上与国外同行展开真正的竞争,我国集装袋这一行业将会得到健康、持久的发展。

二、集装网络

（一）集装网络的定义

集装网络是用高强纤维材料制成的柔性集装器具，可以集装 1～5 t 的小件袋装货物以及无包装的货物。集装网络的结构类型如图 4-50 所示。集装网络比集装袋更轻，运输中的无效运输较少，集装网络价格较低，因而用这种方式集装费用较省。

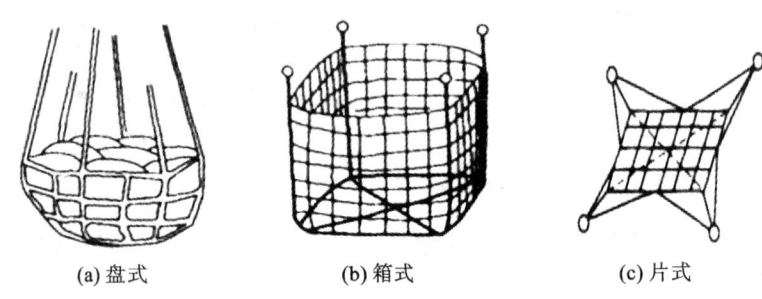

(a) 盘式   (b) 箱式   (c) 片式

图 4-50　集装网络的结构类型

（二）集装网络的特点

（1）盘式集装网络由合成纤维绳编成，强度高，耐蚀性好，耐光、耐热性差。

（2）箱式集装网络的网体用柔性较好的钢丝绳加强，钢丝绳的 4 个端头设有钢质吊环，易于起吊。

（3）柔性集装网络用于防洪时，可使相互独立的块石构成一个整体，块石具有凹凸不平的表面，从而起到分解波浪、减缓流速和降低冲击力的作用，达到防冲、消能、促淤的目的。

（4）柔性集装网络具有耐久性、耐海水腐蚀与耐海浪冲刷的特点，柔性集装网络的稳定性和护滩效果较好。不锈钢柔性集装网络用于滩面防护具有节省造价的特点，具有一定的实用性和推广价值。

（5）柔性集装网络的重量轻、成本低、运输和回收占用空间小，节省材料。

（6）集装网络的缺点主要是对货物防护能力差，因而应用范围有较大限制。

（三）集装网络的常用材料

集装网络的常用材料有合成纤维绳、维纶绳、丙纶绳和钢丝绳。

集装网络主要装运包装货物和无包装的块状货物，每次可装运 500～1 500 kg，在装卸中采取吊装方式。

（四）集装网络的适用范围

集装网络适用的货物有粮食、瓜果蔬菜、化工产品等。

三、罐式集装箱

（一）罐式集装箱的概念

罐式集装箱(tank container)ISO TANK 国际标准罐是一种安装于紧固外部框架内的不锈钢压力容器。罐式集装箱是装运液体、液化气体、粉粒状货物的集装箱，一般由罐体、框架、附件组成。

（二）罐式集装箱的组成结构

罐式集装箱中数量最多的是普通液体罐式集装箱，一般来讲，装运特殊液体物料的罐箱称为特种液体罐箱。罐体四周有起保护和吊装作用的角部承力框架，如图 4-51 所示。

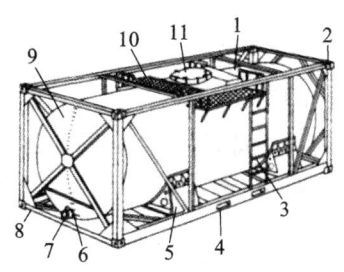

图 4-51　罐式集装箱结构示意图

1—安全阀座；2—角件；3—梯子；4—叉齿孔（空箱时使用）；5—罐座架；6—排水管；
7—排水阀；8—框架；9—罐体；10—备用法兰；11—人孔

（1）罐体内胆大多采用 316 不锈钢制造。多数罐箱有蒸汽或电加热装置、惰性气体保护装置、减压装置及其他流体运输及装卸所需的可选设备。

（2）罐箱的外部框架尺寸完全等同于国际标准的尺寸，可用于公路、铁路及水上运输，可装载高达 14 300～31 000 L（甚至更大）的流体货物。

（三）罐式集装箱的特点

除了具有集装化运输的全部优点外，与"若干圆桶装入一个干货标准集装箱"的运输方式相比，罐式集装箱具有经济实惠、快捷、安全、环保、美观等众多优点。

（1）经济实惠。使用罐箱可节省圆桶的购买和丢弃处理费用。这是运输过程中两项直接节约成本之处。

（2）迅速快捷。罐式集装箱可真正做到"门到门"运输。罐箱的使用，不会有昂贵而耗时的小桶冲装、小桶装卸过程，可在公路、铁路、水运之间直接转换运输方式，操作简单快捷，一步到位。

（3）安全。罐箱运输是国际公认的最安全的化工品及食品运输方式。在将化工品及食品向各地分拨运输的过程中，同其他方式相比，这是一种绝无仅有的无跑、冒、漏，以及能避免货物自身被污染的运输工具。

（4）环保，美观，给客户以良好印象。欧洲、美国、日本等国家和地区有关法律规定，对于一些货物必须使用罐箱运输，并遏制使用桶装运输。

（四）罐式集装箱的适用范围

（1）水泥散装的运输。采用专用的罐式散装汽车、火车及船舶，以水泥散装仓库为配送结点，将火车或船舶运到的大批量散装水泥卸下、放入散装仓库，以散装仓库为结点，转换运输方式，利用罐式散装汽车将水泥运至目的地。

这种专用集装系统的主要缺点是专用设备不可能载货返程，因此只能空返，造成运力浪费和费用的增加。

（2）石油、燃料油的运输。采用专用的油罐车进行运输，其物流过程为：专用大型油罐车或专用油船将油运至中转库（一般是大型地下油库或油罐），再由油罐分运至各加油站，在加油站完成对用户的服务。这种集装方式全部采用专用设备，运输效率高且安全，是油品运输的主体形式。

四、集装捆

（一）集装捆的定义

集装捆是指用某一材料将货物通过捆扎的方法，集装成一定规格的集装货件。这是最简易的集装方法，用料少，效果好。其主要用料是打包铁皮、编织打包带、绳索等，如图 4-52 所示。

图 4-52　集装捆的主要用料

（二）集装捆的特点

集装捆是目前通过铁路集装化运输量最大的集装方式。有色金属锭、型钢、金属构件、钢板、胶合板等大量货物采用了捆扎运输，其特点是成本低，集装效果明显，便于实现。

五、滑板

（一）滑板的定义

滑板（slip sheet）又称薄板托盘或滑片，是托盘的一种变形体，如图 4-53 所示。其结构只是一片无支撑的薄板，也可使叉车的钢叉沿滑板滑动叉入板底，在不损毁其他货物的情况下，将滑板连同滑板上的货物一起进行装卸操作。

(a) 单翼滑板　(b) 对边双翼滑板　(c) 临边双翼滑板　(d) 三翼滑板　(e) 四翼滑板

图 4-53　各种形状的滑板

和托盘相比，滑板由于减少了一面盘面和纵梁、垫块，所以无效操作更少。滑板一般有塑料制滑板、木制滑板、纸制滑板等，塑料制滑板比木制滑板、纸制滑板更好，主要用于搬运、储存或运输单元载荷形式的货物或产品。

（二）滑板的结构

滑板是在其一边或几边有翘翼的平板,其组成部分如图 4-54(a)所示。

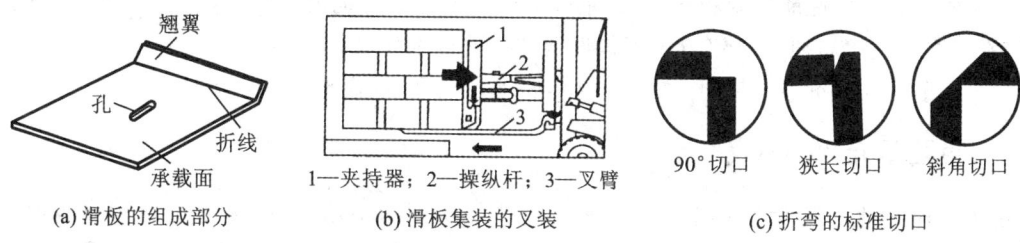

| (a)滑板的组成部分 | (b)滑板集装的叉装 | (c)折弯的标准切口 |

1—夹持器；2—操纵杆；3—叉臂

图 4-54　滑板操作结构示意图

（1）承载面,即载货面。它是承载货件的大平面。构成载货面的板上可加麻点或网格,以防货件打滑。平板可为实心的,也可在适当位置设置一定形状和大小的通气孔或便于人工抓取的手孔。

（2）翘翼。它是滑板上翘起一定高度、与承载面呈 20°角以上的部分,以便于装卸工具的夹持器来推拉集装货件后的滑板。如图 4-54(b)所示,专用叉车的夹持器首先夹住滑板的翘翼,然后,操纵杆在图中向右方向拉拖集装货件后的滑板,与此同时,叉车叉臂叉入滑板底面,以便叉举搬运。

翘翼可分为普通型和加厚型。加厚型又称层压型,即翘翼的厚度与宽度为普通型的两倍。因加厚型翘翼宽度大,可延伸至货件的下面并压固在滑板载货面上。

（3）折线。它是滑板载货面与翘翼的分界线,也是折叠出翘翼的印记与折痕。为折出翘翼需在滑板折线处切出折弯的切口,其标准切口有三种,如图 4-54(c)所示。

（4）孔。滑板承载面上可开若干孔,便于通风。

（三）滑板的优势

应用滑板有如下八大优势。

（1）滑板的承载面经过特殊加工,所以有较大的摩擦系数,滑板上的货物不易发生滑动塌垛等事故。

（2）滑板结实耐用,可以反复使用,并能承受强度很大的操作。

（3）滑板有较强的耐水及耐化学物质腐蚀的性质。

（4）采用塑料制的滑板卫生清洁,易用水洗,可防止杂菌繁殖,比一般集装物卫生,适于装运食品及医药用品。

（5）滑板在装运冷冻物或在严寒地带使用时也有很高的强度。

（6）滑板自重轻,采用滑板集装,滑板自重的无效运输可忽略不计,只相当于木质托盘的 1/20。

（7）滑板很薄,可节省保管空间。

（8）可大幅度降低集装成本,节约费用。

（四）滑板的缺点

（1）滑板集装的最大缺点是对叉车有特殊要求,影响叉车的通用性,要与滑板使用匹配,需要有带钳口推拉器的叉车。

（2）滑板集装的货件最好能固定联结成一个整体，运输时滑板只起装卸工具的作用，货件不便与滑板固定联结是滑板集装的又一弱点。

（3）滑板的工作性能主要根据运输所经过的地区和目的地的气候环境、作业方式来确定，同时，在很大程度上材质是决定滑板工作性能的主要因素。

（4）叉车附件造价高，对操作人员的操作要求也较高，操作难度大。

六、集装单元化的意义

随着物流行业的发展以及各行业对物流重要性认识的不断深入，为了实现物流作业机械化、自动化以提高物流系统的作业效率，物流包装已经开始与集装单元融合，出现了包装一体化、集合包装等作业形式，就是把货物归整成统一规格的作业单元，这种以集装单元为基础而组织的装卸、搬运、储存和运输等物流活动一体化运作的方式称为集装单元化。它对物流管理技术的发展具有重要意义。

（一）集装单元化是物流现代化的基点

要实现大批量、长距离的输送必须依靠集装单元化技术。随着科学技术的发展，生产技术得到了发展，各种交通工具和交通设施以及交通网络也得到了不断发展，同时市场扩大为大量生产提供了良好的环境，而大量生产的产品要输送到各地，因此，大批量、长距离输送显得越来越重要。

（二）集装单元化技术是物流系统中的一项先进技术

集装单元化有效地将各项分散的物流活动联结成一个整体，是物流系统合理化的核心内容和主要方式。在推广应用集装单元化技术的过程中必须注意三个问题：一是要注意集装单元化系统中必须具有配套的装卸搬运设备和运送设备；二是必须注意集装箱和托盘等集装器具的合理流向及回程货物的合理组织；三是必须实行集装箱具的标准化、系列化和通用化。

（三）集装单元化是物流包装与物流作业的完美融合

物流包装与集装单元化有所区别而又相互关联，物流包装是以产品为基点而展开的活动，集装单元化是以优化物流系统为出发点的系列技术行为。以托盘、滑板为包装货件群体的基座垫板，或者利用包装货件堆垛形式，并以收缩、拉伸薄膜紧固货物，使其成组化，构成具有一定体积、重量和形态，便于采用机械作业的货物载荷单元是物流包装与物流作业的完美融合。

（四）集装单元化促进集装单元器具的标准化、系列化

结合现阶段我国物流行业的发展特点，对物流包装的探讨应关注如何在整个物流系统中实现包装与集装单元化，让货物安全、高效、低成本地流通，并对今后的行业应用产生启发。在这一过程中，必须重视标准化，集装单元器具（如集装箱、托盘等）具有通用性，其规格尺寸与性能的确定不受某种特定产品的限制，但是由于产品通常在进入物流系统时要以集装单元器具为承载体，所以产品包装的设计与集装器具有十分紧密的关系。物流包装的设计一定要考虑到集装单元器具的标准化、系列化，这一方面有利于企业的发展，另一方面也有利于整个社会物流成本的降低。

学习测试

一、名词解释

集装　集装单元化　物流模数　托盘

二、单项选择

(1) 货垛的基础是(　　)。

A. 垛形　　　　　　B. 垛基　　　　　　C. 货垛参数　　　　D. 堆码方式

(2) (　　)是使物流过程连贯而建立标准化体系的基点。

A. 散装系统　　　　B. 仓储系统　　　　C. 集装系统　　　　D. 运输系统

(3) 国际标准化组织(ISO)认定的物流基础模数尺寸是(　　)。

A. 600 cm×400 cm　　　　　　　　B. 800 cm×600 cm

C. 600 mm×400 mm　　　　　　　　D. 800 mm×600 mm

(4) 适于一种或多种运输,能适应机械设备快速装卸和搬运,具有 1 m³ 以上的容积,并有足够强度,适应反复使用的运输容器是(　　)。

A. 集装箱　　　　　B. 托盘　　　　　　C. 钢瓶　　　　　　D. 金属箱

(5) 根据托盘的载物重量,托盘包装的重量应(　　)。

A. 小于 2 000 kg　　　　　　　　　B. 小于或等于 2 000 kg

C. 大于 2 000 kg　　　　　　　　　D. 大于或等于 2 000 kg

(6) (　　)是一种集装单元器具,配以起重机或叉车,就可以实现集装单元化运输,适用于装运大宗散状粉粒物料。

A. 标准集装箱　　　　　　　　　　B. 特种货物集装箱

C. 柔性集装箱　　　　　　　　　　D. 超高集装箱

(7) (　　)不属于集装单元化工具。

A. 托盘　　　　　　B. 笼车　　　　　　C. 电瓶搬运车　　　D. 柱式托盘

(8) 适用于煤炭等大宗货物的堆码方式是(　　)。

A. 垛堆方式　　　　B. 货架方式　　　　C. 散堆方式　　　　D. 成组堆码方式

(9) 集装是(　　)。

A. 一种包装形式,非运输或储存形式　　B. 一种运输或储存形式,非包装形式

C. 一种包装、运输或储存形式　　　　　D. 一种非包装运输或储存形式

(10) (　　)是物流系统各个环节标准化的核心,它决定和影响着其他物流环节的标准化。

A. 物流基础模数尺寸　　　　　　　　B. 集装模数尺寸

C. 物流标准模数尺寸　　　　　　　　D. 物流建筑基础模数尺寸

三、不定项选择

(1) 托盘的主要优点是(　　)。

A. 装盘容易　　B. 装载量较大　　C. 返空容易　　D. 自重小　　E. 需要购置费用

(2) 本体重量轻,耐腐蚀性强,易于清洁,适用于清洁要求较高的食品物流的托盘是(　　)。

A. 木制平托盘　　　　　　　B. 钢制平托盘　　　　　　　C. 塑料制平托盘

D. 高密度合成板平托盘　　　E. 合金托盘

(3) 托盘包装的平面尺寸有（　　　）。

A. 1 200 mm×1 000 mm

B. 1 140 mm×1 000 mm

C. 1 140 mm×800 mm

D. 1 140 mm×1 140 mm

E. 1 200 mm×800 mm

(4) 世界上目前使用最广泛的托盘规格有（　　　）。

A. 1 200 mm×800 mm

B. 1 000 mm×800 mm

C. 1 200 mm×1 000 mm

D. 1 100 mm×1 000 mm

E. 1 200 mm×1 200 mm

(5) 集装箱的内容积应为（　　　）。

A. $\geqslant 1\ m^3$　　　B. $\geqslant 2\ m^3$　　　C. $<1\ m^3$　　　D. $<2\ m^3$　　　E. $<3\ m^3$

(6) 除了集装箱、托盘两种主体集装方式外,还有发挥特殊作用的集装方式,如化肥、粮食装运采用下列哪种集装方式?（　　　）

A. 货捆　　　　B. 集装网络　　　C. 罐式集装　　　D. 集装袋　　　E. 布袋

(7) 集装单元化设备的配置原则有（　　　）。

A. 通用化　　　　　　　　B. 标准化　　　　　　　　C. 系统化

D. 综合效益最大化　　　　E. 自动化

(8) 平托盘按叉车叉入的方式可以为（　　　）。

A. 单向叉入型　　B. 双向叉入型　　C. 四向叉入型　　D. 塑料托盘　　E. 木制托盘

(9) 物流标准化形式有简化、统一化、（　　　）。

A. 系列化　　　　B. 模块化　　　　C. 通用化　　　　D. 组合化　　　　E. 系统化

(10) 托盘按结构可以分为（　　　）。

A. 平板托盘　　B. 箱型托盘　　C. 立柱型托盘　　D. 折叠式托盘　　E. 两面托盘

(11) 集装箱是一种运输设备,应满足下列要求:（　　　）。

A. 具有足够的强度,可长期反复使用

B. 适于一种或多种运输方式运送,途中转运时,箱内货物不需换装

C. 具有快速装卸和搬运的装置,特别便于从一种运输方式转移到另一种运输方式

D. 便于货物装满和卸空

E. 具有 $1\ m^3$ 及以上的容积

(12) 集装运输是用集装单元器具或利用捆扎方法,把（　　　）的成件物品组合成一定规格的集装单元进行的运输方式。

A. 裸装物品　　B. 散状物品　　C. 体积较小　　D. 重量较轻　　E. 规则的块状物品

(13) 我国托盘规格与国际标准化组织规定的通用尺寸一致,主要规格有（　　　）。

A. 800 mm×1 000 mm

B. 800 mm×1 200 mm

C. 1 000 mm×1 000 mm

D. 800 mm×800 mm

E. 1 000 mm×1 200 mm

(14) 集装箱按用途分类,可分为（　　　）。

A. 通用干货集装箱　　　　B. 保温集装箱　　　　C. 罐式集装箱

D. 散货集装箱　　　　　　E. 动物集装箱

(15) 集装箱按箱体材料分类,可分为（　　　）。

A. 钢集装箱　　　　　　　　　B. 铝集装箱　　　　　　　　　C. 玻璃钢集装箱

D. 不锈钢集装箱　　　　　　　E. 合金集装箱

(16) 根据 ISO/TC104 的规定,符合下列哪些条件的可以称为集装箱?(　　　)

A. 具有足够的强度,能反复长期使用

B. 适合一种或多种方式运输,途中转运时,箱内货物不必换装

C. 可进行快速搬运和装卸,特别便于从一种运输方式转移到另一种运输方式

D. 便于货物装满和卸空

E. 便于将物品装载成一个整体的容器

(17) 目前各国大部分集装箱运输采用的尺寸为(　　　)。

A. 100 ft 长　　　B. 60 ft 长　　　C. 20 ft 长　　　D. 40 ft 长　　　E. 30 ft 长

(18) 我国联运托盘的规格尺寸主要有(　　　)。

A. 800 mm×1 000 mm　　　　　　　　B. 800 mm×1 000 mm

C. 800 mm×1 200 mm　　　　　　　　D. 1 000 mm×1 200 mm

E. 800 mm×1 100 mm

(19) 物流标准化更要求体现科学性和(　　　)。

A. 民主性　　　B. 区域性　　　C. 经济性　　　D. 协调性　　　E. 稳定性

(20) 通常可以将进入物流领域的产品(货物)分成三类,即(　　　)。

A. 散装货物　　　B. 零杂货物　　　C. 集装货物　　　D. 液体货物　　　E. 灌装货物

四、论述题

(1) 简述集装单元化的意义。

(2) 试述托盘标准化的必要性。

(3) 如何选择集装箱的规格尺寸?

第五章

信息识别与采集之技术与装备

XIANDAI WULIU
JISHU YU
ZHUANGBEI
SHIWU

信息普遍存在于人类社会和自然界中，它是物质形态及其运动形式的体现。在科学技术高速发展的今天，自动识别与数据采集（automatic identification and data collection，AIDC）是用来描述对计算机系统、可编程逻辑控制器或其他的微处理设备进行非键盘输入的数据输入方法。信息的开发和利用越来越成为经济发展和社会进步的关键，它已成为人类不可或缺的资源之一。

起始于20世纪40年代的自动识别技术是以计算机技术和通信技术的发展为基础，集光、机、电、计算机等技术为一体的综合性科学技术。它是使信息数据被自动识读、自动实时输入计算机的重要方法和手段。随着人类社会科学与技术的突飞猛进，自动识别技术也经过了近几十年在全球范围内的迅猛发展，已形成了庞大的"自动识别技术家族"，它们被广泛地应用到社会的各行各业中，促进生产力的发展和生产效率的提高，推动着社会信息化建设的步伐。

引导案例

超 市 防 盗

某超市时常发生某些贵重商品丢失的现象，为了解决该问题，超市的管理层决定引进电子电子防窃（盗）系统（即 EAS 系统）对这些贵重商品进行管理和销售，经过一段时间的运行，发现效果良好。具体的做法是：首先在这些贵重物品上贴上 EAS 电子标签，当物品被正常购买时，在结算处的 EAS 装置可使 EAS 电子标签失活，物品就可以取走。如果物品被非法拿走，当物品经过装有 EAS 系统的门时，EAS 系统就会自动检测 EAS 电子标签的活动性，发现活动性的 EAS 电子标签后，EAS 系统会发出警报，从而防止物品被盗。

思考题

（1）请结合以上案例，给出 EAS 系统的组成和工作过程。

（2）结合上述案例，试述 EAS 系统的作用。

任务一　信息识别与采集管理概述

 **项目目标**

知识目标

(1) 掌握数据、信息的概念和信息的特征。

(2) 了解信息技术的概念、特征。

(3) 掌握物流信息的定义、特征、分类及作用。

(4) 了解物流信息技术及其未来发展趋势。

(5) 掌握信息采集的定义、原则及信息采集的一般装备。

能力目标

(1) 能够在工作中根据需要利用信息处理技术完成信息的加工、存储、检索和分析等使企业的人、财、物、产、供、销等各个环节实现信息共享。降低了企业内部沟通的时间和成本，使决策者能做出着眼于整体的统筹规划。

(2) 能够在各种物流作业过程中，将各种信息综合起来，最终成为一种综合性的信息，用于表示物流活动的具体过程。

(3) 能够为了某种需要，选取合适的信息采集装备和方法，根据特定的条件对分散在不同信息源的信息进行实时采集、自动存储、即时显示、即时反馈、自动处理、自动传输，促进物流信息合理流动，提高整个供应链系统的合理化水平和社会效益。

知识链接

物流企业要实现物流业务的自动化和信息化，要解决的关键技术问题之一就是大量物流信息的自动采集和识别技术。条码识别技术是目前自动识别与数据采集技术典型和普遍的应用技术之一。随着技术的发展和进步，许多新的自动识别与数据采集技术被开发出来，并逐步应用到包括物流在内的各个领域。本章重点介绍物流条码识别技术与采集装备，以及新型识别技术及采集器的基本原理和应用选择。

一、信息的概述

（一）数据、信息的概念

基于不同的领域和不同的研究目的，人们对信息的定义也是五花八门的。例如：信息是数据加工处理的结果；信息是一种有用的知识；信息是对现实世界某一方面的客观认识等。由此可见，信息是一种包容性很强、很难被确切定义的术语。本书主要从信息系统的角度对信息进行定义。在给信息进行定义之前，首先应了解数据的概念。

1. 数据的定义

所谓数据，就是用来反映客观事物的性质、属性以及相互关系的任何字符、数字和图形。数据是一种原始记录，没有经过加工的数据是粗糙的、杂乱的，但是，它是真实的、可靠的，有积累的价值。

现代科技的飞速发展已经使计算机能够处理数量惊人的各种数据，而我们更关注那些经过计算机处理过的数据，这是因为我们可以从这些数据中得到有用的信息。例如，"五艘集装箱货轮"，其中的"五"和"集装箱"就是数据，"五"反映了货轮的数量特征，"集装箱"反映了货轮的类型。

在信息系统领域中，本书对数据给出这样的定义：数据是对客观事物的性质、状态以及相互关系等进行记载的物理符号，或这些物理符号的组合。数据记录的客观事物是可以鉴别的符号，不仅包括数字，还可以是文字、图形及声音等。

2. 信息的定义

什么是信息呢？现代生活每天都产生大量的、各式各样的信息。不同学者从不同角度对信息做出了各种定义。大多数学者认为：信息是指能够反映事物内涵的知识、资料、情报、图像、数据、文件、语言、声音等，信息是事物的内容、形式及其发展变化的反映。

一般来说，信息总是通过数据形式来表示，加载在数据之上并对数据的具体含义进行解释。对信息概念，有的学者从使用者的角度进行定义，有的学者从纯技术的角度进行概括。

1948 年，美国数学家、信息论的创始人香农在论文中指出：信息是用来消除随机不定性的东西。事物的不确定性被消除得越大，信息量就越大。

1948 年，美国著名数学家、控制论的创始人维纳（N. Wiener）在《控制论》一书中，指出：信息就是信息，既非物质，也非能量。他给信息的定义是：信息是人们在适应外部世界，并使这种适应反作用于外部世界的过程中，同外部世界进行互相交换的内容和名称。

1975 年，意大利学者朗高的信息定义：信息是反映事物的形成、关系和差别的东西，它包含在事物的差异之中，而不是在事物本身。

信息是客观世界的反映，它提供了有关现实世界某些事物的知识，这种知识对信息的接收者来说是有价值的，所以，信息与数据是两个不同的概念。数据经过加工处理后才能成为信息，同时，信息也需要通过数据来表示。

综上所述，所谓的信息，就是通过一定的物质载体形式反映出来，表现客观事物变化特征，由发生源发生，经加工与传递，可以被接收者接收、理解和利用的消息、数据、资料、知识等的统称。

（二）信息的特征

所谓信息的特征，是指信息区别于其他事物的本质属性。信息的基本特征如下。

1. 普遍性

信息是事物运动的状态和方式，只要有事物存在，只要有事物的运动，就会有事物运动的状态和方式，就存在着信息。

2. 客观性

信息不是客观事物本身，而只是事物运动状态和存在方式的表征，它是客观存在的。

3. 时效性

客观事物本身在不停地运动变化，信息也在不断地发展更新，具有动态特性。

4. 传递性

信息可以通过多种渠道、采用多种方式进行传递,可以把信息从时间或空间上的某一点向其他点移动的过程称为信息传递。

5. 共享性

信息区别于物质的一个重要特征是它可以被共同占有、共同享用。也就是说,信息在传递过程中不但可以被信源和信宿共同拥有,而且可以被众多的信宿同时接收利用。

6. 转化性

如果在信息加工过程中没有任何信息量的增加或损失,并且信息内容保持不变,那么这意味着这个信息加工过程是可逆的,反之则是不可逆的。实际上,信息加工过程都是不可逆的。

7. 相对性

客观上信息是无限的,但相对于认知主体来说,人们实际获得的信息(实得信息)总是有限的。

8. 知识性

在这个信息爆炸的年代,大量的、应接不暇的信息让人知道很多,但"知道很多"与"懂得很多"中间并没有必然联系,大体上前者关乎的是信息,而后者关乎的是知识,因此,结果就是,一个人知道的信息越多,很可能他所拥有的知识反而越少。"知道"和"懂得","信息"和"知识"之间的关系就是这样对立的。

9. 可存储性

信息是可通过信道进行传递、存储的。信道既是通信系统不可缺少的组成部分,同时又对信息传递有干扰和阻碍作用。

10. 依附性

信息本身是看不见、摸不着的,它必须依附于一定的物质形式(如声波、电磁波、纸张、化学材料、磁性材料等)之上,不可能脱离物质单独存在。

(三) 信息技术

1. 信息技术简介

信息技术(information technology,IT)泛指以拓展人的信息处理能力和增强人类信息功能为目的的技术。

从目前来看,信息技术主要包括:计算机技术、通信技术、传感技术、控制技术等。通过信息技术的运用,可以替代或辅助人们完成对信息的检测、识别、变换、存储、传递、计算、提取、控制和利用。现代信息计算一般是指基础元器件、计算机技术以及通信网络技术。

2. 信息技术的作用

信息技术日新月异的进步,极大地提高了现代社会的信息资源的开发和利用能力,信息技术已深入社会管理活动的每一个角落,如图 5-1 所示。

(1) 计算机技术正朝着高性能、网络化、智能化方向发展。

(2) 物联网、云计算和传感技术扩展了人的感官能力,让信息更快更准地收集、传递、处理并执行,是科技的最新呈现形式与应用。

(3) 信息技术降低了企业内部沟通的时间和成本,使决策者能做出着眼于整体的统筹

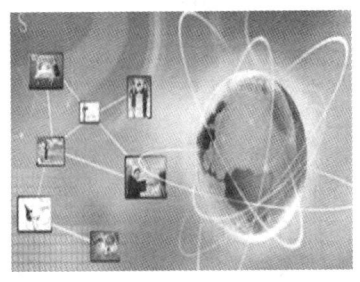

嫦娥一号

图 5-1　信息技术的应用

规划。

3．信息技术的特征

信息技术使企业的人、财、物、产、供、销等各个环节实现信息共享。有人将计算机与网络技术的特征——数字化、网络化、多媒体化、智能化、虚拟化，当作信息技术的特征。本书认为，信息技术的特征应从如下两方面来理解。

（1）信息技术具有技术的一般特征——技术性。这具体表现为：方法的科学性、工具设备的先进性、技能的熟练性、经验的丰富性、作用过程的快捷性、功能的高效性等。

（2）信息技术具有区别于其他技术的特征——信息性。这具体表现为：信息技术的服务主体是信息，核心功能是提高信息处理与利用的效率、效益。

此外，信息的秉性决定信息技术还具有普遍性、客观性、相对性、动态性、共享性、可变换性等特征。

4．信息技术的发展趋势

当前信息技术发展的总趋势是以物联网技术的发展和应用为中心，从典型的技术驱动发展模式向技术驱动与应用驱动相结合的模式转变。

（1）微电子技术和软件技术是信息技术的核心。集成电路的集成度和运算能力、信息技术性能价格比继续按每 18 个月翻一番的速度呈几何级数增长，支持信息技术达到前所未有的水平。

（2）三网融合和宽带化是网络技术发展的大方向。电话网、有线电视网和计算机网的三网融合是指它们都在数字化的基础上在网络技术方面走向一致，在业务内容上相互覆盖。

（3）物联网的应用开发成为一个持续的热点。一方面，电视机、手机、个人数字助理（PDA）等家用电器和个人信息设备都向网络终端设备的方向发展，形成了网络终端设备的多样性和个性化，打破了计算机上网一统天下的局面；另一方面，电子商务、电子政务、远程教育、电子媒体、网上娱乐技术日趋成熟，不断降低对使用者的专业知识要求和经济投入要求。

二、物流信息的概述

（一）物流信息的定义

《物流术语》（GB/T 18354—2006）将物流信息定义为：反映物流各种活动内容的知识、资料、图像、数据、文件的总称。在各种物流作业过程中，物流信息无处不在。物流信息在目前的物流行业发展中，也越来越占到重要的位置。物流信息的智能化发展如图 5-2 所示。

作为一种行业的信息，物流信息不仅包含着基本的物流作业信息，而且在物流系统的不断

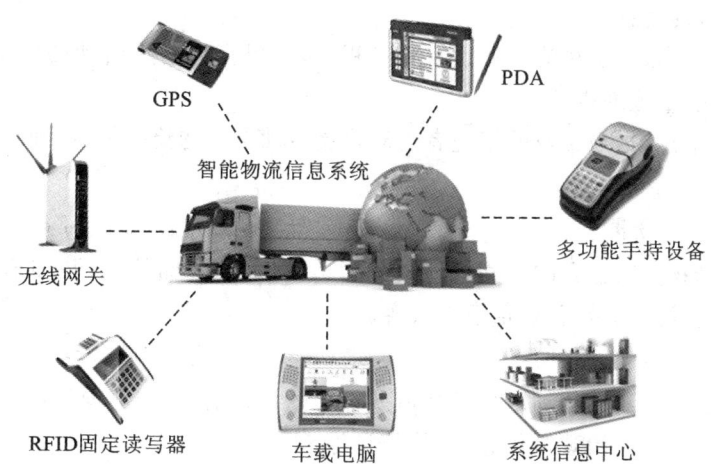

图 5-2　物流信息的智能化发展

运行中包含着其他的信息。在不断的运行过程中,各种信息综合起来,最终成为一种综合性的信息,用于表示物流活动的具体过程。要综合物流活动中所包含的各个因素,这样才能真正理解物流信息的深刻含义。

（二）物流信息的特征

物流信息与商品交易信息及市场信息相比较,具有如下特征。

1. 量大、面广

随着物流产业的发展,物流信息这种量大、面广的特征越来越明显,而且数量会越来越大。

2. 动态、适时

物流信息价值会随时间的变化而不断贬值,表现出适时性。由于各种物流作业活动频繁发生,市场竞争状况和客户需求变化,使物流信息瞬息万变,呈现出一种动态性。

3. 类多、复杂

随着物流产业的发展,物流信息的种类将更多,来源也将更趋复杂多样,这将给物流信息的分类、处理和管理带来困难。

4. 共享、标准

现代物流信息涉及国民经济的各个部门,在物流活动中各部门之间需要进行大量的信息交流。

（三）物流信息的分类

物流信息种类繁多,按照不同的标准,会有各种各样的分类情况。

1. 按照信息的来源分类

（1）原始的物流信息,即通过物流活动直接反映出来的信息。其是可以直接使用的信息,如时间信息、位置信息、数量与重量信息等。

（2）处理后的物流信息,即按一定的目标要求,加以特定处理后得到的信息。该类信息的生成一般都带有一定的目的性,而且不同的处理方法可以得到大量的不同的信息。

2. 按照信息的用途分类

（1）指挥计划信息,指在物流活动中,用以对物流活动进行计划和组织,以保证物流活动有

（2）辅助运营信息，指在物流活动运行的过程中，用以指导物流活动的信息，通过该类信息保证物流活动顺利、合理地进行。

（3）决策支持信息，指当企业的管理者需对物流活动做出物流决策时，辅助支持最终管理决策的信息。

3. 按照物流要素分类

物流信息根据物流所包含的要素可以划分为运输信息、仓储信息、装卸信息、搬运信息、包装信息、流通加工信息、配送信息、信息综合等。

4. 按照系统的组成要素分类

（1）环境信息，是指物流活动所处的环境所包含的各种信息，如地理信息、自然环境信息、法律信息、民族风俗信息、政治政策信息、道德信息等。

（2）工具信息，是指物流活动的载体所包含的信息，如车辆装载信息、仓库容量信息、装卸能力信息、加工流程信息、配送水平信息等。

（3）人员信息，是指物流活动的操纵者所包含的能力水平等信息，如从业人员学历信息、人员数量信息、人员职称信息等。

（四）物流信息的作用

物流活动是一个系统工程，采购、运输、库存以及销售等物流活动在企业内部相互作用，形成一个有机的整体系统。企业可以通过分析物流信息所反映出来的有关物流环境、物流作业、物流支持等因素的属性，支持物流计划的制订，这也为后续的物流计划的实施提供了指导性意见。

1. 物流信息在物流计划阶段的作用

物流信息在订货、库存管理、进货、仓库管理、装卸、包装、运输、配送等具体物流环节的计划阶段，如安排物流据点、决定库存水平、确定运输手段、找出运输计划和发运计划的最佳搭配等，都发挥着重要作用。

2. 物流信息在物流实施阶段的作用

物流系统内各子系统的工作是通过信息来沟通的，而且系统内基本资源的调度也是通过信息的传递实现的。通过物流信息的指导，物流各项活动的运转才能得到保证。

3. 物流信息在物流评价阶段的作用

物流活动的地域范围广泛，活动内容繁多，因此对物流的效果很难控制，企业只有掌握物流活动的全部结构，才能对其做出正确的评价。可以说，充分认识到信息支持物流是非常重要的。

企业可以通过运用科学的分析工具，对物流活动所产生的各类信息进行科学分析，从而获得更多富有价值的信息；通过物流系统各个环节之间的信息共享，有效地缩短订货周期，降低库存，提高搬运和运输效率，减少递送时间，提高订货和发货速度，及时、高效地响应顾客提出的各种问题，从而极大地提高顾客满意度和提升企业形象，提高物流系统的竞争力。

三、物流信息技术

物流信息技术现代物流区别传统物流的根本标志，是物流现代化的重要标志，也是物流技术中发展最快的领域。

（一）物流信息技术简介

物流信息技术建立在计算机、网络通信技术平台上的各种技术基础之上，在物流领域中，这些技术包括硬件技术和软件技术，如通信网络技术，自动识别技术（条码识别技术、IC 卡技术、RFID 技术），空间信息技术（GPS、GIS），物流系统自动化技术（自动化仓库系统、自动分拣系统）等，以及在这些技术手段支撑下的数据库技术和面向行业的管理信息系统等软件技术。

（二）物流信息技术的层次

作为现代信息技术的重要组成部分，物流信息技术可以分为以下四个层次。

（1）物流信息基础技术，即有关元件、器件的制造技术，它是整个信息技术的基础。例如微电子技术、光子技术、光电子技术等。

（2）物流信息系统技术，即有关物流信息的获取、传输、处理、存储的设备和系统的技术，它是建立在信息基础技术之上的，是整个信息技术的核心。其内容主要包括物流信息获取技术、物流信息传输技术、物流信息处理技术及物流信息存储技术。

（3）物流信息应用技术，是基于管理信息系统（MIS）技术、优化技术和计算机集成制造系统（CIMS）技术而设计出的各种物流自动化设备和物流信息管理系统。如自动化分拣与传输设备、自动导引车（AGV）、集装箱自动装卸设备、仓储管理系统（WMS）、运输管理系统（TMS）、配送优化系统、全球定位系统（GPS）、地理信息系统（GIS）等。

（4）物流信息安全技术，是确保物流信息安全的技术。它主要包括密码技术、防火墙技术、病毒防治技术、身份鉴别技术、访问控制技术、备份与恢复技术、数据库安全技术等。

（三）物流信息技术的意义

（1）在供应链管理方面，物流信息技术的发展也改变了企业应用供应链管理获得竞争优势的方式，成功的企业通过应用信息技术来支持它的经营战略并选择它的经营业务。

（2）通过利用信息技术来提高供应链活动的效率，增强整个供应链的经营决策能力。

（3）从数据采集的条码识别系统，到办公自动化系统中的微机、互联网，各种终端设备等硬件以及计算机软件都在日新月异地发展。

（4）随着物流信息技术的不断发展，产生了一系列新的物流理念和新的物流经营方式，推进了物流的变革。

（四）物流信息技术未来的发展趋势

（1）RFID 应用将成未来关键技术。从全球发展趋势来看，随着 RFID 相关技术的不断完善和成熟，RFID 产业将成为一个新兴的高技术产业群，成为国民经济新的增长点。

（2）物流动态信息采集技术得到大发展。在全球供应链管理趋势下，及时掌握货物的动态信息和品质信息已成为企业盈利的关键因素。

（3）物流信息安全技术受到关注。借助网络技术发展起来的物流信息技术，在享受网络飞速发展带来巨大好处的同时，也面临着可能发生的安全危机，例如，网络黑客的恶意攻击、病毒的肆虐、信息的泄密等。

四、信息采集技术与装备

信息采集是信息得以利用的第一步，也是关键的一步。

（一）信息采集的概述

人们为了某种需要，采用科学的方法，根据特定的条件，对分散在不同信息源的所需信息进行收集、获取的过程。信息采集是信息分析、处理的先决条件与首要环节。

1. 信息采集的定义

（1）信息采集是指根据特定的目的和要求，将分散在不同时空领域的有关信息采掘和集聚起来的过程。

（2）信息采集系统以网络信息挖掘引擎为基础构建而成，它可以在最短的时间内，把最新的信息从不同的 Internet 站点上采集下来，并在进行分类和统一格式后，第一时间把信息及时发布到自己的站点上去，从而提高信息及时性，节省或减少工作量。

（3）网络信息采集是将非结构化信息从大量的网页中抽取出来保存到结构化的数据库中的过程。

（4）网络信息采集员：主要从事网络信息采集工作。其工作职责包括：①到网上采集一些有价值的信息；②及时更新网站内容；③维护网站论坛；④维护网站内容更新。

（5）网络信息采集软件：适用于网站定向数据采集、分析、发布的实用软件。它可以对指定网站中的任意网页进行目标分析，归纳采集方案，提取数据并保存在文件和数据库中。

2. 信息采集的原则

信息采集有以下五个方面的原则：①可靠性原则；②完整性原则；③实时性原则；④准确性原则；⑤易用性原则。这些原则是保证信息采集质量最基本的要求。

3. 信息采集技术

（1）信息采集技术是指利用计算机软件技术，针对目标数据源，实时进行信息采集、抽取、挖掘、处理，将非结构化的信息从大量的网页中抽取出来，保存到结构化的数据库中，从而为各种信息服务系统提供数据输入的整个过程。

（2）Web 信息采集技术是指通过分析网页的 HTML（超文本标记语言）代码，获取网页的超级链接信息，使用广度优先搜索算法和增量存储算法，实现自动地连续分析链接、抓取文件、处理和保存数据的过程。

（二）信息采集的装备

把条码识读器和具有数据存储、处理、通信传输功能的手持数据终端设备结合在一起，成为条码数据采集器，简称数据采集器。当人们强调数据处理功能时，往往简称为数据终端，它具备实时采集、自动存储、即时显示、即时反馈、自动处理、自动传输等功能。它实际上是移动式数据处理终端和某一类型信息采集装备的集合体。

1. 条码识别设备

条码识别设备由条码扫描器和译码器两部分组成。现在绝大部分条码识读器都将条码扫描器和译码器集成为一体。条码扫描器包括输入组件（input device）及解码器（decoder），两者可一体成型，也可用电线连接，或利用红外线以无线方式输送数据。

输入组件主要包括：光电转换系统与类比数位转换器两大部分。光电转换系统主要用来扫描条码，扫描动作可借着操作者手的移动或条码的移动来完成。

当光源照射到条码，反射光经光路设计落在感测组件上时，感测组件随着不同反射光的强度转换成不同的类比信号，经类比数位（A/D）转换器处理成数位码输出。数位码输出到解码器中,将数位码解译成条码信号,即完成了条码扫描的工作。条码扫描器的读取系统结构,如图5-3所示。

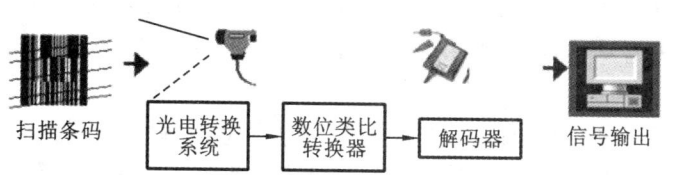

图 5-3　条码扫描器的读取系统结构示意图

2. 传感器

传感器(transducer/sensor)是一种检测装置,能感受到被测量的信息,并能将感受到的信息,按一定规律变换成电信号或其他所需形式的信息输出,以满足信息的传输、处理、存储、显示、记录和控制等要求,它是实现自动检测和自动控制的首要环节,如图 5-4 所示。传感器种类繁多,常见的几种如图 5-5 所示。

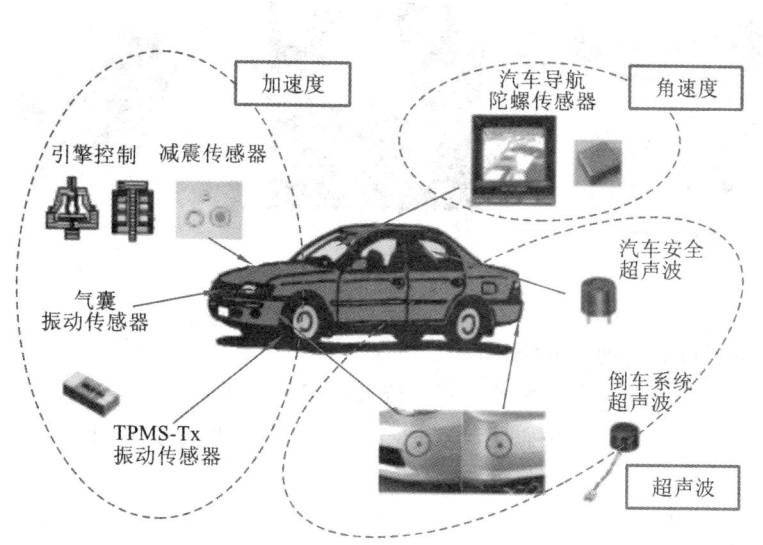

图 5-4　传感器工作示意图

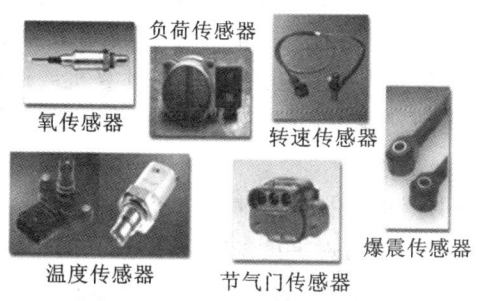

图 5-5　传感器的种类

　　传感器技术是一项当今世界令人瞩目的迅猛发展起来的高新技术之一，也是当代科学技术发展的一个重要标志，它与通信技术、计算机技术构成信息产业的三大支柱。如果说计算机是人类大脑的扩展，那么传感器就是人类五官的延伸，当集成电路、计算机技术飞速发展时，人们才逐步认识信息摄取装置——传感器没有跟上信息技术的发展而惊呼"大脑发达、五官不灵"。

　　传感器已广泛应用于航天、航空、国防科研、信息产业、机械工业、电力、能源、交通、冶金、建筑、邮电、生物、医学、环保、材料、灾害预测预防、农林、渔业生产、食品、烟酒制造、机器人、家电等诸多领域，可以说几乎渗透到每个领域。随着各国机械工业、电子、计算机、自动化等相关信息化产业的迅猛发展，以日本和欧美等国家为代表的传感器研发及其相关技术产业的发展已在国际市场中逐步占有了重要的份额。

　　3. 阅读器

　　阅读器是一种全面且便捷地提供快速、优质的文档阅读的工具。阅读器实质上是一种软件，快速、实用、功能超强的桌面阅读软件。几种常见的阅读器如图 5-6 所示。

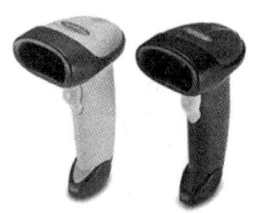　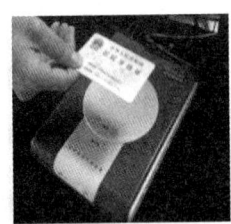　

(a) 条码阅读器　　　　　(b) 身份证阅读器　　　　　(c) 电子阅读器

图 5-6　几种常见的阅读器

　　常见的阅读器可分为如下几类。

　　(1) 便携式条码阅读器。便携式条码阅读器一般配接光笔式或轻便的枪形条码扫描器，有的也配接激光扫描器。便携式条码阅读器本身就是一台自动识别与数据采集技术专用计算机，有的甚至就是一台通用微型计算机。

　　(2) 卡式条码阅读器。卡式条码阅读器一般都具有向计算机传送数据的能力，同时具有声光提示以证明识别正确与否。这种阅读器内部的机械结构能保证有条码的卡式证件或文件在插入滑槽后自动沿轨道做直线运动，在卡片前进过程中，扫描光点将条码信息读入。卡式条码阅读器可以用于身份验证、考勤和生产管理、医院病案管理等领域。

　　(3) 在线式阅读器。在线式阅读器按其功能和用途，又可分为多功能阅读器和各类在线式专用阅读器。这类阅读器一般直接由交流电源供电，与计算机或通信装置之间用电缆连接，传递数据。多功能阅读器除具有识别多种常用码制的功能外，根据不同需要还可增加编程功能、显示功能以及多机联网通信功能等。

　　信息技术在物流系统中的广泛应用，可以辅助物流作业，提高物流作业的准确性和生产效率；改进业务流程，快速响应市场变化；提供更多的信息，提高客户满意度；促进物流信息合理流动，提高整个供应链系统的合理化水平和社会效益；通过知识挖掘和辅助决策，提高管理决策水平等。

任务二　条码自动识别技术与装备

知识目标

（1）掌握条码的基本概念、条码技术的特点、条码的分类及常用物流条码。

（2）掌握物流中常用的条码及扫描设备的工作原理和使用、维护。

（3）了解各种条码打印设备的结构特点、使用性能。

（4）了解条码检测设备使用的传统检测方法和美标检测方法，以及各种条码检测仪的使用性能。

（5）掌握条码扫描器的概念、组成，了解根据不同的用途和需要设计的各种类型扫描器的特性。

能力目标

（1）能够利用条码快速、准确、可靠性强、成本低廉等特点在商业、邮政、图书管理、仓储、工业生产过程控制、交通等领域熟练编制条码、推广使用条码这种常见的自动识别技术。

（2）能够根据条码自动识别装备与技术的特点，很好地将其应用于物流、医疗管理、家电售后、销售管理、政府政务等各个行业，帮助各个企业提高移动办事效率，降低规模成本。

（3）能够根据生产和生活的不同需要，企业的不同情况选用条码打印设备、条码检测设备、条码的识别设备和条码的印刷设备等。

知识链接

目前，在物流中最常用的自动识别技术是条码扫描技术和射频识别技术。本任务论述条码扫描技术与识别设备。

一、条码扫描技术概述

条码扫描技术是在计算机的实践应用中产生并逐渐发展起来的一种自动识别技术，是为实现对信息的自动扫描识别而设计的数据采集的有效手段。条码扫描技术是一类技术的总称，包括条码的编码技术、条码符号设计技术、快速识别技术和计算机技术等。

（一）条码的基本概念

所谓条码，是指一种利用光电扫描阅读设备识读并实现数据输入计算机的特殊代码，它是由一组规则排列的条、空及其对应字符组成的标记，用以表示一定的信息，如图 5-7 所示。

图 5-7　条码示意图

条码技术是在计算机应用和实践中产生并发展起来的一种广泛应用于商业、邮政、图书管理、仓储、工业生产过程控制、交通等领域的自动识别技术,具有输入速度快、准确度高、成本低、可靠性强等优点,在当今的自动识别技术中占有重要的地位。现如今,条码识别技术已相当成熟,其读取的错误率约为百万分之一,首读率大于 98%,是一种可靠性高、输入快速、准确性高、成本低、应用面广的资料自动收集技术。

（二）条码技术的特点

在信息输入技术中,采用的自动识别技术种类很多。条码作为一种图形识别技术与其他识别技术相比有如下特点。

（1）简单。条码符号制作容易,扫描操作简单易行。

（2）信息采集速度快。普通计算机的键盘录入速度是每分钟 200 字符,而利用条码扫描录入信息的速度是键盘录入的 20 倍。

（3）采集信息量大。利用条码扫描,一次可以采集几十位字符的信息,而且可以通过选择不同码制的条码增加字符密度,使录入的信息量成倍增加。

（4）可靠性高。键盘录入数据,误码率为 1/300,利用光学字符识别技术,误码率约为万分之一,而采用条码扫描录入方式,误码率仅为百万分之一,首读率可达 98% 以上。

（5）灵活、实用。条码符号作为一种识别手段可以单独使用,也可以和有关设备组成识别系统实现自动化识别,还可和其他控制设备联系起来实现整个系统的自动化管理。同时,在没有自动识别设备时,也可实现键盘输入。

（6）自由度大。识别装置与条码标签相对位置的自由度要比 OCR（光学字符识别）大得多。条码通常只在一维方向上表示信息,而同一条码符号上所表示的信息是连续的,这样即使是标签上的条码符号在条的方向上有部分残缺,仍可以从正常部分识读正确的信息。

（7）设备结构简单、成本低。条码符号识别设备的结构简单,操作容易,无须专门训练。与其他自动化识别技术相比,推广应用条码技术所需费用较低。

二、条码的分类及常用的物流条码

（一）条码的分类

目前,世界上常用的码制有 EAN 条码、UPC 条码、交叉 25 条码、库德巴条码、39 条码和 128 条码等,而商品上最常使用的就是 EAN 条码。条码的质量是确保条码正确识读的关键,不符合条码国家标准技术要求的条码,不仅会影响扫描速度,降低工作效率,而且可能造成误读,进而影响信息采集系统的正常运行。条码也有不同的分类方法,具体如下。

1. 根据条码的编码方法分类

根据条码的编码方法一般可将条码划分为:宽度调节法条码和模块组配法条码。

(1) 宽度调节法条码是指条码中条纹(间隔)的宽窄设置不同。用宽单元(条纹或间隔)表示二进制"1",用窄单元(条纹或间隔)表示二进制"0"。39 条码、库德巴条码、交叉 25 条码均属于按宽度调节法编码的条码符号。

(2) 模块组配法(不归零法)条码是指条码符号的每个条码字符的条与空分别由若干个模块组配而成。一个模块宽的条表示二进制"1",一个模块宽的空表示二进制"0"。

通用商品条码(EAN 条码)、UPC 条码,93 条码(Code 93),128 条码(Code 128)均属按模块组配法编码的条码符号。

2. 根据不同条码编码方式的码制分类

根据不同条码编码方式的码制不同,可将条码划分为:UPC 条码、EAN 条码、交叉 25 条码、39 条码、库德巴条码、128 条码、93 条码、49 条码和其他码制。

(1) UPC 条码。1973 年,美国率先在国内的商业系统中应用 UPC 条码,之后加拿大也在商业系统中采用 UPC 条码。UPC 条码是一种长度固定的连续型数字式码制,其字符集为数字 0~9。它采用四种元素宽度,每个条或空是 1 倍、2 倍、3 倍或 4 倍单位元素宽度。UPC 条码有两种类型,即 UPC-A 条码和 UPC-E 条码。

(2) EAN 条码。1977 年,欧洲经济共同体各国按照 UPC 条码的标准制订了欧洲物品编码 EAN 条码,与 UPC 条码兼容,而且两者具有相同的符号体系。EAN 条码的字符编号结构与 UPC 条码相同,也是长度固定的、连续型的数字式码制,其字符集是数字 0~9。它采用四种元素宽度,每个条或空是 1 倍、2 倍、3 倍或 4 倍单位元素宽度。EAN 条码有两种类型,即 EAN-13 条码和 EAN-8 条码。

(3) 交叉 25 条码。交叉 25 条码是一种长度可变的连续型自校验数字式码制,其字符集为数字 0~9。采用两种元素宽度,每个条和空是宽或窄元素。编码字符个数为偶数,所有奇数位置上的数据以条编码,偶数位置上的数据以空编码。如果为奇数个数据编码,则在数据前补一位 0,以使数据为偶数个数位。

(4) 39 条码。39 条码是第一个字母数字式码制,于 1974 年推出。它是长度可比的离散型自校验字母数字式码制。其字符集为数字 0~9,26 个大写字母和 7 个特殊字符(-、、Space、/、+、%、$),共 43 个字符。每个字符由 9 个元素组成,其中有 5 个条(2 个宽条、3 个窄条)和 4 个空(1 个宽空、3 个窄空)。39 条码是一种离散码。

(5) 库德巴条码。库德巴条码(Code Bar)出现于 1972 年,是一种长度可变的连续型自校验数字式码制。其字符集为数字 0~9 和 6 个特殊字符(-、、/、、+、$),共 16 个字符。库德巴条码常用于仓库、血库和航空快递包裹中。

(6) 128 条码。128 条码出现于 1981 年,是一种长度可变的连续型自校验数字式码制。它采用 4 种元素宽度,每个字符有 3 个条和 3 个空,共 11 个单元元素宽度,又称(11,3)条码。它有 106 个不同条码字符,每个条码字符有三种含义不同的字符集,分别为 A、B、C。它使用这 3 个交替的字符集可将 128 个 ASCII 码编码。

(7) 93 条码。93 条码是一种长度可变的连续型字母数字式码制。其字符集为数字 0~9,

26 个大写字母,7 个特殊字符(-、、Space、/、+、%、$)以及 4 个控制字符。每个字符有 3 个条和 3 个空,共 9 个元素宽度。

(8) 49 条码。49 条码是一种多行的连续型、长度可变的字母数字式码制。其出现于 1987 年,主要用于小物品标签上。其采用多种元素宽度。其字符集为数字 0~9,26 个大写字母,7 个特殊字符(-、、Space、/、+、%、$),3 个功能键(F1、F2、F3)和 3 个变换字符,共 49 个字符。

(9) 其他码制。除上述条码外,还有其他的码制,例如 25 条码出现于 20 世纪 60 年代后期,主要用于航空系统的机票的顺序编号;11 条码出现于 1977 年,主要用于电子元器件标签;矩阵 25 条码是 11 条码的变形;Nixdorf 条码已被 EAN 条码所取代;Pbssey 码出现于 1971 年 5 月,主要用于图书馆等。

3. 根据不同条码编码方式的维数分类

根据不同条码编码方式的维数不同,可将条码划分为:一维条码和二维条码(又称"二维码")。

1) 一维条码

一维条码只在一个方向(一般是水平方向)表达信息,而在垂直方向则不表达任何信息,其一定的高度通常是为了便于阅读器的对准,如图 5-8 所示。

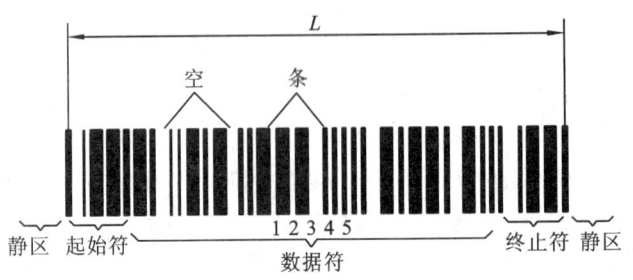

图 5-8 一维条码的组成结构示意图

一维条码的应用可以提高信息录入的速度,减少差错率;可直接显示内容为英文字母、数字、简单符号;储存数据不多,主要依靠计算机中的关联数据库;保密性能不高;损污后可读性差。

目前,一维条码的码制有 20 多种,其中,经常使用的是 EAN 码(EAN-13、EAN-8),如图5-9所示。

(a) EAN-13商品条码符号尺寸

(b) EAN-8商品条码符号尺寸

图 5-9 EAN 条码示意图

一维条码还包括：39 条码、库德巴条码、25 条码、ITF25 条码（交叉 25 条码）、Matrix 25 条码（矩阵 25 条码）、UPC-A 条码、UPC-E 条码、Code 128 条码（包括 EAN 128 条码）等。

2）二维条码

在水平和垂直方向的二维空间存储信息的条码，称为二维条码。其可直接显示英文字母、汉字、数字、符号、图形；储存数据量大，可存放 1 KB 字符，可用扫描仪直接读取内容，无须另接数据库；保密性高（可加密）；安全级别最高时，损污 50%仍可读取完整信息。

二维条码可以分为线性堆叠式二维条码和矩阵式二维条码。线性堆叠式二维条码形态上是由多行短截的一维条码堆叠而成；矩阵式二维条码以矩阵的形式组成，在矩阵相应元素位置上用"点"表示二进制"1"，用"空"表示二进制"0"，"点"和"空"的排列组成代码，如图 5-10 所示。

(a) 线性堆叠式二维条码　　　　(b) 矩阵式二维条码

图 5-10　二维条码结构示意图

（1）线性堆叠式二维条码（又称堆积式二维条码或层排式二维条码），其编码原理是建立在一维条码基础之上，按需要堆积成两行或多行。它在编码设计、校验原理、识读方式等方面继承了一维条码的一些特点，识读设备、条码印刷与一维条码技术兼容。但由于行数的增加，需要对行进行判定，其译码算法与软件也不完全与一维条码相同。

（2）矩阵式二维条码。常见的二维条码即矩阵式二维条码（又称棋盘式二维条码），它是在一个矩形空间通过黑、白像素在矩阵中的不同分布进行编码。在矩阵相应元素位置上，用"点"（方点、圆点或其他形状）的出现表示二进制"1"，用"空"（点的不出现）表示二进制的"0"，"点"和"空"的排列组合确定了矩阵式二维条码所代表的意义。

目前，二维条码常用的码制有：PDF417 条码、Data Matrix 条码、Maxi Code 条码、Ultra Code 条码、Aztec Code 条码、QR Code 条码、Code 49 条码、Code 16K 条码和 Veri Code 条码。除了这些常见的二维条码之外，还有田字码等，常用的二维条码码制如图 5-11 所示。

Data Matrix　　Maxi Code　　Aztec Code　　QR Code　　Veri Code

PDF417　　　Ultra Code　　　Code 49　　　Code 16K

图 5-11　常用的二维条码码制

使用二维条码可以解决如下问题：表示包括汉字、照片、指纹、签字在内的小型数据文件；在有限的面积上表示大量信息；对"物品"进行精确描述；防止各种证件、卡片及单证的仿造；在远离数据库和不便联网的地方实现数据采集。

（二）常用物流条码

目前常用的三种物流条码是：①通用商品条码；②ITF-14 条码（14 位交叉 25 条码）；③贸易

单元128条码。商品单元由消费单元、储运单元和货运单元组成。

通用商品条码常用于消费单元,ITF-14条码主要用于储运单元,贸易单元信息则往往通过运用贸易单元128条码来标识。

1. 通用商品条码

通用商品条码(EAN条码)是由国际物品编码协会制定的国际通用商品代码,是一种模块组合型条码,它和美国统一代码委员会(UCC)制定的通用商品代码UPC码互相兼容,EAN/UPC条码作为一种消费单元代码,可以在全球范围内唯一地标识一种商品。

国际上商品单元标识普遍采用EAN/UCC系统,全球采用EAN/UCC系统的厂家已经超过80万家。EAN/UCC系统中包括三种不同的条码符号:EAN/UPC条码、ITF-14条码和UPC/EAN-128条码。EAN/UPC条码包括EAN-13条码、EAN-8条码、UPC-A条码和UPC-E条码。

EAN条码有两种类型:标准版EAN-13条码和缩短版EAN-8条码,如图5-12所示。

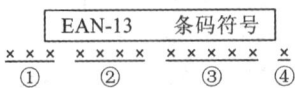

(a) 标准版EAN-13的条码结构　　　　(b) 缩短版EAN-8的条码结构

图5-12　标准版、缩短版EAN条码结构示意图

(1) 标准版EAN-13条码:由13位数字及条码符号组成。代码结构由前缀码、厂商识别代码、商品项目代码和校验码组成。厂商识别代码为7~9位数字。以前缀码为690、691的EAN-13码为例,它的结构如下:

P1 P2 P3　M1 M2 M3 M4　I1 I2 I3 I4 I5　C

其中,"P1 P2 P3"是前缀码,由国际物品编码协会分配给它的成员,实际上是国家代码或地区代码。

例如目前我国内地可用的前缀码为690、691、692、693、694、695等,香港特别行政区为489,台湾地区为471,澳门特别行政区为958。

"M1 M2 M3 M4"是厂商识别代码,是国际物品编码协会在EAN分配的前缀码的基础上分配给厂商的代码。我国的厂商识别代码由中国物品编码中心分配给申请的企业,统一分配、注册,一厂一码。

"I1 I2 I3 I4 I5"是商品项目代码,表示具体的商品项目,标识不同的商品属性、规格、价格等。由厂商自主分配,可标识00000~99999共10万种商品。

"C"是校验码,使用Mod 10校验位计算法,校验前面条码代码的正误。

(2) 缩短版EAN-8条码:由8位数字及条码符号组成。其结构为:

P1 P2 P3 I1 I2 I3 I4   C

其中,"P1 P2 P3"是前缀码,"I1 I2 I3 I4"是商品项目代码。在我国,缩短版 EAN-8 条码是由中国物品编码中心分配给每种需要缩短码的商品。"C"是校验码,用来校验条码正误。

2. ITF-14 条码

ITF-14 条码是一种定长、连续,具有自校验功能,且条空都表示信息的双向条码。它的条码字符集、条码字符的组成与交叉 25 条码相同。其由矩形保护框、左侧空白区、条码字符和右侧空白区组成,如图 5-13 所示。

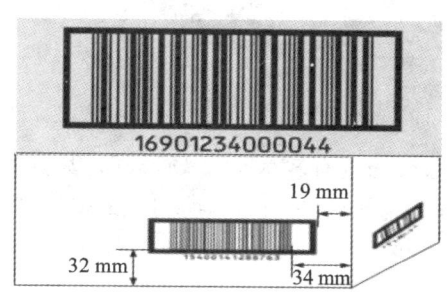

图 5-13   ITF-14 条码结构示意图

ITF-14 条码对应的国家标准是 GB/T 16830—1997。

3. EAN/UCC-128 条码

EAN/UCC-128 条码是由国际物品编码协会、美国统一代码委员会和国际自动识别制造商协会共同设计而成的。它是一种连续型、非定长、有含义的高密度代码,由起始符号、数据符、校验符、终止符以及左右侧空白区组成,如图 5-14 所示。EAN/UCC-128 条码是物流条码实施的关键,能更多地标识贸易单元的信息,如产品批号、数量、规格、生产日期、有效期、交货地等,使物流条码成为贸易中的重要工具。

图 5-14   EAN/UCC-128 条码结构示意图

二、物流中常用的条码扫描技术设备

物流中常用的条码扫描技术设备主要包括:条码打印设备、条码检测设备、条码扫描器和条码印刷设备等。

(一)条码打印设备

条码打印设备主要为条码打印机。条码打印机又称标签打印机,是一种专用设备,一般有热敏型和热转印型打印方式,使用专用的标签和碳带,是一种专门大量快速打印不干胶标签、

PET（聚酯薄膜）标签、吊牌、水洗布标签等的打印设备。

1．经济型条码打印机

经济型条码打印机体积较小，结构坚固，方便经济，如图 5-15 所示。

图 5-15　经济型条码打印机

经济型条码打印机在全球市场具有较大的市场份额。其具有较好的产品性能，且价格适中，支持大部分的一维条码和二维条码，适合各种应用和环境，广泛应用在各个行业的标签打印领域。

2．智能型条码打印机

智能型条码打印机具有智能化的体系，无须 PC 机支持，便可独立执行用户程序，拥有控制扫描器等其他设备的能力。Intermec Easycoder PF 系列智能型条码打印机，如图 5-16 所示，是 Intermec 在成功地推出智能型条码打印机 F4 后，推出的升级换代产品 PF 系列。

图 5-16　智能型条码打印机

PF 系列条码打印机具有智能化的体系，无须 PC 机支持，便可独立执行用户程序，拥有控制扫描器、打印机、电子秤等其他设备。PF 系列条码打印机还可直接访问网络主机，面向未来的 RFID 应用，保护用户的投资。

3．工业型条码打印机

条码打印机能够适应生产和生活的不同需要，根据各个企业的不同情况打印各种大小不同的标签。使用起来简便快捷，可以单张打印，也可以批量打印，完全由使用者控制。工业型条码打印机属于高端产品，打印精度高，保障了高品质的条码打印。Intermec Easy Coder 4420 E/4440E 高档工业型条码打印机，如图 5-17 所示。

（二）条码检测设备

条码检测是对条码质量进行监管的有效手段，在产品生产、运输、销售等每一个环节，条码能否被准确、快速地识读都关系着整个系统能否高效地运行。

图 5-17　工业型条码打印机

1. 条码检测的方法

目前条码检测方法有两种：传统检测方法和美标检测方法。

（1）传统检测方法。最初的条码检测通过目测条码的外观并用检测仪器测量条码的 PCS（对比度，是条码符号的光学指标）值和条、空的尺寸偏差，再根据有关的条码标准和技术规范判定条码是否合格（P/F）的方式进行。在用仪器测量时，如果条、空的尺寸偏差在规定范围之内，而且 PCS 值在规定的值以上，那么检测仪就被判定这个条码为"合格（P）"，否则就判定为"不合格（F）"。这种方法出现于 20 世纪 70 年代中期，传统检测方法在国际上使用了近 20 年，具有成熟、直观的优点。

随着条码扫描技术的发展，人们发现，经传统检测方法被判定为不合格的条码中有部分能被大多数条码扫描器较好地识读。原因之一是传统检测方法中，评判条码质量的标准只有一个："合格（P）"与"不合格（F）"，而在实际应用中，所采用的条码阅读器的性能各不相同。另外，传统检测方法是以一次扫描为基础的，在检测时，可能正好通过了条码最好的部分，也可能是通过了不好的部分，这不能真正代表条码的真实状况。因此传统检测方法存在着检验偏严、不切合条码实际使用的缺点。

（2）美标检测方法。该方法出现于 20 世纪 90 年代，它克服了传统检测方法的缺点。它根据对条码扫描得到的扫描反射率曲线分析条码的各项质量参数，然后根据各项质量参数的标准将条码分为 A、B、C、D、E 五个质量等级，A 级为最好，D 级为最差，E 级为不合格。美标检测方法中条码的质量等级表明了条码的印刷质量及它的适用场合。A 级条码能够被很好地识读，适合只沿一条线扫描并且只扫描一次的场合。B 级条码在识读中的表现不如 A 级条码，适合于只沿一条线扫描但允许重复扫描的场合。C 级条码可能需要更多次的重复扫描，通常要使用能重复扫描并有多条扫描线的设备才能获得比较好的识读效果。D 级条码可能无法被某些设备识读，要获得好的识读效果，则要使用能重复扫描并具有多条扫描线的设备。E 级条码是不合格品，不能使用。

2. 条码检测仪

美国 HHP 公司的 Quick Check（QC）系列条码检测仪因方便实用、价格经济、功能齐全而受到了用户的普遍欢迎。根据不同的应用，QC 系列检测仪可分为便携式、桌面式、PC 式和在线光笔式几种类型，如图 5-18 所示。

（1）QC150/200 系列便携式条码检测仪，该系列为笔式外形，轻便小巧，易于携带。

QC150 系列采用传统检测方法，QC200 系列既可采用传统检测方法，也可采用美标检测方法，检测结果可以通过液晶显示屏、声音信号、指示等多种方式进行提示，通过液晶显示屏可以

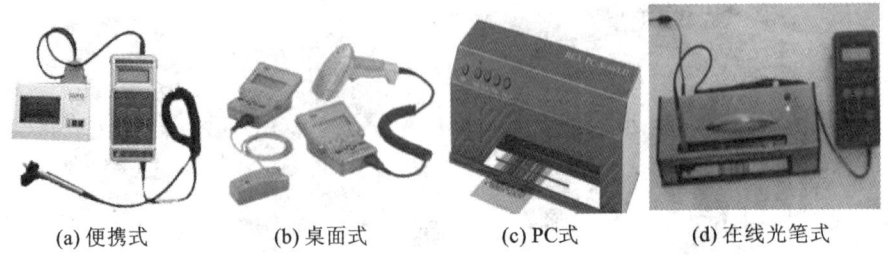

(a) 便携式　　　　(b) 桌面式　　　　(c) PC式　　　　(d) 在线光笔式

图 5-18　Quick Check 系列条码检测仪示意图

查看详细的检测结果。

（2）QC600/800 系列条码检测仪,适合在办公室或者便携使用,两者都可使用传统检测方法或美标检测方法,并提供关于这两种检测方法的全部质量参数。QC600 系列可以接不同分辨率的光笔或鼠标型笔,QC800 系列还可采用手持式线性图像阅读器作为输入设备。

（3）QCPC600 系列为 PC 式条码检测仪,其由 Windows 界面的软件、连接 PC 机的串口和光笔、鼠标型笔等条码输入设备组成,用户可以通过 PC 机的屏幕浏览详细的检测内容和结果。

（4）QCOLV 系列为在线光笔式条码检测仪,其采用先进的数字信号处理(DSP)技术,可保证快速处理、高速打印和精确分析,带有五个可编程输出端口,用于实时控制打印机或传送带,支持传统检测方法与美标检测方法。

（三）条码扫描器

目前,市场上出售的这类扫描器有很多种,其中最新款式的手机条码扫描器能扫描条码到各款智能手机,使得手机成为数据采集器,能很好地应用于快递物流、医疗管理、家电售后、销售管理、政府政务等各个行业,帮助企业提高移动办事效率,降低规模成本。

1. 条码扫描器的概念

条码扫描器,又称为条码阅读器、条码扫描枪、条码扫描器、条码扫描枪及条码阅读器。

除一、二维条码扫描器分类,条码扫描器还可分为 CCD(电荷耦合元件)、全角度激光和激光手持式条码扫描器。条码扫描器具有以下特点:①扫描窗口透光镜采用特殊钢化材料,更加耐碎,透光率更高,使得景深更远;②枪体塑料符合国家标准制作工艺,做到无异味,耐高温,耐腐蚀,易擦洗,枪线用别针即可取下,操作非常方便;③人体工程学设计完美体现,蜂鸣声音更大,减震从头到尾合理配备,可抗多次 2 m 跌落地面测试。

2. 条码扫描器的组成

（1）条码扫描器的功能。条码扫描器是用于读取条码所包含信息的阅读设备,利用光学原理,把条码的内容解码后通过数据线或者无线的方式传输到计算机或者别的设备。

（2）条码扫描器的结构。条码扫描器通常包括以下几部分:光源、接收装置、光电转换部件、译码电路、计算机接口。

（3）条码扫描器工作原理。常见的平板式条码扫描器一般由光源、光学透镜、扫描模组、模拟数字转换电路加塑料外壳构成。它利用光电元件将检测到的光信号转换成电信号,再将电信号通过模拟数字转换器转化为数字信号传输到计算机中进行处理。

3. 条码扫描器种类

条码扫描器的种类很多。①条码扫描器若按扫描方式分类可分为接触和非接触两种条码扫描器。接触式条码扫描器包括光笔扫描器与卡槽式条码扫描器；非接触式条码扫描器包括CCD扫描器、激光扫描器。②条码扫描器若按操作方式分类可分为手持式和固定式两种条码扫描器。③条码扫描器若按原理分类可分为光笔扫描器、CCD扫描器、激光扫描器和拍摄扫描器四类条码扫描器。④条码扫描器若按扫描方向分类可分为单向和全向条码扫描器，其中全向条码扫描器又分为平台式和悬挂式两种。

人们根据不同的用途和需要设计了各种类型的扫描器。一般将条码扫描器分为六类，如图5-19所示。

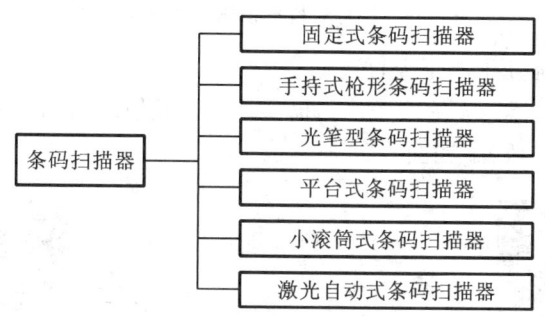

图5-19　条码扫描器的类型

（1）固定式条码扫描器，亦简称固定式扫描器。固定式扫描器为一种体积较大，价格较高的扫描系统，适合于不便使用手持式扫描方式阅读条码信息的场合。使用时机器固定，以物品的移动来扫描解码。这种扫描器有卡槽式扫描器、固定式单线扫描器、单方向多线式（栅栏式）扫描器、固定式全向扫描器和固定式CCD扫描器，如图5-20所示。

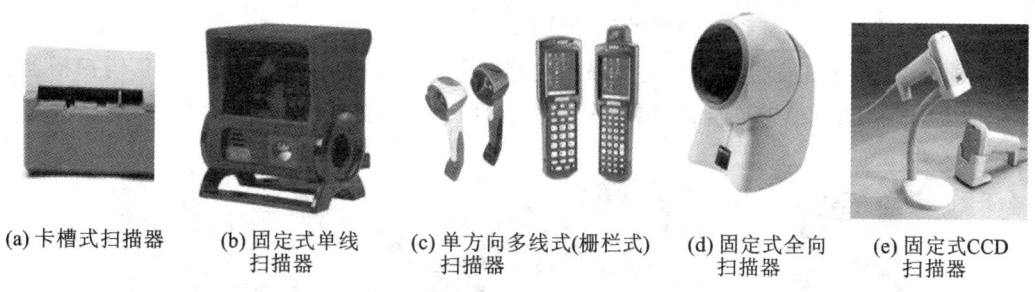

(a) 卡槽式扫描器　　(b) 固定式单线　　(c) 单方向多线式(栅栏式)　　(d) 固定式全向　　(e) 固定式CCD
　　　　　　　　　　　　扫描器　　　　　　扫描器　　　　　　　　　　扫描器　　　　　　扫描器

图5-20　固定式条码扫描器类型示意图

固定式扫描器扫描识读不用人手把持，如果工作环境不允许操作者一只手处理标附有条码信息的物体，而另一只手操作手持条码扫描器进行操作，就可以选用台式条码扫描器自动扫描。这种扫描器也可以安装在生产流水线传送带旁的某一固定位置，适用于省力、人工劳动强度大（如超市的扫描结算台）或无人操作的自动识别应用。

（2）手持式枪形条码扫描器。手持式枪形条码扫描器内一般都装有控制扫描光束的自动扫描装置，阅读条码时不必与条码符号接触，因此，对条码标签没有损伤。手持式枪形条码扫描器如图5-21所示。

在这类扫描器中有手持式全向扫描器、手持式CCD扫描器和手持式图像扫描器等。扫描头与条码标签的距离短的在0～20 mm范围内，而长的可达到500 mm左右，手持式枪形条码扫描器具有匀速扫描光点的优点，因此，阅读效果比光笔型条码扫描器要好，扫描速度快，每秒

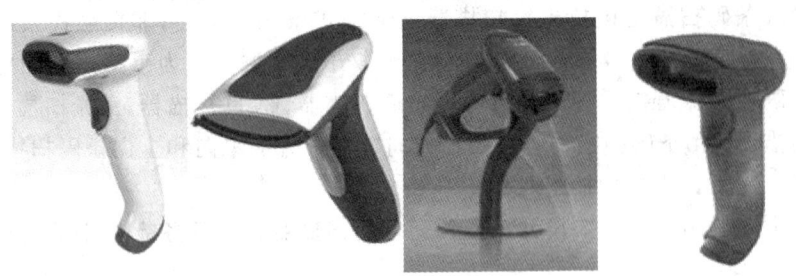

图 5-21　手持式枪形条码扫描器示意图

可对同一标签的内容扫描几十次至上百次。

（3）光笔型条码扫描器。光笔型条码扫描器是一种轻便的条码读入装置,在光笔内部有扫描光束发生器及反射光接收器,如图 5-22 所示。

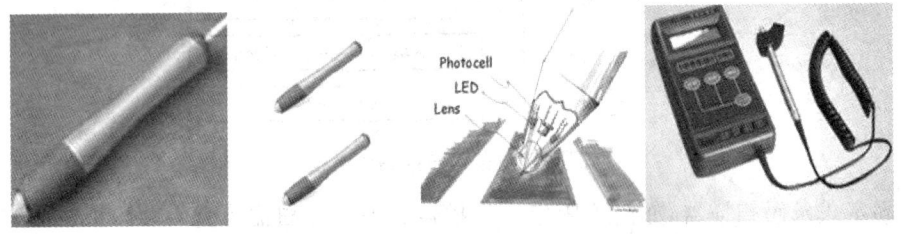

图 5-22　光笔型条码扫描器示意图

这类扫描器主要在发光的波长、光学系统结构、电子电路结构、分辨率、操作方式等方面存在差异。光笔型条码扫描器不论采用何种工作方式,从使用上都存在一个共同点,光笔的读取方式为接触式读取,属于条码扫描器的低阶产品。

（4）平台式条码扫描器。平台式条码扫描器又称平板式条码扫描器、台式条码扫描器。目前在市面上大部分的条码扫描器都属于平台式条码扫描器,如图 5-23 所示。

图 5-23　平台式条码扫描器示意图

这类条码扫描器光学分辨率在 300～8 000 dpi 之间,色彩位数从 24 位到 48 位,扫描幅面一般为 A4 或者 A3 纸张大小。平台式条码扫描器的好处在于像使用复印机一样,只要把平台式条码扫描器的上盖打开,不管是书本、报纸、杂志、照片底片都可以放上去扫描,相当方便,而且扫描出的效果也是所有常见类型条码扫描器中最好的。

（5）小滚筒式条码扫描器。这是手持式条码扫描器和平台式条码扫描器的中间产品,因为其内置供电且体积小,所以被称为笔记本条码扫描器。这种产品绝大多数采用 CIS 技术,光学分辨率为 300 dpi,有彩色和灰度两种。小滚筒式条码扫描器如图 5-24 所示。

图5-24 小滚筒式条码扫描器示意图

也有极少数小滚筒式条码扫描器采用CCD技术,扫描效果明显优于采用CIS技术的产品,但由于结构限制,体积一般明显大于采用CIS技术的产品。小滚筒式的设计是将条码扫描器的镜头固定,而移动要扫描的物件通过镜头来扫描,运作时就像打印机那样,要扫描的物件必须穿过机器再送出,因此,被扫描的物体不可以太厚。

(6)激光自动式条码扫描器。激光自动式条码扫描器内部光学系统可以单束光转变成十字光或米字光,从而保证被测条码从各个不同角度进入扫描范围时都可以被识读。激光自动式条码扫描器如图5-25所示。

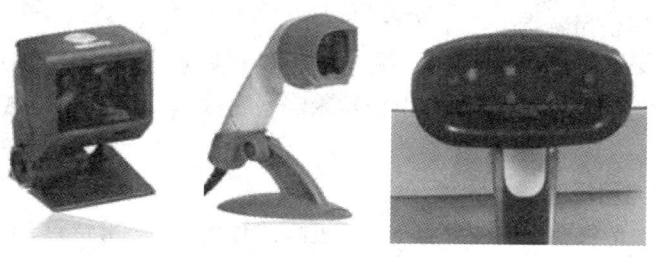

图5-25 激光自动式条码扫描器示意图

激光自动式条码扫描器的最大优点是扫描光照强,由光束的扫描来读取条码的资料,因此其读取距离较长,约可达1 200次/秒,这种扫描器可以在0.01 s的时间内对某一条码标签扫描阅读多次,而且可以做到每一次扫描不重复上一次扫描的轨迹。由于它和光笔型条码扫描器一样,可自由移动到物体处扫描,因此条码的长度在允许的范围下并不会受到限制,而且扫描时可悬空划过,不必像光笔型条码扫描器要接触到条码的表面。激光自动式条码扫描器特别适合用于大量扫描或扫描印刷品质较差的条码。

4. 条码扫描器的选择

商业条码扫描器常用的主要有CCD扫描器、激光手持式扫描器和全角度激光扫描器三种。作为商业POS系统前端数据采集部分的商业条码扫描器应如何选择?

选择CCD扫描器时,重视两个参数。①景深。由于CCD的成像原理类似于照相机,如果要加大景深,则相应的要加大透镜,从而使CCD体积过大,不便操作。优秀的CCD应无须紧贴条码即可识读,而且体积适中,操作舒适。②分辨率。如果要提高CCD分辨率,必须增加成像处光敏元件的单位元素。低价CCD一般识读EAN条码、UPC条码等商业条码已经足够,但对于别的码制识读就会困难一些。中档CCD以1 024像素为多,有些甚至达到2 048像素。

（四）条码印刷设备

条码符号的印制质量将直接影响识别效果和整个系统的性能，因此必须按照印制标准选择相应的印刷技术和设备，以便印制出符合规范的条码符号。条码符号印制载体、印刷涂料、印制设备、印制工艺和印刷系统的软件开发等都属于条码印刷技术所要研究的内容。

任务三　新型自动识别技术与数据采集器

项目目标

知识目标

（1）了解常见的卡技术、无线射频识别和数据传输技术、生物统计识别技术、光学字符识别技术和数据采集器的概念。

（2）掌握常见的卡技术、无线射频识别技术、数据传输技术、生物统计识别技术、光学字符识别技术，以及掌握数据采集器的工作性能及其使用特点。

（3）掌握常见的卡技术、无线射频识别技术、数据传输技术、生物统计识别技术、光学字符识别技术和数据采集器的应用领域和注意事项。

能力目标

（1）能够在现有工作条件下，根据工作场景、使用特点，合适地选择常见的卡技术、无线射频识别技术、数据传输技术、生物统计识别技术、光学字符识别技术和数据采集器作为识别技术。

（2）能够在工作中快捷、准确、高效地选用自动识别与数据采集技术的装备来实现数据采集和数据传输两种目标。

（3）能够在工作中熟练使用实现数据采集和数据传输目标的自动识别与数据采集器。

知识链接

基于不同的原理，自动识别技术可以被划分为：条码扫描技术、卡识别技术、射频识别技术、生物统计识别技术和光学字符识别技术（optical character recognition，OCR）。本书前文介绍了条码技术，本节将简要介绍一些新型的卡技术、无线射频识别技术、数据传输技术、生物统计识别技术、光学字符识别技术和数据采集器。

一、卡技术

从字面来理解，卡技术就是"一种能放在卡上面的技术"。在日常生活中，常用的卡有银行信用卡、电话磁卡、IC卡等很多种。卡的用途不同，它的制作材料和大小也就不同，常用的制作材料有塑料、树脂、纸等。按照卡的使用技术的不同，主要分为磁卡、智能卡和光卡三种。

（一）磁卡

磁卡是带有磁条的卡片。磁条是一层薄薄的由定向排列的铁性氧化粒子组成的材料，用树脂黏合在一起并粘贴在纸或塑料这样的非磁性基片上。磁条技术数据的存储就是通过"编码器"变换成二进制的机器代码，然后在控制器控制的"磁头"与磁条的相对移动过程中改变磁条磁性粒子的极性来实现数据写入；数据的读出是"磁头"先读出机器代码，再通过"译码器"还原成人们可识读的数据信息。磁卡及读卡器如图 5-26 所示。

图 5-26　磁卡及读卡器示意图

磁条技术的优点是数据可读写，即具有现场改变数据的能力，数据的存储一般能满足需要，并且使用方便、成本低廉。这些优点使得磁条技术的应用领域十分广泛，如信用卡、会员卡、现金卡（如电话磁卡）、机票、公共汽车票、自动售货卡等。磁条技术的限制因素是数据存储的时间长短受磁性粒子极性的耐久性限制。另外，磁卡存储数据的安全性一般较低，如磁卡不小心接触磁性物质就可能造成数据的丢失或混乱，要提高磁卡存储数据的安全性能，就必须采用另外的相关技术。

（二）智能卡

智能卡是一种通过嵌在塑料卡片上的微型集成电路芯片，实现数据读写、存储的自动识别与数据采集技术。在中国，智能卡最广为人知的称呼是"IC 卡"。智能卡如图 5-27 所示。

　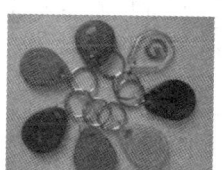　

(a) 智能储值卡　　　　　　　(b) 智能异形卡　　　　　　　(c) 智能业主卡

图 5-27　智能卡示意图

一般来说，通常使用的智能卡有两种：一种称为"DUMB 卡"，也称"存储器卡"，卡中的集成电路为 EEPROM（带电可擦除可编程只读存储器），这种卡仅有数据存储功能，没有数据保密功能；另一种称为"逻辑加密卡"，它的集成电路芯片是除了具有存储卡的 EEPROM 外，还带有加密逻辑功能，在对卡中的数据进行操作前，必须验证每张卡的操作密码。密码的验证是由卡中的芯片完成的，而不是由读卡终端完成的。

DUMB 卡的一项典型应用是在卡中存储一定数量的现金后，使用人就可以用卡代替现金支付，如付电话费等。DUMB 卡的另一项典型应用是把卡装入个人计算机的"PC 卡"，习惯上称"PCMCIA"。

除了 DUMB 卡之外的另一种智能卡才是真正意义上的智能卡，也称"CPU（中央处理器）

卡",卡中的集成电路包括 CPU、EEPROM、RAM(随机存储器)以及固化在 ROM(只读存储器)中的 COS(片内操作系统)。这种卡除了具有记忆能力外,还嵌入了微型处理器,这种卡可以实现对所存储信息的简单处理能力。当要实现相当大的数据必须随着人或者事物移动时,首先选择的技术就是智能卡技术。

(三) 光卡

光卡,是光碟的同类产品。光卡使用的技术与音乐 CD 和 CDROM 所用的技术非常相似,一个"金色"的光敏材料制成的圆盘层压在卡片上,用来存储信息。在信息的写入过程中,比较强的激光会在控制器的控制下,在光卡上光敏材料的不同地方"烧灼"出一个一个的"洞"。光卡可以存储照片、指纹、X 光照片等多种图形。光卡及用途如图 5-28 所示。

图 5-28　光卡及用途示意图

在光卡的操作过程中,相对较弱的激光照射在光卡的光敏材料上,有"洞"的地方和没"洞"的地方光的反射率是不同的,这种不同的反射率就分别代表不同的机器码,反射光再通过光电转换器,把光信号转换成机器的电信号。光敏材料在数据写入过程中被改变后是不能复原的,也就是说,光卡技术是一次写入而可以多次反复读出的自动识别与数据采集技术。

二、无线射频识别技术

射频识别技术是利用无线射频方式在阅读器和射频卡之间进行非接触双向数据传输,来实现目标识别和数据交换的技术。与传统的条码、磁卡及 IC 卡相比,射频卡具有非接触、阅读速度快、无磨损、不受环境影响、寿命长、便于使用的特点,并具有防冲突功能,能同时处理多张卡片。

(一) 射频识别系统的组成和工作原理

最基本的射频识别系统(见图 5-29)由三部分组成:①标签(tag,即射频卡),由耦合元件及芯片组成,含有内置天线,用于和射频天线间进行通信;②阅读器,是读取(在读写卡中还可以写入)标签信息的设备;③天线,在标签和读取器间传递射频信号。

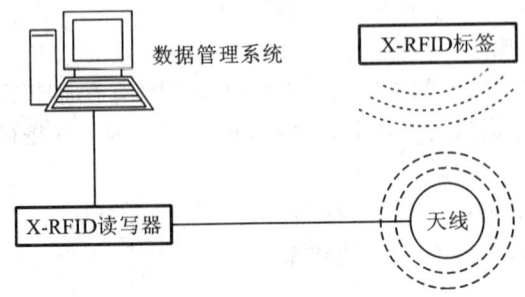

图 5-29　射频识别系统的组成

1. 射频识别系统的基本工作流程

阅读器通过发射天线发送一定频率的射频信号,当射频卡进入发射天线工作区域时产生感应电流,射频卡获得能量被激活;射频卡将自身编码等信息通过卡内置发送天线发送出去;系统接收天线接收到从射频卡发送来的载波信号,经天线调节器传送到阅读器,阅读器对接收的信号进行解调和解码,然后送到后台主系统进行相关处理;主系统根据逻辑运算判断该卡的合法性,针对不同的设定做出相应的处理和控制,发出指令信号控制执行机构动作。

2. 阅读器的控制单元的功能

阅读器的控制单元的功能包括:与应用系统软件进行通信,并执行应用系统软件发来的命令;控制与射频卡的通信过程(主-从原则);信号的编解码。对一些特殊的系统还有执行反碰撞算法,对射频卡与阅读器间要传送的数据进行加密和解密,以及进行射频卡和阅读器间的身份验证等附加功能。

(二)射频卡的标准及分类

目前生产射频识别产品的很多公司都采用自己的标准,国际上还没有统一的标准。按照不同的方式,射频卡有以下几种分类。

(1)按供电方式:射频卡分为有源卡和无源卡。

(2)按载波频率:射频卡分为低频射频卡、中频射频卡和高频射频卡。

(3)按调制方式:射频卡分为主动式和被动式射频卡。

(4)按作用距离:射频卡分为密耦合卡(作用距离小于 1 cm)、近耦合卡(作用距离小于 15 cm)、疏耦合卡(作用距离约 1 m)和远距离卡(作用距离为 1～10 m,甚至更远)。

(5)按芯片:射频卡分为只读卡、读写卡和 CPU 卡。

(三)射频技术设施与设备——RFID 系统

RFID 系统在具体的应用过程中,根据不同的应用目的和应用环境,RFID 系统的组成会有所不同。

依照不同的标准对 RFID 系统进行分类,有如下几类:①RFID 系统根据其采用的频率不同可分为低频系统和高频系统两大类;②RFID 系统根据电子标签内的系统是否有源可分为有源系统和无源系统两大类;③RFID 系统从电子标签内保存的信息注入方式可分成集成电路固化式、现场有线改写式和现场无线改写式三大类;④RFID 系统根据读取电子标签数据的技术实现手段可分成广播发射式、倍频式和反射调制式三大类。

根据 RFID 系统完成的功能不同,可以粗略地把 RFID 系统分成四种类型:EAS 系统、RFID 便携式数据采集系统、RFID 网络系统和 RFID 定位系统。

(1)EAS 系统。EAS(electronic article surveillance)系统,又称电子防窃(盗)系统,其由附着在物品上的电子标签、电子传感器和在出入口形成一定监视区域的监视器系统组成。一般设置在需要对物品出入进行控制的门口。例如,商店、仓库、数据中心、图书馆等出入口处。图5-30所示为电子图书馆 EAS 系统示意图。

它的工作原理是:发射器在监视区以一定的频率发射无线电波,当携带有一定特征的电子标签的物品进入该监视区时,会对发射器发出的信号产生干扰,这种干扰信号也会被接收器所接收,微处理器对此信号做出分析判断,控制警报器的响鸣,从而完成对通过监视区的物品的监视。

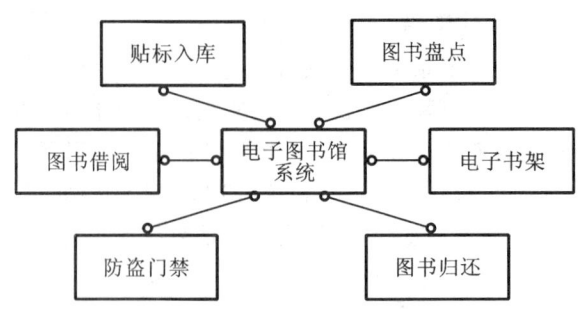

图 5-30　EAS 系统示意图

（2）RFID 便携式数据采集系统。RFID 便携式数据采集系统，如图 5-31 所示，是用手持式的带有 RFID 阅读器的数据采集器对 RFID 标签内的数据进行采集。采集到的数据可以通过无线电波实时传递给计算机信息系统，也可以暂时储存在阅读器中，以后再批量传输给计算机信息系统。

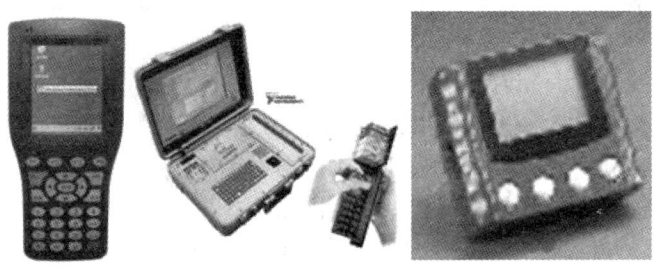

图 5-31　RFID 便携式数据采集系统示意图

（3）RFID 网络系统。RFID 网络系统是指 RFID 阅读器和计算机信息系统直接相连，并且固定分布于监视区内，信号发射机一般安装于被监视的人或物体上，是可移动的，如图 5-32 所示。当安装有信号发射机的人或物经过 RFID 阅读器时，阅读器自动扫描 RFID 标签上的信息，并把信息实时传递给计算机信息系统，从而达到控制物流的效果。

（4）RFID 定位系统。在 RFID 的定位系统中，阅读器安装在移动的车辆、轮船上，或自动化流水线上移动的原材料、半成品、成品上，通过无线或有线方式与计算机信息系统相连，信号发射机则嵌入到操作环境的地表下面或其他位置，存储有位置识别信息，通过阅读器和发射器的配合工作，可用于自动化加工系统中定位以及提供对车辆、轮船等的运行定位支持。

（四）射频技术及设备在物流中的应用

RFID 技术发展异常迅速，并且已经深入应用到很多领域，例如，铁路车辆的自动识别，生产线的自动化及过程控制，货物的跟踪及管理等。在物流领域主要用于对物品的跟踪、运载工具和货架的识别等。以下是一些典型的应用。

（1）集装箱自动识别系统。

（2）智能托盘系统。

（3）通道控制系统。

（4）配送过程贵重物品的保护。

（5）货物防盗系统。

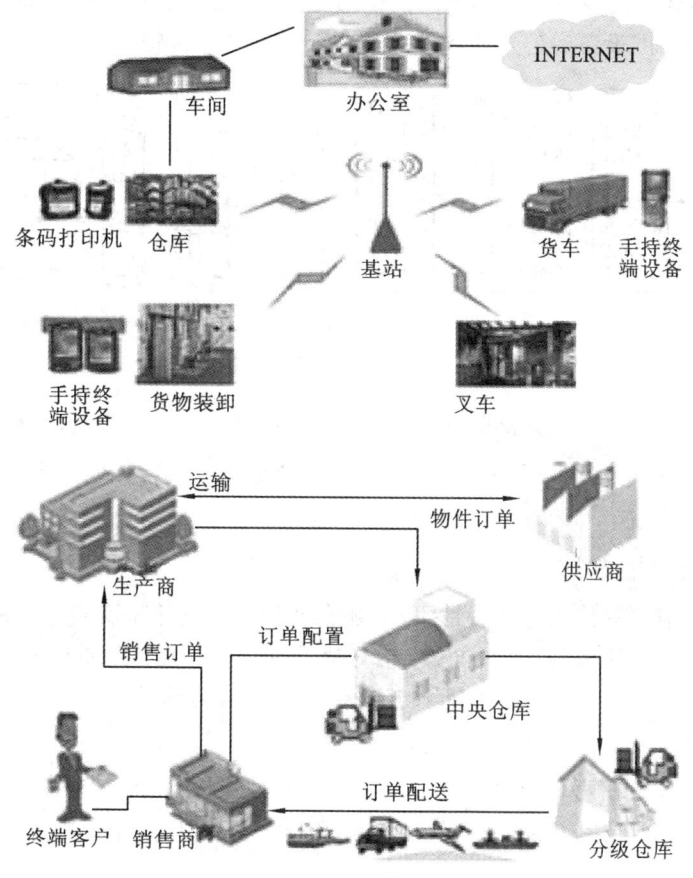

图 5-32　RFID 网络系统示意图

　　企业是否应导入射频技术和电子标签,衡量方法比较简单,主要看三个方面:一是服务时间要求;二是准确率要求;三是成本要求。从成本角度来说,现阶段我国劳动力成本低,电子标签的成本似乎要高很多,但市场竞争对服务时间和准确率不断提出更高要求,企业必须要平衡费用和效率间的关系。仅靠增加人力来满足需求一方面不可能从根本上提高效率,另一方面长期的人工成本还是很高的。可以预见,未来几年电子标签在我国会有较大的发展。

三．数据传输技术

　　数据传输是指利用信号把数据从发送端传送到接收端的过程。传输信道为数据信号从发送端传送到接收端提供了物理通路。传输信道可能是由同轴电缆、光纤、双绞线等构成的有线线路,也可能是由卫星和地面微波站等构成的无线线路,还可能是有线线路和无线线路的结合。传输信道给数据信号传输提供了通路,又会引入噪声和干扰,使信号发生畸变,可能造成数据传输的差错。

(一) 数据的传递和交换方式

　　数据的传递和交换有两种基本的方式:并行传输方式和串行传输方式。

　　1. 并行传输方式

　　并行传输方式是将组成字符的各个位(如 8 位、16 位等)同时传输,每一个数位都有自己的数据传输线。并行传输速度快,一次可传输一个或几个字符,但通信成本较高,一般适用于计算机内部或计算机与外围设备间的短距离数据传输。数据并行传输方式如图5-33所示。

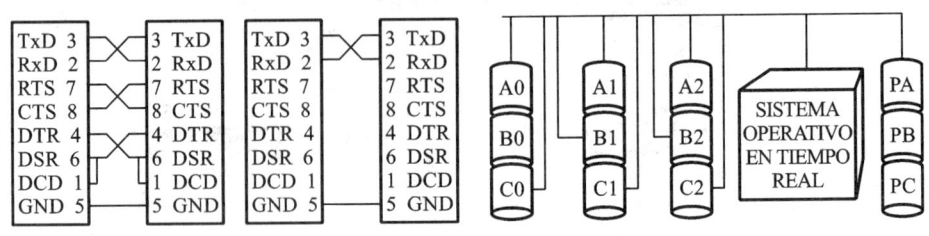

图 5-33 数据并行传输方式示意图

2. 串行传输方式

串行传输方式是将组成字符的各个位串行地发往通信线路。与并行传输相比,串行传输的速度要慢得多,但是通信成本也较低,仅需要一个通信信道。串行传输适用于远距离通信,目前计算机网络中普遍采用串行传输方式。

(二) 数据的传输介质

由于数据传输信道的传输介质特性不同,还会使数据传输速率受到一定的限制。由于模拟数据和数字数据都可以用模拟信号和数字信号来表示,因此也可以使用两种信号形式进行传输。常用的传输介质分为有线传输介质和无线传输介质两大类。

1. 有线传输介质

有线传输介质是指在两个通信设备之间实现的物理连接部分,它能将信号从一方传输到另一方。有线传输介质主要有双绞线、同轴电缆和光纤。双绞线和同轴电缆传输电信号,光纤传输光信号。

(1) 双绞线。双绞线由两条互相绝缘的铜线组成,其典型直径为 1 mm。这两条铜线拧在一起,就可以减少邻近线的干扰。双绞线既能用于传输模拟信号,也能用于传输数字信号,其带宽决定于铜线的直径和传输距离。由于其性能较好且价格便宜,双绞线得到了广泛应用。

(2) 同轴电缆。它比双绞线的屏蔽性好,因此在更高速度上可以传输得更远。它以硬铜线为芯(导体),外包一层绝缘材料(绝缘层),这层绝缘材料再用密织的网状导体环绕构成屏蔽,其外又覆盖一层保护性材料(护套)。同轴电缆的这种结构使它具有更高的带宽和极好的噪声抑制特性。1 km 的同轴电缆的数据传输速率可以达到 1~2 Gbit/s。

(3) 光纤。它是由纯石英玻璃制成的。纤芯外面包围着一层折射率比芯纤低的包层,包层外是一塑料护套。光纤通常被扎成束,外面有外壳保护。光纤的传输速率可达 100 Gbit/s。

2. 无线传输介质

无线传输介质指我们周围的自由空间。我们利用无线电波在自由空间的传播可以实现多种无线通信。在自由空间传输的电磁波根据频谱可将其分为:无线电波、微波、红外线、激光等,信息被加载在电磁波上进行传输。

(1) 微波传输。微波是频率在 $10^8 \sim 10^{10}$ Hz 之间的电磁波。在 100 MHz 以上,微波就可以沿直线传播,因此可以集中于一点。通过抛物线状天线把所有的能量集中于一小束,便可以防止他人窃取信号和减少其他信号对它的干扰,但是发射天线和接收天线必须精确地对准。因为微波沿直线传播,所以如果微波塔相距太远,地表就会挡住去路。因此,隔一段距离就需要一个中继站,微波塔越高,微波传播距离越远。微波通信被广泛用于长途电话通信、电视传播和其他方面的应用。

（2）红外线。红外线是频率在 $10^{12} \sim 10^{14}$ Hz 之间的电磁波。无导向的红外线被广泛用于短距离通信。电视、录像机使用的遥控装置都利用了红外线装置。红外线有一个主要缺点:不能穿透坚实的物体。但正是由于这个原因,一间房屋里的红外系统不会对其他房间里的系统产生干扰,所以红外系统防窃听的安全性要比无线电系统好,因此应用红外系统不需要得到政府的许可。

（3）激光传输。通过装在楼顶的激光装置来连接两栋建筑物里的 LAN(局域网)。由于激光信号是单向传输,因此每栋楼房都得有自己的激光以及测光的装置。激光传输的缺点之一是不能穿透雨和浓雾,但是在晴天可以很好地工作。

（三）数据传输系统

数据传输系统(date transmission system) 将数据终端发出的数据信息有效而可靠地传送到另一端的数据接收设备的传输系统。计算机通过数据传输系统实现计算机间的物理连接。数据传输系统一般分为模拟传输系统和数字传输系统。

1. 模拟传输系统

一般来说,模拟数据是时间的连续函数,并且占有一定的频谱范围。这种数据可以直接用占有相同频谱范围的电信号来表示,信号可以表示模拟数据或表示数字数据。模拟传输是一种不考虑信号内容的信号传输方法。

在模拟传输系统中,信号以连续变化的电磁波在媒体中传输。在传输一定的距离之后,模拟信号都会衰减和畸变。为了实现长距离的传输,模拟传输系统使用放大器来增强信号的能量,但同时也放大了信号中的噪声分量。其结果会导致信号发生畸变,严重时会造成传输错误。典型的例子是模拟电话传输系统。

模拟传输的媒体可以是双绞线电缆、同轴电缆、光缆、空气、水或太空。

模拟传输使用调制技术将输入信号(数据)组合到载波信号上。载波信号是某种特定频率。在收音机上调台时,选择特定载波频率可以调频到该电台。模拟传输系统主要的调制技术有两种:改变载波信号振幅(高度)的调幅和调制载波频率的调频。

2. 数字传输系统

数字传输系统是指通过经由传播路径从接收机输入的信号来控制发射机的传输容量。由接收机产生控制信号,并且将控制信号输出到发射机和判决电路。信号的传输容量即备用线路的传输容量,数字传输与信号的内容有关。

数字系统模型:信源—信源编码器—信道编码器—基带脉冲生成器—数字调制器—(噪声)—信道—数字解调器—采样判决器—信道译码器—信源译码器—信宿。

数字数据可以利用模拟信道进行传输,典型的例子是计算机利用电话交换网进行数据交换。在这种情况下,计算机必须使用调制解调器(Modem)来连接电话交换网,在发送端,必须通过 Modem 将数字数据调制成与模拟信道特性相匹配的模拟信号才能传输。在接收端,再使用 Modem 把模拟信号解调还原成原来的数据。

四、生物统计识别技术

人类的生物特征通常具有唯一性、可以测量或可自动识别和验证、遗传性或终身不变等特点。由于微处理器及各种电子元器件成本不断下降,精度逐渐提高,生物识别系统已逐渐应用于商业上的授权控制,如门禁、企业考勤管理系统等领域。

(一)生物识别技术定义

所谓生物识别技术就是通过计算机与光学、声学、生物传感器和生物统计学原理等高科技手段密切结合,利用人体固有的生理特性(如指纹、指静脉、人脸、虹膜等)和行为特征(如笔迹、声音、步态等)来进行个人身份的鉴定。随着科学技术的飞速进步,人们已经发展了手形识别、指纹识别、面部识别、发音识别、虹膜识别、签名识别等多种生物识别技术。

(二)生物识别技术特征

现今已经出现了许多生物识别技术,如指纹识别、手掌几何学识别、虹膜识别、视网膜识别、面部识别、签名识别、声纹识别等,但其中一部分技术含量高的生物识别手段还处于实验阶段。生物识别系统对生物特征进行取样,提取其唯一的特征并且转化成数字代码,并进一步将这些代码组成特征模板。用于生物识别的生物特征有手形、指纹、脸形、虹膜、视网膜、脉搏等,行为特征有签字、声音、按键力度等。图 5-34 所示为主要生物识别技术的特征示意图。

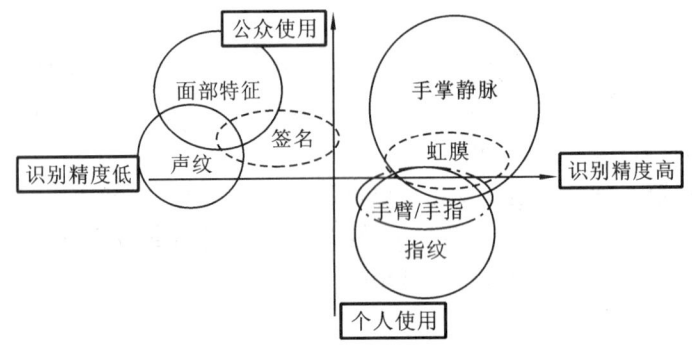

图 5-34　主要生物识别技术的特征示意图

(三)生物识别技术种类

1. 指纹识别

指纹,由于其具有终身不变性、唯一性和方便性,已几乎成为生物特征识别的代名词。指纹是指人的手心皮肤上手指末端凸凹不平产生的纹线。纹线有规律地排列形成不同的纹形。纹线的起点、终点、结合点和分叉点,称为指纹的细节特征点。指纹识别即指通过比较不同指纹的细节特征点来进行鉴别。由于每个人的指纹不同,就是同一人的十指之间,指纹也有明显区别,因此指纹可用于身份鉴定。

2. 手掌几何学识别

手掌几何学识别就是通过测量使用者的手掌和手指的物理特征来进行识别,高级的手掌几何学识别产品还可以识别三维图像。作为一种已经确立的方法,手掌几何学识别不仅性能好,而且使用比较方便。它适用的场合是用户人数比较多,或者用户虽然不经常使用,但使用时很容易接受。如果需要,这种技术的准确性可以非常高,同时可以灵活地调整性能以适应相当广泛的使用要求。手形读取器使用的范围很广,且很容易集成到其他系统中,因此成为许多生物特征识别项目的首选。

3．声纹识别

所谓声纹（voiceprint），是用电声学仪器显示的携带言语信息的声波频谱。人在讲话时使用的发声器官（舌、牙齿、喉头、肺、鼻腔）在尺寸和形态方面每个人的差异很大，所以任何两个人的声纹图谱都有差异。声纹识别，生物识别技术的一种，也称为说话人识别，有两类，即说话人辨认和说话人确认。不同的任务和应用会使用不同的声纹识别技术，如缩小刑侦范围时可能需要辨认技术，而银行交易时则需要确认技术。另外，比起其他的生物识别技术，它使用的步骤也比较复杂，在某些场合显得不方便。

4．视网膜识别

视网膜是眼睛底部的血液细胞层。视网膜扫描是采用低密度的红外线去捕捉视网膜的独特特征，血液细胞的唯一模式就因此被捕捉下来了。视网膜也是一种用于生物识别的特征，有人甚至认为视网膜是比虹膜更唯一的生物特征，视网膜识别技术要求激光照射眼球的背面以获得视网膜特征的唯一性。

5．虹膜识别

虹膜识别即虹膜识别技术。人的眼睛结构由巩膜、虹膜、瞳孔三部分构成。虹膜是位于黑色瞳孔和白色巩膜之间的圆环状部分，其包含有很多相互交错的斑点、细丝、冠状、条纹、隐窝等细节特征。这些特征决定了虹膜特征的唯一性，同时也决定了身份识别的唯一性。虹膜识别技术是人体生物识别技术的一种，被广泛认为是 21 世纪最具有发展前途的生物认证技术，未来的安防、国防、电子商务等多个领域的应用，也必然会以虹膜识别技术为重点。

6．签名识别

签名识别，也被称为签名力学辨识，源于每个人都有自己独特的书写风格。签名鉴定分为在线签名鉴定和离线签名鉴定两种。前者是通过手写板采集书写人的签名样本，除了采集书写点的坐标外，有的系统还采集压力、握笔的角度等数据；后者是通过扫描仪输入签名样本。显然，离线签名比较容易伪造，识别的难度也比较大，而在线签名由于有动态信息，不容易伪造。目前，签名识别的识别率也可以达到一个可以满意的程度。签名鉴定的难度在于，由于人类书写动力定型并非固定不变，签名的动态变化范围很大，单单从字形上，有时可能无法区分真实签名和伪造签名。

7．面部识别

面部识别又称人脸识别、面相识别、面容识别等。面部识别是基于生物特征的识别方式，与指纹识别等传统的识别方式相比，具有实时、准确、高精度、易于使用、稳定性高、难仿冒、性价比高和非侵扰等特性，较容易被用户接受。

8．基因识别

基因识别是生物信息学的一个重要分支，使用生物学实验或计算机等手段识别 DNA 序列上的具有生物学特征的片段。基因识别是基因组研究的基础，其对象主要是蛋白质编码基因，也包括其他具有一定生物学功能的因子，如 RNA 基因和调控因子。基因识别的主要手段是基于活的细胞或生物的实验。通过对若干种不同基因的同源重组的速率的统计分析，能够获知它们在染色体上的顺序。若进行大量类似的分析，可以确定各个基因的大致位置。

9．静脉识别

静脉识别是生物识别的一种，静脉识别系统就是首先通过静脉识别仪取得个人静脉分布图,从静脉分布图依据专用比对算法提取特征值,通过红外线 CCD 摄像头获取手指、手掌、手背静脉的图像,将静脉的数字图像储存在计算机系统中,并提取特征值保存起来。静脉比对时,实时采取静脉图,提取特征值,运用先进的滤波、图像二值化、细化手段对数字图像提取特征,同存储在主机中静脉特征值比对,采用复杂的匹配算法对静脉特征进行匹配,从而对个人进行身份鉴定,确认身份。

10. 步态识别

步态是指人们行走时的方式,这是一种复杂的行为特征。人人都有截然不同的走路姿势,因为人们在肌肉的力量、肌腱和骨骼长度、骨骼密度、视觉的灵敏程度、协调能力、体重、重心、肌肉或骨骼受损的程度、生理条件以及个人走路的风格上都存在细微差异。步态识别是一种新兴的生物特征识别技术,旨在通过人们走路的姿态进行身份识别。与其他的生物识别技术相比,步态识别具有非接触远距离和不容易伪装的优点。在智能视频监控领域,比面相识别更具优势。

11. 人物识别

人物识别,又称人脸识别,或称人像识别,运用人工智能领域内先进的生物识别技术,特指利用分析比较人物视觉特征信息进行身份鉴别的计算机技术。广义的人物识别实际包括构建人物识别系统的一系列相关技术,包括人物图像采集、人物定位、人物识别预处理、身份确认以及身份查找等;而狭义的人物识别特指通过人物进行身份确认或者身份查找的技术或系统。

五、光学字符识别技术

(一) 光学字符识别技术的概念

光学字符识别技术(optical character recognition,OCR)是指电子设备(例如扫描仪或数码相机)检查纸上打印的字符,通过检测暗、亮的模式确定其形状,然后用字符识别方法将形状翻译成计算机文字的过程,即对文本资料进行扫描,然后对图像文件进行分析处理,获取文字及版面信息的过程。光学字符识别技术示意图如图 5-35 所示。

图 5-35　光学字符识别技术示意图

(二) 光学字符识别技术工作流程

一个 OCR 识别系统,只是要把影像做一个转换,使影像内的图文资料全部继续保存,一律变成计算机文字,使能达到影像资料的储存量减少、识别出的文字可再使用及分析,当然也可节省因键盘输入的人力与时间。

从影像输入到结果输出,须经过影像输入、影像前处理、文字特征抽取、比对识别、最后经人工校正将认错的文字更正,将结果输出。

六、数据采集器

数据采集器(bar code hand terminal),又称盘点机、掌上电脑,是为适应一些现场数据采集和扫描笨重物体的条码而设计的条码扫描设备。数据采集器通常有如下几种:①工业数据采集器;②批处理数据采集器;③RFID 数据采集器;④网络数据采集软件。

(一)工业数据采集器

数据采集器或称盘点机器、盘点机掌上电脑,如图 5-36 所示,其具有一体性、机动性、体积小、质量小、性能好,以及适于手持等特点。

(a) 超市盘点机　　　(b) 无线盘点机　　　(c) 数据盘点机　　　(d) 条码盘点机

图 5-36　工业数据采集器示意图

数据采集器通过无线网络实时连接到本地应用软件数据库,数据进行实时更新。

(二)批处理数据采集器

批处理数据采集器,如图 5-37 所示,其数据采集器内装有一个嵌入式操作系统(各个生产厂家独立研制开发,互不兼容),应用程序需要在操作系统上独立开发。采集器带独立内置内存、显示屏及电源,数据批量采集后,离线式工作,通过 USB 线或串口数据线与计算机进行通信。

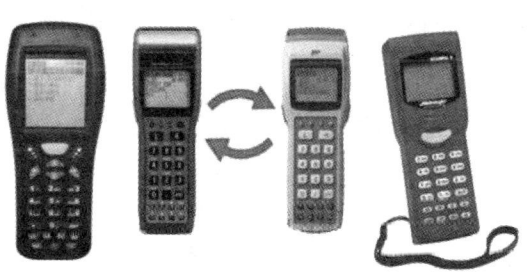

图 5-37　批处理数据采集器示意图

(三)RFID 数据采集器

RFID 数据采集器具有耐用设计和优异性能,增配的 RFID 读取器引擎,可实现更快的读取速度和更大的吞吐量,如图 5-38 所示。RFID 数据采集器为极其灵活多用的设备,在零售商店、医疗机构和办公室等各种面向客户的环境中都能应付自如。

(四)网络数据采集软件

网络数据采集软件是用来批量采集网页、论坛等的内容,直接保存到数据库或发布到网络上的一种信息化工具,如图 5-39 所示。可以根据用户设定的规则自动采集原网页,获取格式网

图 5-38　RFID 数据采集器示意图

图 5-39　网络数据采集软件示意图

页中需要的内容,现在发展成可以对数据进行处理的工具(系统)。

自动识别与数据采集技术把数据采集和数据传递两种目标用一种设备和技术来实现,比以前更快捷、准确、高效,而且成本更低。自动识别与数据采集技术种类繁多,每一种自动识别与数据采集技术都有自己独特的长处和特点,分别适应于不同的场合,与人工数据采集传递方法相比,这些自动识别技术能够有效地节省时间,减少出错的概率。自动识别技术大大增加了物流过程的自动化、标准化、现代化,是现代物流过程中重要的支持技术之一。

学习测试

一、名词解释

数据　信息　信息技术　物流信息　信息采集　条码

二、单项选择

(1) 在常见的数据分类法中,日期属于(　　)。

A. 数值型数据　　　B. 逻辑型数据　　　C. 实数型数据　　　D. 非数值型数据

(2) 信息的最基本特征是(　　)。

A. 价值性　　　B. 真实性　　　C. 有效性　　　D. 可共享性

(3) 信息有许多重要特征,"数据经过一个处理间隔才能得到有效信息"描述的是(　　)。

A. 可扩散性　　　B. 可传输性　　　C. 滞后性　　　D. 可共享性

(4) 以下对物流信息作用的描述中错误的是(　　)。

A. 物流信息在其管理系统中起着桥梁和纽带的作用

B. 物流信息可以帮助企业实现系统整体优化的目标

C. 物流信息有助于提高物流企业科学管理的水平

D. 物流信息加工的过程会降低物流企业决策水平

(5) 以下不属于物流信息特点的是(　　)。

A. 信息量大　　　　B. 种类单一　　　　C. 动态性强　　　　D. 时效性强

(6) 物流信息管理系统不具有的特点是(　　)。

A. 滞后化　　　　　B. 网络化　　　　　C. 系统化　　　　　D. 实时化

(7) 期刊专用的 EAN 前缀码是(　　)。

A. 977　　　　　　B. 979　　　　　　C. 988　　　　　　D. 998

(8) EAN-13 条码属于(　　)。

A. 一维条码　　　　B. 二维条码　　　　C. 复合码　　　　　D. 矩阵码

(9) 25 条码的字符集为数字字符(　　)。

A. 0～8　　　　　　B. 0～9　　　　　　C. 1～8　　　　　　D. 1～9

(10) RFID 系统通常由三部分组成,它们是识读器、计算机网络系统和(　　)。

A. 芯片　　　　　　B. 射频标签　　　　C. 时钟　　　　　　D. 天线

(11) 标签和识读器之间利用无线电波进行非接触式识读的自动识别技术是(　　)。

A. 射频识别技术　　B. 条码技术　　　　C. 语音识别技术　　D. 光字符识别技术

(12) 识读距离最远的自动识别技术是(　　)。

A. 条码识别　　　　B. 射频识别　　　　C. 光字符识别　　　D. 卡识别

(13) 下列以存储器为信息载体的是(　　)。

A. 条码　　　　　　B. 光字符　　　　　C. 磁卡　　　　　　D. 射频标签

(14) 下列各项中价格最低的是(　　)。

A. 条码　　　　　　B. 光字符　　　　　C. 磁卡　　　　　　D. 射频识别

(15) 在识别过程中内容只能读出但不能写入的标签为(　　)。

A. 主动式标签　　　B. 被动式标签　　　C. 半主动式标签　　D. 只读标签

三、不定项选择

(1) 条码系统是由(　　)组成的系统。

A. 条码符号设计　　　　　　B. 制作　　　　　　　　　C. 扫描识读

D. 验证码　　　　　　　　　E. 光学系统

(2) 条码自动识别技术是运用条码进行自动数据采集的技术,主要包括(　　)等。

A. 编码技术　　　　　　　　B. 符号表示技术　　　　　C. 识读技术

D. 生成与印制技术　　　　　E. 应用系统设计

(3) RFID 系统通常出(　　)几部分组成。

A. 射频标签　　B. 识读器　　C. 计算机网络　　D. 人员　　E. 网线

(4) 自动识别与数据采集是对(　　)等记录数据的载体进行机器识别,自动获取被识别物品的相关信息,并提供给后台的计算机处理系统来完成相关后续处理的一种技术。

A. 字符　　　　B. 影像　　　C. 条码　　　　D. 声音　　　E. 虹膜

(5) 下列(　　)属于物流信息。

A. 订单信息　　　　　　　　B. 库存量　　　　　　　　C. 企业人员总数

D. 市场信息　　　　　　　　E. 人均工资

(6) 物流信息的特点有(　　)。

A. 模块化　　　B. 实时化　　C. 网络化　　　D. 智能化　　E. 实用化

（7）物流信息系统是把各种物流活动与某个一体化过程连接在一起的通道，物流信息系统的基本功能有（　　　）。

A. 信息输入、输出　　　　　　　　　　　B. 信息处理

C. 信息传输　　　　　　　　　　　　　　D. 信息储存

（8）物流信息支持系统的基本功能有（　　　）。

A. 数据的收集与录入　　　　B. 信息的储存　　　　　　C. 信息的传播

D. 信息的处理　　　　　　　E. 信息的输出

（9）适用于自动化生产线上的扫描器包括（　　　）。

A. 手持固定光束接触式扫描器　　　　　B. 手持固定光束非接触式扫描器

C. 手持移动光束扫描器　　　　　　　　D. 固定安装固定光束扫描器

E. 固定安装移动光束扫描器

（10）物流信息技术是指物流各环节中应用的信息技术，包括（　　　）等技术。

A. 计算机、网络　　　　　　B. 信息分类编码、自动识别　　　C. 电子数据交换

D. 全球定位系统　　　　　　E. 地理信息系统

四、论述题

（1）简述一般信息系统的功能。

（2）试述射频识别系统的构成、特点及应用领域。

第六章
流通加工技术与装备

XIANDAI WULIU

JISHU YU

ZHUANGBEI

SHIWU

 **任务引入**

商品流通是以货币为媒介的商品交换,它的重要职能是将生产及消费(或再生产)联系起来,起桥梁和纽带的作用,完成商品所有权实物形态的转移。因此,流通与流通对象的关系,是保持流通对象的已有形态,完成空间的位移,实现其"时间效用"及"场所效用"。

任务分析

流通加工是现代物流的主要环节和重要功能之一。虽然流通加工并不改变商品的基本形态和功能,只是一种完善商品的使用功能、提高商品附加价值的活动,但它可以满足消费者多样化的需求,促进销售,也可以提高原材料和加工设备的利用率,增加流通企业的经济效益;还可以提高物流效率、降低物流成本、促进物流合理化。而这一切的重要前提是实现流通加工的合理化,实际上在后工业化时代的一体化进程中,物流领域的流通加工也是这种进程的一个反应,是生产和流通一体化的表现。

引导案例

阿迪达斯的鞋店

阿迪达斯在美国有一家超级市场,设立了组合式鞋店,摆放着不是做好了的鞋,而是做鞋用的半成品,款式花色多样,有 6 种鞋跟、8 种鞋底,均为塑料制造的,鞋面的颜色以黑、白为主,搭带的颜色有 80 种,款式有 100 多种,顾客进来可任意挑选自己所喜欢的鞋的部位,交给职员当场进行组合。只要 10 min,一双崭新的鞋便唾手可得。这家鞋店昼夜营业,职员技术熟练,鞋子的售价与成批制造的价格差不多,有的还稍微便宜些。因此,顾客络绎不绝,销售金额比邻近的鞋店多 10 倍。

思考题

(1)从此案例中,流通加工的作用给你带来了怎样的启示?

(2)在日常生活中还有这样可操作的案例吗?

任务一 流通加工管理概述

知识目标

(1)掌握流通加工标准概念、特点及作用。

(2)掌握常见生产流通加工的方式及常见生产流通加工的对象。

(3)掌握常见流通加工行业的特点。

(4)了解流通加工设备的作用和流通加工合理化的方式。

能力目标

(1)能够区分物品的形态或性质是属于生产活动还是属于流通加工。

(2)掌握物品从生产领域向消费领域流动的过程中发生物理性变化(如大小、形状、数量等变化)选择流通加工的方式及设备。

(3)能够根据物品从生产领域向消费领域流动的过程中的市场需求,选择流通加工合理化的方式。

知识链接

随着经济的全球化和国际分工的细化,为了适应激烈的市场竞争和满足消费者日益多样化的需求,流通加工的意义日益增加,在提高物流效率、降低物流成本方面的作用不断加大,对流通加工的管理已成为物流管理的一项重要内容。

一、流通加工的概念

流通加工是现代物流系统构架中的重要结构之一。流通加工在现代物流系统中,主要担负的任务是提高物流系统对用户的服务水平。此外,流通加工对于物流系统而言,还有提高物流效率和使物流活动增值的作用。

(一)流通加工定义

流通是指商品从生产领域向消费领域转移的过程,其间不但涉及商品价值形态的转换、商品所有权的转移,也涉及商品实体的位置移动,前者即商流,后者即物流。伴随着商流、物流,还有资金流和信息流。因此,流通是商流、物流、资金流、信息流的总和。

我国国家标准《物流术语》(GB/T 18354—2006)对流通加工的定义:流通加工是指物品在从生产地到使用地的过程中,根据需要施加包装、分割、计量、分拣、刷标志、拴标签、组装等简单作业的总称。

流通与加工的概念本属于不同的范畴,流通加工示意图如图 6-1 所示。

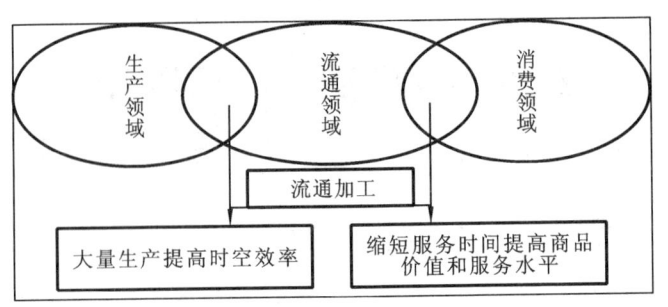

图 6-1　流通加工示意图

加工是通过改变物品的形态或性质来创造价值,属于生产活动;流通则是改变物品的空间状态与时间状态,并不改变物品的形态或性质。流通加工处于不易区分是生产还是流通的中间领域,不改变商品的基本形态和功能,只是完善商品的使用功能,提高商品的附加价值,同时提高物流系统的效率。可以说,流通加工是生产加工在流通领域中的延伸,也可以看成流通领域为了提供更好的服务,在职能方面的扩大。流通加工职能示意图如图 6-2 所示。

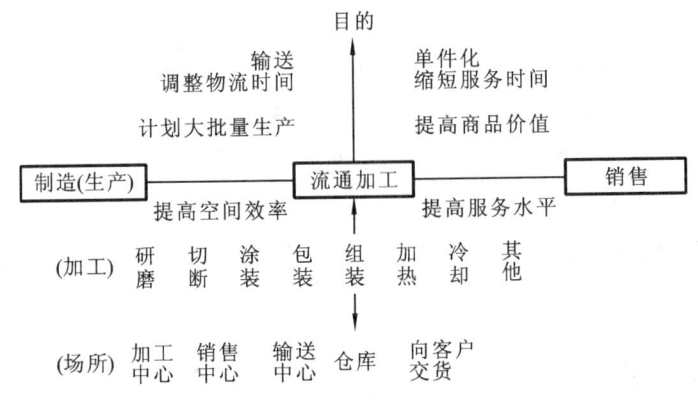

图 6-2　流通加工职能示意图

(二) 流通加工的特点

流通加工是在物品从生产领域向消费领域流动的过程中,为促进销售、维护产品质量和提高物流效率,对物品进行一定程度的加工。简言之,在流通过程中辅助性的加工活动都称为流通加工。流通加工是流通中的一种特殊形式,如图 6-3 所示。

流通加工和一般的生产型加工在加工方法、加工组织、生产管理方面并无显著区别,但与生产加工相比较,流通加工具有以下特点。

(1) 从加工对象来看,流通加工的对象是进入流通过程的商品,具有商品的属性,以此来区别多环节生产加工中的一环。流通加工的对象是商品,而生产加工的对象不是最终产品,而是原材料、零配件或半成品。

(2) 从加工程度来看,流通加工大多是简单加工,而不是复杂加工。一般来讲,如果必须进行复杂加工才能形成人们所需的商品,那么,这种复杂加工应该专设生产加工过程。生产过程理应完成大部分加工活动,流通加工则是对生产加工的一种辅助及补充。特别需要指出的是,流通加工绝不是对生产加工的取消或代替。

(3) 从价值观点来看,生产加工的目的在于创造价值及使用价值,而流通加工的目的则在

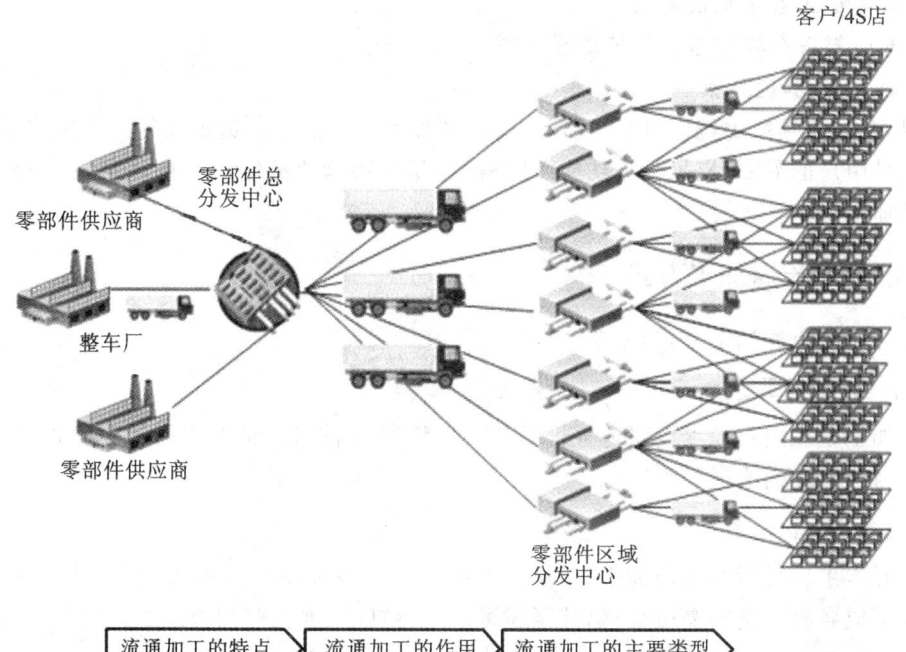

流通加工的特点 | 流通加工的作用 | 流通加工的主要类型

果品加工分选生产线

图 6-3 流通加工过程示意图

于完善其使用价值,并在不做大的改变的情况下提高价值。

（4）从加工责任人来看,流通加工的组织者是从事流通工作的人员,能密切结合流通的需要进行加工活动。

（5）从加工单位来看,流通加工由商业或物资流通企业完成,而生产加工则由生产企业完成。

（6）从加工目的来看,商品生产是为交换、为消费而进行的生产,而流通加工的一个重要目的是为了消费（或再生产）所进行的加工,这一点与商品生产有共同之处。但是流通加工有时候也是以自身流通为目的,纯粹是为流通创造条件,这种为流通所进行的加工与直接为消费进行的加工在目的上是有所区别的。这也是流通加工不同于一般生产加工之处。

（三）流通加工的作用

流通加工的作用具体如下。

（1）提高原材料利用率。

（2）进行初级加工,方便用户。

（3）提高加工效率及设备利用率。

（4）充分发挥各种输送手段的最高效率。

（5）改变功能，提高收益。

所以，在物流领域中，流通加工可以成为高附加价值的活动。这种高附加价值的形成，主要着眼于满足用户的需要，提高服务功能而取得的，是贯彻物流战略思想的表现，是一种低投入、高产出的加工形式。

二、常见的流通加工方式

我国常见的流通加工方式，主要有以下几种。

（一）剪板加工

剪板加工是在固定地点设置剪板机或各种剪切、切割设备，将大规模的金属板料裁切为小尺寸的板料或毛坯的流通加工。

（二）集中开木下料

集中开木下料是指在流通加工点，将原木锯（裁）成各种规格的木板、木方，同时将碎木、碎屑集中加工成各种规格的夹板板材，甚至还可以进行打眼、凿孔等初级加工。

（三）配煤加工

配煤加工是指在使用地区设置加工点，将各种煤及其他一些发热物资，按不同的配方进行掺配加工，形成能产生不同热量的各种燃料。

（四）冷冻加工

冷冻加工是指为解决鲜鱼、鲜肉、药品等在流通中保鲜及搬运装卸的问题，采取低温冷冻方式的加工。

（五）分选加工

分选加工是指针对农副产品规格、质量离散程度较大的情况，为获得一定规格或质量水平的产品，采取人工或机械方式进行分选的加工。例如，对瓜果进行分等分级的挑选分类工作等。

（六）精制加工

精制加工是指在农牧副渔等产品的产地或销售地设置加工点，去除无用部分，进行切分、洗净、分装等加工，例如，超市的精加工蔬菜等。

（七）分装加工

分装加工是指为了便于销售，在销售地区对商品按零售要求进行新的包装，大包装改小、散装改小包装、运输包装改销售包装等，以满足消费者对不同包装规格的需求。

（八）组装加工

组装加工是指在销售地区，由流通加工点对出厂配件、半成品进行拆箱组装，随即进行销售。例如，家具、自行车的组装等。

（九）定制加工

定制加工是指特别为用户加工制造适合个性的非标准用品，这些东西往往不能由大企业生产出来，只好由流通加工企业为其量身定制。

三、常见的流通加工对象

根据常见的流通加工对象的不同,流通加工可分为:①金属加工;②水泥加工;③玻璃加工;④木材加工;⑤煤炭机械加工;⑥食品流通加工;⑦组装产品的流通加工;⑧生产延续的流通加工;⑨其他通用机械流通加工等。

（一）金属加工

在固定地点设置剪板机进行下料加工或设置种种切割设备将大规模金属材料裁下,或切裁成毛坯,包括型钢的熔断、厚钢的切割、线材切断等集中下料、线材冷拉加工等,提高材料的利用率。

在流通中进行加工的金属材料主要有钢铁、铜材、铝材、合金等。金属加工设备是对上述金属进行剪切、折弯、下料、切削加工的机械。它主要分为成型设备和切割加工设备等。

（二）水泥加工

水泥加工设备是制备混凝土,将水泥、骨料、砂和水均匀搅拌的专用机械,包括:混凝土搅拌机械、混凝土搅拌站、混凝土输送车、混凝土输送泵车等。混凝土搅拌机械是水泥加工中常用的设备之一,这种流通加工的形式有优化水泥物流过程费用等诸多优点。

（三）玻璃加工

玻璃加工是对玻璃进行切割的专用机械,包括各种各样的切割机。在流通中对玻璃进行精加工还需要清洗机、磨边机、雕刻机、烤花机、钻花机、丝网印刷机、钢化和夹层装备、拉丝机、拉管机、分选机、堆垛机、瓶罐检验包装设备、玻璃技工工具、金刚石砂轮等。

（四）木材加工

对木材进行磨制、压缩、锯裁等加工的设备有两类。

(1)磨制、压缩木屑机械。木材是容重轻的物资,在运输时占有相当大的容积,往往使车船满装但不能满载,同时,装车、捆扎也比较困难。采取压缩方法后,使之成为容重较大、容易装运的形状,然后运至靠近消费地的造纸厂。

(2)集中开木下料机械。在流通加工点利用木锯机等机械将原木锯裁成各种规格锯材,将碎木、碎屑集中加工成各种规格板,还可根据需要进行打眼、凿孔等初级加工。

（五）煤炭机械加工

煤炭是指原煤及煤炭加工品的统称,不包括焦炭、下脚煤和石煤。煤炭流通加工形式主要有除矸加工、煤浆加工、配煤加工等三种形式。对煤炭进行加工的机械,主要包括除矸加工机械、管道输送煤浆加工机械、配煤加工机械。

（六）食品流通加工

食品的流通加工的类型种类很多,只要留意超市里的货柜就可以看出,那里摆放的各类洗净的蔬菜、水果、肉末、鸡翅、香肠、咸菜等都是流通加工的结果。食品流通加工的具体项目主要有冷冻加工、分选加工、精制加工、分装加工。

（七）组装产品的流通加工

产品都是由若干个零件和部件组成的,将零件按规定的技术要求组装起来,并经过调试、检验使之成为合格产品的过程就是组装。

（八）生产延续的流通加工

一些产品因其本身特性的要求，需要较宽阔的仓储场地或设施，而在生产场地建设这些设施又不经济，则可将部分生产领域中的作业延伸到仓储环节完成。

（九）其他通用机械流通加工

通用加工机械主要包括裹包集包设备、外包装配盒设备、印贴条码标签设备、拆箱设备、称重设备等。①裹包集包设备，如裹包机、装盒机等；②外包装配盒设备，如钉箱机、裹包机、打带机；③印贴条码标签设备，如网印设备、喷印设备、条码打印机；④拆箱设备，如拆箱机、拆柜工具；⑤称重设施，如称重机、地磅。

四、常见流通加工行业

（一）食品行业的流通加工

当前中国食品工业还是以农副食品原料的初加工为主，精细流通加工的程度比较低，正处于成长期。食品行业为完全竞争行业，集中度较低，中小企业比例高，技术水平低，同质化严重，价格竞争激烈，利润空间狭小，随着行业整合及行业成熟度的提高，行业利润向大企业迅速集中，行业龙头企业将担当起行业资源整合的重任。食品行业分类如下。

（1）畜产品行业。①肉制品行业（香肠制品、火腿制品、腌腊制品、酱卤制品、熏烧烤制品、干制品、油炸制品、调理肉制品、罐藏制品）。②乳制品行业（液态奶、奶粉、炼乳、乳脂肪、干酪、乳冰激凌、其他乳制品七类）。液态奶类主要包括杀菌乳、灭菌乳、酸牛乳、配方乳。奶粉类主要包括全脂乳粉、脱脂乳粉、全脂加糖乳粉、调味乳粉；婴幼儿乳粉，其他配方乳粉。炼乳类主要包括全脂无糖炼乳、全脂加糖炼乳、调味炼乳、配方炼乳等。乳脂肪类主要包括稀奶油、奶油、无水奶油等。干酪类主要包括原干酪、再制干酪等。乳冰淇淋类主要包括乳冰淇淋、乳冰等。其他乳制品类主要包括干酪素、乳糖、乳清粉、浓缩乳清蛋白等。③蛋品行业。蛋制品是以禽蛋为原料加工而成的产品，在我国蛋制品加工有着悠久的历史，具有多种传统实用的加工方法。蛋制品分为四类：再制蛋类、干蛋类、冰蛋类和其他类。

（2）水产品行业。

（3）发酵制品行业。①调味品行业（酱油、醋、味精）。②酒类行业（白酒、啤酒、果酒、葡萄酒、黄酒）。

（4）粮油制品行业。①焙烤行业（糕点、面包、饼干、方便面）。②油脂行业。

（5）果蔬行业（初加工产品、深加工产品）。

（6）饮料行业（碳酸饮料、果汁饮料）。

（7）食品添加剂行业。（防腐剂、抗氧化剂、乳化剂、增稠剂、品质改良剂、着色剂、甜味剂、营养强化剂、护色剂、食用香精香料、漂白剂、膨松剂、凝固剂、抗结剂、其他食品添加剂）。

（8）糖果行业（软糖、硬糖、巧克力、蜜饯）。

（9）保健食品（食品功能性成分）。

（10）其他食品行业。如休闲食品行业、餐饮行业、速冻食品行业、罐头行业、方便食品制造行业。

流通加工最多的是食品行业，为了便于保存，提高流通效率，食品的流通加工是不可缺少的,如鱼和肉类的冷冻、蛋品的加工、生鲜食品的原包装、大米的自动包装、上市牛奶的灭菌等。

（二）生产资料行业的流通加工

生产消费为消费的一种。消费包括生产消费和生活消费。

（1）生产消费是指人们使用和消耗各种生产要素、进行物资资料生产的行为和过程。生产消费过程既是生产的主观要素（劳动力）的消耗过程,又是生产的客观要素（生产资料）的消耗过程。二者是同一个过程的两个方面。生产消费是社会人口中的劳动者对生产资料的消耗行为和过程,同时消费劳动者的智力和体力,其结果是生产出新的产品。

（2）生产资料是指人们从事物质资料生产所必需的一切物质条件,是生产力中物的因素,包括土地、机器、设备、厂房、工具、燃料、原材料、辅助材料等。具有代表性的生产资料加工是钢铁的加工,如钢板的切割,使用矫直机将薄板卷材展平等。

生产资料流通现代化是指以符合市场经济要求的流通体制为基础、完备的政策体系为保障,在流通全过程中运用先进的流通设施、流通技术、流通业态、流通方式和科学的管理方法,使其商流、物流、信息流、资金流建立在现代科学技术的基础之上,形成高效率、高效益的流通体系,促进国民经济发展。生产资料流通现代化具体包括:流通制度现代化、流通组织现代化、流通方式现代化、流通业态现代化、流通营销现代化、流通设施现代化、流通技术现代化、流通管理现代化、流通人才现代化、流通观念现代化。

（三）消费资料行业的流通加工

消费资料是指用来满足人们物质和文化生活需要的劳动产品,也称生活资料,简称消费品。用于满足物质生活需要的,如食物、衣服、家庭用具、住房、交通工具等;用于满足文化生活需要的,如书籍、报刊、绘画、电视机等。

消费资料分为三类:①生存资料,指用于满足人们基本生活需要的消费品;②享受资料,指用于满足人们享受需要（包括物质和精神方面）的消费品;③发展资料,指用于满足人们发展德育、智育、体育等方面所需要的消费品。随着社会经济的不断发展,后两类消费资料所占的比重将逐渐增加。而且,无论生存资料、享受资料或发展资料,其具体内容都会随着社会生产的发展而不断丰富和扩大,各自的结构也会发生变化。三类消费资料之间的区分是相对的。在生产力落后情况下被视为享受资料的某些消费资料,在生产力有较大发展后,会被纳入满足基本生活需要的范围,即被作为生存资料。

消费资料的流通加工是以服务客户,促进销售为目的,如衣料品的标志和印记商标、家具的组装、地毯的剪接等。

五、流通加工设备的作用

流通加工设备是指物流产品在运送之前,对该产品进行包装、分割、计量、分拣、刷标志、拴标签、组装等作业的设备。它通过对流通中的商品进行加工,改变或完善商品的原有形态来实现生产与消费间的桥梁和纽带作用。流通加工既是现代社会化分工、专业化生产的新形式,又是物流过程中不可缺少的核心服务。利用流通加工设备进行流通加工的主要优点表现在以下几个方面。

（1）可以提高原材料利用率。利用流通加工机械对流通对象进行集中下料,可将生产厂直接运来的简单规格产品,按使用部门的要求进行下料。

（2）可以进行初级加工，方便用户。用量小或临时需要的使用单位，缺乏进行高效率初级加工的能力，依靠流通加工点的机械设备进行流通加工可使使用单位省去进行初级加工的投资、设备及人力，从而搞活供应，方便用户。

（3）提高加工效率。由于建立集中加工点，可以采用效率高、技术先进、加工量大的专门机具和设备。这样做既提高了加工质量，也提高了设备利用率，还提高了加工效率，其结果是降低了加工费用及原材料成本。

（4）充分发挥各种输送手段的最高效率。流通加工环节将实物的流通分成两个阶段。一般说来，由于流通加工环节设置在消费地，因此，从生产厂到流通加工这第一阶段输送距离长，而从流通加工到消费环节的第二阶段距离短。第一阶段是在数量有限的生产厂与流通加工点之间进行定点、直达、大批量的远距离输送，因此，可以采用船舶、火车等大量输送的手段；第二阶段则是利用汽车和其他小型车辆来输送经过流通加工后的多规格、小批量、多用户的产品。这样可以充分发挥各种输送手段的最高效率，加快输送速度，节省运力、运费。

（5）改变功能，提高收益。在流通过程中进行一些改变产品某些功能的简单加工，其目的除上述几点外还在于提高产品销售的经济效益。这种高附加价值的形成，主要着眼于满足用户的需要，提高服务功能而取得的，是贯彻物流战略思想的表现，是一种低投入、高产出的加工形式。

六、流通加工合理化

为避免流通加工过程中的各种不合理现象，对是否设置流通加工环节，在什么地点设置，选择什么类型的流通加工，采用什么样的技术装备设施等，都需要做出正确的抉择。目前，国内在进行这方面合理化的考虑中已经积累了一些经验，获得了一定成果。实现流通加工合理化，应主要考虑以下几个方面。

（一）流通加工与配送相结合

将流通加工设置在配送点中，一方面按配送的需要进行加工，另一方面，加工又是配送业务流程中分货、拣货、配货的一环，加工后的产品直接投入配货作业，这就不需要单独设置一个加工的中间环节，使流通加工有别于独立的生产，从而使流通加工与中转流通巧妙地结合在一起。

（二）流通加工与配套相结合

这里所说的"配套"是指对在使用上有联系的用品集合成套地供应给用户使用。在对配套要求较高的流通中，配套的主体来自于各个生产单位。但是，完成配套有时无法全部依靠现有的生产单位。所以，进行适当的流通加工，可以有效地促成配套，大大提高流通作为连接生产与消费的桥梁与纽带的能力。

（三）流通加工与合理运输相结合

流通加工能有效衔接干线运输与支线运输，促进两种运输形式的合理化。利用流通加工，可以减少干线运输与支线运输之间停顿的环节和时间，使两者之间的转换更加合理，从而大大提高运输水平。

（四）流通加工与合理商流相结合

通过流通加工，有效地促进销售，使商流合理化，也是流通加工合理化的考虑方向之一。流通加工和配送的有机结合,提高了配送水平与配送效率,促进了销售,是流通加工与合理商流相结合的一个成功例证。

(五)流通加工与节约相结合

节约能源、节约设备、节约人力、节约消耗是流通加工合理化的重要考虑因素,也是目前我国设置流通加工时考虑其合理化的较普遍形式。

任务二 食品行业的流通加工技术与装备

项目目标

知识目标

(1)了解食品行业主要存在的问题。

(2)掌握粮食类产品流通加工技术与装备。

(3)掌握棉花类产品流通加工技术与装备。

(4)掌握油料植物流通加工技术与装备。

(5)掌握肉、蛋、奶、水果、蔬菜的流通加工技术与装备。

(6)掌握粮、棉、油、肉类产品流通精加工技术与装备。

能力目标

(1)能够根据食品行业产品结构、产品品种和市场需求变化选择合适的流通加工技术与装备增加产品的附加值。

(2)能够根据粮、棉、油、肉、蛋、奶、水果、蔬菜产品在消费领域的特点,选择流通加工技术与装备。

知识链接

物流活动本来就是一种服务性的活动,因此只要能增强它的服务功能,可以有多种选择,流通加工就是其中之一。食品属于生产消费资料,也是社会经济发展中基础消费领域。发展的前景和空间很大,关键要有创新的产品。我国在当前和今后一段时期内,要重点发展粮、棉、油、肉、蛋、奶、水果、蔬菜的流通深加工,把提高产品流通加工附加值作为食品行业的新的经济增长点。

一、食品行业主要存在的问题

(一)食品行业结构不够合理

①从行业结构上来看,食物资源粗加工多,深加工和精加工少,烟酒等嗜好食品所占比重较大,特殊人群食用的食品发展不够。②从产品结构上来看,产品品种花色少、档次低、包装差,产品更新换代慢,产品结构不能完全适应市场需求的变化。③从地区结构上来看,西部省区食品

行业比较落后。

（二）食品企业总体规模小，生产集中度尚不够高

如国内粮油加工企业合理的经济规模为面粉加工 $400\sim600$ t/d、稻谷加工 $200\sim400$ t/d，而我国 78.9% 的面粉企业为日处理小麦 $50\sim100$ t 的生产规模，80% 的稻谷加工设备为日处理 50 t 以下的小机组，大大低于国际平均日处理量。

（三）食品市场、食品行业与农业原料基地的产业链尚未真正形成

食品企业与农业生产者之间没有建立稳定的产销关系和形成利益共享、风险共担的机制。分散的农业生产提供的原料在品种、品质、规格等方面远不能适应食品行业的要求。

（四）食品技术水平相对落后，加工技术储备不足

目前，在我国的食品行业科技成果中，食品行业的初级加工的成果所占比重大，而精、深加工的成果明显不足，对食品行业的综合利用，尤其是废弃物的综合利用研究较少，与国际先进水平有较大差距。

（五）食品行业标准体系和质量安全控制体系不完善

尽管我国大部分食品加工产品已有国家或行业标准，但普遍存在标准滞后、制订周期长、标准水平偏低的问题。有的标准与国际食品法典标准不接轨，加工过程中质量控制体系不完善，产业化程度不高。

（六）食品安全和环境污染问题较多

在食品加工中掺杂使假，以假充真，以非食品原料、发霉变质原料、病死畜（禽）等加工食品的违法活动屡禁不止；一些淀粉、酿造、屠宰等重污染行业的企业在建厂时不做环境影响评价，生产产生的大量"三废"随意排放，对周边环境造成了较严重的污染。这些状况影响了食品出口，破坏了市场经济秩序。

二、粮食类产品流通加工技术与装备

粮食流通加工是指粮食从生产地到粮食市场的流通加工过程，根据需要施加分拣、装袋、包装、计量、刷标志、贴标签等简单作业的总称。

粮食流通加工是粮食物流的重要组成部分，是产后粮食管理的重要环节，是粮食物流增值的有效保证。粮食流通加工方法：粮食保鲜、粮食干燥、粮食包装。

（一）粮食保鲜

粮食陈化虽然是粮粒内部的生化变化，但与储粮环境和储粮技术有直接的联系。在高温、高湿环境下，可促进粮食陈化；在低温、干燥环境下，可延缓粮食陈化。杂质多，虫、霉滋生的粮堆，易加速粮食陈化，反之，可延缓粮食陈化。实践说明，常规储藏的粮食，每经过一次高温夏季，陈化现象明显出现。事实证明，粮食陈化完全可以控制和延缓。

要采用保鲜技术，必须有一定的先决条件：一是粮仓要符合防潮、隔热、通风、密闭要求。要达到这些要求，新建粮仓设计就要考虑这些性能；二是入仓粮食的水分、杂质要符合安全标准；三是做好防虫、防霉的预防工作；四是粮库环境要做好绿化工作，减少太阳对粮仓的照射。

保鲜技术实际上就是储粮技术，如图 6-4 所示。主要有以下几种。①低温储粮技术，要求仓内温常年保持 15 ℃ 以下，温度越低越好；②气调储粮技术，在粮仓内引入二氧化碳、氮气及这

两种气体的混合物,但密闭条件一定要好;③地下储粮技术,因地下常年低温,保鲜效果好。

(a) 低温储粮保鲜装备示意图　　(b) 气调储粮保鲜装备示意图　　(c) 地下储粮保鲜装备示意图

图 6-4　粮食保鲜技术和装备示意图

以上方法可以因地制宜,根据不同情况采取不同的方法。但是目前既科学又方便的应该是氮气储粮。另外,由于我国人民生活水平的不断提高,对粮食质量要求也越来越高,不仅要求质量优,而且还要求新鲜。因此,为满足人民生活的需要,减少国家因处理陈化粮所造成的损失,粮食储藏采用保险技术势在必行。

（二）粮食干燥

粮食干燥又称谷物干燥、粮食降水,给予粮食一定形式的能量,使粮食中的一部分水分汽化逸出,水分含量降低的过程。粮食干燥的主要方式有通风干燥、就仓干燥、日光曝晒干燥、太阳能干燥、微波干燥、远红外线干燥、机械干燥等。粮食干燥是确保粮食安全储藏的重要手段。

1. 通风干燥

通风干燥以空气作为介质,在自然风压力或风机产生压力作用下,使空气通过粮堆与粮食进行湿热交换,带走粮食水分的干燥方式。通风干燥的效果受气候条件的影响大,一般选择天气晴朗,空气湿度较低的时候进行。通风干燥装备如图 6-5 所示。

图 6-5　通风干燥装备示意图

采用机械通风干燥时,如果空气湿度较大,也可采用辅助加热的方式。通风干燥属于低温缓速干燥,能较好地保持粮食品质,干燥能耗和成本较低,但干燥时间较长。

2. 就仓干燥

就仓干燥也称在储干燥、整仓干燥,是将新收获的粮食存放在配有机械通风系统的仓内,采用自然空气或加热空气作为干燥介质,进行通风降水的一种低温干燥方式。就仓干燥装备如图6-6 所示。

这种干燥方法的优点是能较好地保持粮食品质,粮食损耗少,干燥完成后可直接在仓内储藏,设备投资少,干燥成本低。干燥时容易产生水分分层,国外堆高一般不超过 4 m,我国通过在仓内布置立管通风系统,以立管的移动带动干燥层的移动以减轻水分分层,从而实现了该技术在高大粮堆中的应用。

图 6-6　就仓干燥装备示意图

3. 日光曝晒干燥

日光曝晒，是在晴朗的天气，利用太阳光进行粮食干燥或杀虫处理的方法。干燥是根据粮食在一定温湿度条件下进行解吸平衡的原理，降低粮食水分，是广大农村粮食干燥的主要方法。日光曝晒干燥装备如图 6-7 所示。

图 6-7　日光暴晒干燥装备示意图

不同的粮种曝晒的要求不同，如稻谷要注意防止爆腰。日光曝晒杀虫是根据高温杀虫的原理，基层粮库和农户使用较多，主要用于小麦趁热入仓压盖储藏。其优点是操作简单，能耗低，对粮食品质影响小，但受气候条件的限制较大。

4. 太阳能干燥

太阳能干燥，是利用太阳能加热粮食，降低水分的干燥方法。包括日光曝晒，利用太阳能设备等干燥粮食。设备按能量转换方式的不同，可分为两类：一类是利用"热箱原理"的设备；另一类是利用反射镜将太阳光会聚后投射到吸收表面上的设备。太阳能干燥装备如图 6-8 所示。

(a) "热箱原理"的设备　　　(b) 太阳光会聚后投射设备

图 6-8　太阳能干燥装备示意图

5. 微波干燥

微波干燥，是利用微波能量干燥物料的方法。当微波照射到被加热物料时，物料内部的分子产生激烈的碰撞，使物料温度升高，水分蒸发而干燥。其特点是表里同热、干燥均匀、速度快、效率高，有杀虫灭菌作用。微波干燥装备如图 6-9 所示。

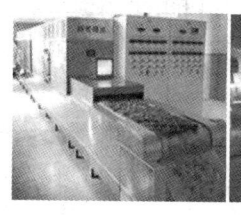

图 6-9　微波干燥装备示意图

图 6-10　远红外线干燥装备示意图

6. 远红外线干燥

远红外线干燥,是利用远红外线为能源干燥物料的方法,远红外线干燥装备如图 6-10 所示。其干燥原理是:远红外线发射器发射的远红外线,照射物料后,部分被物料吸收,使物料内分子和原子产生剧烈的振动,当远红外辐射波长与被加热物料的分子和原子振动波长相当时,物料吸收红外线的能力最强,产生共振现象,振动越强,产生的热量越多,干燥效果越好。远红外干燥粮食受热均匀,速度快,没有污染,基本不影响发芽率,能杀虫灭菌。

7. 机械干燥

机械干燥,是利用机械烘干设备将各种形式的能转换成热能,被物料吸收,使物料部分水分汽化,被干燥介质带走,降低物料水分的方法。机械干燥装备如图 6-11 所示。

图 6-11　机械干燥装备示意图

粮食机械干燥根据能量传递的形式分为对流干燥、传导干燥、辐射干燥及由这几种组合的联合干燥。机械干燥相对于通风干燥设备一次性投资较大,干燥成本较高,干燥速度较快,对环境的依赖性低。机械干燥时,应选择适宜的干燥温度,保持粮食的品质。

(三) 粮食包装

1. 我国粮食包装现状

(1) 包装材料的现状。目前,我国粮食包装袋主要是编织袋、复合塑料袋,而这些包装袋在运输、装卸、零售等环节存在很多问题需要解决。

①塑料编织袋是用塑料薄膜(聚乙烯、聚丙烯、尼龙等薄膜)制成一定宽度的窄带,或用热拉伸法得到强度高、延伸率小的塑料扁带编织而成。塑料编织袋包装装备如图 6-12 所示。

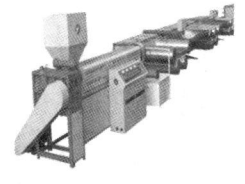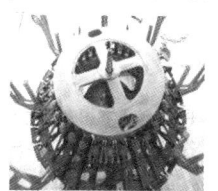

(a) 塑料编织袋设备　　(b) 圆织机　　(c) 自动切断机　　(d) 印刷机　　(e) 塑料编织袋

图 6-12　塑料编织袋包装装备示意图

塑料编织袋比塑料膜袋的强度高得多,且不易变形,耐冲击性也好,同时由于编织袋表面有编织纹,提高了防滑性能,便于储存时的堆码,但其存在防虫、防湿性能差,污染环境等缺点。

②复合塑料袋是由高阻隔性包装材料 EVOH、PVDC、PET、PA 与 PE、PP 等多层塑料复合,基本上解决了粮食包装上防霉、防虫、保质问题,具备一定推广和实用价值,但由于环境问题日益受重视,以及塑料制品有毒性阻碍其进一步的发展。复合塑料袋包装装备如图 6-13 所示。

  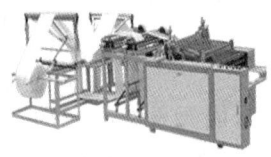  

(a) 塑料造粒机　(b) 复合塑料印刷机　(c) 复合塑料制袋机　(d) 复合塑料袋封口机　(e) 复合塑料袋

图 6-13　复合塑料袋包装装备示意图

(2) 包装损耗现状。长期以来,我国粮食在储存、运输、销售过程中因包装不善造成的损耗是惊人的,以前个别地方由于包装不善造成粮食破包散露率高达 48.6%。经包装改进前,平均散露率高达 48.6%;经包装改进后,平均散露率下降到 5% 左右,但距国家规定的 2.5% 的要求还差很远。目前,中国粮食产后损失占粮食总量的 12%~14.8%。据估计,如果损耗下降 1%,经铁路运输的粮食每年就可减损 50 万吨。

2. 粮食包装的发展趋势

(1) 对粮食品质的安全保护性能。这涉及屏蔽性、保护性、稳定性、卫生安全性。

(2) 机加工制袋的作业性能。这涉及加工性、作业性、印刷性、热封性。

(3) 包装使用的方便性能。这要求包装材质轻便、易携带、易存放、易开启、易开封、标志明显、易选购。

(4) 经济性能。这要求包装具有生产的简易性、合理性、节能性。

(5) 环保性能。粮食小包装需要消耗大量的包装材料,产生大量的包装废弃物,其可回收再用性或可降解性是决定该材料是否可用的标准。

因此,发展小包装涉及生产、技术、原料、经济、环保等问题。开发适用的包装材料、研制高效的专用粮食包装设备及设计功能齐全的包装结构是粮食销售包装改进的重要环节。

三、棉花类产品流通加工技术与装备

棉花为双子叶植物,是唯一由种子生产纤维的农作物。作为重要的纺织原料,棉花是全球范围内最重要的经济作物之一,它由四个栽培棉种组成,即亚洲棉、非洲棉、陆地棉、海岛棉。其中栽培最广泛的是陆地棉,其产量约占世界棉花总产量的 90%。在我国,棉花是仅次于粮食的第二大农产品,我国约有 4 600 万户、1.2 亿农民从事棉花种植,陆地棉成为我国的主要品种,海岛棉在我国新疆地区有一定规模的产出。

我国是世界第一产棉大国。棉花是世界上最主要的农作物之一,产量多、生产成本低,使棉制品价格比较低廉。棉纤维能制成多种规格的织物,从轻盈透明的巴里纱到厚实的帆布和厚平绒,适于制作各类衣服、家具布和工业用布。

(一) 我国棉花加工流通行业发展历程

改革开放以来,我国的棉花加工流通行业伴随着我国棉花流通体制改革不断发展,经历了一个逐步由计划经济走向市场经济的过程。

（1）自由贸易阶段（1949—1953 年）。1950 年,我国组建了全国供销合作社,通过供销社收购大部分棉花。此外,中国棉花纱布公司、公私合营纱厂联合购棉处、私商棉贩也可以从农村直接收购棉花。

（2）统购统销阶段（1954—1984 年）。在这整个统购统销时期,国家对棉花生产、流通、经营以及消费均实行高度统一的计划管理,保障了供给,但是棉花生产受到抑制,导致产量不足,纺织品只能凭票供应。

（3）合同定购阶段（1985—1998 年）。棉花合同定购阶段不长,这一时期受整个国民经济发展及棉花供求关系的影响,棉花政策调整频繁,是棉花流通体制改革中的多事之秋。

（4）市场化改革阶段（1999—2004 年）。这个阶段提出了深化棉花流通体制改革的政策与措施:即"一放、二分、三加强,走产业化经营的路子"。放开棉花市场,搞活棉花流通,棉花价格由供求关系决定。

（5）质检体制成熟阶段（2005 年至今）。这个阶段主要是更新改造棉花加工企业生产设备,规范棉包包型和重量;对成包皮棉实行信息化逐包编码;在棉花加工环节实行仪器化、普遍性的公证检验;发展棉花专业仓储;建立符合我国国情、与国际通行做法接轨、科学权威的棉花质量检验体制。

（二）我国棉花加工流通行业的发展趋势

随着棉花加工流通体制改革的深入和市场化程度的提升,棉花加工流通行业发展呈现出五大趋势。

（1）行业集中度逐步提高,大型棉花产业集团将承担起保障我国棉花产业安全的重任。

（2）与棉农的联系更加紧密,加工流通企业将成为提升棉农组织化程度的主导者。

（3）套期保值的经营理念逐步深化,"期现结合"将成为加工流通企业做强做大的重要保障。

（4）棉花流通方式逐步现代化,电子交易和专业仓储物流组织能力成为加工流通企业核心竞争力的主要组成部分。

（5）经营决策对信息的依赖程度不断提高,市场信息的判断反应能力成为影响企业业绩的关键因素。

（三）棉花类产品流通加工

棉花流通加工工艺过程是指,直接对籽棉进行加工,使之成为皮棉、短绒、棉籽的过程。从棉田中摘的籽棉,经过轧棉加工,除去棉籽后的棉纤维,称为"皮棉"。皮棉压紧成包,运往纺织厂作为原料,称为"原棉"。目前,棉纺厂使用的原棉因为轧棉方法不同,分为锯齿棉和皮辊棉两种。

棉花流通加工工艺过程包括的主要工序有籽棉预处理、轧花、剥绒、下脚料清理回收、打包等。其整个过程可分为三个工艺阶段,即准备阶段、加工阶段和成包阶段。

（1）准备阶段。采用烘干（或加湿）、清理工艺方法,为后续加工提供含水适宜、充分松懈且清除了大部分外附杂质和部分原生杂质的籽棉。

（2）加工阶段。对籽棉、棉籽进行轧、剥,对皮棉、短绒进行清理,对不孕籽等下脚料进行清理回收,以获得棉花深加工企业继续生产的各种产品。

（3）成包阶段。将单位体积重量很小的松散而富有弹性的皮棉、短绒压缩成型、包装、便于运输、储存和保管。

（四）棉花流通加工装备

根据棉花流通加工工艺流程，棉花流通加工的装备包括：轧花机、剥绒机、打包机、清理机、干燥机、加湿机、输送机、配籽机、卸料器、除尘器、辅助装备、采棉机、采摘加工装备、棉副产品加工装备、棉花仓储与物流装备等。棉花产品流通加工装备如图 6-14 所示。

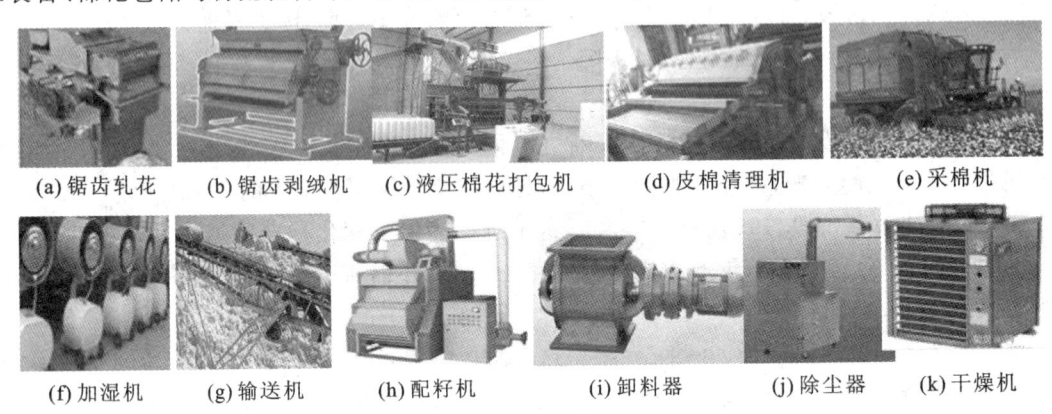

(a) 锯齿轧花　(b) 锯齿剥绒机　(c) 液压棉花打包机　(d) 皮棉清理机　(e) 采棉机

(f) 加湿机　(g) 输送机　(h) 配籽机　(i) 卸料器　(j) 除尘器　(k) 干燥机

图 6-14　棉花类产品流通加工装备示意图

四、油料植物流通加工技术与装备

油料作物是以榨取油脂为主要用途的一类作物。这类作物主要有大豆、花生、芝麻、向日葵、棉籽、蓖麻、苏子、油料亚麻和大麻等。

油料植物流通加工通过对菜籽、花生、大豆、葵花籽、蓖麻籽、芝麻、胡麻籽、棉籽、红花籽及米糠等粮食的副产品等，进行清理、热炒、磨胚、榨油（搅油、墩油）、浸出等简单加流通工处理，制成的植物毛油和饼粕等副产品。具体包括菜籽油、花生油、豆油、葵花油、蓖麻籽油、芝麻油、胡麻籽油、棉籽油、红花油、米糠油，以及油料饼粕、豆饼、棉籽饼。

（1）油脂流通加工。继续推广浸出法制油。油脂类产品流通加工装备如图 6-15 所示。

（2）植物蛋白的流通加工开发利用。应用棉籽、菜籽饼粕脱毒技术，生产饲用和食用蛋白产品。植物蛋白类产品流通加工装备如图 6-16 所示。

图 6-15　油脂类产品流通加工装备示意图

图 6-16　植物蛋白类产品流通加工装备示意图

（3）油料流通加工。制油工艺主要分压榨法、浸出法等。目前，植物油的生产量最多的是大豆油，其次是棕榈油。生产出来的植物油料都是用大罐集装。油料类产品流通加工装备如图 6-17 所示。

不同的制油工艺采用不同的机械设备，但制油原料都先经油料清理机械清除杂质，并用各

图 6-17 油料类产品流通加工装备示意图

种类型的油料剥壳机剥去外壳并使壳仁分离,然后用轧胚机压制成胚料。用浸出法时,将胚料浸在溶剂(己烷或轻汽油)中把油浸出,经过滤、蒸发和汽提等设备使油与溶剂分离,溶剂回收后可反复使用。用压榨法时,将胚料放在炒锅内炒熟后,送入螺旋榨油机或液压榨油机内挤压出油。浸出或榨出的毛油再由各种精练设备过滤、水化、碱炼、酸炼、脱色和脱臭等炼制成精油或成品油。

五、肉、蛋、奶、水果、蔬菜的流通加工技术与装备

(一)肉类产品流通加工

通过对畜禽类动物(包括各类牲畜、家禽和人工驯养、繁殖的野生动物,以及其他经济动物)宰杀、去头、去蹄、去皮、去内脏、分割、切块或切片、冷藏或冷冻、分级、包装等简单加工处理,制成的分割肉、保鲜肉、冷藏肉、冷冻肉、绞肉、肉块、肉片、肉丁等。肉类产品流通加工装备如图6-18所示。

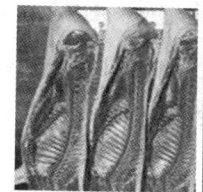   

(a) 酮体肉　　(b) 分割生产线　　(c) 冷藏或冷冻设备　(d) 分割肉分级设备　　(e) 包装肉

图 6-18　肉类产品流通加工装备示意图

(二)蛋类产品流通加工

通过对鲜蛋进行清洗、干燥、分级、包装、冷藏等简单加工处理,制成的各种分级.包装的鲜蛋、冷藏蛋,蛋类产品流通加工装备如图 6-19 所示。

    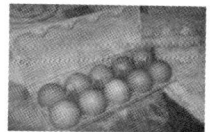

(a) 鲜蛋　　(b) 鲜蛋清洗设备　　(c) 鲜蛋干燥机　　(d) 鲜蛋分级设备　(e) 蛋类产品包装、冷藏设备

图 6-19　蛋类产品流通加工装备示意图

(三)奶类产品流通加工

通过对鲜奶进行净化、均质、杀菌或灭菌、灌装等简单加工处理,制成的巴氏杀菌奶、超高温

灭菌奶。奶类产品流通加工装备如图6-20所示。

(a) 移动挤奶器

(b) 净化脱脂分离机

(c) 均质机

(d) 杀菌或灭菌机

(e) 灌装机

图 6-20　奶类产品流通加工装备示意图

（四）水果类产品流通加工

水果流通加工,通过对新鲜水果(含各类山野果)清洗、脱壳、切块(片)、分类、储藏保鲜、速冻、干燥、分级、包装等简单加工处理,制成的各类水果、果干、原浆果汁、果仁、坚果。水果类流通加工装备如图6-21所示。

(a) 水果清洗机

(b) 松籽剥壳机

(c) 水果脱壳破碎分离机

(d) 切块(片)、分类

(e) 包装

图 6-21　水果类产品流通加工装备示意图

目前,我国已成为世界第一大水果生产国。我国水果90%以上是鲜销,与发达国家40%～70%进行加工相比,存在相当大的差距。我国水果品质良莠不齐,多数品质不高,不适合进行加工,影响加工业的发展。

（五）蔬菜类产品流通加工

蔬菜类产品流通加工流程包括:采后清洗、分级、预冷、保鲜、破碎、杀菌和包装等商品化处理过程。具有出口潜力的产品有蔬菜罐头、速冻菜、脱水菜、蔬菜汁、蔬菜粉、蔬菜脆片,以及膨化蔬菜和保健蔬菜等。蔬菜类产品流通加工装备如图6-22所示。

(a) 蔬类清洗机

(b) 蔬菜榨汁机

(c) 蔬菜破碎机

(d) 卧式杀菌釜

(e) 复合式烘烤机

图 6-22　蔬菜类产品流通加工装备示意图

（1）将新鲜蔬菜通过清洗、挑选、切割、预冷、分级、包装等简单加工处理,制成净菜、切割蔬菜。

（2）利用冷藏设施,将新鲜蔬菜通过低温储藏,以备淡季供应的速冻蔬菜,如速冻茄果类、叶类、豆类、瓜类、葱蒜类。

（3）将植物的根、茎、叶、花、果、种子和食用菌通过干制等简单加工处理,制成的初制干菜,如黄花菜、玉兰片、萝卜干、冬菜、霉干菜、木耳、香菇、平菇。以蔬菜为原料制作的各类蔬菜罐头(罐头是指以金属罐、玻璃瓶、经排气密封的各种食品,全书后同)及碾磨后的园艺植物(如胡椒粉、花椒粉等）不属于流通加工范围。

六、粮、棉、油、肉类产品流通精加工技术与装备

重点推进粮、棉、油、肉类产品流通精制加工业，倡导清洁生产、节能减排和资源综合利用，加强副产物综合利用，延长产业链，提高附加值。

（一）粮食流通精加工

粮食流通精加工重点开发传统主食品工业化生产技术和副产物综合利用技术，发展冷冻米面主食、速食米面制品、玉米休闲食品、杂粮方便食品和薯类食品，以及变性淀粉、米糠油、胚芽油等精深加工产品。粮食精制加工装备，包括以下几种。

（1）清选机（见图6-23），包括：玉米清选机、种子清选机、粮食清选机、玉米脱粒清选机、杂粮清选机、大豆清选机、葵花子清选机、谷物清选机、带式清选机、配套清选机组等。

（2）精选机，包括：种子精选机、大豆精选机、比重精选机、滚筒精选机、复式精选机、多功能复式精选机、比重式种子精选机、玉米精选机、大米精选机、粮食精选机、种子比重精选机、小米精选机、蔬菜种精选机等。其装备如图6-24所示。

（3）种子包衣机，包括：小型种子包衣机、小型包衣机、高效包衣机、包衣装备等。其装备如图6-25所示。

  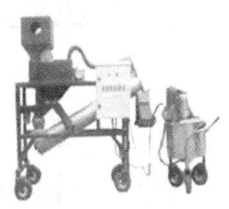

图 6-23　粮食清洗机装备图　　图 6-24　粮食种子精选机装备图　　图 6-25　粮食种子包衣机装备图

（4）种子加工机械，包括：种子加工装备，种子加工车，脱壳机（小麦脱壳机、荞麦脱壳机、花生脱壳机、板栗脱壳机、水稻脱壳机）等。其装备如图6-26所示。

(a) 小麦脱壳机　　(b) 荞麦脱壳机　　(c) 花生脱壳机　　(d) 板栗脱壳机　　(e) 水稻脱壳机

图 6-26　种子加工机械装备示意图

（5）剥壳机，包括：蓖麻剥壳机、榛子剥壳机、稻谷剥壳机、棉籽剥壳机、杏仁剥壳机等。其装备如图6-27所示。

（6）分级机，包括：种子分级机、粮食厚度分级机、小麦分级机、大豆分级机、大米分级机、小米分级机等。其装备如图6-28所示。

（7）去石机、抛光机，其装备如图6-29所示。当下，人们主要采用比重法去除谷物、豆类等食物的小颗粒石头，并对豆类进行抛光，增加光亮度。

  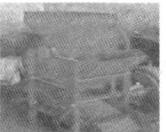  

(a) 蓖麻剥壳机　(b) 榛子剥壳机　(c) 稻谷剥壳机　(d) 棉籽剥壳机　(e) 杏仁剥壳机

图 6-27　剥壳机装备示意图

 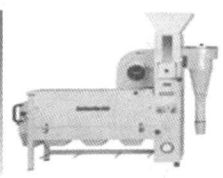  

(a) 粮食厚度分级机　(b) 小麦分级机　(c) 大豆、玉米分级机　(d) 大米、小米分级机

图 6-28　分级机装备示意图

(a) 比重去石机　　　　　　　　(b) 豆类抛光机

图 6-29　去石机、抛光机装备示意图

（二）棉花流通精加工

棉花流通精加工，其装备如图 6-30 所示。重点开发棉籽剥壳与制油新技术、新工艺，推进棉籽油、棉籽蛋白等副产物综合利用。

(a) 棉籽剥壳机　　　　　　　　(b) 棉籽制油机

图 6-30　棉花精制加工装备示意图

（三）油料流通精加工

油料流通精加工，其装备如图 6-31 所示。重点推进加工专用品种多元化和原料基地建设，大力开发节能、环保的油脂加工新技术，增加菜籽油、花生油、棉籽油和特色油脂产量，开发油料蛋白、生物活性物质等高附加值产品，促进油料作物转化增值与深度开发。

（四）肉类产品流通精加工

肉类产品流通精加工，其装备如图 6-32 所示。重点发展传统肉制品工程化加工技术和冷

(a) 特色精制油

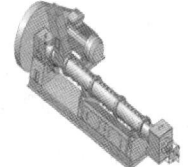
(b) 油料挤压膨化机

(c) 油料低温压榨制饼机

(d) 油脂灌装机

图 6-31　油料流通精加工装备示意图

链物流技术,积极发展冷却分割肉,扩大低温肉制品、功能性肉制品产量,大力开发肉品加工先进装备,完善质量控制体系和追溯体系,保障肉类食品安全。

(a) 功能性肉制品　(b) 冷却分割肉生产线　(c) 低温肉制品生产线　(d) 肉制品真空包装机　(e) 肉制品真空包装线

图 6-32　肉类产品流通精制加工装备示意图

任务三　生产行业的流通加工技术与装备

项目目标

知识目标

(1) 掌握生产资料流通加工技术与装备。

(2) 掌握常见工业生产中的剪切加工技术与装备。

(3) 掌握木材生产中集中开木下料技术与装备。

(4) 掌握工业生产中配煤加工技术与装备。

(5) 掌握生产中的常见冷冻加工技术与装备。

(6) 掌握生产中的常见分选加工技术与装备。

(7) 掌握生产中的精制加工技术与装备。

(8) 掌握生产中的分装加工技术与装备。

(9) 掌握生产中的组装加工技术与装备。

能力目标

(1) 能够根据生产工作的特点和要求选用效率高、技术先进、加工量大、适合的流通加工机具和设备。

(2) 能够根据客户生产要求对物料的流通加工形式进行准确的判别,并配备必要的设备。

233

有许多产品在生产领域的加工只能到一定程度,这是由于存在许多限制因素限制了生产领域不能完全实现终极的加工。流通加工是在物品从生产领域向消费领域流动的过程中,为了促进销售、维护产品质量和提高物流效率,对物品进行加工,使物品发生物理、化学或形状的变化。

一、一般生产资料流通加工技术与装备

一般流通加工类型的装备按照流通加工形式,可分为:剪切加工装备、集中开木下料装备、配煤加工装备、冷冻加工装备、分选加工装备、精制加工装备、分装加工装备、组装加工装备等。

(一)剪切加工装备

剪板加工装备用于进行下料加工或将大规格的钢板裁小或裁成毛坯的装备。如用剪板机进行下料加工,用切割装备将大规格的钢板裁小或裁成毛坯等。

(二)集中开木下料装备

集中开木下料装备在流通加工中,将原木材锯裁成各种锯材,同时将碎木、碎屑集中起来加工成各种规格的板材,还可以进行打眼、凿孔等初级加工的装备。

(三)配煤加工装备

配煤加工装备是将各种煤及一些其他的发热物质,按不同的配方进行掺配加工,生产出各种不同发热量的燃料的装备。如无锡某燃料公司开展的动力配煤加工等。

(四)冷冻加工装备

冷冻加工装备是为了解决鲜肉、鲜鱼或药品等在流通过程中保鲜及搬运装卸的问题,采用低温冷冻方式的加工装备。

(五)分选加工装备

分选加工装备是根据农副产品的规格、质量离散程度较大的情况,为了获得一定规格或质量水平的产品而采取的分选加工的装备。

(六)精制加工装备

精制加工装备主要用于农牧副渔等产品的切分、洗净、分装等简单加工的装备。

(七)分装加工装备

分装加工装备是为了便于销售,在销售地按照所要求的销售起点进行新的包装、大包装改小、散装改小包装、运输包装改销售包装等加工的装备。

(八)组装加工装备

组装加工装备是采用半成品包装出厂,在消费地由流通部门所设置的流通加工点进行拆箱组装的加工装备。

二、工业生产中的剪切加工技术与装备

(一)剪切加工装备概述

剪切装备主要指开平装备和分条装备。绝大部分加工中心都会有一至数台此类加工装备,

以开平装备居多,分条装备次之,按厚度来分,又有冷轧加工装备和热轧加工装备之分。

1. 开平

开平,也称横剪,顾名思义,就是将钢卷剪切成平板的加工手段,开平机如图 6-33(a)所示。但实际上,开平加工的目的是将钢卷剪切成尺寸合适的平板,比如剪成 1 000×2 000 mm 或 1 219×2 438 mm 的标准板,也可以是长度不一的非标板,衡量此项加工质量的指标主要是长度公差和对角线公差,还有剪切切口质量等。

2. 分条

分条,也称纵剪,就是将钢卷剪切成宽度更小的钢卷的加工手段,比如,将一个 1 000 mm 宽度的钢卷剪切成 2 个 500 mm 宽度的钢卷。分条机如图 6-33(b)所示。由于钢厂出厂的钢卷大多为 1 000 mm、1 219 mm、1 500 mm 等标准宽度,当顾客需要非标宽度钢卷时,可以通过分条加工来实现。

(a) 开平机　　　　(b) 分条机

图 6-33　开平机、分条机设备示意图

(二) 剪切机

剪切机是机床的一种,是在各种板材的流通加工中应用比较广泛的一种剪切装备,可用于板料或卷料的剪裁。

1. 常见的剪切机

常见的剪切机包括圆盘刀剪切机、多功能剪切机、摆式剪切机、振动剪切机等四类。

(1) 圆盘刀剪切机。圆盘刀剪切机按构造分为:圆盘剪切机、滚剪机、多圆盘剪切机和旋转式修边剪切机,如图 6-34 所示。

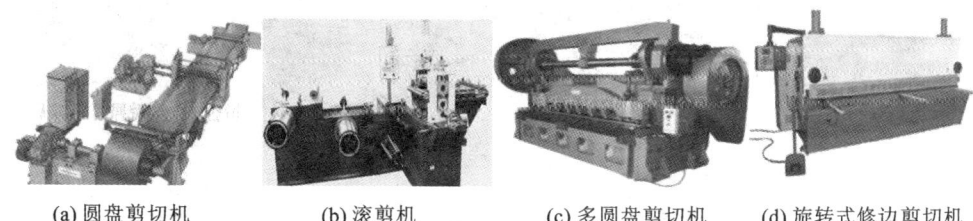

(a) 圆盘剪切机　　　(b) 滚剪机　　　(c) 多圆盘剪切机　　(d) 旋转式修边剪切机

图 6-34　圆盘刀剪板机示意图

(2) 多功能剪切机。多功能剪切机将需要多种装备实现的功能集成在同一台装备上,使得原有剪切机不仅能对金属材料进行剪切操作,同时还能实现材料的折弯或冲压加工,减少了装备所占的加工空间,从而降低了装备的投入成本。多功能剪切机可分为:①板料折弯剪切机,即在同一台机械上可完成剪切和折弯两种工艺;② 联合冲剪机,即可完成板材的剪切,又可对型材进行剪切,多用于下料工序。多功能剪切机如图 6-35 所示。

（3）摆式剪切机。摆式剪切机的上刀架在剪切过程中绕一固定轴线做圆弧摆动，通过杠杆作用，支点受力小，可提高剪切刃寿命、机器寿命，整机结构紧凑，并能无级调节上刀架的行程量，大大提高工作效率。摆式剪切机如图 6-36 所示。

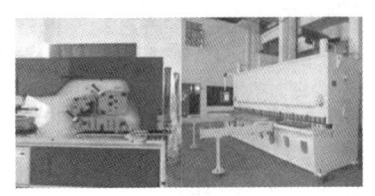

图 6-35　多功能剪切机

图 6-36　摆式剪切机

（4）振动剪切机。振动剪切机在剪切材料时，利用机械传动产生高速往返运动的刀刃与下刀刃形成相对的交错运动将板料一小段一小段剪下，这种加工工艺方法称为振动剪。由于剪切过程不连续，所以生产效率很低，且剪切质量很差，裁剪边缘粗糙，有微小的锯齿形，毛坯形状及加工精度差，但因振动剪切机结构简单，操作方便，对剪切不同形状、尺寸零件和毛坯的适应性好，因此，常用于小批量的毛坯冲压件加工。振动剪切机如图 6-37 所示。

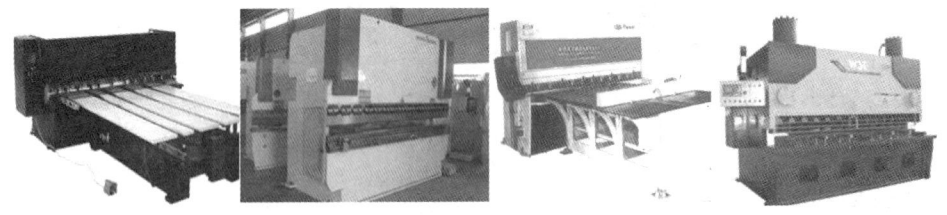

图 6-37　振动剪切机示意图

2. 一般类型的剪切机

一般类型的剪切机根据材料、形状又可分为：金属剪切机、联合冲剪机、液压剪切机、棒料剪切机，如图 6-38 所示。

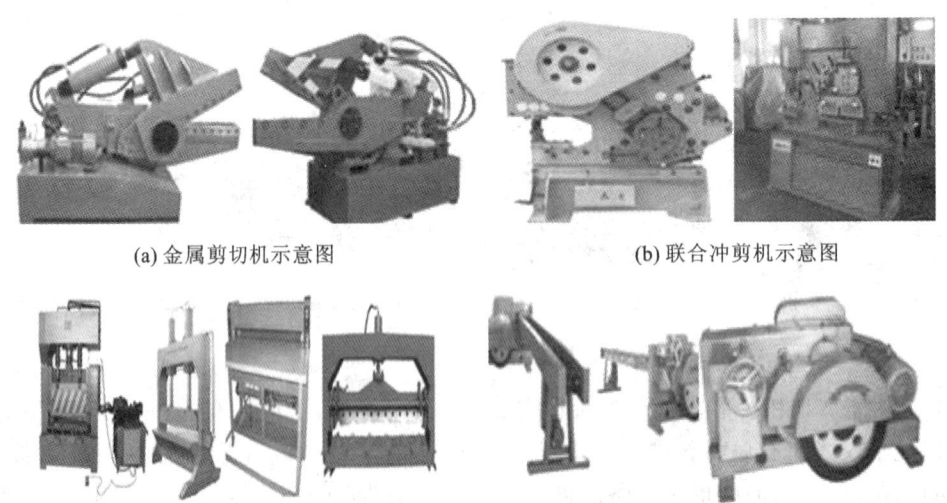

(a) 金属剪切机示意图　　　　　　　　　　(b) 联合冲剪机示意图

(c) 液压剪切机示意图　　　　　　　　　　(d) 棒料剪切机示意图

图 6-38　剪切机示意图

金属剪切机里最常用的是鳄鱼式剪切机和龙门剪切机。

（1）鳄鱼式剪切机，剪切力为 63 t 至 400 t，共分为 8 个等级。鳄鱼式剪切机如图 6-39 所示。

鳄鱼式剪切机适用于金属回收公司、废钢厂、冶炼铸造企业对各种形状的型钢及各种金属结构进行冷态剪切，操作方便、维修简单。

（2）龙门式剪切机，剪切力为 100 t 至 250 t。龙门式剪切机如图 6-40 所示。

其主要适用于钢板、铜板、镍板等金属板材的开料，主要剪切的材料尺寸为（12～20 mm）× 250 mm。剪切次数每分钟 8～12 次。该系列需要简单基础设施，采用液压驱动，与机械传动式剪切机相比具有体积小、重量轻、运动惯性小、噪音低、运动平稳、操作灵活、剪切断面大等特点。

图 6-39　鳄鱼式剪切机示意图　　　　　　图 6-40　龙门式剪切机示意图

3. 数控剪切机

数控剪切机一般是采用通用或专用计算机实现数字程序控制，它所控制的通常是位置、角度、速度等机械量和与机械能量流向有关的开关量。数控剪切机的产生依赖于数据载体和二进制形式数据运算的出现。数控剪切机如图 6-41 所示。

图 6-41　数控剪切机装备示意图

数控剪切机性能特点：强迫定位准确，蜗轮蜗杆传动，光杆丝杆同心，无噪音，采用钢板焊结构，液压传动，蓄能器回程，操作方便，性能可靠，外形美观，刃口间隙调整有指示牌指示，调整轻便迅速。

三、木材生产中集中开木下料技术与装备

我国木材加工企业或木工机械装备，均有大型化、规模化的趋势，而现阶段落后的、简易的木工机械仍有很大的市场，很多木材加工企业还在推行劳动密集型的经营模式。未来的木材加工企业必然走产业化、大型化、规模化的发展道路。

（一）木材集中开木下料装备概述

木材加工企业集中开木下料就是减少加工损失，提高加工精度，一定限度上提高木材利用率的有效手段。集中开木下料装备分为以下两种。

（1）木工机械圆棒机，也称木工开料机，如图 6-42 所示。对原木进行初道的加工处理的机

械,如将单根的木方车制成圆棒;另外一种则类似于两面刨,是将木板材一次直接加工成多根圆棒。圆棒用于制造木圆棒、铁锹把。圆棒自动下料机在使用过程中,必须保证在任何切削速度下使用任何刀具时都不会产生有危害性的震动,以免操作时发生危险。

(2)自动下料及木板制造、加工机械,亦称木工下料机,如图6-43所示。木材从原木开始由"带锯"加工成定厚板材,由圆锯或者带锯定宽,由截锯定长,干燥后进入车间根据需要使用不同的机械。实木板及人造板(胶合板、中密度板、刨花板等材料)的制造机械,并对板材的表面进行处理,以供家具加工所用板材的前道加工程序用的机械。

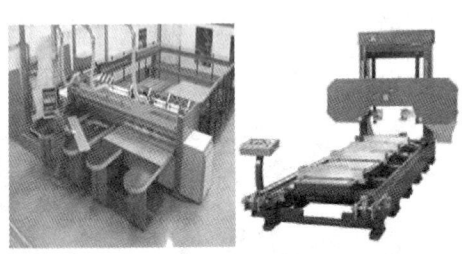

图 6-42　木工开料机装备示意图

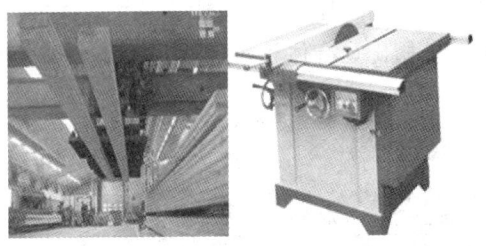

图 6-43　木工下料机装备示意图

(二)木工机械

1. 木工机械组成

木工机械是指在木材加工工艺中,将木材加工的半成品加工成为木制品的一类机床。家具机械是木工机械的重要组成部分。

木工机床加工的对象是木材。木材是人类发现利用最早的一种原料,与人类的住、行、用有着密切的关系。人类在长期实践中积累了丰富的木材加工经验。木工机床正是通过人们长期生产实践,不断发现、不断探索、不断创造而发展起来的。

木家具是指用木制材料制成的用具。根据其结构可分为框架式家具和板工家具两大类。典型框架式家具的结构为榫卯结构,材料为天然实木板、方材,如红木家具、明式家具、清式家具、实木餐桌椅等。典型的板式家具是指以人造板为材料,结构采用连接件、圆棒等方式连接的家具。

2. 木工机械分类

木工机械按加工功能可分为以下几种。

(1)锯切器械,主要有圆盘锯又叫风车锯、皮带锯、单片纵锯、多片锯、推台锯、开料锯、双头锯等。

(2)旋切器械,主要有有卡旋切机、无卡旋切机、木材剥皮机等。

(3)车床器械,主要有普通车床、仿形车床、背刀车床、数控车床等。

(4)刨床器械,主要有普通平刨、斜口平刨、自动平刨等。

(5)铣床器械,主要有立轴铣、立式镂铣机、吊镂机、气动吊镂机、修边机、双头铣、梳齿机、开榫机、数控雕刻机等。

(6)砂光器械,主要有普通砂带机、立卧砂带机、震荡砂带机、砂边机、砂光机、重型砂光机、底漆砂光机、高架砂光机、异形砂光机、气鼓砂、千叶轮砂、海绵轮砂、盘式砂光机、推台砂光机等。

(7)钻孔器械,主要有立式台钻、卧式台钻、立式排钻、卧式排钻、立式多孔钻、单排钻、多排钻、铰链专用钻等。

（8）压力胶合器械，主要有冷压机、热压机、气动组装机、电动组装机、液压组装机、接长机、拼板机、涂胶机等。

（9）表面处理器械，主要有贴纸机、封边机、热转印机、真空覆膜机等。

（10）油漆涂装器械，主要有底漆砂光机、喷涂机、静电喷涂机、滚涂机、UV 干燥机、淋幕机、粉尘清除机、皮带流水线、烤漆箱等。

（11）木材处理器械，主要有木材烤干机、木材调节湿度机、补板机、木材测湿仪等。

（三）开料机

开料机的英文名称为 cutting machine，意思是切割机，是一种在工业生产中用来冲裁各种柔性物料的加工机器，如图 6-44 所示。开料机是一些轻工行业不可缺少的装备。在传统观念中，开料机是借助于机器运动的作用力加压于刀模，对材料进行切割加工的机器。近代的开料机发生了一些变化，开始将高压水束、超声波等先进技术用于皮革冲切技术中，但人们仍然将这些装备归纳在开料机类的装备中。

图 6-44 开料机装备示意图

这种机器根据各地的习惯匹配了很多不同的称呼：在国外，人们称其为切割机；在我国台湾地区，人们根据其英文的译音同汉语意思的巧合称为开料机；在我国香港地区，人们根据其功能而称其为啤机；在我国其他地区，人们又根据其用途称为下料机。

四、工业生产中配煤加工技术与装备

配煤，是炼焦煤、电煤掺烧、锅炉作业准备的工序之一，炼焦或炭化前煤料的一个重要准备过程。炼焦用煤品种较多，应用配煤技术，不仅能保证焦炭质量，还能合理地利用煤炭资源，节约优质炼焦煤，扩大炼焦煤资源。

（一）工业生产配煤的概述

所谓工业生产配煤，就是为了生产符合质量要求的焦炭、电煤、锅炉煤，把不同种类原煤按适当的比例配合起来。配煤方法：有配煤槽配煤和露天配煤厂配煤两种。配煤中心，如图 6-45 所示。

（二）配煤理论

考虑到经济效益及现实情况，国内外各焦化厂都在致力于配煤方案的研究。虽然方案很多，却不外乎包含胶质层重叠原理、互换性原理、共炭化原理这三种。

（三）配煤装备

配煤装备是根据配煤工艺的实际过程以动态方式反应配煤装备的工作状态及参数，是配煤

图 6-45　配煤中心示意图

工艺中不可缺少的重要组成部分,它包括输送装备、取料装备、筛分装备,如图 6-46 所示。

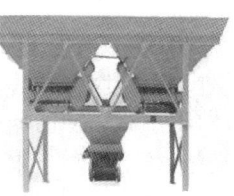

(a) 输送装备　　　　　　　　(b) 取料装备　　　　　　　　(c) 筛分装备

图 6-46　配煤装备示意图

(1) 输送装备。输送装备是动力配煤生产线中连接各个生产环节,使生产线能有效运转的重要装备。在动力配煤生产中使用最广泛的运输装备是胶带输送机,它可完成煤炭的水平输送和堆高输送。

(2) 取料装备。原料煤从铁路、码头卸车或卸船后,通过胶带输送机在煤场堆高成煤垛,取料时煤垛取煤,供应配煤生产。

(3) 筛分装备。根据层燃式工业锅炉的燃烧情况,要求动力配煤的粒度分面有一定的均匀性,通过筛分装备,优质煤可以筛出优质块煤,弥补优质块煤资源短缺的问题,并为煤场增加一定的经济效益。

(四) 煤炭的流通加工形式

煤炭流通加工有多种形式:除矸加工、煤浆加工、配煤加工等。

(1) 除矸加工。煤矸石是煤炭生产、加工过程中产生的固体废弃物,除矸加工是以提高煤炭纯度为目的的流通加工形式。

(2) 煤浆加工。将煤炭制成煤浆采用管道输送是一种新兴的加工技术。这种方式不和现有运输系统争夺运力,输送连续、稳定、快速,是一种经济的运输方法。煤浆加工装备如图 6-47所示。

(a) 煤炭球磨机　　(b) 球磨机钢珠　　(c) 颚式破碎机　　　(d) 振动筛　　　(e) 煤浆管道输送

图 6-47　煤浆加工装备示意图

煤炭在流通的起始环节将煤炭磨成细粉,本身便有了一定的流动性,再用水调和成浆状,则具备了流动性,可以像其他液体一样进行管道输送。

（3）配煤加工。在使用地区设置集中加工点,将各种煤及一些其他发热物质,按不同配方进行掺配加工,生产出各种不同发热量的燃料,称为配煤加工。配煤加工装备如图6-48所示。

图 6-48　配煤加工装备示意图

配煤加工可以按需要发热量生产和供应燃料,防止热能浪费和"大材小用",也防止发热量过小,不能满足使用要求。工业用煤经过配煤加工还可以起到便于计量控制、稳定生产过程的作用,具有很好的经济和技术价值。

煤炭消耗量非常大,进行煤炭流通加工潜力也很大,可以大大节约运输能源,降低运输费用,具有很好的技术和经济价值。

五、工业生产中的常见冷冻加工技术与装备

冷冻作为一种传统的食品加工方法在食品加工中应用广泛,在食品储藏中有着不可替代的作用。冷冻食品分为:冷却食品和冻结食品。

（一）冷冻技术

1. 冷冻技术含义

随着食品加工工业的一些特殊需求,新的低温加工技术应运而生,常见的有速冻技术、直接浸渍技术、超声波冷冻技术、高压食品冷冻技术、冷冻浓缩技术、微波冷冻干燥技术这六种。

2. 冷冻的作用

冷冻保藏食品的方法很简单,就是通过冷冻的方法来储藏食品,应用冷冻能杀死微生物或抑制微生物的活动、降低酶的活性方面的功能来避免食品腐败变质,从而达到长时间储藏食品的目的。食品的加工和储藏方面的应用如下。

（1）食品的冻结、冻藏和冻结运输,主要有畜产品、水产品的冻结和冻藏,还有蔬菜、面食品、冰、雪糕等产品的冻结和冻藏。

（2）食品的冷却、冷藏和冷却运输,主要有果品、蔬菜、蛋、油脂、冷饮等产品的冷却和冷藏。

（3）食品加工,如冻结干燥、冻结浓缩和物料的冷却等。

（二）常见冷冻装备

常见冷冻装备包括冷源制作（制冷）、物料的冻结、冷却三个组成部分。

在一般制冷系统中,压缩机、冷凝器、蒸发器和节流阀是制冷系统中必不可少的四大件。

1. 压缩机

制冷压缩机在蒸汽压缩式制冷系统中,把制冷剂从低压提升为高压,并使制冷剂不断循环流动,从而使系统不断将内部热量排放到高于系统温度的环境中。制冷压缩机是制冷系统的心脏,制冷系统通过压缩机输入电能,从而将热量从低温环境排放到高温环境。

制冷压缩机的种类很多,根据工作原理的不同,制冷压缩机可以分为定排量制冷压缩机和

变排量制冷压缩机,如图 6-49 所示。

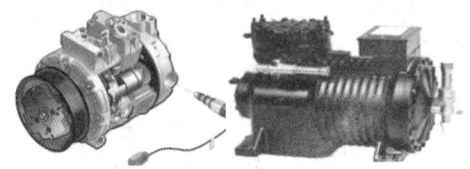

(a) 定排量制冷压缩机　　　　　　(b) 变排量制冷压缩机

图 6-49　制冷压缩机装备示意图

制冷压缩机的压缩机的能力和特征决定了其制冷系统的能力和特征,在某种意义上,制冷系统的设计与匹配就是将压缩机的能力体现出来。因此,世界各国的制冷业无不在制冷压缩机的研究上投入了大量的精力,新的研究方向和研究成果不断出现,技术和性能水平日新月异。

2. 冷凝器

一般制冷压缩机的制冷原理是把工质由低温低压气体压缩成高温高压气体,再经过冷凝器,在冷凝器中冷凝成低温高压的液体,经节流阀节流后,则成为低温低压的液体。低温低压的液态工质送入蒸发器,在蒸发器中吸热蒸发而成为压力较低的蒸汽,从而完成制冷循环。

3. 膨胀阀

膨胀阀属于节流降压器件,使用在大、小型空调器中。膨胀阀根据操作动作分为:手动膨胀阀、自动膨胀阀、热力膨胀阀和电子膨胀阀四种类型。

(1) 手动膨胀阀。手动膨胀阀是最简单的节流阀,这种膨胀阀,结构简单,但不能随热负荷的变化而自动调节。在氟利昂制冷装置中已使用热力膨胀阀进行自动调节。适用于制冷系统手动控制的场合。

(2) 自动膨胀阀。自动膨胀阀是最简单的节流阀,这种膨胀阀,阀开启,制冷剂液体进入蒸发器,蒸发引力升高,导致膨胀阀的关小。当压缩机抽吸蒸发器中的蒸气时,压力降低,促使膨胀阀开大,这样它自动调节阀的开启度。

(3) 热力膨胀阀。热力膨胀阀由感温机构、执行机构和调节机构三大部分组成,由感应元件(感温包)、膜片、阀体、阀座等组成。这种膨胀阀,它是利用蒸发器出口处蒸汽的过热度来调节制冷剂的。在制冷机组正常运转条件下,感应元件灌注剂压力等于膜片下气体压力与弹簧压力之和,处于平衡状态。如供制冷剂不足,引起蒸发器出口处回汽,过热度增大,感温包温度升高,使膜片下移,阀口的开启度增大,直至供液量与蒸发量相当时,再得到平衡。

(4) 电子膨胀阀。电子膨胀阀是按照预设程序调节蒸发器供液量,因属于电子式调节模式,故称为电子膨胀阀。按驱动形式划分,有电磁式和电动式两类,电动式又分直动型和减速型两种。膨胀阀的基本用途相同,结构上多种多样,但在性能上,两者却存在较大的差异。

4. 冷风机

冷风机,分为制冷工业冷风机及家用冷风机,工业冷风机一般用于冷库、冷链物流制冷环境中。家用冷风机又叫作水冷空调,是一种集降温、换气、防尘、除味于一身的蒸发式降温换气机组。

(1) 工业用冷风机。工业中常用的冷风机是干式冷风机(蒸发式冷气机),冷风机是由表面积很大的特种纤维波纹蜂窝状湿帘、高效节能风机、水循环系统、浮球阀补水装冷置、机壳及电器元件等组成,如图 6-50 所示。

它是靠空气通过冷风机内的蒸发排管来冷却管外强制流动的空气。将它装在冷库内的地坪，叫作落地式冷风机；装在库房顶上，叫作吊顶式冷风机。厂房降温装备分好几种，比如有湿帘冷风机、水温空调、风机盘管等，根据不同的车间可以配置不同的降温装备。

（2）家用冷风机。家用冷风机是由表面积很大的特种纸质波纹蜂蜜窝状湿帘、高效节能风机、水循环系统、浮球阀补水装置、机壳及电器元件等组成，如图 6-51 所示。

家用冷风机工作原理：当风机运行时，家用冷风机腔内产生负压，使机外空气通过吸水性很强的湿帘进入腔内，湿帘上的水在绝热状态下蒸发，带走大量潜热，净化、冷却增氧的冷气被风机送入车间，通过不断对流，从而使厂房和车间达到制冷的效果。

图 6-50　工业用冷风机装备示意图　　　图 6-51　家用冷风机装备示意图

六、工业生产中的常见分选加工技术与装备

（一）分选的定义

分选是指碎屑物质在水、风等动力作用下，按粒度、形状或密度的差别发生分别富集的现象，表示颗粒大小的均一性。这种分选主要在搬运过程中完成。

（二）分选加工

按物品在流通中不同的类别、规格、数量、质量进行的加工称之为分选加工。分选加工广泛应用于果类、爪类、谷物、棉毛原料的流通加工中等。流通加工中的分选加工，如图 6-52 所示。

图 6-52　流通加工中分选加工示意图

（三）常见分选加工装备

一种集重量分选、装箱几何尺寸检测、射频自动识别编码、外形图像识别等技术于一身的集成化分选输送检测装备已经用于物流管理系统。常见分选机有气流式分选机、重力式分选机、浅槽式分选机和水果分选机。

（1）气流式分选机。气流式分选机是一种利用空气悬浮原理将混合物粉状物料分离为轻、重两部分的分选装备。其结构主要包括电机、关风机、进料门、主轴、缓冲环、分料盘、涡流环、调节环、分选器、轴承等零部件。气流分选机如图 6-53 所示。

（2）重力式分选机。该机由振动台、供风系统、振动无级变速机构、纵横向角度调整机构等组成。其装备如图 6-54 所示。

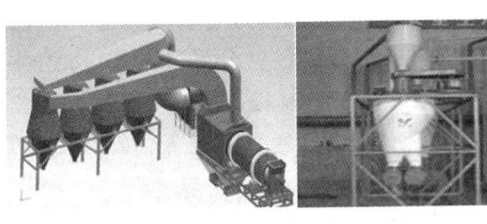

图 6-53　气流分选机示意图

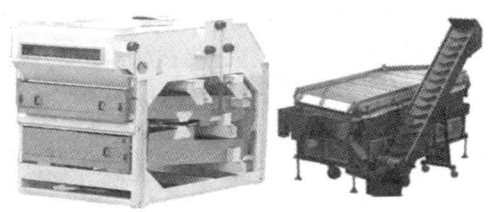

图 6-54　重力式分选机装备示意图

振动台筛面按分选作物品种的不同可选用不同目数的网孔尺寸,该机适用于玉米、小麦、水稻、大豆、高粱等作物种子及各种蔬菜种子精选加工,可在加工线中配套使用,也可用于单机作业。

(3)浅槽式分选机。浅槽式分选机主要组成部分:分选槽体、入料箱、溢流堰、上升流介质斗、驱动装置、排矸系统(包括刮板链、滑道等)、润滑系统、失速保护开关等。其装备如图 6-55所示。

(4)水果分选机。水果分选机包括:①小型水果直式选果机;②水果椭圆式选果机;③水果双通道高效选果机。其装备如图 6-56 所示。

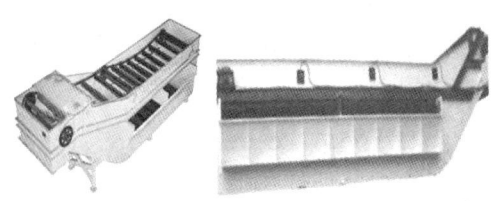

图 6-55　浅槽分选机装备示意图

图 6-56　水果分选机装备示意图

七、工业生产中的精制加工技术与装备

精制加工装备主要用于农牧副渔等产品的切分、洗净、分装等简单加工的装备。

(一)果蔬流通精制加工

扩大果蔬原料基地、乳品和皮毛的流通精制加工用规模,重点推进产地加工,发展物联网质量追溯系统,增加农民收入。

(1)果蔬汁精制流通加工。重点开发原料预处理、高效榨汁等技术,发展浓缩汁、NFC 果蔬汁、复合汁、果蔬汁主剂。

(2)果蔬罐头精制流通加工。重点开发电脑程序控制自动杀菌、综合利用等技术,发展柑橘、桃、菠萝、蘑菇罐头等,促进果蔬罐头加工装备向连续化、机械化、智能化方向发展。

(3)果蔬脱水精制流通加工。重点开发联合干燥技术、节能干燥技术等,发展香菇、葱蒜、辣椒、番茄、胡萝卜、天然调味料等脱水产品,促进脱水装备向先进、高效、节能方向发展。

(4)果蔬速冻精制流通加工。重点开发微波、远红外等快速解冻新技术,发展豌豆、甜玉米等速冻产品。果蔬物流,重点推广应用果蔬储存运输保鲜新技术,发展果蔬冷链物流系统。

(二)乳品精制流通加工

乳品精制流通加工。重点推进新产品开发和质量安全体系建设,丰富产品品种,形成多样化乳品产品结构,保障乳及乳制品安全。

（三）皮毛流通精制流通加工

皮毛流通精制流通加工。重点推进皮毛产地初加工和精深加工,实现清洁生产、减少污染,确保皮毛加工行业可持续发展。

八、工业生产中的分装加工技术与装备

分装:作为一个运输单位而包装的一定量物资,有时有特殊规格或安排。如 1 个玻璃瓶中分装 50 个小圆盘。

分装加工:打开原产品的包装,重新包装的,无论用原生产商的包装还是自己的包装,都属于分装加工,分装加工装备如图 6-57 所示。

图 6-57　分装加工装备示意图

分装加工属生产性质,承担产品质量责任,需要办理生产许可证(例如将大桶食用油分装成瓶装)。农产品加工业以粮、棉、油、肉、蛋、奶、水果、蔬菜、茶、水产品等优势、特色农产品的资源转化、加工增值、纵深开发为主,涵盖农副食品加工业、食品制造业、饮料制造业、烟草制品业、纺织业等子行业。

九、工业生产中的组装加工技术与装备

（一）组装的定义

（1）组装也可称为装配,是整个机械制造过程中的最后一个阶段,在制造过程中占有非常重要的地位。组装的意思是组合在一起再安装到一部机器上。

（2）组装流水线,又叫作组装线、自动组装线、组装生产线、生产线组装线、自动装配线。由于行业差异性,组装流水线在各个行业中的名称略有不同。组装流水线是流水线产品中重要的一款流水线装备产品。

（二）组装流水线分类

组装流水线是隶属于流水线的一个分类。组装流水线的分类主要有如下几个类别。

（1）按照自动化程度分类可分为:自动组装线和手动组装线。

（2）按照生产工艺分类可分为:插件组装线、组装生产线、生产线组装线、皮带线组装线、流水线组装线等。

（3）按照行业分类可分为:装配线、汽车装配线、电动车组装线、摩托车组装线、自动车组装线等。

（三）常见的组装加工类型

1. 电脑组装

电脑组装,简单地说,就是单买各个(兼容的)电脑配件组合装配成整套机器,即按照规定的技术要求,将若干个零件组和成组件、部件,或将若干个零件的组件、部分组成产品的过程,又称

为电脑装配。

在计算机领域,组装分为电脑组装和机械组装。机械产品的质量最终由装配工作保证。机械产品一般都是由许多零件个部件组成的。组装机是将电脑配件(包括 CPU、主板、内存、硬盘、显卡、光驱、机箱、电源、键盘鼠标、显示器)组装到一起的电脑。与品牌机不同的是,组装机可以自己买硬件组装,也可以到配件市场组装,可根据用户自己要求,随意搭配,价格便宜,性价比高。

2. 公路自行车的组装

组装自行车整车,过去通常是车厂和组装车店应该干的工作,但是爱好者在家里通过一套基本工具,也可以很容易完成这项工作。由于人的年龄、身高和体重不同,为了骑车舒适需要,公路自行车在购买过程中,一般都是根据自己的身高和体重来搭配车子的零件和车架等。有时,即使是已经购买了整车或者是已经有了组装车,也可能在今后的使用中,需要根据自己的实际情况,以及使用情况来进行部分零件的修改。

(四)组装的应用范围

组装应用范围在工业制造和食品加工等行业有着较为广泛的应用。

(1)工业制造行业:组装流水线在工业制造行业广泛应用于汽车制造、电动车生产、自动行车生产、摩托车生产,以及其他机械装备和工程机械的生产、组装。

(2)食品加工行业:食品行业中组装流水线广泛应用于方便面、牛奶、袋装食品、箱装食品的生产线上的包装,以及部分散装食品的包装。

任务四　消费资料行业的流通加工技术与装备

项目目标

知识目标

(1)掌握农产品基本概念及主要农产品消费的发展现状。

(2)掌握农产品消费流通加工技术与装备。

(3)掌握园艺植物产品消费流通加工技术与装备。

(4)掌握畜禽类产品消费流通加工技术与装备。

(5)掌握饲料类产品消费流通加工技术与装备。

能力目标

(1)能够根据粮食和主要农产品消费特点选用效率高、技术先进、加工量大的专门机具和设备。

(2)能够根据中国城乡居民生活水平不断提高,粮食和主要农产品消费已经进入结构转型期特点,实现流通加工品种多样化、系列化、专用化。

目前,中国城乡居民生活水平不断提高,粮食和主要农产品消费已经进入结构转型期。随着收入水平的提高和农产品价格的变化,食物消费的变化趋势也有所不同,主要表现为收入弹性和价格弹性不同,食物消费结构变化的进程也不同。

一、农产品基本概念

(一)农产品初加工概念

农产品初加工是指对农产品一次性的不涉及农产品内在成分改变的加工,即对收获的各种农新产品(包括纺织纤维原料)进行去籽、净化、分类、晒干、剥皮、沤软或大批包装以提供初级市场的服务活动,以及其他农新产品的初加工活动。

(二)农产品深加工概念

农产品深加工是指对农业产品进行深度加工制作以体现其效益最大化的生产环节,与"农产品初加工"概念相对应。例如:将稻谷、玉米加工为大米、玉米粉的生产,称为粗加工;将大米、玉米、玉米粉加工为爆米花、玉米糊的工程,称为深加工。

(三)农产品加工业

农产品加工业是以人工生产的农业物料和野生动植物资源为原料的总和进行工业生产活动。广义的农产品加工业,是指以人工生产的农业物料和野生动植物资源及其加工品为原料所进行的工业生产活动。狭义的农产品加工业,是指以农、林、牧、渔产品及其加工品为原料所进行的工业生产活动。农产品加工业是国民经济基础性和保障民生的重要支柱产业。

(四)农业物流

农业物流是指以农业生产为核心而发生的一系列物品从供应地向接受地的实体流动和与之有关的技术、组织、管理活动,也就是使运输、储藏、加工、装卸、包装、流通和信息处理等基本功能实现有机结合。根据农业物流的管理形式不同,可以将农业物流分为:农业供应物流、农业生产物流、农业销售物流。

农业物流、农村物流、农产品物流三个概念中,农业物流的外延最大,可以包括后两者,也可以把"三农"领域的物流统称为农业物流,它分为生产、供应、销售等类型的物流。建立现代物流具有很广泛的现实意义,同时,发展现代农业物流一定要适应农业现代化发展的战略。

二、农产品消费流通加工技术与装备

农产品流通加工机械包括对收获后的农产品或采集的禽、畜产品进行初步加工,以及某些以农产品为原料进行深度流通加工的机械设备。农产品流通加工机械的品种很多,使用较多的有谷物类产品流通加工设备、麦类产品流通加工设备、玉米产品流通加工设备、薯类产品流通加工设备、食用豆类产品流通加工设备和其他类粮食产品流通加工设备等。为实现各工序之间的连续作业和操作自动化,常将前后工序的多台加工机械组合成加工机组、加工间或综合加工厂。

(一)谷物类产品流通加工

(1)谷物类产品流通加工机械主要用于将稻谷、高粱、粟和黍等类原粮脱壳去皮,碾制成成品粒米。例如：①高粱、粟米等原粮先经各种除杂清理设备清除各种杂质后，进入砻谷机并分离粒壳；②排出的糙粮混合物进入糙粮分离筛；③分离筛利用粮壳和糙米在粒度、密度和表面特性等方面的差异，将未脱壳的原粮整粒分离出来并送回砻谷机；④糙米则进入碾米机碾制成白米，然后经成品分级筛除去糠秕和碎米，即得成品白米。

（2）稻谷流通精加工流程。稻谷加工分为：糙米加工和精米加工两部分。糙米加工主要由农协或生产者进行，将收购或生产的稻谷加工成糙米，卖给批发商。精米加工主要由大米加工厂进行，即大米加工厂从农协或生产者手中购买糙米，将糙米加工成精米，再批发给零售商。

稻谷流通精加工：通过对稻谷进行清理、脱壳、碾米（或不碾米）、烘干、分级、包装等简单加工处理，制成的成品粮及其初制品，具体包括大米、蒸谷米。

（二）麦类产品流通加工

麦类产品流通加工通过将小麦、玉米、大麦、荞麦和莜麦等原粮去掉皮层和胚芽，研磨成成品粉。例如：小麦原粮经各种除杂清理设备清除各种杂质和黏附在麦粒表面的泥土、灰尘后，对小麦进行清理、配麦、磨粉、筛选、分级、包装等简单加工处理，制成的小麦面粉及各种专用粉，中间物料再进入另一台磨粉机研磨，如此反复提取面粉，最后经刷麸机将麸皮排出。

小麦籽粒由皮层、胚乳和胚三部分组成，其中胚乳中蛋白质占整粒小麦所含蛋白质的72%，皮层占20%，胚中占8%，可见小麦蛋白质主要在胚乳中。小麦加工为食品之前，必须进行磨粉，将胚乳淀粉与皮层和胚分离开来，以便利用。小麦流通深加工制粉工艺如下。

（1）小麦流通深加工制粉工艺：小麦制粉是把小麦通过机械力（剪切、挤压）将麦皮与胚乳分离，把胚乳磨碎成粉，经过筛理，获取符合不同质量的面粉。

（2）小麦制粉各个工序重要装备：磁选机、振动筛、去石机、配麦装置、精选机、打麦机、洗麦机、润麦装置、磨粉机、圆筛、打麸机、清粉机、混合机、杀虫机、松粉机、包装机。

随着我国人民生活水平不断提高，粮食与食品工业发展迅速，对面粉质量要求提高，专用粉的需求日益增大。

（三）玉米产品流通加工

玉米一直被用于食品和饲料，是重要的传统食品，并有"饲料之王"之称。玉米流通加工通过对玉米籽粒进行清理、浸泡、粉碎、分离、脱水、干燥、分级、包装等简单加工处理，生产的玉米粉、玉米碴、玉米片等；鲜嫩玉米经筛选、脱皮、洗涤、速冻、分级、包装等简单加工处理，生产的鲜食玉米。

（1）玉米米是一种以去皮、去胚的细玉米面为原料，经加水搅拌、膨化而成的人造米。用玉米米做成的米饭、米粥，滑润可口，口感接近大米，而且减少了玉米的苦涩味。工艺流程如下：原料—筛选—脱皮、脱胚—加水搅拌—成型—冷却—烘干—筛选—成品—包装。如果在玉米米中加入某些营养素和药物成分，可以进一步加工成适合于婴幼儿、老年人、病人需要的玉米营养米和疗效米等产品。

（2）除了开发新型玉米食品外，还可以进行对玉米的精深加工，生产玉米淀粉、变性淀粉、酒精、味精、柠檬酸、脂肪代用品、干性玉米粉、玉米油、饲料等产品。

中国是世界第二大玉米生产国，其加工业具有广阔的发展前景。但是我国目前玉米加工产业出现"大原料、小加工"的失衡结构，玉米及其营养成分实际利用率很低。充分综合利用玉米原料，提高原料利用率和实现清洁生产，是当前我国玉米产业所面临的重要课题。

（四）薯类产品流通加工

薯类流通加工通过对马铃薯、甘薯等薯类进行清洗、去皮、磋磨、切制、干燥、冷冻、分级、包装等简单加工处理，制成薯类初级制品，具体包括薯粉、薯片、薯条。薯类是比较经济的淀粉原料之一，也是许多工业产品的中间原料。

（1）薯类流通深加工工艺：鲜薯—清洗—破碎—A型过滤机（粗滤）—除沙—B型过滤机（精滤）—沉淀—粉丝—成型—冷却—晾晒—包装。

（2）薯类流通深加工主要装备：鼠笼式洗薯机、自动上料洗薯机、破碎机、分离机、淀粉浆搅拌机、精滤机、除沙机、搅拌机、粉丝机。小型家庭用户只需要购买洗薯机、破碎分离一体的磨浆分离机及粉条粉丝机即可进行三粉（淀粉、粉条、粉皮）加工。

近年来，薯类用作口粮越来越少，除加工成薯干、淀粉、粉条等传统产品外，还进一步开发了淀粉及其衍生物、有机酸、氨基酸以及化工原料等产品。

（五）食用豆类产品流通加工

通过对大豆、绿豆、红小豆等食用豆类进行清理去杂、浸洗、晾晒、分级、包装等简单流通加工处理，制成的豆面粉、黄豆芽、绿豆芽。

（1）根据种皮的颜色和粒形，大豆可分为黄大豆、青大豆、黑大豆、其他色大豆、饲料豆（秣食豆）五类。黄大豆的种皮为黄色，脐色为黄褐、淡褐、深褐、黑色或其他颜色，粒形一般为圆形、椭圆形或扁圆形。

（2）大豆是一种重要的粮油兼用农产品，既能食用，又可用于榨油。

① 作为食品，大豆是一种优质高含量的植物蛋白资源，它的脂肪、蛋白质、碳水化合物、粗纤维的组成比例非常接近于肉类食品。大豆的蛋白质含量为 $35\%\sim45\%$，比禾谷类作物高 6～7 倍。氨基酸组成平衡而又合理，尤其富含 8 种人体所必需的氨基酸。大豆制品如豆腐、千张、豆瓣酱、豆腐乳、酱油、豆豉等，食味鲜美，营养丰富，是东亚国家的传统副食品。

② 作为油料作物，大豆是世界上最主要的植物油和蛋白饼粕的提供者。每 1 t 大豆可以制出大约 0.2 t 的豆油和 0.8 t 的豆柏。用大豆制取的豆油，油质好，营养价值高，是一种主要食用植物油。作为大豆榨油的副产品，豆粕主要用于补充喂养家禽、猪、牛等的蛋白质，少部分用在酿造及医药工业上。

（六）其他类粮食产品流通加工

通过对燕麦、荞麦、高粱、谷子等杂粮进行清理去杂、脱壳、烘干、磨粉、轧片、冷却、包装等简单流通加工处理，制成的燕麦米、燕麦粉、燕麦麸皮、燕麦片、荞麦米、荞麦面、小米、小米面、高粱米、高粱面。

三、园艺植物产品消费流通加工技术与装备

在世界各国，园艺业都是很兴盛的行业，而且是在继续发展的行业。21 世纪的中国，对于园艺植物产品消费流通加工来说，应当客观地承认，作为一个园艺大国，我们的生产水平是很落后的，很多地方生产仍是个体的、分散的、技术原始的，因此单产低、质量次、效益低。

（一）茶叶类产品流通加工

茶叶类产品流通加工，对茶树上采摘下来的鲜叶和嫩芽进行杀青揉捻、发酵、烘干、分级、包

装等简单的加工处理。

茶叶是我国具有出口优势的农产品,但加工的装备陈旧、产品的质量和包装档次低,综合利用不高。制成的初制毛精制茶、边销茶、紧压茶和掺兑各种药物的茶及茶饮料不属于流通加工范围。

(二)花卉及观赏植物流通加工

对观赏用、绿化及其他各种用途的花卉及植物进行保鲜、储藏、烘干、分级、包装等简单流通加工处理,制成各类鲜花、干花。

(三)林木产品流通加工

将伐倒的乔木和竹(含活立木、竹)去枝、去梢、去皮、去叶、锯段等简单流通加工处理,制成的原木、原竹、锯材。

(四)糖料植物流通加工

对各种糖料植物,如甘蔗、甜菜、甜菊等进行清洗、切割、压榨等简单流通加工处理,制成制糖初级原料产品。

(五)药用植物流通加工

对各种药用植物的根、茎、皮、叶、花、果实、种子等进行挑选、整理、捆扎、清洗、晾晒、切碎、蒸煮、炒制等简单流通加工处理,制成片、丝、块、段等中药材。加工的各类中成药不属于初加工范围。

(六)热带、南亚热带作物流通加工

对热带、南亚热带作物进行去除杂质、脱水、干燥、分级、包装等简单流通加工处理,制成工业初级原料。具体包括:天然橡胶生胶和天然浓缩胶乳、生咖啡豆、胡椒籽、肉桂油、桉油、香茅油、木薯淀粉、木薯干片、坚果。

四、畜禽类产品消费流通加工技术与装备

(一)皮类产品消费流通加工

对畜禽类动物皮张进行剥取、浸泡、刮里、晾干或熏干等简单加工处理,制成生皮、生皮张。

(二)毛类产品流通加工

对畜禽类动物毛、绒或羽绒分级、去杂、清洗等进行简单加工处理,制成洗净毛、洗净绒或羽绒。

(三)蜂产品流通加工

对蜂产品进行去杂、过滤、浓缩、熔化、磨碎、冷冻简单加工处理,制成蜂蜜、蜂蜡、蜂胶、蜂花粉。

五、饲料类产品消费流通加工技术与装备

(一)植物类饲料产品流通加工

对植物类饲料产品进行碾磨、破碎、压榨、干燥、酿制、发酵等简单流通加工处理,制成糠麸、饼粕、糟渣、树叶粉。

（二）动物类饲料产品流通加工

对动物类饲料产品进行破碎、烘干、制粉等简单流通加工处理，制成鱼粉、虾粉、骨粉、肉粉、血粉、羽毛粉、乳清粉。

（三）添加剂类产品流通加工

对添加剂类产品进行粉碎、发酵、干燥等简单流通加工处理，制成矿石粉、饲用酵母。

（四）牧草类产品流通加工

对牧草、牧草种子、农作物秸秆等进行收割、打捆、粉碎、压块、成粒、分选、青储、氨化、微化等简单流通加工处理，制成干草、草捆、草粉、草块或草饼、草颗粒、牧草种子、草皮以及秸秆粉（块、粒）。

（五）水生动物产品流通加工

将水产动物（鱼、虾、蟹、鳖、贝、棘皮类、软体类、腔肠类、两栖类、海兽类动物等）整体或去头、去内脏、去鳞（皮/壳）、去骨（刺）、捣溃或切块、切片，经冰鲜、冷冻、冷藏等保鲜防腐处理、包装等简单流通加工处理，制成水产动物初制品。

（六）水生植物产品流通加工

水生植物产品流通加工是指对水生植物（海带、紫菜等）整体去根、去边梢、切段，然后通过热烫、冷冻、冷藏等保鲜防腐处理，或通过晾晒、干燥（脱水）、切碎等加工处理，以及包装等简单加工处理，制成初制品。

不同的国家在食物消费的偏好与消费需求的起点上存在很大的差异。一个国家的农产品生产既要满足国内市场的需求，又要满足国际市场的需求。而国内消费的农产品既包括来自国内生产的产品，又包括来自国外生产的产品。食物消费结构升级是未来推动中国农产品消费增长最主要的动力。

学习测试

一、名词解释

流通加工　分选　农业物流　粮食流通加工

二、填空题

（1）流通加工既属于＿＿＿＿范畴，又属于＿＿＿＿＿＿范畴。

（2）对于流通加工合理化的最终判断，要看其是否能实现＿＿＿＿＿＿和＿＿＿＿＿两个效益，而且是否取得了＿＿＿＿＿＿。对流通加工企业而言，应把＿＿＿＿＿＿放在首位。

（3）流通加工地点设置是关系到整个物流加工能否有效的重要因素。一般而言，为衔接单品种大批量生产与多样化需求的流通加工，加工地应设置在＿＿＿＿＿＿。

（4）设置流通加工点，从事流通加工业务前，需要先进行可行性分析，其分析内容包括：＿＿＿＿＿＿、＿＿＿＿＿＿、＿＿＿＿＿＿。

（5）当前世界各国炼焦煤资源稀缺，高炉的大型化对焦炭质量及其稳定性的要求越来越高，而炼焦煤资源中强黏结性煤却越来越少，为了提高炼焦煤质量，煤炭流通加工有多种形式，包括：＿＿＿＿＿＿、＿＿＿＿＿＿、＿＿＿＿＿＿等。

（6）从棉田中摘的籽棉，经过轧棉加工，除去棉籽后的棉纤维，称为"皮棉"。皮棉压紧成

包,运往纺织厂作为原料,称为"原棉"。目前,棉纺厂使用的原棉根据轧棉方法的不同,分为
_____和_____两种。

三、单项选择

(1) 流通加工主要是为促进与便利(　　)而进行的加工。

A. 流通　　　　B. 增值　　　　C. 流通与销售　D. 提高物流效率

(2) 流通加工满足用户的需求,提高服务功能,成为(　　)的活动。

A. 高附加值　　　　　　　　　　　B. 附加加工

C. 必要附加加工　　　　　　　　　D. 一般加工

(3) 关于流通加工的理解,(　　)是正确的。

A. 流通加工的对象是不进入流通过程的商品,不具有商品的属性,因此流通加工的对象不是最终产品,而是原材料、零部件、半成品

B. 一般来讲,如果必须进行复杂加工才能形成人们所需的商品,那么,这种复杂加工应专设生产加工过程,而流通加工大多是简单加工,而不是复杂加工,因此流通加工可以是对生产加工的取消或代替

C. 从价值观点来看,生产加工的目的在于创造价值及使用价值,而流通加工则在于完善其使用价值

D. 流通加工的组织者是从事流通工作的人,能密切结合流通的需要进行这种加工活动,从加工单位来看,流通加工与生产加工都由生产企业完成

(4) 流通加工是生产领域内的继续,为满足客户及消费者的需要而进行的对商品外形变化的处理过程。下列不属于流通加工的活动是(　　)。

A. 分选加工　　B. 精制加工　　C. 合成加工　　D. 分装加工

(5) (　　)指物品在从生产地到使用地的过程中,根据需要施加包装、分割、计量、分拣、刷标志、拴标签、组装等作业的总称。

A. 生产加工　　B. 社会加工　　C. 包装加工　　D. 流通加工

(6) (　　)是指用于物品包装、分割、计量、分拣组装、价格贴附等作业的专业机械装备。

A. 包装装备　　　　　　　　　　　B. 运输装备

C. 流通加工装备　　　　　　　　　D. 仓储装备

(7) 流通加工中的加工是改变产品物质的(　　),形成一定产品的活动。

A. 形状和空间状态　　　　　　　　B. 形状和性质

C. 空间状态和时间状态　　　　　　D. 性质和时间状态

(8) 流通为实现物资从生产者手中转移到消费者手中的目的,克服(　　)。

A. 供需之间的产品的所有权距离、空间距离和时间距离

B. 供需之间的产品的所有权距离、空间距离和观察距离

C. 供需之间的产品的所有权距离、观察距离和时间距离

D. 供需之间的产品的观察距离、空间距离和时间距离

(9) 主要用于鱼、肉、冰激凌等产品储存的冷库是(　　)。

A. 高温库　　　　　　　　　　　　B. 其他结构冷库

C. 低温库　　　　　　　　　　　　D. 中等温度库

(10) 主要用于水果、蔬菜的加工和储存的冷库是(　　)。

A. 高温库　　　B. 低温库　　　C. 冰库　　　D. 预冷间

四、不定项选择

(1) 按照流通加工形式,流通加工装备可分为(　　)。

A. 金属加工装备　　　　　　B. 木材加工装备　　　　　C. 食品加工装备

D. 剪切加工装备　　　　　　E. 分选加工装备

(2) 冷库库房及加工车间包括(　　)。

A. 预冷站台　　B. 速冻间　　C. 预冷间　　D. 冰库　　E. 冷库库房

(3) 根据制冷机制的不同,冷藏箱可划分为(　　)。

A. 膨胀式冷藏箱　　　　　　B. 压缩式冷藏箱　　　　　C. 半导体式冷藏箱

D. 散热式冷藏箱　　　　　　D. 吸收式冷藏箱

(4) 下列属于流通活动的有(　　)。

A. 商流　　　B. 物流　　　C. 资金流　　　D. 信息流　　　E. 流通辅助活动

(5) 流通加工过程包括(　　)。

A. 形成产品零配件、半成品的过程

B. 产品的辅助性补充加工

C. 创造价值和使用价值的过程

D. 完善产品使用价值并提高附加价值

E. 产品的增值实现过程

(6) 分装加工包括(　　)。

A. 大包装改小包装　　　　　　B. 散装改小包装

C. 运输包装改销售包装　　　　D. 商品分拣

E. 生产加工改为流通辅助加工

(7) 流通加工分为(　　)。

A. 深度加工型　　　　　　B. 延续加工型　　　　　C. 后勤服务加工型

D. 促销加工型　　　　　　E. 流通辅助活动

(8) 流通加工的具体作用表现在(　　)等方面。

A. 提高原材料利用率　　　　　　B. 改变功能,提高收益

C. 进行初级加工,方便用户　　　D. 提高加工效率及装备利用率

E. 充分发挥各种输送手段的最高效率

(9) 要实现流通加工的最优配置就应该从下述方面加以考虑:(　　),以及加工和合理运输结合。

A. 加工和配送结合　　　　　　B. 加工和配套结合

C. 加工和节约相结合　　　　　D. 加工和合理商流相结合

E. 流通辅助活动与销售配合

(10) 以下属于流通加工的基本作业内容的是(　　)。

A. 在库物品的加工　　　　　　B. 发送物品的集包

C. 分装加工　　　　　　　　　D. 工厂大规模生产制造加工

(11) 下列哪些是描述流通仓库的特点与优势的(　　)。

A. 其位置是在社会货物的流动中,能建立迅速发送体制,为企业加强销售做出贡献

B. 其性质是从事货物的中继保管作用,能适应大量生产的输送,使工厂到流通仓库之间进行大量的计划发送成为可能,可以促使降低运输费用

C. 具有仓库功能和运输功能,并且可以作为销售据点,确立生产厂商直接销售体制,省略了中间流通过程,有利于成本管理

D. 采用电子计算机信息处理系统和装卸保管机制,可以迅速准确地掌握流通过程中的库存情况,防止库存过剩或库存不均的情况

E. 流通辅助活动可以达到增值的功能

(12) 为避免流通加工过程中的各种不合理现象,实现流通加工合理化,主要考虑以下几个方面:( )。

A. 流通加工与配送相结合　　　　　　　　B. 流通加工与装备相结合

C. 流通加工与合理运输相结合　　　　　　D. 流通加工与合理商流相结合

E. 流通加工与节约相结合

(13) 粮食在流通加工过程中,要采用保鲜技术,必须有一定的先决条件:( ),只有这些要求达到,才好进行保鲜技术推广。

A. 粮仓要符合防潮、隔热、通风、密闭要求,要达到这些要求,新建粮仓设计就要考虑这些性能

B. 入仓粮食的水分、杂质要符合安全标准

C. 做好防虫、防霉的预防工作

D. 做好防火、防盗的安全事故预防工作

E. 粮库环境要做好绿化工作,减少太阳对粮仓的照射

五、论述题

(1) 简述流通加工的作用。

(2) 简述粮食流通加工方法。

第七章

包装技术与装备

XIANDAI WULIU

JISHU YU

ZHUANGBEI

SHIWU

任务引入

北京红星股份有限公司采用红星青花瓷包装"珍品二锅头",不仅改变了"老面孔",而且使"红星二锅头"产品第一次走进了中国的高端白酒市场。原因是红星青花瓷"珍品二锅头"在产品包装上融入了中国古代文化的精华元素。酒瓶采用仿清乾隆青花瓷官窑贡品瓶型,酒盒图案以中华龙为主体,配以紫红木托,整体颜色构成以红、白、蓝为主,具有典型的中华文化特色。该包装不仅在中国第二届外观设计专利大赛颁奖典礼上荣获银奖,还使得"红星二锅头"单一的低端形象得到了彻底的颠覆,为企业提高了公司形象、产品形象,创造了卓越的经济效益。

任务分析

包装是指产品的容器和外部包扎,是产品策略的重要内容,有着识别、便利、美化、增值和促销等功能。包装是产品不可分割的一部分,产品只有包装好后,生产过程才算结束。产品包装是一项技术性和艺术性很强的工作,通过对产品的包装要达到以下效果:显示产品的特色和风格,与产品价值和质量水平相配合;包装形状、结构、大小应为运输、携带、保管和使用提供方便;包装设计应符合消费者心理,尊重消费者的宗教信仰和风俗习惯,符合法律规定等。

引导案例

山姆森玻璃瓶
——一个价值 600 万美元的玻璃瓶

可口可乐的玻璃瓶包装至今仍为人们所称道。1898 年鲁特玻璃公司一位年轻的工人亚历山大·山姆森在同女友的约会中,发现女友穿着一套筒型连衣裙,显得臀部突出,腰部和腿部纤细,非常好看。约会结束后,他突发灵感,根据女友穿着这套裙子的形象设计出一个玻璃瓶。

经过反复的修改,亚历山大·山姆森不仅将瓶子设计得非常美观,很像一位亭亭玉立的少女,他还把瓶子的容量设计成刚好一杯水大小。瓶子试制出来之后,获得大众交口称赞。有经营意识的亚历山大·山姆森立即到专利局申请专利。

当时,可口可乐的决策者坎德勒在市场上看到了亚历山大·山姆森设计的玻璃瓶后,认为非常适合作为可口可乐的包装。于是他主动向亚历山大·山姆森提出购买这个瓶子的专利。经过一番讨价还价,最后可口可乐公司以 600 万美元的天价买下此专利。要知道在 100 多年前,600 万美元可是一项巨大的投资。然而实践证明可口可乐公司这一决策是非常成功的。

亚历山大·山姆森设计的瓶子不仅美观,而且使用非常安全,易握而不易滑落。更令人叫绝的是,其瓶形的中下部是扭纹形的,如同少女所穿的条纹裙子,而瓶子的中段则圆满丰硕,如同少女的臀部。此外,由于瓶子的结构是中大下小,当它盛装可口可乐时,给人的感觉是分量很多的。采用亚历山大·山姆森设计的玻璃瓶作为可口可乐的包装以后,可口可乐的销量飞速增长,在两年的时间内,销量翻了一倍。从此,采用山姆森玻璃瓶作为包装的可口可乐开始畅销美国,并风靡世界。600 万美元的投入,为可口可乐公司带来了数以亿计的回报。

思考题

(1)花费 600 万美元购买一个玻璃瓶设计专利,可口可乐的决策者坎德勒这项决定属于什么投资行为？

（2）在中国若用山姆森玻璃瓶装凉茶饮料是否也会带来成功？为什么？

任务一　包装管理概述

项目目标

知识目标

（1）掌握国家标准包装的概念、包装的形式。

（2）了解包装的分类、功能及常用包装材料。

（3）掌握常用包装容器与器具。

（4）了解常见的包装机械。

能力目标

（1）能够在设备类型等方面没有严格区分的情况下，根据运用的场合不同选用不同的包装形式。

（2）能够根据物品的商业目的，选择合适的包装容器，使用合适的包装材料，采用合适的包装机械。

知识链接

好的包装设计不仅能有效地传播产品信息，更能提升产品的心理价值。在顾客购买某项产品时，不仅使他了解实际使用价值，还能通过包装设计所传递的信息暗示他能获得许多非产品的利益。

一、包装的概念

包装，在《包装术语　第1部分：基础》（GB/T 4122.1—2008）中定义为：包装为在流通过程中保护产品、方便储运、促进销售，按一定技术方法而采用的容器、材料及辅助物的总体名称，也指为了达到上述目的而采用容器、材料和辅助物的过程中施加一定技术方法等的操作活动。这说明了在流通和消费过程中，包装对保护产品、方便储运、促进销售、保证产品的使用价值等方面起着非常重要的作用。

二、包装的形式

包装主要包括包装生产和配送中心的包装。常见的包装形式有如下几种。

（一）防潮包装

防潮包装是采用具有一定隔绝水蒸气能力的材料对物品进行包封，隔绝外界湿度对产品的影响，或在包装容器内加干燥剂，以吸收包装内残留潮气和由外界透入的潮气。

（二）防水包装

防水包装是为防止因水侵入包装容器而导致内容物发生质变、损坏而采取一定防护措施的包装。

（三）防锈包装

防锈包装是为防止包装内金属物品的锈蚀损坏而采取一定防护措施的包装。

（四）防霉包装

防霉包装是为防止含有有机物的物品在受霉菌作用时发生霉变和腐败，使物品质量受到损害而采取一定防护措施的包装。

（五）防尘包装

防尘包装也称密封包装，是为防止粉尘进入包装容器内影响产品质量的一种包装。

（六）收缩包装

收缩包装是用热收缩薄膜裹包物品或包装件，然后加热使薄膜收缩，从而包紧物品或包装件的一种包装。

（七）拉伸包装

拉伸包装是用弹性薄膜在拉伸时缠绕裹包物品，当外力撤销，薄膜自身的回弹力即可包紧物品的一种包装。

（八）充气包装

充气包装是将物品装入完全密闭的包装容器，再用氮、二氧化碳等气体置换容器中原有空气的一种包装。

（九）真空包装

真空包装是将物品装入气密性包装容器，在密封之前抽真空，使密封后的容器达到预定真空度的一种包装。

（十）透气包装

透气包装可使空气在环境发生变化（如温度变化）时，能够出入包装容器。

（十一）防震包装

防震包装又称缓冲包装，是指为减缓内容物受到的冲击和震动，保护其免受损坏而采取一定防护措施的包装。

（十二）防盗包装

防盗包装是指为防止内容物被盗窃而设计的包装，在启封后会留下不可复原的痕迹。

（十三）贴体包装

贴体包装是指将物品置于能透气的，用纸板或塑料薄膜制成的底板上，上面覆盖加热软化的塑料薄片，通过底板抽真空，使薄片紧密地包贴物品，其四周封合在底板上的一种包装。

（十四）泡罩包装

泡罩包装是指将物品封合在用透明塑料薄片形成的泡罩与复合材料制成的底板之间的一

种包装。

（十五）无菌包装

无菌包装是指对接触物品的包装材料、容器进行无菌处理,并在无菌环境中进行物品包装。

（十六）现场发泡包装

现场发泡包装是指将能够立即发泡的塑料注入容器内的空隙处,由于化学反应发泡,从而将空隙处填满泡沫塑料,使内容物得到固定的一种包装。

（十七）防虫包装

防虫包装是指在包装材料或包装容器中加入杀虫剂,以保护内容物免受虫害的一种包装。

（十八）冷冻包装

冷冻包装是指冷冻内装物在冷冻、运输、储存过程中不受损失,不干、不变味的一种包装方法。

（十九）保鲜包装

保鲜包装是指新鲜水果、蔬菜在一定时间和条件下能保持原有产品色、香、味的一种包装。

（二十）隔热包装

隔热包装是指为减少储运过程中被包装物品与外界环境的热交换而采取一定防护措施的包装。

三、包装的分类及功能

（一）包装一般可分为:商业包装和运输包装

（1）商业包装,如图 7-1 所示,是以促进销售为主要目的的包装。这种包装的特点是外形美观,有必要的装潢,包装单位适于增加顾客的购买量以及满足商店陈设的要求。在流通过程中,商品越接近顾客,越要求包装有促进销售的效果。

图 7-1　商业包装类型示意图

（2）运输包装,如图 7-2 所示,是指以强化输送、保护产品为目的的包装。运输包装的重要特点,是在满足物流要求的基础上使包装费用越低越好。

图 7-2　运输包装类型示意图

（二）包装根据形态分类可分为：逐个包装、内部包装和外部包装

（1）逐个包装，是指交到使用者手里的最小包装，是把物品全部或一部分装进袋子或其他容器里并予以密封的状态和技术。

（2）内部包装，是指将逐个包装的物品归并为一个或两个以上的较大单位再放入容器里的状态和技术，还包括为保护容器里边的物品，在容器里放入其他材料的状态和技术。

（3）外部包装，是指从运输作业的角度来考虑，为了加以保护并为搬运方便，将物品放入箱子、袋子等容器里的状态和技术，包括缓冲、固定、防湿、防水等措施。

（三）包装按功能分类可分为：工业包装和商业包装

（1）工业包装，是以运输、保管为主要目的的包装，也就是从物流需要出发的包装，也称运输包装，是一种外部包装（包含内部包装）。工业包装的主要作用是有保护功能、定量（单位化）功能、便利功能和效率功能，如图7-3所示。

(a) 保护功能　　(b) 定量功能　　(c) 便利功能　　　(d) 效率功能

图7-3　工业包装功能示意图

① 保护功能：避免搬运过程中的脱落、运输过程中的震动或冲击，以及保管中由于承受物重所造成的破损；避免异物的混入和污染；防湿，防水，防锈，遮光，防止因为化学或细菌的污染而出现的腐烂变质，等等。

② 定量功能：整理成为适合搬动、运输的单元；整理成适合使用托盘、集装箱、货架或载重汽车、货运列车等运载的单元。

③ 便利功能：形状便于运输、搬动或保管；便于实施运输、搬动或保管等物流作业；便于生产；便于废弃物的处理。

④ 效率功能：有利于提高生产、搬运、销售、输配送、保管等效率。

（2）商业包装，也叫零售包装或消费者包装，主要根据零售业的需要，作为商品的一部分或为方便携带所做的包装，又称逐个包装。

商业包装的主要功能是定量功能、标识功能、商品功能、便利功能和促销功能，主要目的在于促销，或便于商品在柜台上零售，或为了提高作业效率。这里应注意在有些情况下工业包装同时又是商业包装，比如，装橘子的纸箱（15 kg装）应属工业包装，但连同箱子出售时，也可以认为是商业包装。为使工业包装更加合理并促进销售，在有些情况下，可以采用商业包装的做法来做工业包装，如家电用品就是兼有商业包装性质的工业包装。

四、包装尺寸标准

（一）包装尺寸标准

包装单元是指在运输、装卸、仓储等流通领域过程中，由多个包装组件组合成的可用于机械作业的件货、成组件货或符合条件的集装单元货物。

包装通常是物流的起始环节。为简化物流系统,需要对商业包装、运输包装实施标准化,使成千上万种商品的包装尺寸得到简化统一,使包装尺寸为有限的规格和品种。

这些标准的规定,使得各种规格与品种的包装件可以相互组合、相互匹配,形成集合包装的单元货物。

(二)包装单元尺寸系列

由于托盘是使用最广泛的集装化装载工具,所以托盘尺寸对货物流通领域中相关尺寸的调节起到了主导作用。集装箱、汽车箱、火车车厢都可以托盘尺寸为基础,规定相应的尺寸体系。包装单元的尺寸规格如表 7-1 所示。

表 7-1　包装单元的尺寸规格　（单位:mm）

代号	包装单元尺寸
A	1 000×1 200
B	800×1 200

将包装单元尺寸作为基准,进行分割后就可以得到系列化的包装尺寸。在剔除了互换性的尺寸后,进行长宽、大小匹配就可以得到所需的包装尺寸系列。

五、常用包装材料

包装材料及容器的选择要依据产品的特性。

(一)纸质包装

纸质包装具有易加工、成本低、适于印刷、重量轻、可折叠、无毒、无味、无污染等优点,但耐水性差,在潮湿时强度差。纸质包装材料可分为包装纸和纸板两大类,如图 7-4 所示。

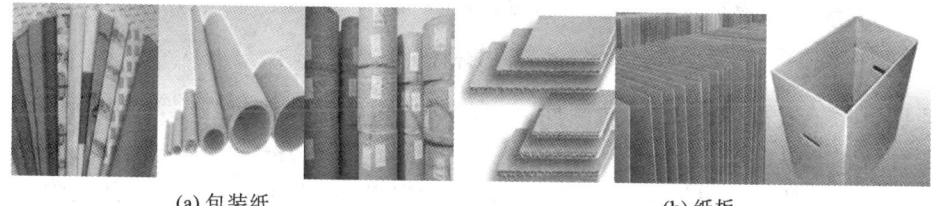

(a) 包装纸　　　　　　　　　　　(b) 纸板

图 7-4　纸质包装材料示意图

一般的包装用纸统称为包装纸,包装纸的性能要求主要有以下几个方面:①强度高、成本低、透气性好、耐磨损的包装纸,多用作购物袋、文件袋,如牛皮纸;②纸面光洁、强度较高的包装纸,多用作标签、服装吊牌、瓶贴,如漂白纸;③以天然原料支撑、无毒、透明度高、表面光滑、抗拉、抗湿、防油的包装纸,多用于食品包装,如玻璃纸。纸板的制造原材料与纸基本相同,主要区别在于硬度、厚度,刚性强、易加工型是销售包装的主要用纸。

(二)木材包装

木材包装是指以木板、胶合板、纤维板为原材料制成的包装,如图 7-5 所示。木材也是传统包装材料之一,主要用于制作各种包装箱,包括内包装箱、运输包装箱和托盘等。

由于木材生长期长,我国又是一个木材资源贫乏的国家,森林覆盖率仅为 12.98%,大量砍伐树木容易造成水土流失,破坏生态平衡,国家已采取限制使用木材的强制措施,因此,在今后

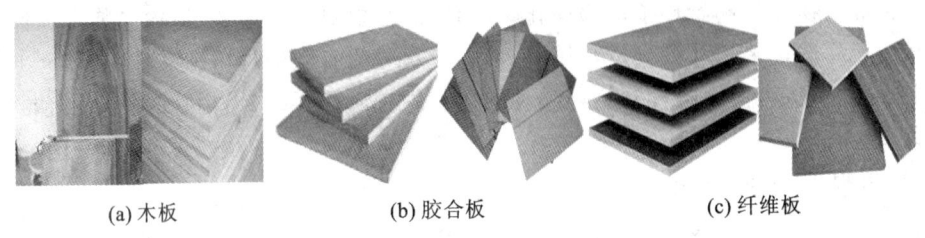

(a) 木板　　　　　　　(b) 胶合板　　　　　　　(c) 纤维板

图 7-5　木材包装材料示意图

尽量少用木材作为包装材料,在积极而广泛地发掘和发展木材的综合利用外,主要发展非木材材料的代用。

(三) 塑料包装

塑料具有许多优良特性,如气密性好、易于成形和封口、防潮、防渗漏、防挥发、透明度高、化学性能稳定、耐酸、耐碱、耐腐蚀等,因此,塑料已是目前使用很广泛的一种包装材料。下面介绍几种重要的塑料品种。

1. 聚乙烯(PE)

聚乙烯有低密度聚乙烯(LDPE)、高密度聚乙烯(HDPE)和中密度聚乙烯(MDPE)三种,如图 7-6 所示。

(a) 低密度聚乙烯　　　　　　(b) 高密度聚乙烯　　　　　　(c) 中密度聚乙烯

图 7-6　聚乙烯材料示意图

① LDPE 具有良好的耐水性、防潮性、耐寒性、热封合性和热封强度,因此,用于冷冻食品包装和复合材料的热封层,适于水果、蔬菜的保鲜包装,但其耐热性和耐油性较差。由于其防潮性好,所以,除食品外还常用于医药品、日用品和金属制品的防潮包装。由于其热收缩性好,又广泛用于各种热收缩包装中。

② HDPE 的抗拉强度、防潮性、耐热性、耐油性和耐化学药品性等均优于 LDPE。由于其耐热性好,可作蒸煮袋的热封层,但气密性差,不具有保香性,且用其储存食品时间不长。

③ MDPE 性能介于前两者之间,较坚韧,具有较好的强度,适于用作包装薄膜和包装容器。

2. 聚丙烯(PP)

聚丙烯无毒无臭,阻湿和阻气性好,能耐受酸、碱及多种有机物的腐蚀,机械强度高,广泛用于食品、糖果、香烟、茶叶、果汁、牛奶、纺织品、化妆品等包装领域。包装常用的聚丙烯可分为未拉伸聚丙烯(CPP)和双向拉伸聚丙烯(BOPP)两种,如图 7-7 所示。

①CPP 耐寒性差,低温时发脆,不能作冷冻食品的包装。BOPP 与 CPP 相比,具有较高的透明度和光泽度,耐寒性好,机械强度高,伸长率、透湿率、透气率有所降低。

②BOPP 由于原料丰富,性能优,用途广泛,成为比玻璃纸(如 PVC)更受欢迎的包装,在国外被誉为"包装皇后"。它的制造工艺简单,价格合理,其在复合包装、珠光包装,以及医药品、纺

| (a) 未拉伸聚丙烯 | (b) 双向拉伸聚丙烯 |

图 7-7 聚丙烯材料示意图

织品、香烟、食品糖果的包装中占有重要地位。

3. 聚偏二氯乙烯(PVDC)

PVDC 在塑料包装中以其综合阻隔性能优良而著称。它既不同于聚乙烯随着吸湿增加而使阻气性急剧下降,又不同于尼龙膜由于吸水性而使阻湿性能变差,它是一种阻气、阻湿皆优的高阻隔性能材料,如图 7-8 所示。

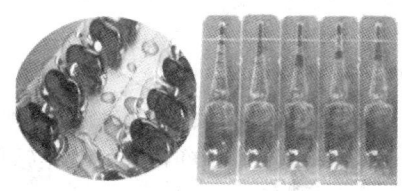

| (a) 药用聚偏二氯乙烯 | (b) 聚偏二氯乙烯保鲜膜 |

图 7-8 聚偏二氯乙烯材料示意图

PVDC 的阻隔性能是普通包装材料的几倍、几十倍,甚至几百倍。因此用 PVDC 涂敷膜包装食品对食品的色、香、味、防潮等有优良的保护作用,能使食品保存期提高几倍、几十倍,可以大大减少食品因季节等各种因素变质而造成大量的损失。PVDC 不但有优异的高阻隔性能,还有优异的印刷性能、复合性能和透明性。

PVDC 制品被大量用于肉类食品、方便食品、奶制品、保鲜食品等食品行业,化妆品、日化品、药品等日化制药行业,以及需防潮、防锈的五金制品、机械零件、军用品等各种需要有隔氧防腐、隔味保香、隔水防潮、隔油防锈等阻隔要求的产品包装。

4. 聚苯乙烯(PS)

聚苯乙烯,如图 7-9 所示,是坚硬、无色、透明的塑料,强度较高,印刷性较好,无毒无味,用来制作盛装食品及酸、碱类的容器,但它容易破裂和集聚静电,熔点较低,不能在高温下使用。

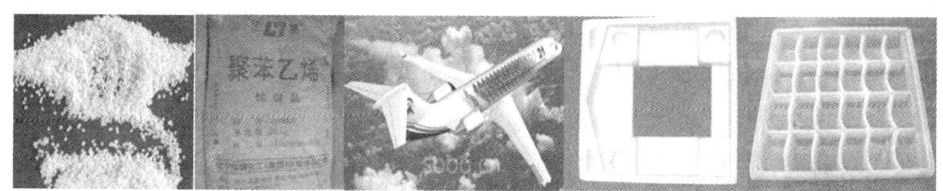

图 7-9 聚苯乙烯材料应用示意图

PS 加入发泡剂可制成聚苯乙烯泡沫塑料,常用作仪器、仪表、家用电器等产品的缓冲包装材料。

塑料材料用于包装有其优点,也有其不可忽视的缺点。一是塑料由树脂和添加剂组成,在光、热等外界条件影响下,容易发生变化,分解或溢出微量对人体有害的物质,会污染内装物品。二是塑料一般难以处理,有些难以分解,有些焚烧后会产生有害气体,对环境造成较大的污染。

(四) 玻璃包装

玻璃包装容器是指将熔融的玻璃料经吹制、模具成型制成的一种透明容器。玻璃包装容器主要用于包装液体、固体药物及液体饮料类商品,如图 7-10 所示。

图 7-10　玻璃包装容器应用示意图

玻璃是一种或多种圭酸盐类的透明物质,可依其原料、成分、化学组成、颜色等区别来分类。

1. 依其原料制造分类

(1) 钙钠玻璃,为最普通的玻璃,用以制瓶、杯、灯罩及低价的压制器。

(2) 含铅玻璃,可制成光洁的上等水晶玻璃,用于餐具及装饰品最宜。

(3) 颜色玻璃,各种金属的氧化物加入玻璃中,可得各种颜色的玻璃,例如氧化钴用以制造蓝色玻璃,二氧化锰使玻璃呈紫色。

2. 依其化学组成分类

(1) 钙钠玻璃(无铅水晶玻璃),Na_2O-CaO-SiO_2 系玻璃,Na_2O(氧化钠)、CaO(氧化钙)、SiO_2(二氧化硅)为主要成分。

(2) 钾玻璃(无铅水晶玻璃),K_2O-CaO-SiO_2 系玻璃,K_2O(氧化钾)、CaO 及 SiO_2 为主要成分。

(3) 铅玻璃:①半铅水晶玻璃,R_2O-CaO-PbO-SiO_2 系玻璃,R_2O(代表碱、碱土、稀土金属的金属氧化物)、CaO、PbO(氧化铅)及 SiO_2 为主要成分,PbO 含量为 16% 以下;②全铅水晶玻璃:R_2O-PbO-SiO_2 系玻璃,R_2O、PbO 及 SiO_2 为主要成分,PbO 含量为 17%～23%;③高铅水晶玻璃:R_2O-PbO-SiO_2 系玻璃,R_2O、PbO 及 SiO_2 为主要成分,PbO 含量为 24% 以上。

(4) 硼矽玻璃(耐热水晶玻璃),R_2O-B_2O_3-SiO_2 系玻璃,R_2O、PbO、B_2O_3(氧化硼)及 SiO_2 为主要成分。

3. 依其颜色分类

依其颜色分类有无色透明玻璃、白色玻璃、棕色玻璃、绿色玻璃和蓝色玻璃等,或分为无色透明玻璃、着色玻璃、乳化玻璃,其中,乳化玻璃包括乳白玻璃/玉硝子、半乳白玻璃/半玉硝子。

(五) 金属包装

金属包装材料以其坚固性在包装材料中占有一定的地位。金属包装主要有马口铁材料容器、铝罐、喷雾罐等几种,如图 7-11 所示。

(1) 马口铁材料容器。马口铁材料容器主要包括金属桶、金属箱、金属听和罐等。这些容器一般由铁、锡合成的马口铁制成,内涂防蚀漆,防止其生锈。马口铁容器的原料比较丰富,可回收再用,而且回收比较容易,可借助电磁从生活垃圾中分离。

(2) 铝罐。铝罐的优点是质轻,使用及运输方便,材料无氧化作用,内涂料附着力强,保护

(a) 马口铁材料容器　　　　　　(b) 铝罐　　　　　　　(c) 喷雾罐

图 7-11　金属包装示意图

性能好,可回收再加工。但是,铝材价格较高,而且,铝的强度比马口铁差,所以,相比较而言,在金属容器中仍是马口铁罐占主要地位。

（3）喷雾罐。喷雾罐使用方便,只要按下按钮,即可喷出所需物品。它多用于杀虫剂、发胶、防臭剂及部分药粉、药剂的包装,用喷雾罐包装此类商品,较经济且使用卫生、方便。

六、常用包装容器与器具

（一）包装桶

当前包装桶的材质主要是钢、塑、纸三种,并以三者的相互组合来满足多种产品的流通要求。

1. 钢桶

钢桶广泛用于石油、油脂、食油和化工产品的储运。钢桶不仅可储运液状、糊状、粉粒状和碎块状的一般性货物,而且还是挥发性、腐蚀性和某些危险性产品的重要储运容器。

钢桶常用的有顶封式(闭口)钢桶和顶开式(开口)钢桶,如图 7-12 所示。

(a) 顶封式(闭口)钢桶　　　　　　　　　(b) 顶开式(开口)钢桶

图 7-12　常用钢桶示意图

闭口钢桶顶的圆盖板是事先与桶身卷封成一体的,适于储运液态、半液态的货物。开口钢桶设有可装拆的桶盖,适于储运固体货物。

（1）钢桶的优点:钢桶是用薄钢板制成,强度高,刚性好,即使桶身凹陷也不会破裂,货物在储运中不会流失;钢板不透气、不透湿,适于包装储运挥发性强或对氧气、温度敏感的货物。

（2）钢桶的不足:桶身自重大,造价高,且运输及回收空桶费用高;桶身易腐蚀,并可与某些化工产品发生反应;钢桶开盖、卸料麻烦,有时需用专用工具;钢板导热性好,不宜包装对温度敏感的货物;钢板撞击易起火花,不宜包装易爆的货物。

2. 纤维桶

纤维桶是以植物纤维材料加工成纸张或纤维板作为坯料,进而制成大型桶状的包装容器(其容积可为 25～250 L),主要用来储运干性散装的化工产品和其他工业原料或产品。目前,纤维桶在储运干性货物方面,几乎已完全取代了钢桶,如图 7-13 所示。

（1）纤维桶的优点:①纤维自重轻,且强度较好,相同容积时,纤维桶比钢桶轻很多,纤维桶

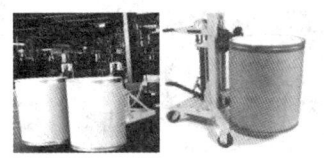   

(a) 纸板纤维桶　　　　　(b) 玻璃钢纤维桶　　　　　(c) 纤维缠绕桶

图 7-13　纤维桶类型示意图

作为刚性容器,其竖直码垛强度也很好;②成本低,资源丰富,制作工艺与设备简单;③纤维桶可用于某些级别较低的危险品包装,并且十分安全可靠,而采用金属或塑料容器包装某些危险品时,反而易产生各种事故;④纤维桶可烧毁,且对大气环境无污染,纤维桶不仅废弃处理容易,无公害,且可回收重新制浆利用。

(2)纤维桶的缺点:①不宜在室外存放,更怕水浸、雨淋;②不宜横卧堆垛,更不能滚动与摔碰,纤维桶的一个重要特点是横向抗压强度比其纵向低得多,只能竖直码垛;③纤维桶的密封性差,不宜用于高活性货物的包装,但可内加塑料袋并密封袋口,此时纤维桶仅起外保护器的作用;④储运液态货物的包装成本高,且不大安全,即使桶内另加塑料袋,也不适于油类的包装储运。

3. 塑料储运桶

塑料储运桶是 20 世纪 70 年代出现的一种大型刚性塑料包装容器,如图 7-14 所示。塑料储运桶不仅在结构、造型上仿照钢桶,而且在实际应用上也力图取代钢桶。

图 7-14　塑料储运桶示意图

(1)塑料储运桶的优点:塑料储运桶可储运液体、固体的化工产品、食品、药品及危险品;自重与纤维桶差不多,但比钢桶轻;可防潮、防水,又不锈蚀;可回收再加工;它具有承受码垛载荷的能力。

(2)塑料储运桶的缺点:塑料桶存在着渗透性这一关键性的问题,使用后难以清洗干净,回收复用桶时绝不准再包装食品;塑料桶易产生应力开裂,对材料加工要求较严;塑料桶产生的静电荷可扩散到货物中去,因而不能灌装可燃性液态货物;塑料桶与货物的相容性机理复杂,特别是对食品的影响可能有潜在的危害;塑料原材料及其成型品的性能,各批之间的差别很大,质量控制较困难。

(二)包装袋

包装袋是一端开口的可折叠的挠性包装容器,除少数商用的小型包装袋外,其开口部分在填装商品后需要封口。运输包装袋多盛装块状、粒状、粉状产品。

1. 纸质储运袋

纸质储运袋又称重包装纸袋、牛皮纸袋,主要用于水泥、化肥、农药、沥青等产品的包装。

由于纸质包装袋的固有缺点,如在受潮后力学性能急剧下降,纸性脆,易穿刺、划伤与撕裂,防滑性差,不利于人工搬运及码垛等,其应用范围窄,用量少,且有逐渐为其他包装容器取代之势。

2. 塑料薄膜重包装袋

塑料薄膜重包装袋是作为运输包装的大型塑料薄膜袋。重包装袋所用的塑料薄膜较厚,除具有良好的机械强度外,其防水、防潮性能优良,因而广泛用于化肥、化工原料、合成树脂等产品的运输包装。

3. 塑料编织袋

塑料编织袋是 20 世纪 50 年代出现的一种重包装袋,现在已大量取代了麻袋、布袋、纸袋与塑料袋,广泛用于化肥、化工原料、矿砂以及农副产品的储运包装。

塑料编织袋是以塑料扁带为原料,在专用编织机上织成袋坯,再经缝合而制成的袋状包装容器。扁带是将结晶型塑料薄膜切成细窄条并经热拉伸后而得到的。塑料编织袋的原料主要是聚丙烯,但也可采用聚乙烯、尼龙等。塑料编织袋有轻型、中型、重型之分。塑料编织袋的编织密度较小时,不宜包装细粉状的产品。同时,其透气性、透湿性强,不宜包装活性强的产品。

4. 组合包装袋

在储运某些特殊产品时,往往需要采用组合包装袋。虽然它们的成本较高,但可使产品得到可靠的保护,并可保证包装袋不破裂,从而获得较高的经济效益。

(1) 多层袋:用数层互不黏合的相同或不相同的材料组套成的包装袋。在实际应用中,都用不同材料的若干个袋组套而成,且多以塑料编织袋为外袋和以塑料薄膜重包装袋为内袋。

(2) 复合袋:用复合材料制出的包装袋。用于包装的复合袋主要有以下两类:第一类为复合纸袋,以牛皮纸为基材,以黏合、涂复等方式与其他材料复合制成包装袋,即为复合纸袋;第二类为复合塑料编织袋,塑料编织袋具有强度好以及防水、防虫、防蚀等多种优点,但其透气性较强。

(三) 木箱

用来包装产品的木箱可分为两类:一类主要是用于集装轻小产品的木箱,如钉板箱、捆板箱等;另一类主要是用于包装单件大型机械设备,如底盘、框架木箱等。以下介绍常用的两种木箱。

1. 钉板箱

钉板箱是一种最古老的小型木制集装容器与储运工具,如图 7-15 所示。

图 7-15 钉板箱的结构示意图

钉板箱是用六面箱板以及铁钉钉制而成的木箱,体积在 1 m³ 以下,最大载重量在 200 kg 以下,可集装各类小型产品和包装较大的仪器、器械。钉板箱自重大、占据空间大,但具有抵抗碰撞、刺穿能力,可承受较大的堆码载荷,对包装的产品具有较好的防护性。钉板箱的需用量居各木箱之首,仅低于瓦楞纸箱的需求量。

2. 滑木钉板箱

滑木钉板箱是箱底装有滑木的钉板箱,也可称为滑木箱。其长度一般要超过 1 m,载重为150~1 500 kg。滑木箱结构组成如图 7-16 所示。

 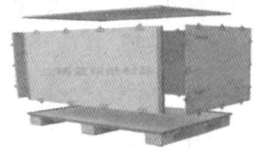

(a) 封闭式滑木箱的结构　　　　(b) 滑木箱的底盘结构

图 7-16　滑木箱结构组成示意图

（四）瓦楞纸箱

瓦楞纸箱是用瓦楞纸板制成的刚性纸质包装容器，如图 7-17 所示。

图 7-17　瓦楞纸箱示意图

瓦楞纸板是由面层纸板、里层纸板和瓦楞芯纸黏合而成的复合结构纸板。面层和里层是箱板纸，其作用是直接承受压力和震动力，增加瓦楞纸板的强度。芯纸使瓦楞纸板具有 60％～70％的空隙，隔开面层和里层纸板，从而增加瓦楞纸板的厚度，减轻重量，而且增强纸幅横向的耐压强度，使瓦楞纸板具有减震缓冲的作用。

任务二　常见的包装机械

 **项目目标**

知识目标

（1）掌握包装机械的分类和不同作用。

（2）了解包装机械的基本结构与特点。

（3）掌握计量充填机械的结构、使用及维护特点。

（4）掌握灌装机械、封口机械、裹包机械、捆扎机械、装箱机与纸箱包装机等几种机械的类型、结构及使用特点。

（5）了解包装机械的发展趋势。

能力目标

（1）能够根据包装机械的功能特点，在实际使用过程中选择合适的包装机械，从而提高产品销售的竞争力，使企业获得较好的经济效益。

（2）能够为了适应不断发展的包装工业需要，以及满足各行各业对日新月异的商品的包装要求，抓住包装机械的发展趋势特点开发新型的包装机械及技术。

知识链接

把企业所有产品按产品质量和等级不同采用不同等级的包装,这样能突出商品的特点,与商品的质量和价值协调一致,并满足不同购买水平的消费者的需求。

一、包装机械的分类和作用

包装机械是指完成全部或部分包装过程的一类机器。包装过程包括充填、裹包、封口等主要包装工序以及与其相关的前后工序,如清洗、干燥、杀菌、计量、成型、标记、紧固、多件集合、组装、拆卸及其他辅助工序。

(一)包装机械的分类

(1)根据包装机械的自动化程度,可分为全自动包装机和半自动包装机。

(2)根据包装产品类型,可分为专用包装机、多用包装机和通用包装机。

(3)根据包装机械的功能,可分为充填机械、灌装机械、封口机械、裹包机械、清洗装备、干燥装备、杀菌装备、贴标机械、集装和拆卸装备、辅助包装设备、多功能包装机械等。

(二)包装机械的作用

现代工业生产主要包括三大基本环节:原料处理、中间加工和产品包装。包装是工业设计中相当重要的环节。包装机械是使包装实现机械化、自动化的根本保证,因此,包装机械在现代工业中起着相当重要的作用,具体如下。

(1)能够大幅度地提高生产效率。

(2)降低劳动强度,改善劳动条件。

(3)保护环境,节约原材料,降低产品成本。

(4)有利于被包装产品的卫生,提高产品包装质量,增强市场销售的竞争力。

(5)延长产品的保质期,利于产品的流通。

(6)可减少包装场地面积,节约基建投资。

二、包装机械的基本结构与特点

(一)包装机械的基本结构

包装机械一般由动力系统、传动系统和执行系统组成。通常将包装机械分成下列组成部分。

(1)包装材料的整理与传送系统。该系统是将包装材料进行定长切断或整理排列,并逐个输送到预定工位的系统。

(2)被包装物品的计量与传送系统。该系统是对被包装物品进行计量、整理、排列,并输送到预定工位的系统。

(3)主传送系统。该系统是将包装材料和被包装物品由一个工位顺序传送到下一个包装工位的系统。

(4)包装执行系统。该系统是直接完成包装操作的系统,即完成裹包、灌装、封口、贴标、捆扎等操作的系统。

(5)成品输出系统。该系统是把包装好的产品从包装机上卸下、定向排列并输出的系统,但有部分包装机械的成品输出是由主传送系统完成或靠包装产品的自重卸下完成的。

（6）电动机与传动系统。传动系统是指将电动机的动力传给执行机构和控制系统，使其实现预定动作的装置。通常由传动零件，如带轮、齿轮、链轮、凸轮、蜗轮、蜗杆等组成，或由机、电、液、气等多种形式的传动组成。

（7）控制系统。控制系统由各种手动、自动装置组成。在包装机械中从动力的输出、传动系统的运转、包装执行机构的动作及相互配合到包装产品的输出，都是由控制系统指令操作的。它包括包装过程、包装质量、故障与安全的控制。

（8）机身。机身用于安装、固定、支撑包装机械所有的零部件，满足其相互运动和相互位置的要求。

（二）包装机械的特点

包装机械既具有一般自动机械的共性，也有其自身的特性。包装机械的主要特点如下。

（1）大多数包装机械结构复杂，运动速度快，动作精度高，为满足性能要求，对零部件的刚度和表面质量等都有很高的要求。

（2）用于食品和药品的包装机应便于清洗，与食品和药品接触的部位应用不锈钢或经化学处理的无毒材料制成。

（3）进行包装时的作用力一般都较小，所以包装机械的电动机功率较小。

（4）包装机械一般都采用无级变速装置，以便灵活调整包装速度，调节包装机械的生产能力。

（5）包装机械是特殊类型的专业机械，种类繁多，生产数量有限，为便于制造和维修，减少装备投资，在各种包装机械的设计中应注意标准化、通用性及多功能性。

三、计量充填机械

计量充填机械是指将待包装的物料按所需的精确量（重量、容量、数量）充填到包装容器内的机械。计量充填机械是包装设备的重要组成部分，其关键内容是高速度、高精度与高可靠性的统一，其性能的好坏直接影响到包装质量的好坏。

根据计量充填机械所采用的计量原理不同，可分为容积式充填机、称重式充填机、计数式充填机三种类型。

将产品按预定的容量填充至包装容器内的充填机叫作容积式充填机。容积式充填机适用于干料或稠状流体物料的充填。它的特点是结构简单，计量速度快，造价低，但计量精度较低。因此，它适用于价格比较便宜的物品包装作业。

对于计量精度要求较高的各类物料的包装，采用称重式充填机。

计数式充填机是将产品按预定数目充填至包装容器内的机器。

计量充填机械的分类及其特点，如表7-2所示。

表7-2　计量充填机械的分类及特点

类　别	工作原理	特　点
容积式充填机	将产品按预定容量充填到包装容器中	结构简单，体积较小，计量速度高，计量精度低

续表

类　别	工 作 原 理	特　　点
称重式充填机	将产品按预定重量充填到包装容器中	结构复杂,体积较大,计量速度低,计量精度高
计数式充填机	将产品按预定数目充填到包装容器中	结构较复杂,计量速度较高

（一）容积式充填机

由于容积式充填机计量精度不高,对一些流动性差、比重变化较大或易结块物料的包装,往往效果较差。容积式充填机的分类、工作原理、特点及应用范围如表 7-3 所示。

表 7-3 容积式充填机的分类、工作原理、特点及应用范围

类　别	工 作 原 理	特　点	应 用 范 围
量杯式	采用定量的量杯将物料充填到包装容器内	工作效率高,计量精度低,结构简单	适用于颗粒较小,且均匀的物料,计量范围在 200 mL 以下为宜
柱塞式充填机	采用可调节柱塞量取产品,并将其充填到包装容器内	计量精度高,工作效率低,计量范围容易调节	适用范围广,粉料、粒料及黏稠类物料均可用
气灌式充填机	采用真空吸附的原理量取定量容积的产品,并采用净化压缩空气将产品充填到包装容器内	计量精度高,可减少物料的氧化	主要用于医药行业、化工行业粉料的计量
螺杆式充填机	通过控制螺杆旋转的转速或时间量取产品,并将其充填到包装容器内	结构紧凑,无粉尘飞扬,计量范围宽	主要用于粉料计量或小颗粒计量
插管式充填机	将内径较小的插管插入储粉斗中,利用粉末之间的附着力上粉,到卸粉工位由顶杆将插管中粉末充填到包装容器内	计量范围小,计量精度低	主要用于医药粉料的充填
定时充填机	通过控制产品流动的时间或调节进料管的流量而量取产品,并将其充填到包装容器内	结构简单,计量精度低	主要用于液体的充填

容积式充填机每次计量的重量取决于每次充填的体积与充填物料的密度。

（二）称重式充填机

称重式充填机的分类、称重方式、特点及应用范围,如表 7-4 所示。

表 7-4　称重式计量充填机的分类、称重方式、特点及应用范围

类　别	称重方式	特　点	应用范围
无秤斗称量充填机	在填充过程中,物料连同包装容器一起称重	产品结构简单,易于在生产线中布置,单台秤工作速度可达每分钟40次	用于易结块或黏滞性强的产品的包装,不适用于包装容器重量较大或重量变化大的场合
单秤斗称量充填机	由单台秤称出预定产品的重量,并将其分别充填到包装容器内	工作速度较低,一般每分钟不超过25次,物料粒度变化大或易黏住秤斗时,称量精度一般不高	用于流动性较好、颗粒均匀的物料的称重,适宜于单独使用
多秤斗称量充填机	有多台秤(一般2~4台)各自称出预定产品的重量,并将其分别充填到包装容器内	工作速度成倍于单秤斗称量充填机	用于流动性较好、颗粒均匀的物料的称重,适宜与包装机联合使用
多斗电子组合式称量充填机	由多台秤各自称出一定的重量,然后通过微处理机将某几个秤斗的重量组合起来,使之最接近预定的重量,并将其充填到包装容器内	计量速度高,可达每分钟160次,计量精度高,设备体积大,造价高	用于粒度不均匀及形状不规则的物料的计量
连续式称量充填机	应用连续称量检测和自动调节技术,确保在连续运转的输送机上得到稳定的物料的质量流,然后进行等分,得到各个相同的定量份额	计量速度高,计量精度较低	用于粒度均匀、小颗粒状物料的计量,计量范围一般在500 g以下

1. 无秤斗称量充填机

无秤斗称量充填机直接将包装容器作为秤斗,因而省去了开斗机构,如图 7-18 所示。其工作原理同单秤斗称量充填机。

2. 单秤斗称量充填机

单秤斗称量充填机,如图 7-19 所示。

其工作原理是:物料从上进料斗输入,通过下进料斗,由粗供料机构和细供料机构分别向秤斗供料。当秤斗内物料达到预定重量值的 80%~90% 时,粗供料机构停止供料,仅由细供料机构继续供料。当秤斗内的物料重量达到预定数值时,开斗机构动作,使秤斗打开,物料通过下料斗进入包装容器内。物料排完后,秤斗复位,开始下一个循环。工作过程中,秤斗内物料的重量由称量机构检测。

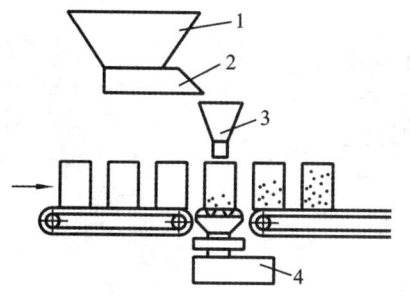

图 7-18　无秤斗称量充填机示意图

1—料斗；2—加料器；3—漏斗；4—称量机构

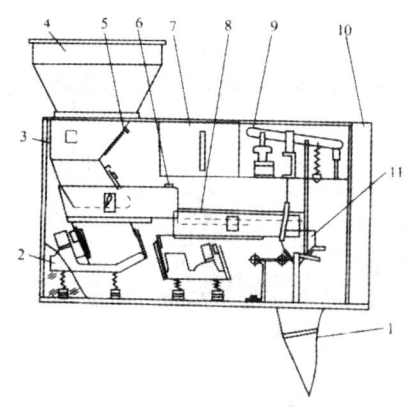

图 7-19　单秤斗称量充填机示意图

1—下料斗；2—细供料机构；3—下进料斗；4—上进料斗；5—闸板；6—流量控制机构；

7—称量机构；8—粗供料机构；9—开斗机构；10—控制系统；11—秤斗

3. 多秤斗称量充填机

多秤斗称量充填机一般由一个储料斗、多台供料器、多套称量系统、多个秤斗、多套开斗机构、一个漏斗等构成。双秤头称量充填机也属于多秤斗称量充填机，如图 7-20 所示。多秤斗称量充填机的工作原理与单秤斗称量充填机基本相同，所不同的是由于采用了多套称量系统，因而工作效率可以成倍提高。

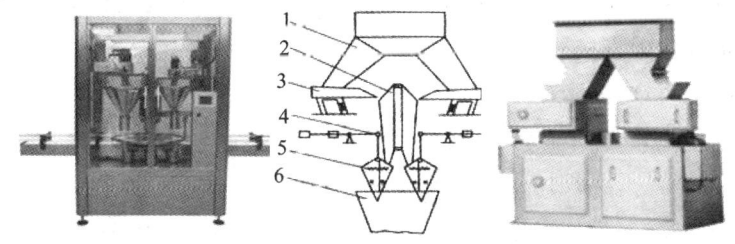

图 7-20　双秤斗称量充填机示意图

1—上进料斗；2—导管；3—供料机构；4—称量机构；5—秤斗；6—漏斗

4. 多斗电子组合式称量充填机

多斗电子组合式称量充填机又称电子组合秤，如图 7-21 所示。

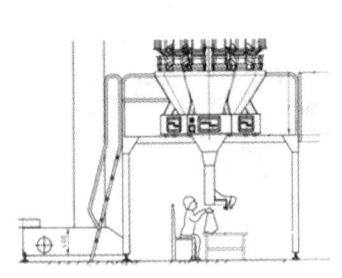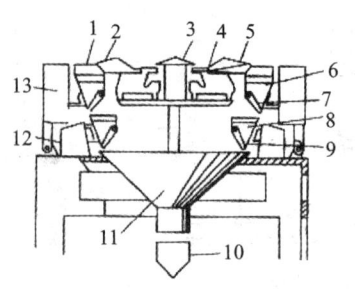

图 7-21　电子组合秤示意图

1—称重台;2—振动加料器;3—振动式喂料台;4—电磁振动器;5—导料槽;6—料斗;

7—料斗闸门;8—称重斗;9—称重斗闸门;10—包装容器;11—收集漏斗

5. 连续式称量充填机

连续式称量充填机一般由称量检测装置、电子调节系统、物料输送装置、等分截取装置等构成,如图 7-22 所示。

图 7-22　连续式称量充填机示意图

其工作原理是:物料加入料斗内,通过闸门落到胶带上,再经过胶带连续送到秤斗内,然后落到配料转盘上。配料转盘是一种具有等分格子的圆盘。圆盘按给定的转速作等速回转运动,盘中的每个格子在回转中所截获物料的重量相同。当物料转到卸料工位时,物料就从格子的底部经漏斗落入包装容器内。在称量过程中,胶带上物料的厚度由闸门控制。胶带上物料的重量由其下部的称量装置检测。

(三) 计数式充填机

计数定量的方法分为两大类:第一类是被包装物品具有一定规则的整齐排列,其中包括预先就具有规则而整齐的排列和经过整理的排列,然后再对这些排列进行计数;第二类是从混乱的被包装物品的集合体中直接取出一定个数。

1. 被包装物品呈有规则排列的计数机构形式

① 长度计数机构。长度计数机构,如图 7-23 所示,其常用于饼干包装、云片糕包装、茶叶装盒后的第二次大包装等。计量时,排列有序的物品经输送机构送到计量机构中,当行进物品的前端触到计量腔的挡板时,挡板上的微动开关动作,横向推板将一定数量的物品送到包装台上进行包装。

② 容积计数机构。容积计数机构,如图 7-24 所示。其通常用于具有一定等径、等长物品的包装。其工作过程是:物品自料斗下落到定容箱内,形成有规则的排列。当定容箱充满时,即达到了预定的计量数时,料斗与定容箱之间的闸门关闭,同时定容箱底门打开,物品就进入包装盒。包装完毕后,定容箱底门关闭,进料闸门又打开,如此周而复始。

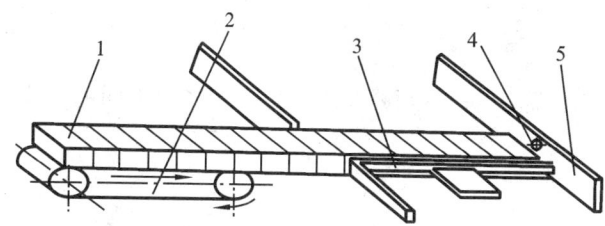

图 7-23　长度计数机构示意图

1—输送带；2—被包装物；3—横向推板；4—微动开关；5—挡板

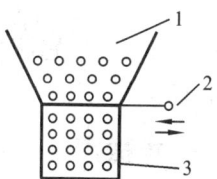

图 7-24　容积计数机构示意图

1—料斗；2—闸门；3—定容箱

③ 堆积计数机构。包装时计量托体与上下推头协同动作，完成取量及大包装工作。首先托体做间歇运动，每移动一格，则从料斗中落送一包至托体中，托体移动 n 次后完成一大包的计量充填。这种机构主要用于几种不同品种的组合包装。

2. 被包装物品呈杂乱形状的计数机构

这类机构主要用于颗粒状、块状物品的计数，常用的有转盘、转鼓、推板等形式，包括堆积计数机构、转鼓式计数机构，如图 7-25、图 7-26 所示。

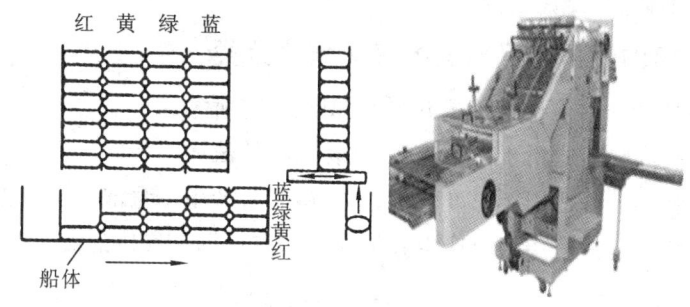

图 7-25　堆积计数机构示意图

1—托体；2—料斗；3—被包装物品

图 7-26　转鼓式计数机构示意图

1—料斗；2—拨轮；3—计数转鼓；4—输送带

四、灌装机械

将液体产品充填到包装容器内的机器通常称为灌装机械。灌装机械有多种不同的分类方法,具体如下。

(一) 根据灌装方法分类

(1) 常压灌装机——在常压下将液体产品充填到包装容器中,只适宜灌装低黏度不含气体的液体产品,如白酒、醋、酱油等。

(2) 负压灌装机——先将包装容器抽气形成负压,然后再将液体产品充填到包装容器中,适用于灌装含维生素的饮料、有毒的农药和化工试剂等。

(3) 等压灌装机——先将包装容器充气,使其内部的气体和储液箱内的气体压力相等,然后将液体产品充填到包装容器,适合于灌装含气饮料和含气酒类,如汽水、可口可乐、啤酒、汽酒等。它可以保证灌装产品的质量和计量精度。

(4) 压力灌装机——利用外部的机械压力将液体产品充填到包装容器中,适用于灌装黏稠性物料,如牙膏、番茄酱、豆瓣酱、香脂等。

(二) 根据不同的液体产品对应的灌装模式分类

根据不同的液体产品对应的灌装模式分类如图 7-27 所示。

(1) 桶口上灌装机——适用于黏度较大、不易飞溅的液体灌装。

(2) 桶口内灌装机——适用于黏度较小、易飞溅和易产生少量泡沫的液体灌装。

(3) 液面下灌装机——适用于会产生大量泡沫和有毒挥发气体的液体灌装。

(a) 桶口上灌装机示意图　　(b) 桶口内灌装机示意图　　(c) 液面下灌装机示意图

图 7-27　根据不同的液体产品对应的灌装模式分类

(三) 根据使用功能分类

(1) 液体灌装机,如图 7-28 所示。该机可根据客户的需求改装成为多头式、防爆式、溢流式灌装系统,是医药、日化、食品加工、农药等行业,以及特殊行业的理想灌装机械。

(2) 膏体灌装机,如图 7-29 所示。该机是针对中等黏度至高黏度的产品灌装需要开发研制的。该机可根据客户的需求改装成为防爆式灌装系统,是适用于日化行业、医药行业、食品加工行业、油墨行业和涂料行业的理想灌装充填设备。

(3) 立式灌装机,如图 7-30 所示。该机出料缸内的出料活塞的原始状态是停留在出料缸内的上端位置,当灌装料碰撞了上气行程开关时,气动换向阀进行切换,压缩空气进入气缸上端,

图 7-28　液体灌装机示意图

图 7-29　膏体灌装机示意图

活塞向下移动,出料缸内活塞也同步向下,先关闭活塞门,然后将膏体或液体通过出料单向阀压出。

（4）手动灌装机,如图 7-31 所示。该机是专门为医药、日化、食品加工等行业的中小型企业设计的灌装设备,其结构简单、操作方便、经济实用,能满足 5～100 g 容量的灌装要求。主要适用于各类膏、霜、浆、酱糊状物料的灌装,也能用于液体的灌装,并不受任何灌装器具的限制,是一种耐用的膏液两用的灌装设备。

图 7-30　立式灌装机示意图

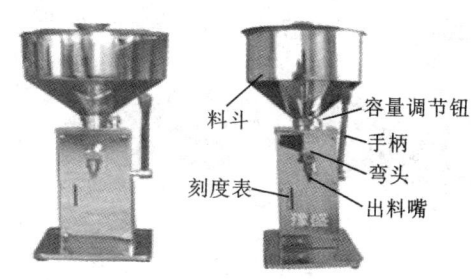

料斗
容量调节钮
手柄
弯头
刻度表
出料嘴

图 7-31　手动灌装机示意图

（5）蠕动泵灌装机,如图 7-32 所示。该机采用直流电机无级调速,动力强劲,适合工业场合,大流量输送,超滤纯化。根据用户要求可连接脚踏开关等外控设备。在配备单通道泵头时,可与相应品牌分装控制器配合,实现灌装功能。

图 7-32　蠕动泵灌装机示意图

图 7-33　颗粒浆状灌装机示意图

（6）颗粒浆状灌装机,如图 7-33 所示。颗粒浆状灌装机是在采用先进灌装机技术的基础上,进行改造和创新设计的产品,其结构简单、精度高、操作更加简便。适用于医药行业、日化行业、食品加工行业、农药行业及特殊行业,是理想的颗粒浆状黏度流体充填设备。该机为半自动活塞式灌装机,可灌装颗粒浆状流体物料。灌装阀由气动阀控制,灌装精度更高。灌装量和灌装速度均可任意调节。灌装闷头采用防拉丝及升降灌装装置。

五、封口机械

封口机械是指在包装容器内盛装产品后,对容器进行封口的机械。常见的封口机械有连续式塑料袋封口机、手持式铝箔封口机、手持式塑料封口机、塑料软管封口机和台式铝箔自动封口机等几种。

(一) 连续式塑料袋封口机

连续式塑料袋封口机,如图7-34所示,其采用电子恒温控制和无级调速传动系统,具有自动连续封口和印刷产品标签一次完成的功能,并可卧可立落地使用,常用于单层薄膜及各种复合薄膜的封口、制袋,广泛应用在食品、制药、种子、化工、轻工等行业。

(二) 手持式铝箔封口机

手持式铝箔封口机,如图7-35所示,其是利用电磁感应的原理,使瓶口上的铝箔片瞬间产生高热,然后熔合在瓶口上,达到封口的功能,具有良好的防潮、防霉、防伪的作用,起到延长物品保存周期的目的,广泛用于医药、农药、食品、化妆品、润滑油等行业的瓶子铝箔膜封口。

图7-34 连续式塑料袋封口机示意图

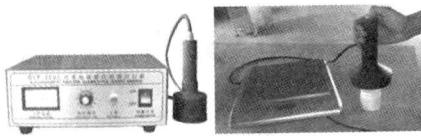

图7-35 手持式铝箔封口机示意图

(三) 手持式塑料封口机

手持式塑料封口机,如图7-36所示,其主要用于加热封口聚烯烃(如聚乙烯、聚丙烯等)为内层的复合薄膜材料封口和塑料袋封口。无论薄膜的厚薄、封口的宽窄为多少,该封口机在一定范围内均适用,都能达到良好的均匀的直线形封口,可用于板材、汽配、五金等大件货物包装的封口。

(四) 塑料软管封口机

塑料软管封口机,如图7-37所示,其是利用加热技术及原理将塑料软管的封口表面在加热条件下,将软管口两边高压熔合在一起,避免了某些因管壁沾有异物而封口不牢的弊病,且封口美观、漂亮。

图7-36 手持式塑料封口机示意图

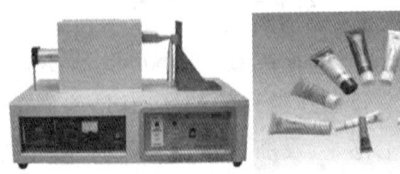

图7-37 塑料软管封口机示意图

（五）台式铝箔自动封口机

台式铝箔自动封口机，如图 7-38 所示，其工作原理与手持式铝箔封口机的相同，具有以下优点：封口速度快，适合大批量产品生产；全不锈钢模具成型外壳，美观大方；使用方便，封口质量好，可连续工作。

图 7-38　台式铝箔自动封口机示意图

六、裹包机械

裹包机械是指用挠性包装材料裹包产品局部或产品全部表面的机器。裹包机械适用于对块状，并具有一定刚度的物品进行包装。有些粉体和散粒体物品经过浅盘、盒等预包装后，可按块状物品进行包装。块状物品形状各异，有方形、圆柱形、球形等，可以是单件物品，也可以是若干件物品的集合。

（一）裹包机械的分类及特点

如图 7-39 所示，裹包机械的主要种类有两种：①半裹式裹包机，包括折叠式、收缩式、拉伸式、缠绕式等裹包机；②全裹式裹包机，包括扭结式、覆盖式、贴体式、接缝式等裹包机。

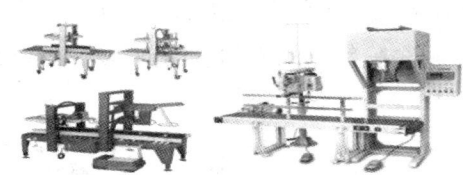

(a) 半裹式裹包机　　　　　　　　　　(b) 全裹式裹包机

图 7-39　裹包机械类型示意图

各类裹包机械的共同特点是用薄型挠性包装材料（如玻璃纸、塑料膜、黏膜、各类复合膜拉伸膜、收缩膜等）将一个或多个固态物品进行裹包。其广泛用于食品加工、烟草、药品、日用化工品、音像制品等产品的包裹。其种类繁多，功能各异，因而裹包机械的结构较为复杂，其调整、维修需要一定的技术水平。

（二）常见裹包机

（1）折叠式裹包机。折叠式裹包机，如图 7-40 所示，包装物堆放在加料器导槽中，供料推进器（链型）将最底部的包装物品（包件）推送出去，其余包件在自重的作用下填补到下一位置。被推出的包件在推进过程中与切下的包装材料相遇，在前方上下挡板的作用下，包装材料成右框形包在包件的三个平面上，一起被送入转塔的回转盒中，此时两端面的一角边被折叠。

折叠式裹包机折叠裹包的对象是长方体物品。折叠式裹包机结构合理、性能可靠，可用于

图 7-40　折叠式裹包机示意图

方形、长方形奶糖或硬糖的颗粒包装。折叠式裹包机类型很多,且适应性较广。折叠式裹包机选用时,首先应根据包装物品的大小及所需包装材料来选择包装规格,选择适用材料可满足要求的、选用包装工艺(即折叠、封口等)与所需要求一致或相近的、进出包装物与上下工序能基本配套相接的、包装速度能满足要求的机型。

（2）收缩式裹包机。收缩式裹包机是用热收缩薄膜对产品进行裹包封闭,然后再进行加热,使薄膜收缩后裹紧产品。收缩式裹包机可再细分为烘道式、烘箱式、柜式、枪式等,如图7-41所示。

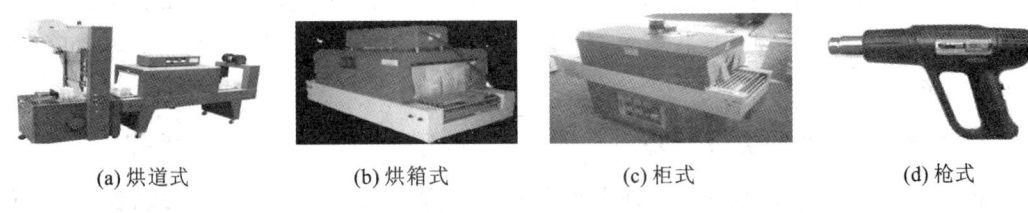

(a) 烘道式　　　　(b) 烘箱式　　　　(c) 柜式　　　　(d) 枪式

图 7-41　收缩式裹包机类型示意图

（3）拉伸式裹包机。拉伸式裹包机是使用拉伸薄膜,在一定张力下对产品进行裹包,常用于把集积在托盘上的产品连同托盘或浅盘一起裹包,如图 7-42 所示。

图 7-42　拉伸式裹包机类型示意图

（4）缠绕式裹包机。缠绕式裹包机是用成卷的挠性包装材料对产品进行多圈缠绕裹包,如图 7-43 所示。

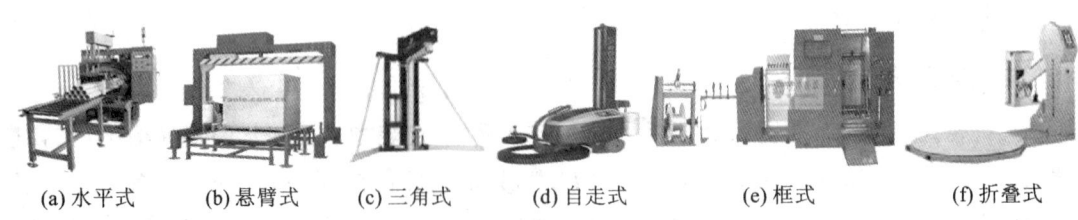

(a) 水平式　　(b) 悬臂式　　(c) 三角式　　(d) 自走式　　(e) 框式　　(f) 折叠式

图 7-43　缠绕式裹包机类型示意图

（5）扭结式裹包机。扭结式裹包机是用挠性包装材料裹包产品,将末端伸出的裹包材料扭结封闭的机器。常见的扭结式裹包机有单扭结糖果包装机、双扭结糖果包装机两种。

① 单扭结糖果包装机。单扭结糖果包装机属于自动包装机,如图 7-44 所示。该机结构紧凑、合理,包装质量稳定,包装的糖果成型新颖、美观。糖形有椭圆形、扁圆柱形,包装速度达每分钟 200 颗。

图 7-44　单扭结糖果包装机示意图

② 双扭结糖果包装机。双扭结糖果包装机,如图 7-45 所示,其包装形式为两端扭结式包装,使用 PVC 塑料及复合膜作为材料,可加内衬纸。包装速度达每分钟 350~460 颗,总功率为 3.65 kW,外形尺寸(mm)是 1 520×920×1 450 mm,糖果形状为扁圆形、球形、腰圆形、圆柱形。

图 7-45　双扭结糖果包装机示意图

(6)覆盖式裹包机。覆盖式裹包机如图 7-46 所示,其用两张挠性包装材料覆盖在产品的两个相对面上,采用热封或黏合的方法进行封口。

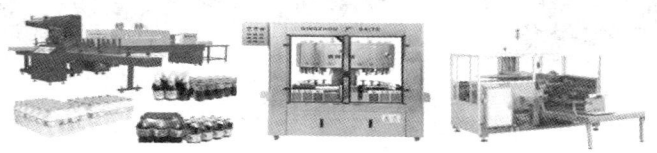

图 7-46　覆盖式裹包机示意图

(7)贴体裹包机。贴体裹包机如图 7-47 所示,其将产品置于底板上,用覆盖产品的塑料薄片在加热和抽真空作用下紧贴产品,并与底板封合,使包装物品有较强的立体感。

图 7-47　贴体裹包机示意图

(8)接缝式裹包机。接缝式裹包机如图 7-48 所示,其是用挠性包装材料裹包产品,将末端伸出的裹包材料按同面黏结的方式进行加热、加压来封闭、分切。接缝式裹包机通常是不间断地连续动作,工作效率较高。

图 7-48 接缝式裹包机示意图

七、捆扎机械

捆扎机械即打包机。捆扎通常是指直接将单个或数个包装物用绳、钢带、塑料带等捆紧扎牢以便于运输、保管和装卸的一种包装作业。捆扎机按自动化程度分为全自动捆扎机、半自动捆扎机和手提式捆扎机;按捆扎带材料分为有绳捆扎机、钢带捆扎机、塑料带捆扎机。

由于包装物不同,捆扎要求不同,其捆扎的形式也多种多样,有单道、双道、交叉、井字等多种形式。常见的捆扎机械有自动捆扎机和高台捆扎机。

(一) 自动捆扎机

自动捆扎的特点:机外形设计简单美观;由电机、减速器、凸轮、紧缩臂运作;捆扎紧,故障少,维修方便,捆扎机零部件均由电脑数控机床精密加工;捆扎动作柔和,耐用性好,捆扎功能完善;捆扎结束后电机马上停止,省电实用。自动捆扎机适用于食品加工、医药、五金等行业纸箱捆扎、木箱捆扎、纸张捆扎等各种大小货物的自动打包捆扎。自动捆扎机如图 7-49 所示。

图 7-49 自动捆扎机示意图

(二) 高台捆扎机

高台捆扎机是在国外样机的基础上重新改进设计制造而成的,其使用范围广,不论大小包装,不用调整机器就可以打包,该机属机械式结构,部分采用进口零件,有刀刃稳定可靠、调整方便等特点,适用于各种大小货物的打包,如图 7-50 所示。

图 7-50 高台捆扎机示意图

八、装箱机与纸箱包装机

将若干包装件或产品,按一定方式装入箱内的机械,称为装箱机。由于被包装物品种类繁多,装箱机的形式也多种多样,目前无统一的分类标准。一般根据物品装箱形式,分为充填式装箱机和半自动纸箱包装机。

（一）充填式装箱机

充填式装箱机是属于将瓶状物品装入箱中的自动装箱机械,由机架、进瓶输送机、自动排瓶装置、落瓶机构、进箱输送机、拨瓶机构、按瓶机构和出箱输送机等部分组成,由气动元件驱动,结构简单,动作可靠。适用于 PET 瓶、塑料瓶及可乐型玻璃瓶等物装纸箱、塑料箱用。充填式装箱机如图 7-51 所示。

图 7-51　充填式装箱机示意图

（二）半自动纸箱包装机

半自动纸箱包装机如图 7-52 所示,其采用国外的先进实用的技术制造,非常适合中国市场。同全自动机器一样,只需要一人操作,可与输送系统直接连接。其高度根据需要确定,设左右进瓶(可任选)。其主要由以下部分组成:①自动排瓶、理瓶组合系统;②人工套箱;③纸箱自动成形系统;④上下自动封箱系统;⑤气、电控制系统。该机适用于啤酒、饮料、矿泉水、食品及各种保健品、酒类、调味品、日化、医药等行业任何瓶子及瓶数组合的纸箱包装。

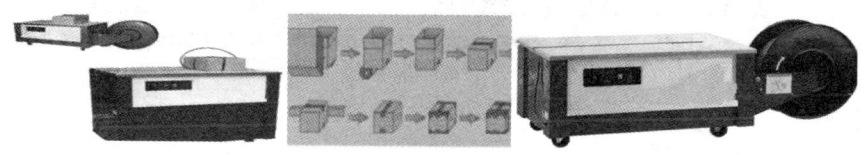

图 7-52　半自动纸箱包装机示意图

九、包装机械的发展趋势

为了适应不断发展的包装工业需要,以及满足各行各业对日新月异的商品的包装要求,包装机械的发展表现出如下趋势。

（1）大量采用高新技术,不断提高自动化水平。

（2）在促进单机高速化的同时,注意提高系统效率。

（3）在发展专用机同时,积极开发通用机型。

（4）大力开发辅助设备,促进连续化包装生产线的发展。

（5）提升标准化水平,发展"积木式"包装机械和生产线。

任务三　常见的包装技术

知识目标

（1）掌握防湿、防水包装技术所用的外壁材料、内衬材料及防湿、防水包装方法。

（2）掌握防霉包装技术的包装材料、防霉包装技术要求和防霉包装方法。

（3）掌握防震包装技术的包装材料、防震包装技术方法。

（4）掌握危险品包装技术的包装种类、包装的基本要求。

（5）掌握特种品包装技术中物流包装和粮食包装的特点与方法。

能力目标

（1）能够随着科学技术的飞速发展，将许多新技术、新工艺、新思维应用于包装设计、包装工艺、包装设备、包装新材料、包装新产业等方面，成为促进销售、增强竞争力的重要手段。

（2）能够随着科学技术的进步、市场的需求，以及新型包装材料的不断出现而逐渐发展，熟练使用常用的包装技术，做到有效防潮包装、真空包装、充气包装、收缩包装、气调包装和无菌处理包装等。

知识链接

包装技术是指使用包装设备并运用一定的包装方法，将包装材料附着于物流对象，使其更便于物流作业。对其研究主要包括包装设备、包装方法和包装材料三部分。包装材料常常是包装改革的新内容，新材料往往导致新的包装形式与包装方法的出现。对包装材料的要求：比重轻，机械适应性好；质量稳定，不易腐蚀和生锈；能大量生产和便于加工；价格低廉。目前，常用的包装材料有纸与纸制品、纤维制品、塑料制品、金属制品，以及防震材料等。包装还涉及防震、防潮、防水、防锈、防虫和防鼠等技术。

一、防湿、防水包装技术

采用防湿、防水包装的目的，其一是为阻隔外界水分的侵入，其二是为减少、避免由于外界温湿度的变化，而引起包装内部产生返潮、结露和霉变等现象。

防湿、防水包装的包装材料必须具有抵御外力作用和防止水分进入内部两种保护性能，因此要求防湿、防水包装应由两种材料构成：一种是用于抵御外力的框架外壁材料；另一种是具有防湿、防水性能的内衬材料。

（一）包装的外壁材料

外壁材料必须具有一定的机械强度,既能承受内装物的重量,又能承受搬运、装卸和运输各环节中所遇到的各种机械外力,包括各种作业中所发生的动应力和堆码中的静应力。当承受到各种外力作用时,在正常情况下保持其刚性从而保护内装物,特别是外部浸水受潮的情况下,仍能具有一定的机械强度,能保持其刚性不变而使内装物得到保护。

（1）用于抵御外力的框架外壁材料有木材板、金属板和瓦楞纸板等。

（2）木材板的材质必须符合有关标准对制箱材质允许的缺陷要求,还可用胶合板、纤维板。使用于制箱的各种板材都需要预先进行防水处理。

（3）用作制箱的金属板材有铁板、铝合金板等,铁皮箱和铝合金箱均可作为防湿、防水包装容器。

（4）用作制箱的瓦楞纸板的面纸应为牛皮纸的双面双瓦楞纸板。瓦楞纸箱表面经过防水处理后,才能用作防湿、防水的包装容器。

（二）包装的内衬材料

防湿、防水用的内衬材料有纸张类、塑料类、金属类和复合材料类。

（1）常用于防湿、防水的纸张有石油沥青油毡、石油沥青纸、防潮柏油纸、蜡剂浸渍纸等。

（2）常用于防湿、防水的薄膜塑料有低密度聚乙烯、聚氯乙烯、聚苯乙烯、聚氨酯、聚乙烯醇、聚偏二乙烯等。

（3）常用于防湿、防水的金属和复合材料有铝箔、铝型复合膜、布塑复合膜等。

（三）密封材料与防水涂料

防湿、防水用的密封材料有压敏胶带、防水胶黏带、防水胶黏剂以及密封用橡胶皮等。压敏胶带用于包装纸箱的封箱,密封用橡胶皮用于金属箱、罐的密封。密封材料必须具有良好的黏结和耐湿、耐水性能。密封材料遇湿、遇水后,其黏结性能不应下降,箱体的结合部位不应产生分离现象。

用于纸箱、胶合板箱等表面防水处理的防水涂料有石蜡和清漆等,用于包装箱外的覆盖材料应具有一定的强度和耐水、耐老化、耐高低温、耐日晒等特性。

（四）防湿防水包装方法

对防湿、防水的包装容器,装填内装物后应严密封缄,要保证接合处不渗水,保证水不会透过而侵害内装产品。

（1）对于在箱体内壁衬防水材料,要使其平整完好地紧贴于内壁,每侧内壁应尽量选用整张的防水材料,而箱顶盖板内部必须用整张防水材料,四周应以上幅覆盖下幅。

（2）对于大型框架滑木箱顶板上的防水材料,应在中间加盖板,或将顶盖采用双层木板结构,将防水材料夹在其间,以防顶板积水渗入。为提高防水效果,可敷设双层防水材料,如一层为石油沥青油毡和一层塑料薄膜。

（3）对于仅要求防雨保护的大型包装箱,一般要开通风孔,当外温发生变化时可进行通风,避免在内装物上产生凝露。通风孔应采用挡雨结构,以防外界雨水进入箱内。

（4）对于覆盖油毡等防水材料需要钉钉、螺栓穿过防水材料时,在穿孔处均需用密封垫和衬垫密封材料,以防止水分进入。

（5）对于纸箱要用涂蜡或涂防水清漆的办法进行防水处理。对纸箱的摇盖或天地盖接缝处，应用防水胶带密封。

在装箱作业过程中，包装环境应清洁、干燥，不得有其他有害物质存在，并将内装物用适当的衬垫物卡紧固定，以免在运输过程中由于震动冲击等作用力，使内装物发生移动而损伤防湿、防水材料。

（五）防潮包装等级和有效期限

防潮包装根据内装物的性质、储运期限和储运过程的温湿度气候环境条件，可分为 3 级，如表 7-5 所示。

表 7-5　防潮包装等级表

等　级	储 运 条 件		
	储运年限	气候条件	内装物性质
1	1 年以上，2 年以下	A	贵重，精密，对湿度敏感，易生锈，易长霉变质的产品
2	半年以上，1 年以下	B	较贵重，较精密，对湿度轻度敏感的产品
3	半年以下	C	对湿度不甚敏感的产品

防潮包装的储运期限，就是防潮包装的有效期限，是指在规定的储运条件下，防潮包装能保证内装物符合规定质量要求的时间。对防潮运输包装来说，有效期限是指从生产厂家将产品封口时开始，经过流通环节中的储存、装卸、中转、运输而到达收货单位首次启开包装时终止所允许的时间。

在设计和选用防潮包装时，应根据储运环境、气候情况、内装物的性质和储运有效期来选定防潮包装的等级。首先，应根据内装产品的性质确定应首先选用的包装等级；其次，应根据储运环境和气候特征确定所使用的包装等级；最后，估算需要储运的有效期限，确定包装等级。一般要从所确定的这三种包装等级中，选定最高等级的包装，作为设计防潮包装的包装等级。

二、防霉包装技术

霉菌是一种真菌，具有分布广、繁殖快、对环境适应能力强、易变异等特点。一般来说，非金属材料中的有机物易为霉菌所侵蚀，例如，以动植物等天然有机物质为原料加工制成的食品、用品，霉菌会引起其腐烂。另外，对一些非金属材料中的无机物，如岩石及玻璃，以及金属材料等制成的机械物品，虽然本身不具备霉菌生长所需养料，但其表面难免会堆积有机物尘埃、油脂、汗水、昆虫的尸体等，霉菌就利用这些有机养料间接生长，在物品上形成霉点、菌斑，甚至腐烂。轻则影响物品外观、降低其价值，重则影响其使用价值，导致机能报废。防霉包装就是为防止内装物长霉而采取了防护措施的包装。

防霉包装是在流通过程中，防止霉变侵袭包装及其内装物而采取的一种保护包装。防霉包装能使包装及其内装物在处于霉菌被抑制的特定条件下，保持其质量完好和延长保存期限。

（一）防霉包装材料

根据包装材料抗霉能力的不同，可把包装材料划分为抗霉性材料、半抗霉性材料和不抗霉性材料三种。

抗霉性材料主要指各种金属材料和部分非金属材料。金属材料主要是指钢铁、铝、铜等。非金属材料抗霉包装主要是指钙塑瓦楞箱。半抗霉性材料主要是指塑料及其复合材料。不抗霉性材料是指棉、麻、丝、毛、木材、芦苇、草秆等自然纤维及其纺织品、纸张、纸板、绳索等。

（二）防霉包装技术要求

国家标准《防霉包装》(GB/T 4768—2008)对防霉内装物及其包装的质量、材料和环境条件提出了具体要求。

（1）质量要求。要根据内装物的性质、储运和装卸条件,确定防霉包装结构和加工工艺方法,使经过包装的内装物在出厂后两年内,包装容器内相对湿度能控制在 60% 及其以下的范围内,应保证包装容器内外压差在 1.96 N/cm² 时无漏气现象,包装内装物在有效期间不长霉;要求非密封包装要采取有效的防潮、防霉措施,使内装物出厂后两年内达到专业技术文件所规定的防霉技术要求。

（2）材料要求。直接接触内装物的包装材料,不允许对内装物有腐蚀作用,也不允许使用产生气体的材料;应选择吸水率和透湿度较低的材料进行包装;用于防霉包装的材料必须耐霉,而对于耐霉性差的材料,应按有关标准规定进行防潮、防霉处理。

（三）防霉包装等级的选择

在国家标准《防霉包装》(GB/T 4768—2008)中规定了防霉包装等级。实践中防霉包装要考虑到物品的种类、性质、用途、运输仓储环境和包装成本等因素,以此来确定物品的包装等级。例如:精密的光学或光电仪器等产品,不允许在流通中发生长霉现象,则选择 1 级包装;对防霉性能要求较低的,或对霉菌不敏感、对外观要求不高的产品,就可以选 2 级或 3 级包装。

（四）防霉包装的有关技术要求

（1）对包装材料的要求。纸、纸板、木材、棉麻纤维织物、绳索等几大类材料都比较容易长霉,因此使用时需要经防霉处理来提高其防霉性能。

（2）对包装环境的要求:①包装环境应保持清洁、干燥,无积水和有害物质;②包装过程中,应保持物品和包装容器的清洁。

（3）对储运、运输环境的要求:①保持干燥,以免外包装吸潮长霉;②仓库堆放的包装件之间及包装件与墙之间应留有通道,保持适当的距离,以便清洁和通风。

（五）防霉包装方法

从包装的结构上分类,防霉包装方法可分为密封性包装和非密封性包装两大类:①密封性包装,是指将产品用不透气的或透气率低的阻隔层材料密封包装起来,对外观及性能要求高的商品可选用密封性包装;②非密封性包装,适用于一些对霉菌敏感度较低或经过有效防霉处理后的产品的包装,在不密封的条件下,产品外包防潮纸,然后再包装,将产品装入体积较大的包装箱时,可在包装箱两端上部开设通风窗,以控制包装箱内的相对湿度。

1. 密封防霉包装方法

（1）干燥空气防霉包装方法,如图 7-53 所示。选用气密性好及透湿率低的各类容器或复合型材料进行密封包装,在密封容器内放干燥剂(如生化干燥剂)及湿度指示纸(如氯化钴湿度指示纸,当湿度大于 60% 时由蓝变成粉红),以降低包装容器内的相对湿度。

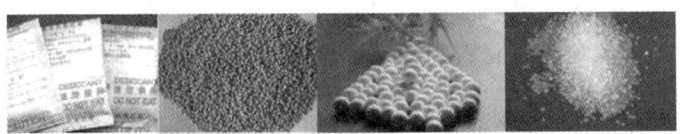

图 7-53 干燥空气防霉包装方法示意图

（2）真空包装方法，如图 7-54 所示。选用金属、玻璃、陶瓷、硬质塑料等不透气的材料，或选用透气性很低的复合塑料薄膜、铝塑复合膜等阻隔层材料制成的容器包装，抽去容器内的空气使其达到规定的真空度后密封。由于容器内的水分、氧气很稀薄，生物也就无法生长。

图 7-54 真空包装方法示意图

（3）充气包装方法，如图 7-55 所示。用干燥的氮或二氧化碳等气体置换容器内的空气，使包装容器内的氧气和水蒸气大大降低，同时又能够大致保持内外压力的平衡，在运输过程中不会引起压力而损坏，因此较安全。充气包装的质量取决于所充气体的纯度和干燥程度。

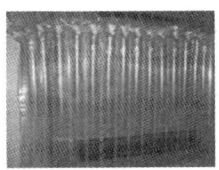

图 7-55 充气包装方法示意图

（4）脱氧包装方法，如图 7-56 所示。用透氧率低、透湿度低的金属、玻璃、塑料复合膜等材料或气密性良好的容器包装，并将脱氧剂封入包装内，通常还在包装内附上氧指示剂。脱氧包装比较方便，生产效率比较高。

图 7-56 脱氧包装方法示意图

（5）挥发性防霉剂防霉包装方法，如图 7-57 所示。在常温下，将挥发性防霉剂（如多聚甲醛、甲醛、环氧乙烷、醋酸间甲酚、糠醛等）与产品一起放入具有良好气体阻隔性的包装容器内密封起来。挥发性防霉剂释放出气体，并与霉菌直接接触，杀死霉菌或抑制霉菌生长繁殖。

2. 非密封性包装方法

（1）低温防霉包装方法和冷冻防霉包装方法。低温冷冻防霉包装方法通过控制商品本身的温度，使其低于霉腐微生物生长繁殖的最低界限，控制酶的活性。低温防霉包装方法是指短时间内在 0 ℃左右的温度下包装储藏的包装方法，其适用于含水量大又不耐冷冻的易腐食品，

图 7-57　挥发性防霉剂防霉包装方法示意图

如蔬菜、水果、鲜蛋。冷冻防霉包装方法是在－20 ℃～－16 ℃的温度下进行包装并要求储藏较长时间的包装方法,其适用于肉类、鱼类等生鲜食品。低温防霉包装方法和冷冻防霉包装方法应使用耐低温包装材料。

(2)抗霉性材料包装方法。现在一般采用的抗霉性包装材料,有抗霉性薄片、抗霉吸水薄板、抗霉薄膜等多种。其特点是在材料的制作工艺中添加了以沸石为母体的无机抗霉剂,并且以沸石自身作为催化剂。采用这种抗霉包装材料包装产品,可达到比真空包装更好的紧凑性,降低成本。

(3)电离辐射防霉包装方法。电离辐射防霉包装方法是利用射线(χ 射线、γ 射线)照射包装物品来达到杀菌目的的。包装操作可以先辐射处理再包装,或者先包装后辐射处理。射线照射不会引起物体升温,但有的食品经射线照射后品质可能变劣或改善。经射线照射后,配合冷藏的条件,小剂量辐射能延长保存期数周到数月,大剂量辐射可以彻底杀菌,长期保存。

(4)紫外线防霉包装方法。波长为 200～300 nm 的紫外线具有杀菌作用,但穿透力很弱,所以只能杀死商品表面的霉腐微生物。含有脂肪或蛋白质的食品经过紫外线照射后会产生臭味或变色,因此不宜用紫外线处理这类食物。紫外线一般是用来处理包装容器或非食品类的被包装物品。

三、防震包装技术

防震包装又称缓冲包装,在各种包装方法中占有重要的地位。产品从生产出来到开始使用会经过一系列的运输、保管、堆码和装卸的过程,并置于一定的环境之中。在任何环境中都会有力作用在产品上,可能会使产品发生损坏。为了防止产品遭到损坏,就要设法减小外力的影响,所谓防震包装就是指为减缓内装物受到的冲击和震动,保护其免受损坏而采取一定防护措施的包装。

(一)防震包装材料

防震材料是置于被包装产品与外包装之间来吸收冲击、震动等外力而保护被包装产品的,所以防震材料是防震包装中的关键问题之一。几种主要的防震材料如下。

(1)泡沫塑料。泡沫塑料可定义为具有细孔海绵状结构的发泡树脂材料,通常是将气体导入并分散在液体树脂中,随后将发泡的材料硬化。泡沫塑料有多种,如聚乙烯泡沫塑料、聚苯乙烯泡沫塑料、聚氨酯软泡沫塑料、聚氯乙烯软泡沫塑料等。

(2)气泡塑料薄膜。气泡塑料薄膜是采用专门的加工方法,在两层塑料薄膜之间封入空气,在一面形成一个个凸出的气泡。气泡塑料薄膜的材料一般为聚乙烯。气泡塑料薄膜适用于包装重量较轻的物件。

（3）兽毛填充橡胶防震材料。把猪毛、马毛、合成纤维等用天然橡胶作为黏合剂将其黏合，制成防震胶垫，即兽毛填充橡胶防震材料。这种防震材料适合于包装仪器仪表和精密机械时采用。

（二）防震包装技术方法

常见防震包装技术方法主要有全面防震包装法、部分防震包装法、悬浮式防震包装法、联合方式的防震包装法等四种。

1. 全面防震包装法

所谓全面防震包装法，是指将产品内外包装容器的所有空隙间全部用缓冲材料填满固定，对内装物进行全面保护的包装方法。缓冲材料一般采用丝状、粒状和薄片的形式，以便对形状复杂的内装物也能很好填塞。当发生冲击、震动时，缓冲材料能有效地吸收能量，分散外界作用力以保护内装物。根据所用防震材料的不同，全面防震包装方法可分为以下几种。

（1）压缩包装法，如图7-58所示。其用缓冲材料把易碎物品填塞起来或进行加固，这样可以吸收震动或冲击的能量，并将其引导到内装物强度最高的部分。所谓缓冲材料一般为丝状、薄片和粒状，以便于对形状复杂的产品也能很好地进行填塞，防震时能有效地吸收能量，分散外力，有效保护内装物。

图7-58 压缩包装法示意图

（2）浮动包装法，如图7-59所示。其和压缩包装法基本相同，所不同之处在于所用缓冲材料为小块衬垫，这些材料可以位移和流动，这样可以有效地充满直接受力的部分的间隙，分散内装物所受的冲击力。

图7-59 浮动包装法示意图

（3）裹包包装法，如图7-60所示。裹包包装法是指采用各种类型的片材把单件内装物裹包起来放入外包装箱盒内的包装方法。这种方法多用于小件物品的防震包装上。

图7-60 裹包包装法示意图

（4）模盒包装法，如图7-61所示。模盒包装法是指利用模型将聚苯乙烯树脂等材料做成和制品形状一样的模盒,用其来包装制品达到防震作用的包装方法。这种方法多用于小型、轻质制品的包装上。

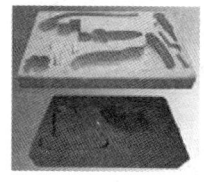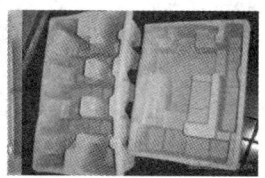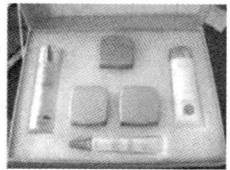

图 7-61　模盒包装法示意图

（5）就地发泡包装法,如图 7-62 所示。就地发泡包装法是指以内装物和外包装箱为准,在其间充填发泡材料的一种防震包装技术。这种方法很简单,主要设备包括盛有异氰酸酯和盛有多元醇树脂的容器及喷枪,使用时首先需要把盛有两种材料的容器内的温度和压力按规定调好,然后将两种材料混合,用单管道通向喷枪,由喷头喷出。喷出的化合物在 10 s 后即开始发泡膨胀,不到 40 s 的时间即可发泡膨胀到本身原体积的 100～140 倍,形成的泡沫体为聚氨酯,经过 1 min,变成硬性和半硬性的泡沫体。这些泡沫体对任何形状的物品都能包住。

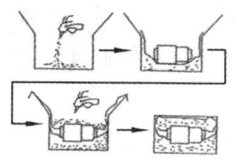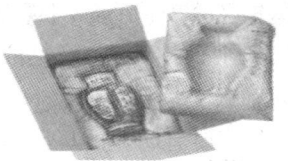

图 7-62　就地发泡包装法示意图

2. 部分防震包装法

对于整体性好的产品和有内包装容器的产品,仅在产品或内包装的拐角或局部地方使用防震材料进行衬垫即可,这种方法叫部分防震包装法。该法所用防震材料主要有泡沫塑料的防震垫、充气塑料薄膜防震垫和橡胶弹簧等,如图 7-63 所示。

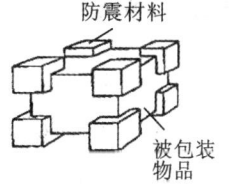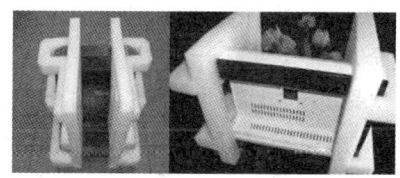

图 7-63　部分防震包装法示意图

这种方法主要是根据内装物特点,使用较少的防震材料,在最适合的部位进行衬垫,力求取得好的防震效果,并降低包装成本。本法适用于大批量物品的包装,目前,其广泛应用于电视机、收录机、洗衣机、仪器仪表等的包装上。

3. 悬浮式防震包装法

对于某些贵重易损的物品,为了有效地保证其在流通过程中不受损害,往往采用坚固的外包装容器,把物品用带子、绳子、吊环、弹簧等物吊在外包装中,使其不与四壁接触,这种方法叫悬浮式防震包装法。这些支撑件起着弹性阻力器的作用,如图 7-64 所示。

图 7-64 悬浮式防震包装法示意图

4．联合方式的防震包装法

在实际缓冲包装中常将两种或两种以上的防震方法配合作用。例如，既加铺垫，又填充无定形缓冲材料，使产品得到更充分的保护。

有时可把异种材质的缓冲材料组合起来使用。例如，可将厚度相等的异种材料并联使用，也可将面积相等的异种材料串联结合使用。

四、危险品包装技术

（一）危险品包装种类

危险品有上千种，按其危险性质，交通运输及公安消防部门规定其分为十大类，即爆炸性物品、氧化剂、压缩气体和液化气体、自燃物品、遇水燃烧物品、易燃液体、易燃固体、毒害品、腐蚀性物品、放射性物品等，有些物品同时具有两种以上危险性质。

（1）对有毒商品的包装。对有毒商品的包装要有明显的标明有毒的标志，防毒的主要措施是包装严密不漏、不透气。对有机农药一类的商品，应装入沥青麻袋，封口严密不漏。如用塑料袋或沥青纸袋包装的，外面应再用麻袋或布袋包装。用作杀鼠剂的磷化锌有剧毒，应用塑料袋严封后再装入木箱中，箱内用两层牛皮纸、防潮纸或塑料薄膜衬垫，使其与外界隔绝。

（2）对有腐蚀性的商品的包装。对有腐蚀性的商品要注意商品和包装容器的材质不要发生化学变化。金属类的包装容器，要在容器壁涂上涂料，防止腐蚀性商品对容器的腐蚀。例如：氢氟酸是无机酸性腐蚀物品，有剧毒，能腐蚀玻璃，不能用玻璃瓶作包装容器，应装入金属桶或塑料桶，然后再装入木箱；甲酸易挥发，其气体有腐蚀性，应装入良好的耐酸坛、玻璃瓶或塑料桶中，严密封口，再装入坚固的木箱或金属桶中。

（3）对易自燃商品和遇水燃烧物品的包装。对黄磷等易自燃商品的包装，宜将其装入壁厚不少于 1 mm 的铁桶中，桶内壁须涂耐酸保护层，桶内盛水，并使水面浸没商品，桶口严密封闭，每桶净重不超过 50 kg。遇水引起燃烧的物品如碳化钙，遇水即分解并产生易燃的物品乙炔气，对其应用坚固的铁桶包装，桶内充入氮气。如果桶内不充入氮气，则应装置放气活塞。

（4）对于易燃、易爆商品的包装。易燃、易爆商品包括有强烈氧化性的，遇有微量不纯物或受热即急剧分解引起爆炸的产品。防爆炸包装的有效方法是采用塑料桶包装，然后将塑料桶装入铁桶或木箱中，每件净重不超过 50 kg，并应有自动放气的安全阀，当桶内达到一定气体压力时，能自动放气。

（二）危险品货物包装的基本要求

根据危险货物的性质和运输的特点，以及包装应起的作用，危险货物的包装必须具备以下基本要求。

（1）危险品的包装必须符合国家法律、法规、规章的规定和国家标准的要求。

（2）危险品包装的材质、形式、规格、方法和单件质量,应当与所包装的危险化学品的性质和用途相适应,便于装卸、运输和储存。

（3）危险品包装应具有抗冲撞、震动、挤压和摩擦的作用。

（4）危险品包装应有一定的强度,以保护包装内的货物不受损失,这也是一般货物的共同要求。危险货物的包装强度与货物的性质密切相关。一般来说,货物性质比较危险的,发生事故危害性较大的,其包装强度要高一些。同一种危险货物,单件包装重量越大,包装强度也应越高。同一类包装运距越长、倒载次数越多,包装强度应越高。

（三）危险品货物运输包装的作用

危险品货物的国际运输,把包装的强度分成三个等级。划分危险等级的标准与所对应的三个等级危险是:Ⅰ级包装——最大危险;Ⅱ级包装——中等危险;Ⅲ级包装——较小危险。危险品货物的运输包装主要有如下作用。

（1）能防止被包装的危险货物因接触雨雪、阳光、潮湿空气和杂质而使产品变质,或发生剧烈的化学反应造成事故。

（2）可减少货物在运输过程中所受到的碰撞、震动、摩擦和挤压,使危险货物在包装的保护下保持相对稳定状态,从而保证运输安全。

（3）可防止因货物撒漏、挥发以及与性质相悖的货物直接接触而发生事故,或污染运输设备及其他货物。

（4）便于储运过程中的堆垛、搬动、保管,提高运载效率和工作效率。

五、特种品包装技术

产品的价值主要由两部分组成:一部分是产品的使用价值,即产品的质量,这一价值消费者只有使用以后才能感知;另一部分是通过包装设计所传达出的品牌与产品卖点价值,它是通过图形暗示引导消费者的心理感受来实现的。

（一）特种包装技术

（1）充气包装。充气包装是采用二氧化碳气体或氮气等不活泼气体置换包装容器中空气的一种包装技术方法,因此也称为气体置换包装。

（2）真空包装。真空包装是将物品装入气密性容器后,在容器封口之前抽真空,使密封后的容器内基本没有空气的一种包装方法。

（3）收缩包装。收缩包装就是用收缩薄膜裹包物品（或内包装件）,然后对薄膜进行适当加热处理,使薄膜收缩而紧贴于物品（或内包装件）的包装技术方法。

（4）拉伸包装。拉伸包装是 20 世纪 70 年代开始采用的一种新包装技术,它是依靠机械装置在常温下将弹性薄膜围绕被包装件拉伸、紧裹,并在其木端进行封合的一种包装方法。由于拉伸包装不需要进行加热,所以消耗的能源只有收缩包装的 1/20。拉伸包装可以捆包单件物品,也可用于托盘包装之类的集合包装。

（5）脱氧包装。脱氧包装是继真空包装和充气包装之后出现的一种新型除氧包装方法。脱氧包装是在密封的包装容器中,使用能与氧气起化学作用的脱氧剂与之反应,从而除去包装容器中的氧气,以达到保护内装物的目的。

（二）物流包装

物流包装也称为运输包装，是指产品在运输、储存、搬运等物流环节中需要对其进行包装以起到保护产品安全、方便物流作业以及提高运作效率等作用。

运输包装区别于产品包装，是以运输储存为主要目的的包装。它具有保障产品的安全，方便储运、装卸，加速交接、点验等作用。方式和造型多样、材料和质地不同、包装程度差异等特点决定了运输包装种类的多样性。

（1）按包装方式不同，可分为单件运输包装和集合运输包装。前者是指货物在运输过程中作为一个计件单位的包装；后者是指将若干单件运输包装组合成一件大包装，以更有效地保护商品，提高装卸效率和节省运输费用。在国际贸易中，常见的集合运输包装有集装包和集装袋。

（2）按包装类型不同，可分为箱、袋、桶和捆等不同形状的包装。

（3）按包装材料不同，可分为纸制包装、金属包装、木制包装、塑料包装、麻制品包装、竹制品包装、柳制品包装、草制品包装、玻璃制品包装和陶瓷制品包装等。

（4）按包装质地不同，可分为软性包装、半硬性包装和硬性包装。

（5）按包装程度不同，可分为全部包装和局部包装。

结合应用特点，运输包装的设计应遵循标准化、系列化、集装化、大型化、多元化、专业化、科学化、生态化等原则，应用包装材料、方法和包装机械设备等包装技术新成果合理地制订出包装方案。

▌▶ 学习测试 ▐

一、名词解释

包装　包装机械　包装技术　物流包装　商业包装

二、单项选择

（1）（　　）是指为在流通过程中保护产品，方便储运，促进销售，按一定技术方法而采用的容器、材料及辅助物等的总体名称。

　　A. 运输　　　　　　B. 流通加工　　　　　C. 配送　　　　　　D. 包装

（2）具有耐风化、不变形、耐热、耐酸、耐磨等优点，适合于各种液体物品的包装，如盛装强酸类液体的包装材料是（　　）。

　　A. 纸　　　　　　　B. 木材　　　　　　　C. 陶瓷　　　　　　D. 金属

（3）工业包装又称为运输包装，它不具备（　　）的作用。

　　A. 方便物流　　　　B. 保护商品　　　　　C. 信息携带　　　　D. 促进销售

（4）将包装件或产品堆码在托盘上，通过捆扎、裹包或胶黏等方法加以固定，形成一个搬运单元，以便用机械设备搬运的包装是（　　）。

　　A. 托盘包装　　　　B. 单元包装　　　　　C. 捆扎包装　　　　D. 局部包装

（5）在市内运输或短距离的市外汽车运输时，可采用（　　）的方法包成纸件。

　　A. 条形木夹板包装　　　　　　　　　　　B. 框板包装

　　C. 木箱或纸箱包装　　　　　　　　　　　D. 软包装

（6）（　　）是完成全部或部分包装过程的机器。包装过程包括成型、充填、封口、裹包等主要包装工序，以及清洗、干燥、杀菌、贴标、捆扎、集装、拆卸等包装前后工序和输送、选别等包装辅助工序。

    A. 包装机械   B. 包装材料制造机械

    C. 多功能包装机   D. 全自动包装机

    (7) 为防止内装物长霉影响质量而采取一定防护措施的包装,如对内装物进行防潮包装,以及干燥空气封存,对内装物和包装材料进行防霉处理等的包装是(　　)。

    A. 防潮包装   B. 防霉包装   C. 防锈包装   D. 防水包装

    (8) 产品包装在规定的储运条件下,保证内装物符合规定品质要求的时间是(　　)。

    A. 储存期   B. 防锈期   C. 包装有效期   D. 封存期

    (9) 关于纸张的包装和标志的标准适用于(　　)的平板纸、卷筒纸、盘纸的包装和标志。

    A. 各种不同运输方法运输   B. 仓储储存

    C. 装卸搬运   D. 流通加工

    (10) (　　)是指为了保证物品在储藏、运输和销售中的安全及科学管理的需要,以包装的有关事项为对象所制定的标准。

    A. 运输标准   B. 包装标准   C. 装卸搬运标准   D. 仓储标准

    (11) 根据被包装物品特点进行专门设计、专门制造,只适合于某种专门物品的包装是(　　)。

    A. 通用包装   B. 专用包装   C. 工业包装   D. 商业包装

    (12) 保持商品的数量和质量不变的包装属于(　　)。

    A. 单个包装   B. 组合包装   C. 工业包装   D. 商业包装

    (13) 具有刚性容器的结构,但用人力能使之弯曲,而且当这个力量清除后不恢复原状的容器是(　　)。

    A. 内包装容器   B. 通用容器   C. 刚性容器   D. 半刚性容器

三、不定项选择

    (1) 包装的功能主要有(　　)。

    A. 整齐   B. 归类   C. 保护   D. 方便   E. 传递

    (2) 属于防破损技术的有(　　)。

    A. 气相防锈包装技术   B. 危险品包装技术   C. 捆扎及裹紧技术

    D. 全面防震包装方法   E. 集装技术

    (3) 属于特种包装技术的有(　　)。

    A. 充气包装   B. 真空包装   C. 收缩包装   D. 防锈包装   E. 脱氧包装

    (4) 包装的功能是(　　)。

    A. 保护商品   B. 方便储运   C. 促进销售   D. 便于装卸   E. 美化商品

    (5) 下列包装属于防护包装的有(　　)。

    A. 防水包装   B. 封存包装   C. 防潮包装   D. 防霉包装   E. 防尘包装

    (6) 托盘包装的主要固定方法有(　　)。

    A. 捆扎   B. 加固   C. 胶合束缚   D. 拉伸包装   E. 收缩包装

    (7) 托盘包装的基本码放要求有(　　)。

    A. 木质、纸质和金属容器等硬质直方体货物单层或多层交错码放,拉伸或收缩包装

    B. 纸质或纤维质类货物单层或多层交错码放,用捆扎带十字封合

C. 密封的金属容器等圆柱体货物单层或多层码放,木质货盖加固

D. 易碎类货物单层或多层码放,增加木质支撑隔板结构

E. 袋类货物多层交错压实码放

(8)包装过剩指的是(　　　)。

A. 包装容器的容积不足　　　　　　　　B. 包装物强度设计过高

C. 包装材料选择过高　　　　　　　　　D. 包装技术过高

E. 包装成本过高

(9)盘纸包装的标志是在包装的纸件的端面上或木箱、纸箱的端面上贴上商标,或用漏字板以不掉色的颜色刷上标志,标志内容包括(　　　)。

A. 制造厂名称　　　　　　　　　　　　B. 检察员姓名或代号

C. 产品名称、号码、牌号、盘纸等级　　　D. 盘纸宽度、小包数或盘数

E. 产品生产日期、批号

(10)防霉腐包装技术主要包括(　　　)。

A. 冷冻包装　　B. 真空包装　　C. 罐装　　　D. 瓶装　　　E. 脱氧包装

(11)纸包装具有一系列独特的好处:(　　　)。

A. 加工性能好　　　　　　B. 印刷性能好　　　　　　C. 卫生安全性好

D. 原料来源广泛　　　　　E. 防潮、防湿性好

(12)下列属于包装机械的有(　　　)。

A. 计量充填机械　　　　　B. 灌装机械　　　　　　　C. 胶带输送机械

D. 封口机械　　　　　　　E. 裹包机械

(13)平板纸张包装的方法有(　　　)。

A. 木夹板包装　　　　　　B. 木箱或纸箱包装　　　　C. 框板包装

D. 软包装　　　　　　　　E. 对折互叠包装

(14)下列属于包装机械的是(　　　)。

A. 充填机　　　　　　　　B. 罐装机　　　　　　　　C. 多功能剪板机

D. 捆扎机　　　　　　　　E. 装箱机

(15)包装的目的和意义在于(　　　)。

A. 保护产品　　B. 便于储运　　C. 便于处理　　D. 促进销售　　E. 共同配送

四、论述题

(1)简述商业包装的主要功能。

(2)简述特种包装技术的类型。

第八章

分拣配送技术与装备

XIANDAI WULIU
JISHU YU
ZHUANGBEI
SHIWU

任务引入

自改革开放以来,随着我国物流业的蓬勃发展,我国的物流配送中心得到了长足的发展,但较国外先进物流配送业的发展水平以及我国物流业快速扩张的需求而言,我国的物流配送中心在配送比例、物流成本、信息化水平、配送技术等方面依然存在着明显的不足。因此,建立科技化、信息化、现代化的物流配送中心成为我国当前亟待解决的课题。

任务分析

物流配送中心在日常运营中主要存在三大难题:一是物流配送中心的内部规划问题;二是仓储运作中的分拣难题;三是物流绩效分析问题。如何加快物流配送中心的发展,如何突破运营中的瓶颈,是摆在物流配送中心建设前的现实问题。因此,运用科学的理论和方法,树立科学的观念,用知识和科技促进发展,是物流配送中心发展方向的正确选择。

引导案例

依托物流平台实现快速配送

长久以来,物流问题困扰着电子商务企业。因为物流不仅关系着货品的安全,更重要的是体现一个企业的诚信与效率。货物如果能及时送达客户的手中,无疑将为企业发展赢得足够好的社会声誉。反之,则会给电子商务企业带来致命的打击。

对于医药电子商务企业而言,尤其如此。当下全国 20 多家 B2B 医药电子商务平台中,从商品采购、网站技术等方面来看并不乏优秀的企业,但物流问题成为制约其提升的关键。而商康医药网,则与全洲药业集团的现有资源充分融合,解决了物流的问题。

医药是一个特殊商品,物流方面的要求更高。商康医药网因为有了全洲药业集团的基础,物流网络已经深入湖南的县、乡一级,发展电子商务有先天优势。

据了解,全洲药业集团物流配送中心的仓库建筑面积达 45 000 m²,日吞吐量 6 万箱,每天处理订单约 3 000 个。该物流配送中心配备了自动高架立体仓库,并引进全自动拣货系统、先进的 WMS 仓储管理系统、TMS 运输管理系统与物联网有机结合,先进的仓储规模及技术水平,可实现快速配送,真正实现准确、安全、经济、高效的配送。

"这是交易方式的变革,能降低成本,提高效率及整个行业的管理水平。"中国医药商业协会副会长王锦霞谈及第二代医药电子商务时表示。在医药流通体制改革的大背景下,我国医药流通行业的发展趋势已基本明朗:一是以第三方医药电子交易市场为代表的交易电子化;二是以第三方医药物流为代表的物流专业化。电子商务和医药物流相互依存、相互促进,共同决定着未来中国医药流通行业的兴衰。

思考题

(1)全洲药业集团物流配送中心设施设备如何配置才能满足需求?

(2)医药是一个特殊商品,需求量不是很大,如何配送才能解决成本问题?

任务一 分拣配送管理概述

项目目标

知识目标

（1）掌握分拣作业的概念、拣选作业的过程和分拣作业合理化。

（2）了解分拣作业的分类和配送中心作业流程。

（3）掌握配送中心机械装备的构成。

（4）掌握配送中心机械装备的水平层次、配置方法和步骤。

能力目标

（1）能够根据拣货作业任务信息及客户需求的快慢要求选择合适的拣选方式、配送方式。

（2）能够随着流通规模的不断扩大和市场容量的不断增加帮助配送中心正确确定配送机械装备的需要量。

知识链接

商品在从生产厂商流向顾客的过程中，总是伴随着商品数量和商品集合状态的变化。因此，有必要将集装化的货物单元解体，重新分类、集成新的供货单元。分拣和配货是配送中心的主要职能和核心工序。

一、分拣作业的概述

随着商品经济的发展，用户需求向小批量、多品种方向发展，配送中心配送货品的种类和数量将急剧增加，分拣作业在配送中心作业中所占的比例越来越大，是最耗费人力和时间的作业。分拣作业的效率直接影响着配送中心的作业效率和经营效益，也是影响配送中心服务水平的重要因素。

（一）分拣作业的概念

分拣作业就是根据顾客的订货要求，迅速、准确地将货物从其储位拣取出来，并按一定方式进行分类、集中，等待配装送货的作业过程。

配送中心的各项作业中，拣选作业是其中十分重要的一个环节，是整个配送作业系统的核心，而其动力的产生来自于客户的订单，拣选作业的目的也就在于正确且迅速地集合客户所订购的货品。要达到这一目的，必须根据订单分析采用适当的拣选设备，按拣选作业过程的实际情况运用一定的方法策略组合，采取切实可行且高效的拣选方式提高拣选效率，将各项作业时间缩短，提升作业速度与能力。

（二）拣选作业的过程

拣货作业过程如图 8-1 所示，由生成拣货资料、行走或搬运、拣取、分类与集中这四个环节组成。

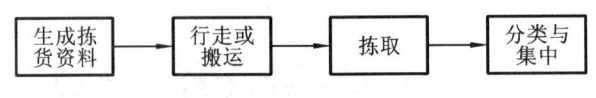

图 8-1　拣货作业示意图

（1）生成拣货资料。拣选作业开始之前，指示拣选作业的单据或信息必须先行处理完成。

（2）行走或搬运。在进行拣选时，要拣取的货品必须出现在拣选员的面前，可以通过以下三种方式实现。

① 人至物的方式。拣选员通过步行或搭乘拣选车辆到达货品储存位置的方式，该方式的特点是货品采取一般的静态储存方式，如托盘货架、轻型货架等，主要移动的一方为拣取者。

② 物至人的方式。与上述方式相反，主要移动的一方为被拣取者，也就是货品，拣取者在固定范围内作业，无须去寻找货品的储存位置。该方式的主要特点是货品采用动态方式储存，如负载自动仓储系统、旋转自动仓储系统等。

③ 无人拣取方式。拣取的动作由自动机械负责，电子信息输入后自动完成拣选作业，无须人员介入，这是目前国外在拣选设备研究上致力的方向。

（3）拣取。当货品出现在拣取者面前时，接下来的动作便是抓取与确认。确认的目的是为了确定抓取的物品、数量是否与指示拣选的信息相同。实际作业中多是利用拣选员将拣取的货品名与拣选单做对比，比较先进的方法是利用无线传输终端机读取条码，由计算机进行对比，或采用货品重量检测的方式。准确的确认动作可以大幅度降低拣选的错误率，同时也比检选作业发现错误和处理来得更直接而有效。

（4）分类与集中。由于拣取方式的不同，拣取出来的货品可能还需要按订单类别进行分类与集中，拣选作业至此告一段落。分类完成的每一批订单类别货品经过检验、包装等作业后出货。

（三）分拣作业合理化的原则

提高分拣效率，防止分拣错误的发生，提高物、账的相符，以及提高顾客的满意度，降低作业成本也是分拣作业管理的目标。

从分拣作业的基本过程可以看出，分拣作业所消耗的时间主要包括以下四个方面：

（1）形成拣货指令的订单信息处理过程所需时间；

（2）行走或货物运动的时间；

（3）准确找到储位并确认所拣货物及其数量所需时间；

（4）拣取完毕，将货物分类集中的时间。

分拣作业不仅与分拣本身有关，还包括储存、保管等相关作业。

二、分拣作业的分类

随着科学技术的发展，拣选种类越来越多，拣选形式也在不断变化。拣选方式可以从不同的角度进行分类。较为常见的分类归结起来有以下几种。

（1）按订单的组合可以分为按单拣选和批量拣选（或拣选式和分货式），这是目前较为常用的拣选分类方式。

（2）按人员组合，可以分为单独拣选方式和接力拣选式（分区拣选）。

（3）按运动方式，可以分为人至货前拣选和货至人前拣选等。

（4）按拣选信息的不同又可以分为拣选单拣选、标签拣选、电子标签拣选、RF拣选等很多种。

以上这些分类方式不是绝对的，不同分类方式之间通常相互联系、相互包含。从订单组合和拣选信息的角度来划分，拣选作业可如下分类，如图 8-2 所示。

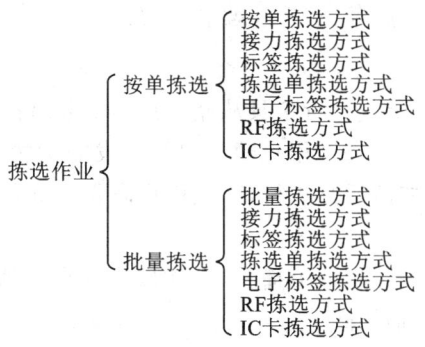

拣选作业
- 按单拣选
  - 按单拣选方式
  - 接力拣选方式
  - 标签拣选方式
  - 拣选单拣选方式
  - 电子标签拣选方式
  - RF拣选方式
  - IC卡拣选方式
- 批量拣选
  - 批量拣选方式
  - 接力拣选方式
  - 标签拣选方式
  - 拣选单拣选方式
  - 电子标签拣选方式
  - RF拣选方式
  - IC卡拣选方式

图 8-2　拣选作业分类示意图

（一）按单拣选（拣选式）

1. 按单拣选的作业原理

拣选人员或拣选工具巡回于各个储存点，按订单所要求的物品完成货物的配货，如图 8-3 所示。

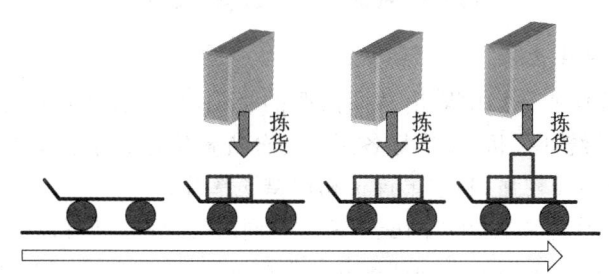

图 8-3　按单拣选示意图

这种方式类似于人们在果园采摘果子，在一棵树上摘下已经成熟的果子后，再到另一棵树上去摘果子，所以这种方式又形象地称为摘果式。

2. 按单拣选作业方法的特点

（1）按订单拣选，易于实施，而且配货的准确度较高，不易出错。

（2）储存货物的位置相对固定，而拣选人员或工具的位置相对灵活，所以又称人到货前式工艺。

（3）对各用户的拣选相互没有约束，可以根据用户需求的紧急程度，调整配货先后次序。

（4）拣选完一个货单货物便配齐，因此，货物可不再落地暂存，而直接装上配送车辆，这样有利于简化工序，提高作业效率。

（5）用户数量不受限制，可在很大范围内波动。拣选作业人员数量也可以随时调节，在作业高峰时，可以临时增加作业人员，有利于开展即时配送，提高服务水平。

这种工艺适合于下列情况：① 用户不固定，变化较大，不能建立相对稳定的用户分货货位，难以建立稳定的分货线,在这种情况下宜采用灵活机动的拣选式工艺;②用户需求的种类太多,增加共同取货的难度,虽然增加取货的时间,但采用拣选式配货不易出错;③用户配送时间要求不同,有紧急的,也有限定时间的。采用拣选式工艺可有效地调整先后拣选配货的顺序,特别是对于紧急的,采用拣选式工艺可满足时间的需求。

(二) 批量拣选(分货式)作业的原理和特点

1. 批量拣选作业的原理

批量拣选作业是由分货人员或分货工具从储存点集中取出各个用户共同需要的某种货物,然后巡回于各用户的货位之间,按每个用户的需要量分发完货物后,再集中取出各个用户共同需要的第二种货物进行分发,如此反复进行,直至用户需要的所有货物都分发完毕,即完成各个用户的配货工作,如图 8-4 所示。

这种作业方式,类似于农民在土地上播种,一次取出几亩地所需的种子,在地上巡回播撒,所以又形象地称之为播种式或播撒式。

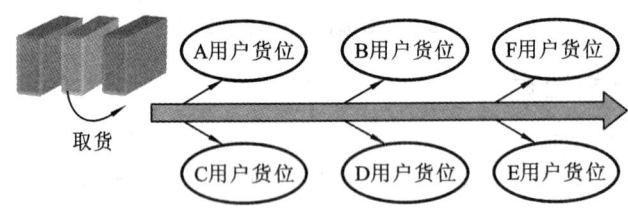

图 8-4 批量拣选作业原理示意图

2. 批量拣选作业的特点

(1)由于批量拣选作业是集中取出共同需要的货物,再按货物货位分放,这就需要在收到一定数量的订单后进行统计分析,安排好各用户的分货货位之后才能反复进行分货作业,因此,这种工艺难度较高,计划性较强,和按单拣选相比错误率较高。

(2)由于批量拣选作业中各用户的配送请求是同时完成的,且可以同时开始对各用户所需货物进行配送,因此有利于车辆的合理调配和规划配送路线,与按单拣选相比,可以更好地利用规模效益。

(3)批量拣选作业对到来的订单无法做及时的反应,必须等订单达到一定数量时才做一次处理,因此会有停滞的时间产生,只有根据订单到达的状况等候分析,决定出适当的批量大小,才能将停滞时间减至最低。

批量拣选作业适合于下列情况。

(1)当用户稳定、变化不大且用户数较多时,就可以建立稳定的分货线,在这种情况下可采取分货方式。

(2)各用户的需求有很强的共性,需求的数量可以有差异但要求品种应相同,这样集中取货分发给各用户,效率才会高。

(3)用户需求的种类有限,否则分货时间较长。

(4)用户配送时间长短有严格的限制,否则应采用按单拣选作业。

(三) 其他拣选作业方法

除了以上两种常用的拣货方法外,通常还有以下两种拣选方式。

1. 整合按单拣选

整合按单拣选主要应用在一天中每一订单只有一种品项的场合,为了提高运输配送的效率,将某一地区的订单整合成一张拣选单,做一次分拣后,集中捆包出库,属于按单拣选的一种变形形式。

2. 复合分拣

复合分拣是指按单拣选与批量分拣的组合运用,按订单品项、数量和出库频率决定哪些订单适合按单拣选,哪些适合批量分拣。

三、配送中心作业流程

物流配送中心的作业活动可以按照常规作业和非常规作业进行分类,结合已有的资料来确定基本作业流程和辅助作业流程。

(一) 配送中心的一般作业流程

所谓一般作业流程是指配送中心作为一个整体在进行货物配送作业时所展现出的基本工艺流程。从一定意义上说,配送中心的一般作业流程也就是配送中心的总体运动所显示的工艺流程。配送中心的一般作业流程如图 8-5 所示。

接收并汇总订单　　　进货　　　理货　　　配货　　　出货或送货

图 8-5　配送中心的一般作业流程示意图

1. 接受并汇总订单

收集和汇总用户的订货单或要货通知单是配送中心组织与调度进货、理货、送货等活动的重要依据。它是配送中心作业流程的开端。无论从事何种货物配送活动,配送中心都有明确的服务对象。因此,在未曾进行实质性的配送活动之前,配送中心的专门机构要以各种方式收集用户的订货通知单并汇总订单。

2. 进货

配送中心的进货流程包括以卜儿种作业。

(1) 订货。配送中心收到和汇总用户的订货单以后,首先要确定配送货物的种类和数量,然后要查询本系统现有库存物资中有无所需要的现货。如有现货,则转入拣选流程;如果没有现货,或虽然有现货但数量不足,则要及时向供应商发出订单,进行订货。有时,配送中心也根据各用户需求情况或商品销售情况以及与供应商签订的协议,提前订货,以备发货。

(2) 接货验收。通常在商品资源宽裕的条件下,配送中心向供应商发出订单之后,后者会根据订单的要求迅速地组织供货,配送中心的有关人员接到货物以后,先在送货单上签收,然后采取一定的手段对接收的货物进行货物质量和数量的检验。若与订货合同要求相符,则很快转入分拣工序;若不符合合同要求,配送中心将详细记载差错情况,并且拒收货物。按照规定,质量不合格的商品将由供应商自行处理。

(3) 分拣。对于生产商送交来的商品,经过有关部门验收之后,配送中心的工作人员随即要按照类别、品种将其分开，或分门别类地存放到指定的仓位和场地，或直接进行下一步操作——加工和拣选。

（4）储存。为了保证配送活动的正常运行，也为了享受价格上的优惠待遇，有些配送中心常常大批量进货，继而将货物暂时储存起来。

3. 理货和配货

为了顺利、有序地出货，从理货和配货流程的作业内容来看，理货和配货是由以下几项作业构成的。

（1）加工作业。在配送中心所进行的加工作业，有的属于初级加工活动，如按照用户的要求，把一些原材料切割或截成一定尺寸的坯件，将长材、大材改制成短材、小材等；有的属于辅助性加工，如按照与生产企业达成的协议，在配送中心给服装等商品拴上标签、套上塑料袋等；也有的加工作业属于深加工活动，如把蔬菜、水果等食品进行冲洗、切割、过秤、分装等。

（2）拣选作业。拣选作业就是配送中心的工作人员根据要货通知单或订货单，从储存的货物中拣出用户所需要的商品的一种活动。

（3）包装作业。配送中心将用户所需要的货物拣选出来以后，为了便于运输和识别各个用户的货物，有时还要对配备好的货物重新进行包装，并在包装物上加贴标签。

（4）组合或配装作业。为了充分利用载货车辆的容积和提高运输效率，配送中心常常把同一条送货路线上不同用户的货物组合、配装在同一辆载货车上，这就要求在理货和配货流程中还需完成组合或配装作业。在配送中心的作业流程中安排组合（或配装）作业，把多家店铺的货物混载于同一辆车上进行配载，不但能降低送货成本，而且可以减少交通流量，改变交通拥挤状况。

4. 出货或送货

这是配送中心的末端作业，也是整个配送流程中的一个重要环节。它包括装车和送货两项经济活动。

（1）装车。配送中心的装车作业有两种表现形式：其一是使用机械装载货物；其二是利用人力装车。通常，批量较大的实重商品都放在托盘上，用叉车进行装车；有些散装货物，或用吊车装车，或用传送设备装车。

因各配送中心普遍实行混载（或同载）送货方式，故装车作业有如下几点要求：①按送货点的先后顺序组织装车，先到的要放在混载货体的上面或外面，后到的要放在下边或里面；②要做到"轻者在上，重者在下，重不压轻"。

（2）送货。在一般情况下，配送中心都使用自备的车辆进行送货作业，有时也借助于社会上专业运输组织的力量联合进行送货作业。此外，为适应不同用户的需要，配送中心在进行送货作业时，常常做出多种安排：有时是按照固定时间、固定路线为圈定的用户送货；有时不受时间、路线的限制，机动灵活地进行送货作业。

（二）配送中心的特殊作业流程

所谓特殊作业流程，是指某一类配送中心（即个别配送中心）进行配送作业时所经过的程序。

1. 不设储存库的作业流程

在流通实践中，有的配送中心主要从事配货和送货活动，本身不设置储存库和存货场地，而是利用设立在其他地方的"公共仓库"来补充货物。因此,在其配送作业流程中,没有储存工序。但为了保证配货、送货工作顺利开展,有时配送中心也暂存一部分货物,一般将其存放在理货区,不单独设置储货区。实际上,在这类配送中心内部,货物暂存和配货作业是同时进行的。在现实生活中,配送生鲜食品的配送中心通常都按照这样的作业流程开展业务活动,其作业流程如图 8-6 所示。

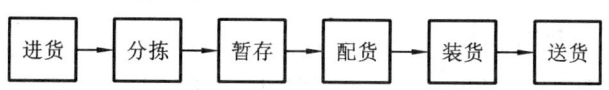

图 8-6 不设储存库的作业流程示意图

2. 加工型配送中心的作业流程

加工型配送中心多以加工产品为主,在其配送作业流程中,储存作业和加工作业居主导地位。由于流通加工多为单品种、大批量产品的加工作业,并且是按照用户的要求安排的,因此加工型配送中心虽然进货量比较大,但是分类、分拣工作量并不太大。此外,因加工的产品品种较少,一般都不单独设立拣选、配货等环节。加工好的产品(特别是生产资料产品)可直接运到按用户户头划定的货位区内,然后进行包装、配货。典型的加工型配送中心的作业流程,如图 8-7所示。

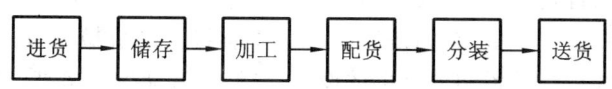

图 8-7 加工型配送中心作业流程示意图

3. 分货型配送中心的作业流程

分货型配送中心是以中转货物为其主要职能的配送组织。在一般情况下,这类配送中心在配送货物之前都先要按照要求把单品种、大批量的货物(如不需要加工的煤炭、水泥等物资)分类,然后再将分好后的货物分别配送到用户指定的接货点。其作业流程比较简单,无须拣选、配货、配装等作业程序,如图 8-8 所示。

图 8-8 分货型配送中心的作业流程示意图

四、配送中心机械装备的构成

配送中心是从事配送业务的物流场所。配送中心要实现配送任务,必须具有一定的功能。一般来说,配送中心具有集散、接收、储存、分货、埋货、配货、装卸搬运、包装、流通加工、送货、信息收集与传递等多种功能。这些功能的完成需要配备不同的机械装备。根据目前我国配送中心的实际情况,配送中心机械装备系统主要由以下几个部分构成。

(一)装卸机械装备系统

装卸机械装备系统主要设置在进货场、配货发送场和仓库内,它的主要任务是:把货物从进货车辆(如火车、载货汽车、船舶)上卸下来,在进货场临时堆码;在配货发送场把货物装上汽车,以便送货;在配送中心仓库内,向货架上存取货物。

（二）连续输送机械装备系统

连续输送机械装备系统主要设置在进货场、检验场、分类场、配货发送场、仓库和流通加工车间之间。它把配送中心的各个组成部分连成一个相互贯通的物流网络,其主要任务是按照配送中心的配送计划有节奏地输送各种货物。另外,在用户的分支输送机线上,也可临时集中储存配好的货物,以便高效率地向送货车辆装货。

（三）装卸搬运车辆系统

装卸搬运车辆主要用于配送中心中较长距离的货物运送。这类机械设备机动灵活,使用方便,投资小,见效快。装卸搬运车辆主要有叉车、牵引车、托盘搬运车、电动搬运车、自动导引搬运车等。

（四）检测计量机械装备系统

为保证货物与供货合同相符,保证货物的质量和数量,原则上进入配送中心的所有货物都应该进行检查验收。由于配送中心是大批量、多品种地进货,一般只能按照订货单进行外观、重量、数量、规格等方面的检验。

（五）分货、拣货机械装备系统

该系统按照用户的订货要求,完成货物的拣选、分货等配送作业。该系统的主要机械装备有拣选机械设备和分货机械设备,它们是配送中心中有特色的机械设备。目前,国内外大型配送中心大多应用了拣选机械设备和分货机械设备,它们的劳动生产率高,自动化程度高,技术密集,分拣能力高,已成为配送中心的核心技术装备。

（六）储存机械装备系统

配送中心保持一定储备量是非常重要的,其主要原因在于保持正常配送,防止缺货。为保持适当规模并提高配送能力,储存机械设备和设施不宜占用太大面积,因而常采用各种类型的货架,以便存取货物。货架的种类主要有普通货架、单元货架、重力式货架、贯穿式货架、旋转式货架等。

（七）流通加工机械装备系统

流通加工是配送中心的重要功能之一。为了满足用户多样化需要,保护货物的使用价值,提高流通效率,配送中心的一些货物需要进行流通加工。货物的类型、加工要求、加工方法不同,需配备不同的流通加工机械设备。目前,配送中心使用的流通加工机械多为剪板机、折弯机、玻璃切割设备、锯床等。

（八）包装机械装备系统

该系统主要是对货物进行集装、分装以及防变质包装等。集装的目的在于提高配送中心配送的效率,分装的目的在于满足用户小量化的需要。集装的机械装备有捆扎机、装箱机、装罐机等;分装的机械装备有小型的自动定量分装机械设备、热收缩包装机、拉伸包装机;防货物变质的包装机械装备有防潮包装、防锈包装、充气包装机等。

（九）配装送货机械装备系统

配装送货机械装备是将两个以上的用户需要的货物或同一用户需要的不同货物配装在同一车辆上,以便提高配送车辆的满载率和减少配送里程,降低配送成本。常用的有通用起重机械、装卸搬运车辆。

（十）信息处理机械装备系统

配送中心的信息处理机械装备系统主要包括电子计算机及其网络、信息识别装置、传票传递装置、通信设备等。建立起完整信息处理机械装备系统是配送中心提供优质服务的物质基础。

以上十种机械装备系统是实现配送的技术保证，它们直接影响着配送中心经济效益的好坏。因此，配送机械设备在配送中心起着重要作用，普及和应用配送机械装备是实现配送现代化、科学化的重要手段，是提高配送中心经济效益的重要因素之一。

五、配送中心机械装备的水平层次

在现代社会经济中，随着流通规模的不断扩大和市场容量的不断增加，配送的规模也相应扩大，配送机械装备的运用也越来越广泛，配送机械装备的技术水平也不断提高。配送机械装备，从技术水平层次上来看，主要有下面三种水平层次。

（一）机械化系统

在配送中心机械化系统中，除拣选、配货作业之外，主要的配送作业皆由机械装备完成。在配送中心作业区，都配备了相当数量的机械装备和小巧灵活的装卸搬运工具，用于完成配送作业任务，但各个作业指令与调度都是靠人工作业完成的。

（二）半自动化系统

半自动化系统是在机械化系统的基础上，在局部关键的作业面上采用自动化装备，以提高作业效率，一般在分拣、输送环节实现自动化。在半自动化系统中，不同作业环节交接处还使用人工处理方式，特别是货物的输入、输出环节还要靠人工作业。

（三）自动化系统

在自动化系统中，各项配送作业被有机地联系起来，并实现了自动作业。特别是分拣系统有了很大的提高，从收到货物，接受处理，到出库装车，整个过程实现自动化。

在配置配送机械装备之前，必须决定配送机械装备的水平层次。从目前我国配送中心机械装备现状来看，机械化系统、半自动化系统运用较为普遍。

六、配送中心机械装备的配置

（一）配送中心机械装备的配置方法和步骤

配送中心的种类很多，其规模大小各异，其处理的货物种类有原材料、半成品、成品等多种多样，货物品种少则几种到数十种不等，多则数千种乃至数万种。另外，有的配送中心属储存型，有的配送中心则属纯流通型。凡此种种情况都是配置机械装备时要考虑的问题。

第一，根据配送中心的职能、发货量与收货量的大小、处理货物的特性以及确定的配送机械装备技术层次，选择每个作业区的主要机械装备。

第二，用多目标数学规划建模。根据各个作业区拟配置主要装备，分别计算各作业机械的需要量，并列出约束方程组。

第三，根据实际情况确定模型中的参数值，通过模型的求解，可形成较好的配送机械装备的配置方案。

第四，对配置方案进行技术经济分析，选择最佳方案。然后确定主要配送机械装备的具体规格和性能参数，并配套配备其他辅助机械装备与工具。

（二）配送中心机械装备数量的确定

计算配送机械装备数量，需根据具体配送作业量和配送机械的作业能力确定。一般先算出每一配送作业环节配送机械设备的数量，然后相加，即可求出配送中心机械设备数量。

每一配送作业环节的机械设备数量可按下式计算：

$$Z = \frac{Q}{G}$$

其中：Z——某一配送作业环节的机械设备台数；Q——该配送作业环节年作业量；G——一台配送机械的年作业量。

正确确定配送机械装备的需要量，是一项非常重要的工作，也是确定配置方案中要考虑的问题，在确定配送机械装备数量时，除理论计算外，还需考虑影响各种配送作业的因素，留有一定的储备，以防备机械设备定期检修或其他原因而影响配送作业的正常进行。

任务二 自动分拣机的使用与管理

项目目标

知识目标

（1）掌握人工分拣、机械分拣和自动分拣等三大类不同的分拣手段。

（2）掌握自动分拣机的主要组成部分及工作过程。

（3）掌握常用自动分拣机的工作过程、使用范围及特点。

（4）掌握常用自动分拣装备选型原则。

能力目标

（1）能够根据任务要求将需要的货物准确、快速分拣出来，并送到指定地点。

（2）能够对常用的自动分拣机按照它的用途、性能、结构和工作原理进行分类，安排在不同的分拣工作线上。

（3）能够根据配送中心的分拣方式、使用目的、作业条件、货物类别、周围环境等条件选用合适的分拣装备。

一、分拣作业概述

当商品数量较大时，要迅速、正确分拣往往需要投入大量人力，商品才能分配到各个用户，因此发达国家采用了大量的各种类型的分拣系统来完成分拣这一烦琐而又枯燥的工作。

分拣是指为进行输送、配送,把很多货物按不同品种、不同的地点和不同的分量分配到所设置的场地的作业。按分拣的手段不同,分拣可分为人工分拣、机械分拣和自动分拣三大类。

（1）人工分拣基本上是靠人力搬运,把所需的货物分门别类地送到指定的地点,或利用最简单的器具和手推车等,这种分拣方式劳动强度大,分拣效率低。

（2）机械分拣是以机械为主要输送工具,还要靠人工进行拣选,这种分拣方式用得最多的是输送机,有链条式输送机、传送带、辊道输送机等,有的也称输送机分拣。这种分拣方式投资不多,可以减轻劳动强度,提高分拣效率。

（3）自动分拣是从货物进入分拣系统到送达指定的分配位置为止,都是按照人们的指令靠自动分拣装置来完成的。

自动分拣系统除了用于将邮政局的邮包信件和车站的货物分到指定位置外,已发展到食品加工行业、纤维造纸业、化学工业、机械制造业等各行各业,这些行业广泛使用自动分拣机分拣从小到大的各式各样的物品。

二、自动分拣机的主要组成部分及工作过程

自动分拣机一般由接受分拣指令的控制装置、把到达分拣位置的货物取出的搬运装置、在分拣位置把货物分送的分支装置和在分拣位置存放货物的暂存装置等组成。

（一）自动分拣机的主要组成部分

自动分拣机的分拣系统是由一系列各种类型的输送机、各种附加设施和控制系统等组成,大致可分为合流部分、分拣信号输入部分、分拣和分流部分、分运部分这四个部分。

（1）合流部分。商品进入分拣系统,有用人工搬运方式或机械化、自动化搬运方式,也可以通过多条输送线进入分拣系统。经过合流逐步将各条输送线上输入的商品合并于一条汇集输送机上,同时,将商品在输送机上的方位进行调整,以适应分拣信号输入和分拣的要求。汇集输送机具有自动停止和启动的功能。如果前端分拣信号输入装置偶然发生事故,或商品和商品联结在一起,或输送机上商品已经满载时,汇集输送机就会自动停止,等恢复正常后再自行启动,所以它也起缓冲作用。

（2）分拣信号输入部分。在这个部分中,商品接受激光扫描器对其条码标签的扫描,或者通过其他自动识别方式,如光学文字读取装置、声音识别输入装置等,将商品分拣信息输入计算机。商品之间保持一个固定值的间距,对分拣速度和精度是至关重要的。即使是高速分拣机,在各种商品之间也必须有一个固定值的间距。当前的微型计算机和程序控制器已能将这间距减小到只有几英寸。

（3）分拣和分流部分。商品离开分拣信号输入装置后在分拣输送机上移动时,根据不同商品分拣信号所确定的移动时间,使商品行走到指定的分拣道口,由该处的分拣机构按照上述的移动时间自行启动,将商品排离主输送机而进入分流滑道排出。这种分拣机构在国外已经过了四五十年的应用研制,有多种形式可供选用。

（4）分运部分。分拣出的商品离开主输送机,再经滑道到达分拣系统的终端。分运所经过的滑道一般是无动力的,其一般借商品的自重从主输送机上滑行下来。各个滑道的终端,由操作人员将商品放入容器或搬上车辆。

（二）自动分拣机的工作过程

为了把货物按要求分拣出来，并送到指定地点，一般需要对分拣过程进行控制。自动分拣机的控制系统采用程序逻辑控制分拣机的全部功能，包括合流、分拣信息输入、分拣和分流等。然而当下更普遍的是使用 PC 机，或采用以若干个微处理机为基础的控制方式。

通常是把分拣的指示信息记忆在货物或自动分拣机上。当货物到达时，将其识别并挑出，再开启分支装置，让其分流。控制方式可分为外部记忆和内部记忆两种方式。外部记忆是把分拣指示标贴在分拣货物上，工作时用识别装置将其区分，然后做相应的操作。内部记忆是在自动分拣机的货物入口处设置控制盘，利用控制盘，操作者在货物上输入分拣指示信息，这个货物到达分拣位置时，自动分拣机接收到信息，开启分支装置。

在决定分拣系统时，控制方式的选择是一个需要考虑的重要因素，它对分拣系统的能力和成本有很大的影响。目前比较常用的分拣控制技术是扫描识别技术，在货场的固定位置上贴有某种标识，货到达分拣位置时，扫描仪对标识进行扫描识别，然后按预先设定的程序运行，使货物按指定路线运送到指定的滑道滑下，完成分拣作业。

三、分拣信号的输入方法

虽然各种分拣机在具体结构上有所不同，但分拣的工作过程基本相同。货物到达分拣点以前，先要经过输送、信号设定、合流、主传送带等工作过程。到达分拣点时，发出指令把货物传送到分拣机，由分拣机的瞬时动作将货物分拣到指定的滑道。

在分拣机上输送的商品，向哪个道口分拣，均通过分拣信号的输入发出指令，一般均需在分拣商品上贴有发运地点等标签，以此进行分拣。在自动分拣系统中，分拣信号输入方法大致有下列五种。

（一）键盘输入

由操作人员按各种商品的分拣编码，即商品从主输送机上向哪个分拣道口排出的道口编码，进行按键将分拣信号输入。

（二）声音识别输入

操作人员通过话筒朗读每件商品的配送商品名称和地点，将声音输入变换为编码，由分拣机的微计算机控制分拣机构启动。

（三）条码扫描

把含有分拣商品的条码标签粘贴在每件商品上，通过放置在分拣机上的条码扫描器时被阅读。因此，为了正确输入信息，要求条码标签粘贴在商品包装的一定位置上，同时商品在输送机上粘贴条码标签的一面应面向条码扫描器。条码扫描器从商品的上面或侧面扫描，或者同时从上面、侧面扫描。

（四）光学文字读取

光学文字读取装置（OCR）能直接阅读文字，然后将信号输入计算机，但是这种输入方法的拒收率较高，影响信号输入的效率。目前，光学文字读取这种方式在分拣邮件的邮政编码上应用得较多，而在物流中心的分拣系统中应用得较少。

（五）主计算机输入

主计算机输入是依靠主计算机,采用递减计划系统的方法进行分拣商品。分拣前,预先将配送商品的全部明细表(商品、配送商店和数量等)输入主计算机,然后将第一种商品的条码或自动识别编码通过分拣信号输入装置输入,接着将该商品逐件连续投入分拣机,经确认后由计算机按照该商品品种和应配送商店的次序发出分拣指令,直到该商品分拣完为止。

四、电子标签拣货系统

电子标签用于物流配送,能有效提高出库效率,并适应各种苛刻的作业要求,尤其在零散货品配送中有着绝对优势,在连锁配送、药品流通场合以及冷冻品、服装、服饰、音像制品物流中有着广泛的应用前景。

（一）电子标签拣货系统概述

电子标签拣货系统,如图 8-9 所示。

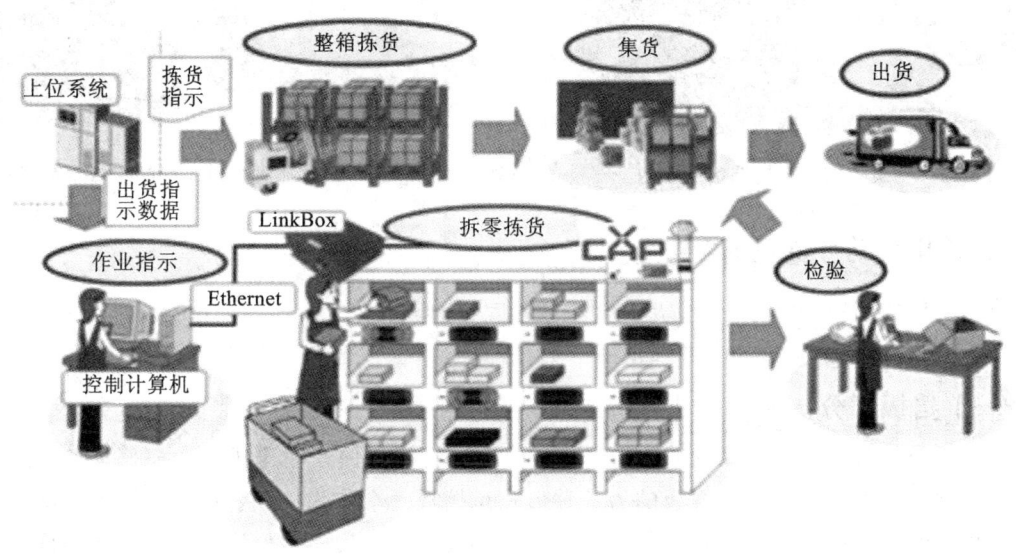

图 8-9　电子标签拣货系统示意图

其原理是在每一商品的货架上安装有显示灯号,用以引导拣货员该订单所需商品的所在位置。除了灯号外,在货架上还有数字显示器来显示该商品所需的数量。除商品显示器外,在每一个商品存放区中,还安装了显示器,用以确定该区所应拣取的商品是否有遗漏,而店别显示器则用来显示当时作业订单所属的商店代号。

电子标签拣货系统的应用领域主要有:①连锁超市、百货商场的物流配送中心;②物流配送中心的冷冻仓库;③量贩式日配食品的配送分拣业务;④其他各类物流配送仓库;⑤制造业中多零部件产品的组装生产及零部件供应。

（二）电子标签拣货系统的方式

电子标签在实际使用中,主要有两种方式,具体如下。

(1) 摘果式电子标签拣货:每一种货物对应一个电子标签,控制计算机可根据货物位置和订单清单数据发出出货指示,并使货架上的电子标签亮灯,操作员根据电子标签所显示的数量及时、准确、轻松地完成以"件"或"箱"为单位的商品拣货,如图 8-10 所示。

(2)播种式电子标签拣货:适合应用于商品品种较少、配送门店相对较多的拣货作业环境。播种式电子标签拣货中的每一储位代表每一张订单(各个商店、生产线等),每一储位都设置电子标签。操作员先通过条码扫描把将要分拣货物的信息输入系统中,下订单客户的分货位置所在的电子标签就会亮灯、发出蜂鸣,同时显示出该位置所需分货的数量。播种式电子标签拣货如图 8-11 所示。

拣货策略的决定是影响日后拣货作业效率的重要因素,为了对应不同的订单需求形态,衍生出不同的拣货策略。围绕分区、订单分割、订单分批、订单分类这四个核心因素,能够在交互运用状态下产生出多个拣货策略。

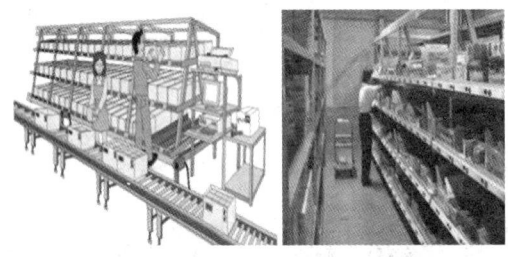

图 8-10 摘果式电子标签拣货示意图

图 8-11 播种式电子标签拣货示意图

五、常用自动分拣机的类型

自动分拣机的种类很多,分类方法也不尽相同,按照自动分拣机的用途、性能、结构和工作原理分为不同的类型,常见的主要类型有下列几种。

(一)挡板式分拣机

挡板式分拣机如图 8-12 所示,是利用一个挡板(挡杆)挡住在输送机上向前移动的商品,将商品引导到一侧的滑道排出。挡板的另一种形式是挡板一端作为支点,可做旋转,挡板动作时,像一堵墙似的挡住商品向前移动,利用输送机对商品的摩擦力推动,使商品沿着挡板表面移动,从主输送机上排出至滑道。平时挡板处于主输送机一侧,可让商品继续前移,如挡板做横向移动或旋转,则商品就排向滑道。

图 8-12 挡板式分拣机示意图

(二)浮出式分拣机

浮出式分拣机是把商品从主输送机上托起,从而将商品引导出主输送机的一种结构形式。

从引离主输送机的方向看，一种是引出方向与主输送机构成直角；另一种是引出方向与主输送机构成一定夹角（通常是 $30°\sim45°$）。一般是前者比后者的生产率低，且对商品容易产生较大的冲击力。

浮出式分拣机大致有以下几种形式。

（1）胶带浮出式分拣机，如图 8-13 所示。这种分拣结构用于辊筒式主输送机上，将有动力驱动的两条或多条胶带或单个链条横向安装在主输送机与辊筒之间的下方。当分拣机结构接受指令启动时，胶带或链条向上提升，接触商品底部，把商品托起，并将其向主输送机一侧移出。

（2）辊筒浮出式分拣机，如图 8-14 所示。这种分拣结构用于辊筒式或链条式的主输送机上，将一个或数十个有动力的斜向辊筒安装在主输送机表面下方，当分拣机结构接受指令启动时，斜向辊筒向上浮起，接触商品底部，将商品斜向移出主输送机。这种上浮式分拣机，也可采用一排能向左或向右旋转的辊筒，以动力将商品向上提升，可将商品向左或向右排出。

图 8-13　胶带浮出式分拣机示意图　　　　　　图 8-14　辊筒浮出式分拣机示意图

（三）倾斜式分拣机

（1）条板倾斜式分拣机，如图 8-15 所示。这是一种特殊型的条板输送机，商品装载在输送机的条板上，当商品行走到需要分拣的位置时，条板的一端自动升起，使条板倾斜，从而将商品移离主输送机。商品占用的条板数随不同商品的长度而定，经占用的条板数如同一个单元，同时倾斜，因此，这种分拣机对商品的长度在一定范围内不受限制。

（2）翻盘式分拣机，如图 8-16 所示。这种分拣机是由一系列的盘子组成，盘子为铰接式结构，向左或向右倾斜。装载商品的盘子行走到一定位置时，盘子倾斜，将商品翻到旁边的滑道中。为减轻商品倾倒时的冲击力，有的分拣机能控制商品以抛物线状来倾倒出商品。这种分拣机对分拣商品的形状和大小可以不拘，但以不超出盘子为限。对于长形商品可以跨越两只盘子放置，倾倒时两只盘子同时倾斜。这种分拣机常采用环状连续输送，其占地面积较小，又由于是水平循环，使用时可以分成数段，每段设一个分拣信号输入装置，以便商品输入，而分拣排出的商品在同一滑道排出，这样就可提高分拣能力。

图 8-15　条板倾斜式分拣机示意图　　　　　　图 8-16　翻盘式分拣机示意图

（四）滑块式分拣机

滑块式分拣机,如图 8-17 所示。滑块式分拣机是一种特殊型的条板输送机。输送机的表面用金属条板或管子构成,如竹席状,而在每个条板或管子上有一个用硬质材料制成的导向滑块,能沿条板做横向滑动。平时滑块停止在输送机的侧边,滑块的下部有销子与条板下导向杆联结,通过计算机控制,当被分拣的商品到达指定道口时,控制器使商品有序地向输送机的对面一侧滑动,把商品推入分拣道口,从而商品就被引出主输送机。滑块式分拣机是将商品侧向逐渐推出,并不冲击商品,故商品不容易损伤,它对分拣商品的形状和大小适用范围较广,是目前国外一种最新型的高速分拣机。

图 8-17　滑块式分拣机示意图

（五）托盘式分拣机

托盘式分拣机是一种应用十分广泛的机型,它主要由托盘小车、驱动装置、牵引装置等组成。其中托盘小车的形式多种多样,有平托盘小车、U 形托盘小车、交叉带式托盘小车等。

传统的平托盘小车利用盘面倾翻,重力卸载货物,结构简单,但存在着上货位置不稳、卸货时间过长的缺点,从而造成高速分拣时不稳定以及格口宽度尺寸过大等问题。

交叉带式托盘小车的特点是取消了传统的盘面倾翻、利用重力卸载货物的结构,而在车体下设置了一条可以双向运转的短传送带(又称交叉带),用它来承接上货机,并由牵引链牵引运行到格口,再由交叉带运送,将货物强制卸载到左侧或右侧的格口中。交叉带式托盘分拣机,如图 8-18 所示。

图 8-18　交叉带式托盘分拣机示意图

（六）悬挂式分拣机

悬挂式分拣机,如图 8-19 所示,是用牵引链(或钢丝绳)做牵引运行的分拣设备,按照有无支线,它可分为固定悬挂和推式悬挂两种机型。前者用于分拣、输送货物,它只有主输送线路、吊具和牵引链是连接在一起的;后者除主输送线路外还具备储存支线,并有分拣、储存、输送货物等多种功能。

(a) 固定悬挂　　　　(b) 推式悬挂

图 8-19　悬挂式分拣机示意图

（七）滚柱式分拣机

滚柱式分拣机是用于对货物输送、储存与分路的分拣设备，按处理货物流程需要，可以布置成水平形式，也可以和提升机联合使用构成立体仓库，如图 8-20 所示。

滚柱式分拣机的局部滚柱式分拣机中的滚柱机的每组滚柱（一般由 3～4 个滚柱组成，与货物宽度或长度相当）均各自具有独立的动力，可以根据货物的存放和分路要求，由计算机控制各组滚柱的转动或停止。货物输送过程中在需要积放、分路的位置均设置光电传感器进行检测。当货物输送到必须分路的位置时，光电传感器给出检测信号，由计算机控制货物下面的那组滚柱停止转动，并控制推进器开始动作，将货物推入相应支路，实现货物的分拣工作。

以上几类分拣机，在运用时具体选择哪种类型，需要综合考虑以下因素才能决定：分拣货物的形状、体积、重量、数量；输送的路线及变动性；单位时间内的处理能力、分拣量；装备费用、占地面积，以及对周围环境的要求等。

图 8-20　滚柱式分拣机示意图

六、分拣装备选型原则

现代化分拣装备是配送中心的重要生产工具，它的正确选用和合理使用，不仅能提高货物分拣效率和整个配送系统自动化程度，而且也是实现物流现代化和社会化的重要标志之一。因此，在选用分拣装备时，要根据配送中心的分拣方式、使用目的、作业条件、货物类别、周围环境等条件慎重认真地选用，一般来说，应考虑以下几个原则：①装备的先进合理性；②经济实用性；③兼顾上机率和装备技术经济性；④相容性和匹配性；⑤符合所分拣货物的基本特性；⑥适应分拣方式和分拣量的需要。

总之，选用分拣装备时，要做好技术经济分析，尽量达到经济合理的要求，同时，还要考虑分拣作业方式、作业场地以及与系统匹配等综合因素，以保证分拣工作正常、安全运行，提高经济效益。

任务三　配送中心装备配置与管理

 项目目标

知识目标

(1) 掌握配送中心机械装备的配置原则。

(2) 掌握配送中心拣选、分拣核心作业机械装备的配套形式。

(3) 掌握配送中心处理不同货物的机械装备的配套形式。

(4) 掌握配送机械装备的前期管理、现场管理和备件管理。

能力目标

(1) 能够根据配送中心的内部布局,遵循技术成熟先进、经济合理、安全可靠、方便操作和满足需求的原则配置合适的核心作业机械装备。

(2) 能够根据配送中心需要处理的生产资料和生活资料的不同的货物特性选择合适机械装备的配套形式。

知识链接

科学合理地运用配送中心机械装备,加强配送机械装备管理,是提高配送设备利用率,保证配送中心高效、低耗、灵活运行的关键。

一、配送中心机械装备的配置原则

配送中心的具体形态虽然千差万别,使用的装备也相差很大,但是配送中心的基本职能是一致的,所以在装备配置方面具有一些共同的要求。一般来说,配送中心业务处理流程,如图8-21所示。应按配送中心的内部布局,遵循技术成熟先进、经济合理、安全可靠、方便操作和满足需求的原则。在配置配送机械装备时应从适应性、效率、采购成本、可靠性、灵活性以及维修的难易等方面来综合考虑。

(一) 配送机械装备的配置应适应所需处理的货物的特性

配送中心内的机械装备必须充分适应配送中心所需处理的货物的特性。

(二) 配置的配送机械装备应能满足顾客的服务要求

配送业务产生和发展的基础是向顾客提供优质服务并满足其需要。顾客服务水平是衡量配送中心为顾客创造的效用能力的尺度,也是配送能力大小的反映。

(三) 配置的配送机械装备应尽量标准化、系列化

配送机械装备标准化、系列化是降低成本及维修、运转费用的重要手段。标准装备技术成熟,能实现经济批量配送作业,造价低,易于购置,零部件配备也方便,有利于管理,更有利于整

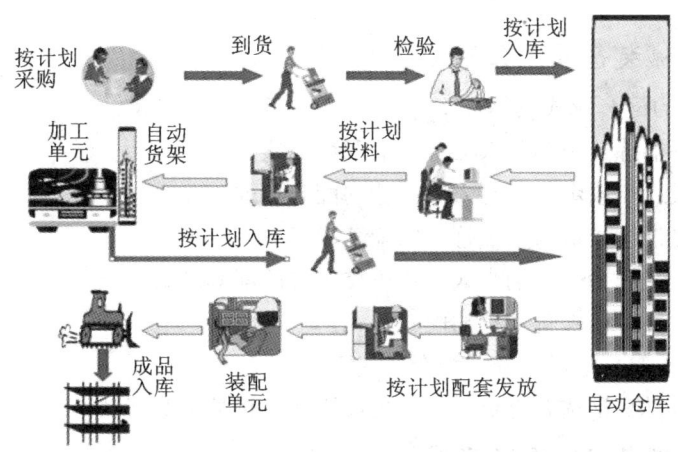

图 8-21 配送中心业务处理流程示意图

个配送系统的长期可靠工作。

（四）配置的配送机械装备应形成特色

由于配送中心所处的地理位置、布局形式、仓库大小、货场大小、货源的多少以及配送组织的经济实力和管理水平的不同，各配送中心装备的配置要根据实际情况，突出核心配送业务机械装备，形成自己的特色。

（五）配置的配送机械装备应具有较高的生产率、较好的耐用性和较好的经济性

配送中心的货物处于高速度的流通状态之中，物流量大，品种多、用户多，因而要求高生产率、高可靠性的装备予以保证。另外，也应充分考虑装备的维修性。维修性好的装备，一般是指装备结构简单，零部件组合合理，可迅速拆卸、易于检查，零件互换性强等。

（六）配置的配送机械装备应量力而行，逐步到位

发展配送业务，必须使配送机械装备达到先进的水平。考虑到目前我国配送机械装备及配送业务的现状，在配置物流机械装备的过程中，适宜选择渐进式发展方式。

这是因为：第一，一步到位地发展配送机械装备，所需的投资巨大，多数配送组织尚不具备这种条件；第二，目前，配送规模和配送水平还较低，管理水平和人员素质还不能完全适应发展现代化大生产的需要，在较短时间内全面提高配送机械装备及建立起高度自动化的配送机械装备，未必能收到良好的效果；第三，任何新技术、新装备的广泛应用，都要经历一个消化、吸收和适应的过程，对于我国来说，更应当如此。

当然，走渐进式发展道路并不排斥配置现代化配送机械装备。量力而行，多渠道筹措资金，不失时机地更新装备和配置高新技术配送机械装备，不断提高配送的水平和配送能力，是配送业务发展的必然选择，也是配送中心建设的现实选择。

二、配送中心核心作业机械装备的配套形式

为适应不同配送机械系统及满足不同配送中心的需要，配送作业机械装备有多种配套形式，而作为配送中心核心作业的拣选和分货，其机械装备的配套形式如何，直接决定着如何高效率完成分拣、配货任务，影响着配送中心的服务质量和经济效益。为此，应搞好拣选、分货机械

装备的配套工作。

（一）拣选机械装备的配套形式

拣选机械装备的配套形式具体如下。

（1）低货架、手推拣选小车与人工拣选的配套形式。

（2）低货架、搬运车或牵引车与人工拣选的配套形式。

（3）低货架、皮带输送机与人工拣选的配套形式。

（4）中层货架、装卸搬运车辆与人工或机械拣选的配套形式。

（5）高层货架、堆垛机与输送机的配套形式。

（6）垂直旋转货架与搬运车辆的配套形式。

（7）水平旋转货架、拣选升降机与输送机或搬运车辆的配套形式。

（二）分拣机械装备的配套形式

（1）手推车与人工分货的配套形式。

（2）小型搬运车与人工分货的配套形式。

（3）皮带输送机与人工分货的配套形式。

（4）叉车或巷道起重机与装卸搬运车辆的配套形式。

（5）输送机系统和装卸搬运车辆的配套形式。

（6）自动分拣机系统。

三、配送中心处理不同货物的机械装备的配套形式

配送中心处理货物种类很多，包括生产资料和生活资料两大类。

一般来说，生产资料的消费量较大，因而配送作业量也较大。从物流的角度看，有些生产资料是以散装或裸装方式流转的，如煤炭、水泥、木材等；有些生产资料则是以捆装和集装的方式流转的，如金属材料等；还有些生产资料是经过初加工以后才能供给消费者使用的，如木方、配煤等；也有些生产资料直接进入消费领域，中间不经过初加工过程。生产资料配送流程如图8-22所示。由于货物的性质和消费情况各异，其配送模式和作业机械装备配套形式也迥然不同。

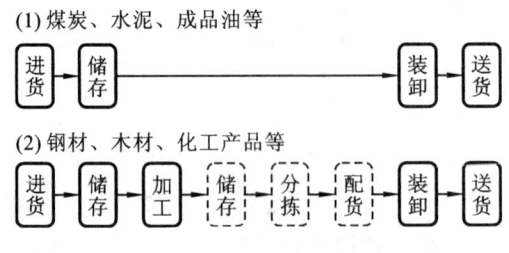

图 8-22　生产资料配送流程示意图

生活资料的品种、规模较生产资料更为复杂，其需求变化也比生产资料要快，因此，生活资料的配送不但必须安排分拣、配货和配装等作业，而且其作业难度也比较大。此外，就生活资料中的食品而言，有保鲜、保质期和卫生等质量要求，因而其配送流程及所需要的机械装备也有自己的特点。生活资料配送流程如图8-23所示。

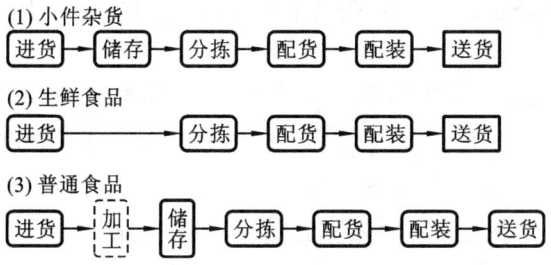

图 8-23　生活资料配送流程示意图

下面以两大类货物中典型货物为例,进一步说明其机械装备的配套形式。

（一）金属材料配送系统的机械装备配套形式

金属材料一般以捆装或裸装为主,其特点是尺寸大、重量大、强度高,运送时可混装,多数露天存放。用户对金属材料的要求有两种情况:一种是要求对不同的原材料、不同的批量进行配货、配装和送货;另一种是要求在配送中心进行配送加工,然后配货、配装和送货。

金属材料配送机械的配套形式主要有下列三种。

一是起重机、吊钩电子秤与送货车辆配套。起重机用于配货,吊钩电子秤可把配货与称量结合起来,大大提高作业效率。送货车辆把配装好的货物配送给用户,送货车辆一般为载货汽车。

二是起重机、流通加工设备与送货车辆配套。

三是巷道堆垛机、分货输送机与送货车辆配套。这种形式劳动生产率高,但成本也高,适合于吞吐量大,经营的金属材料品种达数千种的配送中心。

（二）煤炭配送系统的机械装备配套形式

煤炭配送的形态有原煤、块煤、煤粉、成型煤、配煤等。其共同特点是配送作业量大且发送频繁,用户较稳定,用户普遍要求供应燃烧稳定的配煤。

煤炭配送机械装备的配套形式是:配煤机、输送机、装卸机或堆取料机、自卸汽车或普通货车、电子式地中衡。随着配送业务的发展,目前煤炭送货已有专门的罐车。

（三）水泥配送系统的机械设备配套形式

用户对水泥的需要有散装、袋装、商品混凝土三种形态。

（1）水泥专业配送中心大批量接受散装水泥,按用户需要,经散装批量转换或袋装向用户配送。

（2）配送散装水泥的机械装备配套形式主要为:散装水泥接收装备、散装水泥输送装备（机械输送或气力输送）、散装水泥专用车。

（3）配送袋装水泥的机械装备配套形式主要为:散装水泥接收设备、散装水泥输送设备、分包机、起重机或装卸搬运车辆、送货卡车。

若用户需要商品混凝土或水泥制品,其配送机械装备的配套形式为:散装水泥的接收装备、散装水泥输送装备、商品混凝土搅拌站或水泥制品加工机械、商品混凝土输送车或普通货车。

（四）木材配送系统的机械装备配套形式

用户对木材的需要形式是原木、方板、板材、人造板以及其他木制品。其中,以制材的形态配送给用户,能反映用户普遍的要求,可提高木材的出材率和综合利用效率,提高加工设备的利用率,提高配送效益。

木材配送中心配送机械的配套形式为:起重机械、装卸搬运车辆,以及用于配货、配装的木工锯机,以便按用户要求加工成材。利用光电检查仪,提高检验效率和准确性。采用拖挂车送货,能很好地提高车辆的满载率,降低送货成本。

(五)液体类化工产品配送系统的机械装备配套形式

液体类化工产品主要指液酸、液碱。这些产品活性强,具有腐蚀性和一定危险性,不同种类的产品不能混装、混存,其装载运输和储存应使用特制的容器和设备。

该类产品配送系统机械装备配套形式为:散装进货可用气力或液泵输送罐装,流量仪检测,由汽车罐车直接送达用户。罐装或瓶装送货的,利用分罐机罐装后,配装在卡车上送货。原包装进货和送货,可用通用起重机、装卸搬运车辆进行配货、配装,由卡车送货。

(六)机电产品及小件杂品配送系统的机械装备配套形式

这类产品的共同特点是有确定的外包装,可以集装、混装和混载,此外,市场需求呈多品种、小批量、多批次等特征。因而,理货、配货、配装、送货的工作量大。根据用户的需要,一般该类产品拣选和分货作业共存,因此,上述按作业方式的机械设备配套形式,皆可用于该类产品。

(七)食品配送系统的机械装备配套形式

食品的种类很多,其形状各异。不过,作为食品都有保质保鲜期。据此,食品配送存放时间很短,或基本上不存放,并要求很快进行分拣、配货,然后快速送货。其配送机械设备配套形式为:装卸搬运机械、自动分拣机、送货车辆。对于需进行初加工的食品,还需配套配置食品加工机械。对于需冷藏的食品,需用专用车辆送货。

四、配送中心机械装备的管理

配送机械装备具有配套性强、自动化水平较高、性能要求高等特点,如何根据其特点管好、用好配送机械设备,建立起规范化、正规化、标准化的配送机械装备的管理体系和模式,充分发挥配送机械设备的效能,为配送中心带来最大的保障力和经济效益,是配送机械装备管理的重要任务。配送中心配套机械装备,如图8-24所示。

图8-24 配送中心配套机械装备示意图

(一)配送机械装备的前期管理

配送机械设备前期管理工作一般分为规划、实施、总结这三个阶段。

(1)规划阶段主要是根据配送中心的发展战略,结合配送作业的特点和配送机械设备的种类、数量,确定配送机械设备的发展规划。配送机械设备的发展,要立足于配送中心的实际,以经济实用为前提,以解放生产力为主导,以提供最好的服务为目的,同时,要有计划地发展,做到先进与一般相结合,保证规划切实可行。

(2)实施阶段主要是把规划内容付诸实施,包括配送机械设备选型、招标采购、安装调试和验收交货等。其中,配送机械设备选型、安装调试工作烦琐、专业性强,是实施配送机械设备发展规划的关键,应予以高度重视。

在选型时,要严格贯彻配送机械设备的选型原则,选配购置须达到适用、高效、安全、节能、成套、耐用、灵活、易修和可靠的要求。配送机械设备的选配论证应着重设备的实际应用的需要,符合自己实际条件和工作环境;应充分考虑其先进性,有利于提高配送中心机械设备的整体水平和技术进步,确保投资整体效益。

选择厂家和型号时,在满足实际需要、价格比较合理的前提下,优先选用设备性能好、技术先进、质量优且服务周到的厂家。同时,要了解设备的配套情况、易损件供应情况,保证设备出现故障时配件能及时购买,并能及时维修。对价格较高的大型配送机械设备,最好采用投标形式采购,确保少花钱多办事。配送机械设备到货后要及时验收。

验收应着重从以下三个方面进行。

一是对到货设备的外包装及外观进行检查,对外观有损、变形的设备要做好详细记录,对损害严重的设备,应退货调换。

二是根据合同逐项验收,对一些附带的零配件、易损件也应仔细清点。

三是对随机资料,包括装箱单合格证、使用说明书、维修说明书和线路图等都要求齐全。

目前,许多先进配送机械设备特别是分拣设备、装卸搬运机器人都应用了计算机控制技术,对这类设备的验收要注意对其软件的验收。在设备安装时,要认真编制安装方案和安装计划,严格按照安装计划实施,并要符合安全技术规范的要求。安装后,有关部门要进行安全质量检查、调试验收办理移交手续。与此同时,要组织有关人员认真学习设备的结构、工作原理、性能、使用方法,特别注意各种功能的运用,熟悉常见故障及解决办法。

(3)总结阶段主要是对实施阶段进行总结。每完成一批或一套配送机械设备的选型、招标采购工作,就应进行一次工作总结,找出存在的问题,加以改善。只有不断地进行规划、实施、分析、总结,形成良好的工作循环,才能促进配送机械设备管理水平的不断提高。

(二)配送机械装备的现场管理

配送机械装备的现场管理工作做得如何,直接体现着配送作业的义明程度,反映着配送中心管理水平的高低。为此,应根据设备的布局和配送作业的状况,制订设备现场管理办法,使有关管理人员和操作人员自觉地维护好自己所操作的配送机械装备,保持装备整洁,现场规范。

根据配送机械装备的磨损规律、使用条件、工作条件,配送机械装备的现场管理要突出定人、定位、定机、定责管理,做到职责明确、任务清楚、奖罚分明。现场管理的各项资料应齐全、完备、准确,并应坚持作业有记录,维护保养有登记,作业前有检查,作业中有监管,作业后及时保养。对于装备管理人员来说,特别要做好各种配送机械装备的管理登记统计工作,做到机械装备使用有登记,机械装备密封有检查,机械装备维修有记录,随时掌握配送机械装备的全面技术状况。

在配送机械装备的现场管理实践中,将现场管理的主要内容概括起来,总结形成了"十字管理法"，即清洁、检查、紧定、调整、润滑。清洁——任何时候，装备从里到外都保持油光铮亮、整齐干净。检查——对常使用的机械装备，做到由操作人员检查，使用中修理工跟踪检查，使用后操作人员与修理工共同检查，发现问题及时处理。紧定——机械装备作业前先紧定，机械设备作业 4 h 后紧定重要的连接固定部位，机械设备工作 8 h 后，检查所有的紧定情况。调整——适时调整配送机械设备的工作状况，使其符合规定要求。润滑——落实以定点、定质、定时、定人为主要内容的"五定润滑法"。

在配送机械装备的现场管理中，做好维修是保证设备完好和提高其使用效率的关键所在。配送机械装备的维修管理要形成上下结合、互通有无、修理便利的网络，做到配送机械装备随坏随修，减少维修时间，尽快使故障恢复正常运行。为此，对装备要建立完善的维修制度，进行科学有序的维修管理。

配送机械装备的维修管理主要从以下几个方面进行。

（1）建立日常和定期维修制度，减少故障发生频率。由设备使用管理人员按要求进行日常和定期的预防性维修保养，全面了解设备的技术状况。

（2）建立巡回检查制度，以免设备带故障运行。维修人员对设备要经常跟踪检查，对有故障的设备要及时维修，不要使设备因设备带故障运行而造成更大的故障，给维修带来更大的麻烦，造成更大的损失。

（3）按配送机械装备的种类配备专职技术人员管理。随着高新技术的飞速发展，配送中心机械设备的数量越来越多，种类越来越杂，对设备应按种类划分，配备专职技术人员管理，以便于维修人员摸透相应装备的性能、特点，对出现的故障能及时排除。

（4）组建一只技术过硬的维修队伍，不断提高维修人员的业务素质。对维修人员要经常进行培训学习，组织好技术交流，培养集操作、维修于一体的综合人才，为提高配送中心保障能力服务。

（三）配送机械装备的备件管理

为了缩短配送机械装备在各类修理过程中的停机时间，在修理之前，采购、自制和修复一些零件，并按照一定储备原则予以储备，这些预先储备的配送机械装备维修时所需要的备品和配件统称为备件。

配送机械装备的备件管理是备件的生产、订货、储备、供应的组织和管理，是配送机械装备维修物质资源管理的主要内容。配送机械装备备件管理工作的主要任务是：根据配送机械装备维修的需要，编制年度、季度和每月备件计划，及时采购，合理储备，及时向维修人员提供优质的备件；做好重点机械装备的备件供应工作，保证为这类装备正常运行提供物质条件；做好备件使用情况的收集和信息反馈工作；制订有关定额，督促备件合理使用，并考核其经济效益；降低备件管理成本。

同时，应根据各项经济指标的统计分析结果来衡量检查备件管理工作的质量和水平。实践证明，配送中心机械装备的管理与发展，不是某个人或哪个部门的事，它涉及方方面面，只有领导重视，职工支持，责任明确，制度落实，才能管好用好配送机械装备，才能发挥好配送机械装备的应有效能，不断提高配送作业的现代化和自动化水平。

任务四 运输技术装备配置与管理

 **项目目标**

知识目标

（1）掌握水路运输概念、特点及水路运输设施与设备。

（2）掌握公路运输概念、特点及公路运输中高速公路的配套设施与设备。

（3）掌握铁路运输概念、特点及铁路车辆及机车设施与设备。

（4）掌握航空运输概念、特点及航空港配套设施与设备。

（5）掌握管道运输概念、特点及管道线路配套设施与设备。

能力目标

（1）能够根据货物特点及市场需求状况，选择水路运输、铁路运输、汽车（公路）运输、航空运输和管道运输中不同运输方式。

（2）能够对水路运输、铁路运输、汽车（公路）运输、航空运输和管道运输等5种运输方式中配套设施与设备进行配套管理与维护。

知识链接

现代交通运输业，按运输工具不同，可分为水路运输、铁路运输、汽车（公路）运输、航空运输和管道运输等5种基本方式。由于5种运输方式在运载工具、线路设施、营运方式及技术经济特征等方面各不相同，因而各有优势，各有其不同的适用范围，近代兴起的多式联运就是5种不同运输方式之间的相互补充、相互协作。

一、水路运输技术与装备

（一）水路运输概述

水路运输是指利用船舶为主要运输工具、以港口或港站为运输基地、以水域包括海洋、河流和湖泊为运输活动范围的一种运输方式。水运至今仍是世界许多国家最重要的运输方式之一。

1. 水路运输特点

水路运输与其他运输方式相比，具有如下特点。

一是水路运输运载能力大、成本低、能耗少、投资省，是一些国家国内和国际运输的重要方式之一。例如一条密西西比河相当于10条铁路，一条莱茵河抵得上20条铁路。此外，修筑1千米铁路或公路约占地3公顷（1公顷＝10 000平方米）多，而水路运输利用海洋或天然河道，占地很少。在我国的货运总量中，水路运输所占的比重仅次于铁路运输和公路运输。

二是受自然条件的限制与影响大，即受海洋与河流的地理分布及其地质、地貌、水文与气象等条件和因素的明显制约与影响，水运航线无法在广大陆地上任意延伸，所以，水路运输要与铁路运输、公路运输和管道运输配合,并实行联运。

三是开发利用涉及面较广,如:天然河流涉及通航、灌溉、防洪排涝、水力发电、水产养殖以及生产与生活用水的来源等;海岸带与海湾涉及建港、农业围垦、海产养殖、临海工业和海洋捕捞等。

2. 水路运输类型

水路运输按其航行的区域,大体上可划分为海洋运输和内河运输两种类型,如图 8-25 所示。

(a) 海洋运输   (b) 内河运输

图 8-25 水路运输形式示意图

(1) 海洋运输又有远洋和近洋、沿海之分。远洋是指我国与其他国家或地区之间,经过一个或整个大洋的海上运输,如我国至非洲、欧洲、美洲、澳洲等地区进行的运输;近洋是指我国与其他国家或地区之间,只经过沿海或太平洋(或印度洋)的部分水域的海上运输,如我国与朝鲜半岛、日本、东南亚各国所进行的运输;沿海是指我国沿海区域各港之间的运输。这种区分主要是以船舶航程的长短和周转的快慢为依据的。

(2) 内河运输,用船舶和其他水运工具,在国内的江、河、湖泊、水库等天然水道或人工水道运送货物和旅客的一种运输方式。它具有成本低、耗能少、投资省、少占或不占农田等优点,但其受自然条件限制较大,速度较慢,连续性差。需要通航吨位较高的船舶,窄的河道要加宽,浅的要挖深,有时还得开挖沟通河流与河流之间的运河,才能为大型内河船舶提供四通八达的航道网。

3. 水路运输形式

水路运输有以下四种形式。

(1) 沿海运输,是使用船舶通过大陆附近沿海航道运送客货的一种方式,一般使用中、小型船舶。

(2) 近海运输,是使用船舶通过大陆邻近国家海上航道运送客货的一种运输形式,视航程可使用中型船舶,也可使用小型船舶。

(3) 远洋运输,是使用船舶跨大洋的长途运输形式,主要依靠运量大的大型船舶。

(4) 内河运输,是使用船舶在陆地内的江、河、湖泊、水库等水道进行运输的一种方式,主要使用中小型船舶。

4. 水路运输功能

港口历来在一国的经济发展中扮演着重要的角色。运输将全世界连成一片,而港口是运输中的重要环节。世界上的发达国家一般都具有自己的海岸线和功能较为完善的港口。港口的功能可归纳为以下四个方面。

(1) 物流服务功能。港口首先应该为船舶、汽车、火车、飞机、货物、集装箱提供中转、装卸和仓储等综合物流服务,尤其是提高多式联运和流通加工的物流服务。

(2)信息服务功能。现代港口不但应该为用户提供市场决策的信息及其咨询,而且还要建成电子数据交换(EDI)系统的增值服务网络,为客户提供订单管理、供应链控制等物流服务。

(3)商业功能。港口的存在既是商品交流和内外贸易存在的前提,又促进了它们的发展。现代港口应该为用户提供方便的运输、商贸和金融服务,如代理、保险、融资、货代、船代、通关等。

(4)产业功能。建立现代物流需要具有整合生产力要素功能的平台,港口作为国内市场与国际市场的接轨点,已经实现从传统货流到人流、货流、商流、资金流、技术流、信息流的全面大流通,是货物、资金、技术、人才、信息的聚集点。

(二)水路运输设施与设备

1. 港口

港口,如图 8-26 所示,是具有水陆联运设备和条件,供船舶安全进出和停泊的运输枢纽,是水陆交通的集结点和枢纽,工农业产品和外贸进出口物资的集散地,船舶停泊、装卸货物、上下旅客、补充给养的场所。

图 8-26 港口枢纽示意图

在中国近十年来,沿海港口建设投资近万亿元,重点围绕煤炭、集装箱、进口铁矿石、粮食、陆岛滚装、深水出海航道等运输系统进行,特别加强了集装箱运输系统的建设。其中 2012 年,沿海建设投资达到了 1 004.14 亿元。截至 2012 年,全国亿吨以上港口(包括沿海和内河港口)已达 29 个,其中,沿海亿吨港口 19 个,内河亿吨港口 10 个,拥有生产用码头泊位 31 862 个,其中万吨级及以上泊位 1 886 个。

沿海港口建设由于港口是联系内陆腹地和海洋运输(国际航空运输)的一个天然界面,因此,人们也把港口作为国际物流的一个特殊结点。

2. 港口种类

1)港口按使用目的分类

(1)商港:纯供商船出入,为国内外贸易商务和客货运输服务的港口。如汉堡、纽约、神户、上海、大连等港。

(2)产业港:为工厂企业设立的港口,输入多为原材料,输出多为产品。如丹东港依托辽宁、吉林、黑龙江、内蒙古等省区广阔腹地,随着东北东部铁路和丹通高速公路的开通,沿线辐射的粮食、煤炭、矿石、钢材等大宗货物将以最短运距通关出海,积聚临港产业集群,形成东北东部地区专业化大型物流中心。

(3)军港:专供停泊海军舰艇,训练海军和修理军舰的港口,如我国的旅顺港、日本的横须贺港。

(4)渔港:专供渔船出海作业和回航停泊、鱼货储转、油水补充和渔船修理等的港口,如八半子港、南非开普敦港。

(5)避风港:提供各式小型船舶暂时停靠之用。海湾天然形成具有躲避巨大风浪条件,专供航路上船舶避难用,无商业价值,如琉球的奄美大岛和日本九州六连岛。

(6)多用途港:世界各大港口兼有两种以上功能和用途的港口,如大连港、高雄港。

2)港口按国家贸易政策划分

(1)国际贸易港:是政府指定对外开放的航运贸易港,有外交关系国家的船舶可自由进出,无外交关系的,经批准也可通行。进出该港须经港监、海关、边防、商检、卫检办理有关手续。我国现实行对外开放政策,大部分的港口都是国际贸易港。

(2)国内贸易港:专供本国商船出入的,外轮原则上不得驶入,但有的国家允许外轮去装货,先到附近的国际港办妥手续后才可驶入,如日本下松港装货,必须先到德山港结关。

(3)自由港:可在港内自由装船和卸船,不用交纳关税。如香港、新加坡、澳门、桑坦德、斯德哥尔摩港等。有的国家港口开辟部分港区为自由贸易区,在区内不设海关,如我国的保税区、意大利的那不勒斯、德国的汉堡港等。

3. 港口设备

港口应具备地理上经济合理的条件,要配备各种设备,以便利船舶作业。主要的港口设备有如下几种。

1)水面设施

(1)航道,供船舶通行的水道,有一定宽度和深度,并配有航标以便安全航行。

(2)锚地,供船舶抛锚停泊之处,可分为外锚地、内锚地及其他特殊用途地,如检疫锚地、危险品锚地、驳船锚地等。

(3)泊位,有足够水深,使船舶安全泊靠并能从事货物装卸场所。

(4)防波堤,防止风浪和海流,使港内水面平静。

2)码头设施

(1)码头,供船舶靠泊,装卸货物上下旅客的设备,包括岸壁、护舷木、系船桩以及灯、水、电话、起重设备等,分为直码头、横码头等。

(2)系船浮筒,封闭浮筒装有系环,下装锚定系统,供船舶装卸转驳之用。

3)港区交通设备

港区交通设备包括铁路、公路、运河、港内运务。

4)导航设施

(1)航道标志,有立标、发光标、灯塔、航道浮标等。

(2)信号设备,有信号台、海岸边信号、夜间信号等。

(3)照明设备,有照明灯、导航灯、船灯。

(4)港务通信,有海岸电台、无线电通话。

5)装卸设备

岸上有岸壁集装箱装卸桥或门座起重机、轮胎起重机、浮式起重机、驳船、港内运送货物的无动力船。

6)库场设施

(1)码头库,是码头第一线仓库,供临时存放货物。

(2)仓库,是储藏货物的建筑场所。

（3）特殊仓库，是存放特殊货物的仓库。

（4）露天堆场，是卸船后或装船前临时存放货物的露天场地，以方便整理和办理报送手续。集装箱堆场。

（5）其他设备，如给油、给水、救生、消防及船舶修理设备等。

二、公路运输的技术装备

公路运输是在公路上运送旅客和货物的运输方式，是交通运输系统的组成部分之一，主要承担短途客货运输。现代所用运输工具主要是汽车，因此，公路运输一般即指汽车运输。在地势崎岖、人烟稀少、铁路和水运不发达的边远和经济落后地区，公路为主要运输方式，起着运输干线作用。公路运输技术与装备主要由运输车辆、公路和场站组成。

（一）公路分类

公路是汽车运输的另一重要设施。公路根据交通量及其使用任务、性质分为两类五个等级。

1. 高速公路

高速公路如图 8-27 所示，一般能适应按各种汽车折合成小客车的年平均昼夜交通量为25 000辆以上。

图 8-27　高速公路设施示意图

2. 一级公路

一级公路，一般能适应按各种汽车（包括摩托车）折合成小客车的年平均昼夜交通量为10 000～25 000辆，为连接重要政治经济中心，通往重点工矿区、港口、机场，专供汽车分道行驶并部分控制出入的公路。

3. 二级公路

二级公路，一般能适应按各种汽车（包括摩托车）折合成中型载重汽车的年平均昼夜交通量为2 000～7 000辆，为连接政治经济中心或大工矿区、港口、机场等地的专供汽车行驶的公路。

4. 三级公路

三级公路，一般能适应按各种车辆折合成中型载重汽车的年均昼夜交通量为2 000辆以下，为沟通县以上城市的公路。

5. 四级公路

四级公路，一般能适应按各种车辆折合成中型载重汽车的年平均昼夜交通量为200辆以下，为沟通县、乡（镇）、村等的公路。

在上述各等级公路组成的公路网中，高速公路及汽车专用一、二级公路在公路运输中的地位和作用相当重要。

(二) 高速公路设施与装备

为确保高速公路安全、畅通,为驾驶人员提供快速、优质的信息服务,高速公路安装了先进的通信、监控系统,可以快速、准确地监测道路交通状况,并通过可变情况板、交通信息处理电台及因特网实时发布交通信息。

1. 外场设施

外场设施有:应急电话、光缆、车辆检测器、气象检测器、可变情报板、可变限速板、可变标志牌、可调摄像机、电动封道栏杆、交通信息电台及供电设施等。

2. 机房设施

机房设施有:主控台、监视器、大屏投影、服务器、计算机终端、光端机、供电设施及系统管理软件等。

3. 应急电话

应急电话:每 2 km 设置 1 对,通过有线或无线传输至控制中心,有线主要通过高速公路专用通信网的电缆和光缆传输,无线则通过公众移动通信网(GSM)传输。

4. 车辆检测器

车辆检测器:采用环形检测线圈形式和压电电缆,巴黎环城快速公路每 500 m 设置 1 组,高速公路每 2 km、20 km 或 20 km 以上设置 1 组,主要用于检测车流量、平均速度、占有率、车头间距及轴数、轴重等。

5. 气象检测器

气象检测器:主要用于检测特殊路段的雨、雾、雪及冰冻情况,并将有关信息传输到控制中心,由控制中心通过可变情况板、交通电台及可变限速板发布警告和控制信息。

6. 可变情报板

可变情报板:通常设置于高速公路分叉口的事故多发地段的前方,一般每 20 km 设置 1 块,是调节交通量和指挥高速公路交通非常重要的信息发布载体,用于发布以下有关信息:

(1) 前方道路交通状况,如堵塞、拥挤、正常、事故、施工等;

(2) 雨、雾、雪及冰冻等恶劣气象条件下的警示信息。

在上述道路交通情况下,到达另一条高速公路的时间及交通流向调控;正常情况下显示时间,当作时钟用。

7. 可变限速板和可变标志牌

可变限速板和可变标志牌:特殊情况下,用于显示限速、前方施工和事故标志信息。

8. 可调摄像机

可调摄像机:通常设置于高速公路互通立交区、隧道、弯道及事故多发地段等,焦距、方向可调。

9. 交通信息电台

交通信息电台:为高速公路专用电台,用于播发交通信息和播放音乐。

10. 系统管理软件

系统管理软件:由业主委托专业软件公司开发编制,用于整个系统的数据采集、处理、计算和存储,并发布控制指令和信息。

11. 供电设施

供电设施:主要有市电、太阳能电池、蓄电池、汽油发电机、柴油发电机等。

高速公路安装交通管理系统后,提高了高速公路网的安全性和通行能力,使交通事故造成的损失减少了 20%。由于及时的信息提供,增加了驾驶人员的舒适感和安全感。

12. 高速公路设有完善的服务设施

高速公路设有完善的服务设施,每 10~20 km 设休息区,每 40~50 km 设服务区。休息区有公用电话、公厕、停车场、休息亭等,为司乘人员提供临时休息场地。服务区设有加油、餐饮、住宿、公用电话、小卖部、公厕及停车场等,为司乘人员提供各类服务。

13. 运输站场

汽车运输站场包括汽车客运站和货运站两种类型。其中,货运站又可分为集运站(或集送站)、分装站和中继站等几类。集运(送)站是集结货物或分送货物的场站;分装站是将货物按要求分开,并进行配送的场站;中继站是供长途货运驾驶员及随车人员中途休整的场站。

(三)运输车辆

1. 运输车辆分类

公路所使用的汽车大致分三类:客车、载货汽车和专用运输车辆。

客车又可分为小客车(如轿车、吉普车等)和大客车等。货车按其载重量可分为轻型、中型和重型三种。货物运输又可分为特种货物运输、零担货运输、集装箱运输等。

2. 汽车货物运输范围

汽车货物运输专用车辆主要包括以下几种。

(1)自卸车,带有液压卸车机构。

(2)散粮车,带有进粮口、卸粮口。

(3)厢式车,即标准的挂车或货车,货厢封闭。

(4)敞车,即挂车顶部敞开,可装载高低不等的货物。

(5)平板车,即挂车无顶也无侧厢板,主要用于运输钢材和集装箱等货物。

(6)罐式挂车,用于运输流体类货物。

(7)冷藏车,用于运输需控制温度的货物。

(8)高栏板车,其车厢底架凹陷或车厢特别高以增大车厢容积。

(9)特种车,其车体设计独特,用来运输像液化气那样的货物或是小汽车。

3. 半挂牵引车与半挂车

一辆汽车(货车或牵引车)与一辆或一辆以上挂车的组合定义为汽车列车,而半挂汽车列车是由半挂牵引车与一辆或一辆以上半挂车所组合的汽车列车。

(1)半挂牵引车。半挂牵引车如图 8-28 所示,是用于牵引半挂车的汽车。

图 8-28 半挂牵引车示意图

半挂牵引车结构与普通载货汽车的区别是车架上无货厢,而装有鞍式牵引座(又称第五轮联结器),通过鞍式牵引座承受半挂车的部分载重量,并且锁住牵引销,带动半挂车行驶。

(2)半挂车。半挂车与牵引车连接后具有很好的整体性,广泛应用在各种货物运输中,除通用半挂车外,有平板车、厢式车、自卸车、冷藏保温车、集装箱专用车、集装箱、散装货两用车、液罐车、粉状散装车、牲畜家禽车、预制件车等。半挂车如图 8-29 所示。

图 8-29　半挂车示意图

近年来,半挂车发展很快,主要是因为半挂车运输经济效益好。另外,半挂汽车列车是甩挂运输(用一辆牵引车轮流牵引多辆半挂车,以达到高效率的运输),区段运输(半挂汽车列车到达指定区段站,半挂车换上另外牵引车牵引继续向目的地行驶,而此牵引车牵引其他半挂车返回原地),滚装运输(集装箱半挂车直接装船及卸下运输)的最好车型。

三、铁路运输的技术装备

铁路运输是一种陆上运输方式,以两条平行的铁轨引导火车。铁路运输是其中一种最有效的陆上交通方式。铁轨能提供极光滑及坚硬的媒介让火车的车轮在上面以最小的摩擦力滚动。这样,能节省能量,而且在火车上面的人会感到更舒适。如果配置得当,铁路运输可以比路面运输运载同一重量客货物时节省五至七成能量。而且,铁轨能平均分散火车的重量,令火车的载重力大大提高。

铁路运输的技术装备和设施主要包括:铁路线路、铁路机车及铁路车辆。

(一)铁路线路

铁路线路在路基上铺设轨道,供机车车辆和列车运行的土工构筑物,如图8-30所示。

图 8-30　铁路线路示意图

铁路线路是为了进行铁路运输所修建的固定路线,是铁路固定基础设施的主体。

(1)铁路线路分为:正线、站线、段管线、岔线及特别用途线。

① 正线是联结车站并贯穿或直股伸入车站的线路。

② 站线是指到发线、调车线、牵出线、装卸线、货物线及站内指定用途的其他线路。

③ 段管线是指机务、工务、电务、供电等段专用并由其管理的线路。

④ 岔线是指在区间或站内接轨,通向路内外单位的专用线。

⑤ 特别用途线是指安全线和避难线。

(2)根据线路意义及其在整个铁路网中的作用,划分为 3 个等级。

①Ⅰ级铁路:保证全国运输联系,具有重要政治、经济、国防意义和在铁路网中起骨干作用

的铁路,远期国家要求的年输送能力大于 8 000 000 t。

② Ⅱ级铁路:具有一定的政治、经济、国防意义,在铁路网中起联络、辅助作用的铁路,远期国家要求的年输送能力不小于 5 000 000 t。

③ Ⅲ级铁路:为某一地区服务,具有地方意义的铁路,远期国家要求的年输送能力小于 5 000 000 t。

(二) 铁路机车

铁路机车(或称作火车头、机关车、机车头)是一种用来提供铁路列车动力的铁路车辆。铁路机车是铁路运输的动力装置,包括蒸汽机车、内燃机车和电力机车,如图 8-31 所示。

(a) 蒸汽机车　　　　　　(b) 内燃机车　　　　　　(c) 电力机车

图 8-31　铁路机车示意图

传统上,铁路机车是在列车的前面牵引车厢。近年很多客车改用推拉方式运作,列车往一个方向行驶时由机车在前面拉;往另一方向时则由机车在后面推,由司机在另一端遥控位于车尾的机车。推拉也可以指两端各一辆机车头一推一拉。

在铁路机车出现之前,人力、马力、重力或是固定的发动机(作为提供缆索铁路的动力)等低技术动力系统都曾被用作提供铁路运输的动力。

一辆铁路机车本身并不包含载重量,而它唯一的作用就是在轨道上拉动列车。当下有些列车已包含自力推进、能载重的车组,但它们按常理来说不会被视为"铁路机车",而是被形容为"动力分散式列车""动车组"等。这种自力推进的列车常被用作客运列车,而这情况变得越来越普遍,但用在货运列车的情况则较罕见。

(三) 铁路车辆

铁路车辆是运送旅客和货物的工具,如图 8-32 所示。铁路车辆按照用途分为铁路客车、铁路货车两大类。其中铁路客车又包括软席车、硬席车和卧车。另有编挂在旅客列车上的餐车、邮政车、行李车以及特种用途车等。

(a) 铁路客车　　　　　　　　　　　　(b) 铁路货车

图 8-32　铁路车辆示意图

1. 铁路车辆分类

铁路车辆按照用途分为铁路客车、铁路货车两大类。

(1) 铁路客车包括:①运送旅客用的车辆,如硬座车(YZ)、软座车(RZ)、硬卧车(YW)、软卧车(RW);②为旅客服务的车辆,如餐车(CA)、行李车(XL);③特种用途的车辆,如邮政车(UZ)、公务车(GW)、卫生车(WS)、医务车(YI)、实验车(SY)、维修车(EX)、文教车(WJ)等。

（2）铁路货车则类型较多，随所装货物种类的不同而具有不同的车体，又可分为：通用货车和专用货车。

① 如敞车（C）、棚车（P）、平车（N）等称为通用货车。通用货车只适用于装一种或少数几种性质相近的货物。通用货车使用效率较高，但载重力的利用率随货物而异，对不同装卸设备的适应性也不相同。

② 如罐车（G）、冷藏车（B）、矿石车（K）、水泥车（U）、活鱼车（H）、特种车（T）、长大货物（D）等称为专用货车。专用货车空载率较高，但可满足特定货物装载和运输的需要，因而载重力空载率较高，但可满足特定货物装载和运输的需要，因而载重力和容积的利用率高，在结构上可以和选定的装卸设备配套，从而缩短货物装卸作业时间，加速车辆周转。

铁路车辆还可按轨距不同分为准轨车、宽轨车和窄轨车；按车辆具有的轴数分为四轴车、六轴车和多轴车；按制作材料分为钢骨车和全钢车等。

2. 铁路车辆的主要组成部分

铁路车辆是运送旅客和货物的工具。铁路车辆类型很多，构造各不相同，多年来，由于不同的目的、用途及运用条件，使车辆形成了许多类型，但其构造基本相同，大体均由六部分构成，具体如下。

（1）车体：是容纳运输对象的地方，又是安装与连接其他组成部分的基础。

（2）车体架：是承托车体的长方形构架，是车体的基础。

（3）走行部：是承受车辆自重和载重并引导车辆沿轨道行驶的部分。走行部大多采用转向架结构形式，以保证车辆运行质量。

（4）车钩缓冲装置：由车钩及缓冲器等部件组成，装在车底架两端，其作用是将机车车辆连挂到一起，并传递纵向牵引力和冲击力，缓和机车车辆间的动力作用。

（5）制动装置：是保证列车安全运行的最重要部分，使高速运行中的车辆能于规定距离内停车或减速。制动装置一般包括空气制动机、手制动机（脚制动机）和基础制动装置部分。

（6）车辆内部设备：主要指客车上为旅客旅行所提供的设备。如客车上的卧铺、行李架、给水、取暖、空调、通风、车电等装置。货车由于类型不同，内部设备也千差万别，但一般较为简单。

四、航空运输的技术装备

航空输运，使用飞机直升机及其他航空器运送人员、货物、邮件的一种运输方式，具有快速、机动的特点，是现代旅客运输，尤其是远程旅客运输的重要方式，为国际贸易中的贵重物品、鲜活货物和精密仪器运输所不可或缺。

航空物流是指货物以航空运输为主要的运输方式，从供应地向接收地进行的有效率、有效益的流通和储存，以满足顾客需求的过程，它将运输、仓储、装卸、加工、整理、配送、信息等方面进行有机结合，形成完整的供应链，为用户提供多功能、一体化的综合性服务。

航空运输的技术装备主要包括：航空器（飞机）及航空港（机场）。航线航空运输系统的结构是一个典型的网络结构，而航空网也是由点系统（航空港）和线系统（航线、航路及服务于航线的运力）构成的。

（一）航空器

1. 航空器分类

航空器包括重于空气的和轻于空气的两类。每一类中又可分为用动力驱动和不用动力驱动两种，每种又可分为若干型。气球是轻于空气，不用动力驱动的；汽艇是轻于空气而用动力驱动的；滑翔机是重于空气而不用动力驱动的；飞机是重于空气而用动力驱动的，它又包括定翼机和旋翼机（如直升机）两种。在各种航空器中，飞机是航空运输的主要运输工具，常见的飞机有螺旋桨式飞机、喷气式飞机和超音速飞机。航空组成示意图如图 8-33 所示。

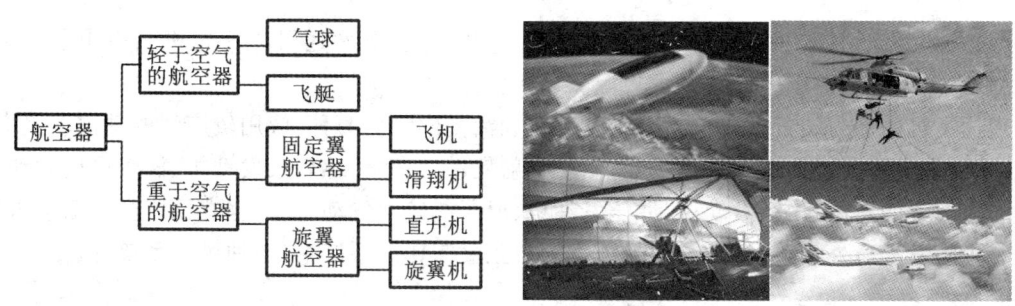

图 8-33 航空组成示意图

2. 飞机结构组成

由于飞机是以高速造成与空气间的相对运动而产生空气动力以支托飞机并使飞机在空中飞行的，因此，为了确保飞行安全、起飞和着陆安全，飞机的重量是其主要的技术指标。

每次飞行前，应严格根据当时当地的条件控制飞机装载重量。同时，飞机的重量也是确定跑道长度、道面结构及厚度的重要设计参数。大多数飞机由五个主要部分组成：机翼、机身、尾翼、起落装置和动力装置，如图 8-34 所示。

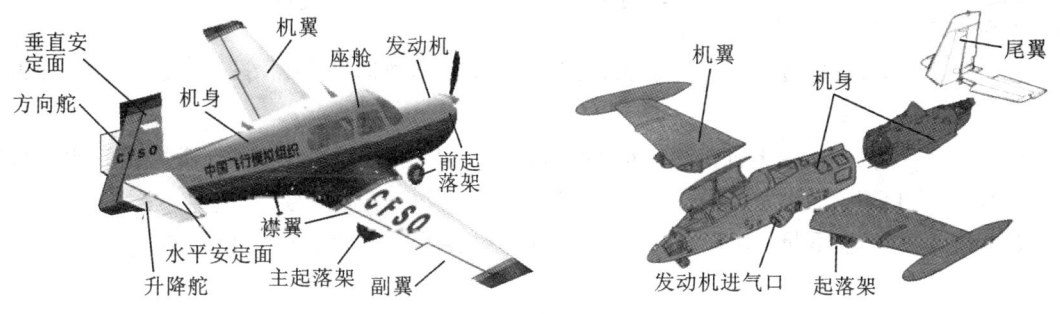

图 8-34 飞机的主要组成部分示意图

（1）机翼的主要功用是为飞机提供升力，以支持飞机在空中飞行，也起一定的稳定和操纵作用。在机翼上一般安装有副翼和襟翼。操纵副翼可使飞机翻转；放下襟翼能使机翼升力系数增大。另外，机翼上还可安装发动机、起落架和油箱等。机翼有各种形状，数目也有不同。在航空技术不发达的早期为了提供更大的升力，飞机以双翼机甚至多翼机为主，但现代飞机一般是单翼机。

（2）机身的主要功用是装载乘员、旅客、武器、货物和各种设备，还可将飞机的其他部件如尾翼、机翼及发动机等连接成一个整体。

（3）尾翼包括水平尾翼（平尾）和垂直尾翼（垂尾）。水平尾翼由固定的水平安定面和可动的升降舵组成（某些型号的民用机和军用机整个平尾都是可动的控制面，没有专门的升降舵）。垂直尾翼则包括固定的垂直安定面和可动的方向舵。尾翼（瑞典的 AJ-37 与 JAS39 等飞机是首翼）的主要功用是用来操纵飞机俯仰和偏转，以及保证飞机能平稳地飞行。

（4）起落装置又称起落架，是用来支撑飞机并使它能在地面和其他水平面起落和停放。陆上飞机的起落装置，一般由减震支柱和机轮组成，此外还有专供水上飞机起降的带有浮筒装置的起落架和雪地起飞用的滑橇式起落架。它是用于起飞与着陆滑跑、地面滑行和停放时支撑飞机。

（5）动力装置主要用来产生拉力或推力，使飞机前进，其次还可以为飞机上的用电设备提供电力，为空调设备等用气设备提供气源。

现代飞机的动力装置主要包括涡轮发动机和活塞发动机两种，应用较广泛的动力装置有四种：航空活塞式发动机加螺旋桨推进器；涡轮喷射发动机；涡轮螺旋桨发动机；涡轮风扇发动机。随着航空技术的发展，火箭发动机、冲压发动机、原子能航空发动机等，也有可能会逐渐被采用。动力装置除发动机外，还包括一系列保证发动机正常工作的系统，如燃油供应系统等。

3. 飞机的重量构成

（1）基本重量，又称作不变重量，指飞机的基本飞行空机重量，由空机重量、附加设备重量、空勤人员及其随带物品（用具）重量、服务设备及供应的重量、其他按规定应计算在基本重量之内的重量组成。

（2）最大起飞重量，指飞机根据其结构强度、发动机功率、刹车效能等因素而确定的飞机在起飞线加大马力起飞滑跑时限制的全部重量，其数值在飞机设计制造时确定。

（3）最大滑行重量，指飞机在滑行时限定的全部重量，其数值大于最大起飞重量，两者的差额就是滑行过程中的用油重量，这部分燃油必须在起飞前用完。

（4）最大无燃油重量，指除燃油以外所允许的最大飞机重量。它由飞机的基本重量和业务载重量所组成。

（5）燃油重量，指航段飞行耗油量和备用量，但不包括地面开车和滑行的油量，故又称为起飞油量。

（6）最大着陆重量，指飞机在着陆时，根据其起落装置与机体的结构所能承受的冲击载荷限定的最大飞机重量。

（7）最大业务载重量，指航空营运限定的最大客货重量，包括旅客、行李、货物、邮件等重量。

（二）航空港

1. 航空港的含义

航空港是航空运输的又一重要设施，航空港为航空运输的经停点，又称航空站或机场，是供飞机起飞、着陆、停驻、维护、补充给养及组织飞行保障活动的场所，如图 8-35 所示。

它是民航运输网络中的节点，是航空运输的起点、终点和经停点，机场可实现运输方式的转换，是空中运输和地面运输的转接点。

航空港按照所处的位置分干线航空港和支线航空港。航空港按业务范围分国际航空港和国内航空港。其中，国际航空港需经政府核准，可以用来供国际航线的航空器起降营运，港内配

图 8-35　航空港设施示意图

有海关、移民、检疫和卫生机构;而国内航空港仅供国内航线的航空器使用,除特殊情况外不对外国航空器开放。

2. 航空港的设施

航空运输网络的节点是航空港子系统。所谓航空港,即航空运输用的飞机场及其服务设施,一般由飞行区(包括跑道、滑行道、停机坪以及各种保障飞行安全的设施、无线电通信导航系统、目视助航设施等),客货运输服务区(包括客机坪、候机楼、停车场以及货运站等),机务维修区(维修厂、维修机库、维修机坪以及储油库等)三个部分组成。

在民用航空中往往把航空港称之为机场。如北京国际航空港习惯上称为首都机场。通常来讲,航空港内配有以下设施。

(1)跑道与滑行道:前者供航空器起降,后者是航空器在跑道与停机坪之间出入的通道。

(2)停机坪:供飞机停留的场所。

(3)指挥塔或管制塔:为航空器进出航空港的指挥中心,其位置应有利于指挥与航空管制,维护飞行安全。

(4)助航系统:是为辅助安全飞行的设施,包括通信、气象、雷达、电子及目视助航设施。

(5)输油系统:为航空器补充油料。

(6)维护修理基地:提供给航空器做起飞以前或归航以后的例行检查、维护、保养和修理。

(7)货栈。

(8)其他各种公共设施:包括给水、电、通信交通、消防系统等。

3. 航空港的功能

机场系统主要由飞机服务及客货服务两个子系统构成。近年来,随着航空港功能的多样化,港内除了配有装卸客货的设施外,一般还配有商务、娱乐中心、货物集散中心,满足往来旅客的需要,同时吸引周边地区的生产、消费。

在机场,航空公司要完成对乘客、货物和飞机的各项服务。对乘客要完成检票、登机和下机,行李的集中和分发。货物要由专门的飞机运到终点机场或等待卡车发送。对飞机的服务包括加油、乘客、货物及行李的上下机、食物供应以及维修工作。大型航空公司的飞机维护工作在特定的机场进行。

随着航空公司的运营日趋复杂,某些机场要发展成航行中心(枢纽)。从人口较少的外围地区来的航班集中到该中心,然后由接运航班运送到其他地方。总之,中心机场的作用有些类似于汽车运输业的杂货转运站。

航空运输使用的机场多由政府部门筹资建造,航空公司使用机场要支付使用费,停放飞机要付租金。

（三）航空运输网

航空运输网系统的另一组成部分是由航空航路、航线及服务于航线上的机群构成的。

1. 航空航路

航空航路是航空运输的线路，是由空管部门设定飞机从一个机场飞抵另一个机场的通道。民用航空运输航线按照其结构，可以分为城市对式和中心枢纽式两类。按照飞行的地区范围，航线可以分为国内航线、国际航线和地区航线。民航运输企业在获得航空运输业务经营许可证之后，可以在允许的一系列站点（即城市）范围内提供航空客货邮运输服务。由这些站点形成的航空运输路线，称为航线。

2. 航线

航线，又称航空线，是飞机飞行的路线。

航线由飞行的起点、经停点、终点、航路、机型等要素组成。它是航空运输承运人经营运输业务的地理范围，是航空公司的客货运输市场，是航空公司赖以生存的必要条件。

开辟运输航线主要根据对旅客、货物、邮件运输需求量的调查预测，遵循政府政策法规，由一方、双方或几方协议规定的。一般是取两点间的最短距离，也有的为增加吸引力或提高满座率，在两点之间加设一点，往往形成三角形。

3. 航路

航路是指根据地面导航设施建立的走廊式保护空域供飞机做航线飞行之用，是多条航线共用的公共空中通道。

航空运输网系统内承载客货流的运力是机群。机群一般属于不同的航空公司，所服务的航线有一定的固定性。

4. 航段

航段通常分为旅客航段（简称航段）和飞行航段（通常称为航节）。旅客航段指能够构成旅客航程的航段，例如，北京—上海—旧金山航线，旅客航程有多种可能：北京—上海、上海—旧金山和北京—旧金山。飞行航段是指航班飞机实际飞经的航段，例如北京—上海—旧金山航线，飞行航段为北京—上海和上海—旧金山。

5. 航班

航班按照民航管理当局批准的民航运输飞行班期时刻表，使用指定的航空器、沿规定的航线在指定的起讫、经停点停靠的客货邮运输飞行服务。航班通常用航班号来标识具体的飞行班次，由字母和数字组成。我国的民航飞行航班号一般采用两个字母的航空公司代码加 4 位数字组成。例如，航班号为 CA1482，其中"CA"代表中国国际航空公司；"1"为该航空公司所在民航地区管理局的代码；"4"为此航班飞抵的终点站所在民航地区管理局的代码；"82"为具体航班号（单数表示去程航班，双数表示回程航班）。

五、管道运输的技术装备

（一）管道运输概述

管道运输作为运输工具的一种长距离输送液体和气体物资的运输方式，是一种专门由生产地向市场输送石油、煤和化学产品的运输方式，是统一运输网中干线运输的特殊组成部分。管道运输石油产品比水运费用高，但仍然比铁路运输便宜。大部分管道都是被其所有者用来运输自有产品。

1. 管道运输定义

管道运输,如图 8-36 所示,是利用管道通过一定的压力差而完成的商品(多为液体货物、气体货物)运输的一种现代运输方式。

图 8-36　管道运输示意图

现代管道运输始于 19 世纪中叶,1985 年美国宾夕法尼亚州建成第一条原油输送管道。目前全球的管道运输承担着很大比例的能源物资运输,包括原油、成品油、天然气、油田伴生气、煤浆等。

2. 管道运输特点

管道运输具有以下特点。

(1) 运量大。一条输油管线可以源源不断地完成输送任务。根据其管径的大小不同,其每年的运输量可达数百万吨到几千万吨,甚至超过亿吨。

(2) 占地少。运输管道通常埋于地下,其占用的土地很少。

(3) 管道运输建设周期短,费用低。

(4) 管道运输安全可靠、连续性强。

(5) 管道运输耗能少,成本低、效益好。

(6) 灵活性差。管道运输不如其他运输方式(如汽车运输)灵活,除承运的货物比较单一外,它也不容随便扩展管线。

管道运输的上述特点,使得管道运输主要担负单向、定点、量大的流体状货物(如石油、油气、煤浆、某些化学制品原料等)运输。另外,在管道中利用容器包装运送固态货物(如粮食、砂石、邮件等),也具有良好的发展前景。

(二)管道运输的技术装备及维护

1. 管道运输的技术装备

管道除了输送石油及其制品以及天然气,还可用于输送其他如矿石、煤炭、粮食等物料。

目前,物料的管道运输有两种方案。第一种方案是把散状或粉尘状物料与液体或气体混合后沿管道运输,这种与液体混合的方式称为浆液运输,它适用于煤、天然沥青、砂、木屑、浆料等货种。由于这种方案受物料性质、颗粒大小与重量等因素的限制,运输距离不能太长,同时能耗较多,对管道的磨损也较大。第二种方案是用密封容器装散状物料,放在管道的液流中或用专用载货容器车装散状物料置于管道气流中靠压力差的作用运送物料,这种用容器车进行管道运输的方法能运送大量的不同的货物。

2. 输油管道系统的技术装备组成及其功能

输油管道系统的设备组成及其功能如下。

(1) 长距离输油管由输油站和线路两大部分组成。输油管起点有起点输油站,亦称首站,其主要组成部分是油罐区、输油泵房和油品计量装置。首站的任务是收集原油或石油产品,经计量后向下一站输送。

(2) 油品沿管道向前流动,压力不断下降,需要在沿途设置中间输油泵站继续加压以便将油品送到终点,为继续加热则设置中间加热站。

(3) 输油管的终点又称末站,它可能属于长距离输油管的转运油库,也可能是其他企业的附属油库。末站的任务是接受来油和向用油单位供油,所以有较多的油罐与准确的计量系统。

(4) 长距离输油管的线路部分包括管道本身,沿线阀室,通过河流、公路、山谷的穿(跨)越构筑物,阴极保护设施,以及沿线的简易公路、通信与自控线路、巡逻人员住所等。

(5) 对低凝固点原油都采用常温输送,而对高凝固点的原油则需采用加热输送。

(三) 管道运输装备的维护

1. 管道防腐技术

尽管管道系统具有便于管理、运行安全的特点,但由于其输送管道大多深埋于地下,给日常维护带来一定困难。尤其是管道和储罐的腐蚀,不仅会造成因穿孔而引起的油、气、水跑漏损失与污染,给维修带来材料和人力的浪费,而且还可能引起火灾与爆炸。针对发生腐蚀的原因,通常可采取下列措施。

(1) 选用耐蚀材料,如聚氯乙烯管,含钼和含钛的合金钢管等。

(2) 在输送或储存介质中加入缓蚀剂抑制内壁腐蚀。

(3) 采用内外壁防腐绝缘层,将钢管与腐蚀介质隔离。

(4) 采用阴极保护法。

目前国内外普遍采用的经济可靠的方法是防腐绝缘层加阴极保护的综合措施。

2. 管道清洗技术

管道运输是原油、天然气最主要的运输方式,但因油、气中含有各种盐类、杂质、硫化物、细菌等,管线经长期运行而造成结垢、被腐蚀等影响生产的因素,因此,需对管道进行清洗、修复,输油(气)管道清洗技术也随之而产生,清洗是一门工程技术,是一个新兴的科学技术领域。

输油(气)管道清洗技术是该科学技术领域的一部分,是一项延长管道使用寿命、保证管道正常运行的实用技术。按其清洗目的可分为投产前的清管、运行中的除垢、改输前的清洗。

目前,对于管线清洗技术主要分为三大类:物理清洗法、化学清洗法、物理和化学结合清洗法。

(1) 物理清洗法,包括高压水射流清洗、机械法清洗、PIG 清洗、喷砂清洗、电子跟踪式清洗、爆炸法清洗等。

(2) 化学清洗法。化学清洗法多用于一般金属管道、不锈钢管道和管道脱脂,化学法清洗管道是向管道内投入含有化学试剂的清洗液,与污垢发生化学反应,然后用水或蒸气吹洗干净。

为了防止在化学清洗过程中损坏金属管道的基底材料,可在酸洗液里加入缓蚀剂;为提高管道清洗后的防锈能力,可加入钝化剂或磷化剂使管道内壁金属表面层生成致密晶体,提高防腐性能。

(3) 物理和化学结合清洗法。物理清洗与化学清洗这两类方法,对工业管线及相关设备清洗各有千秋,然而单独使用哪一种方法都不具备把两者结合起来使用时所具有的优势,从技术上说应取长补短,相辅相成;从经济上来说,也应合理选用、兼收并蓄。单独用化学试剂来清洗,会降低管道寿命,提高清洗成本,而且有些污垢难以用化学方法完全处理干净。同样,对长期输送沉积速度较快的油管线,单纯用清管器清管也难以达到改输后理想的效果。物理清洗与化学清洗多种方法结合使用已成为当今清洗技术发展的一种趋势,现已开发出多种实用的复合清洗技术,可获得最佳的效果。

总之,对管线及设备进行更为有效的清洗,必须对管线现状,清洗要求及相关信息、资料进行综合分析评价,优化组合,这样才能有针对性地筛选出最好的制剂和方法,达到最佳清洗效果。

➤ 学习测试

一、名词解释

分拣作业　作业流程　水路运输　公路运输　航空输运　管道运输

二、单项选择

(1) 在配送中心每天的营运作业里,(　　)是一切作业的开始。

A. 接受订单　　　　B. 订单处理　　　　C. 配货　　　　　　D. 分拣

(2) 配送中心运作的基础环节是(　　)。

A. 进货环节　　　　B. 配送环节　　　　C. 流通加工环节　　D. 信息处理环节

(3) 不属于库存控制目的的是(　　)。

A. 减少超额库存投资　　　　　　　　B. 降低库存成本

C. 充分利用仓库空间　　　　　　　　D. 保护财产

(4) 不属于库存管理效益评价指标的是(　　)。

A. 重点商品缺货率　　　　　　　　　B. 库存成本

C. 仓库空间利用率　　　　　　　　　D. 损益率

(5) 配送中心除了具有集货中心、分货中心的职能外,还有比较强的(　　)能力。

A. 分拣　　　　　　B. 理货　　　　　　C. 信息处理　　　　D. 流通加工

(6) 配送中心按(　　)可分为厂商工导型配送中心、批发主导型配送中心、零售主导型配送中心、物流企业主导型配送中心、共同配送中心。

A. 社会文化程度　　B. 配送货物的性质　C. 经营主体　　　　D. 服务对象

(7) 公共配送中心的使用者通过(　　)方式取得配送中心的使用权,并享受配送中心方面提供的配送服务。

A. 租赁　　　　　　B. 合资　　　　　　C. 买断　　　　　　D. 借用

(8) 集商流与物流为一体的模式属于(　　)。

A. 基于流通加工的配送中心模式　　　B. 基于销售的配送中心模式

C. 基于供应的配送中心模式　　　　　D. 基于资源集成的配送中心模式

(9) 商流与物流活动相分离的模式属于（　　　　）。

A. 基于流通加工的配送中心模式　　　　B. 基于销售的配送中心模式

C. 基于供应的配送中心模式　　　　D. 基于资源集成的配送中心模式

(10) 集商流、物流、信息流与资金流为一体的模式属于（　　　　）。

A. 基于流通加工的配送中心模式　　　　B. 基于销售的配送中心模式

C. 基于供应的配送中心模式　　　　D. 基于资源集成的配送中心模式

(11) 在基于资源集成的配送中心模式中，配送中心的行为主体是（　　　　）。

A. 销售企业　　　　B. 虚拟物流企业　　　　C. 代理企业　　　　D. 生产企业

(12) 高层货架系统仓库实现自动化作业的核心是（　　　　）。

A. 管理控制系统　　　　B. 出入搬运系统　　　　C. 巷道机　　　　D. 高层货架

(13) 从国际情况来看，（　　　　）是配送中心的发展方向。

A. 商品分拣自动化　　　　B. 商品配送共同化

C. 信息处理电脑化　　　　D. 商品储存立体化

(14) 配送中心利润贡献的最直接衡量指标是（　　　　）。

A. 年销售额　　　　B. 投入产出比　　　　C. 销售收益　　　　D. 纯利润

(15) 要建立稳定的客户关系，必须完成的四项关键任务是（　　　　）。

A. 了解、互动、区分、调整　　　　B. 互动、了解、区分、调整

C. 了解、区分、互动、调整　　　　D. 了解、区分、互动、调整

(16) 可实现门对门运输的方式是（　　　　）。

A. 铁路运输　　　　B. 公路运输　　　　C. 水路运输　　　　D. 航空运输

(17) 货物量大，时效性要求不高的货物最佳的运输方式是（　　　　）。

A. 铁路运输　　　　B. 公路运输　　　　C. 水路运输　　　　D. 航空运输

(18) 货运的经济活动为社会创造价值，是一种（　　　　）活动。

A. 服务行为　　　　B. 物质生产　　　　C. 社会分配　　　　D. 物质消费

(19) 综合运输体系的核心问题是（　　　　）。

A. 各种运输方式的合理分工与协调发展　　　　B. 交通科技创新

C. 加大综合运输体系建设的投入　　　　D. 运输市场的自由竞争

(20) 货物量大，下列关于运输需求特征的表述错误的是（　　　　）。

A. 运输需求具有派生性　　　　B. 运输需求具有规律性

C. 运输需求具有个别需求的异质性　　　　D. 运输需求具有平衡性

三、不定项选择

(1) 自动分拣系统的特点（　　　　）。

A. 能连续、大批量地分拣货物　　　　B. 分拣误差率很低

C. 分拣基本实现无人化　　　　D. 分拣货物的单元重量有限制

E. 劳动强度大

(2) 拣货信息来源于（　　　　）。

A. 企业内部计划　　　　B. 配送中心的运输单　　　　C. 客户订单

D. 配送中心的送货单　　　　E. 仓库工作计划

(3) 拣货作业的组成元素包括（　　　　）。

A. 拣货方式　　B. 拣货策略　　C. 拣货单位　　D. 拣货装备　　E. 拣货信息

(4) 拣货作业流程中,形成拣货资料之后的工作是(　　)。

A. 行走和搬运　B. 拣选　　　C. 送货　　　D. 分类和集中　E. 结算

(5) 摘取式和播种式的不同之处在于(　　)。

A. 播种式在误差度上占了明显的优势　　　　B. 摘取式可以逐单、连续出货

C. 摘取式在误差度上占了明显的优势　　　　D. 播种式可以逐单、连续出货

E. 摘取式可以自由选择,播种式必须按照规定进行

(6) 配送的基本作业流程包括(　　)。

A. 进货与储存　B. 拣货与加工　C. 配货与配载　D. 配送与交付　E. 配送与结算

(7) 配送中心内部的设备主要分为以下(　　)几大类。

A. 存储设备　　　　　　　B. 搬运设备　　　　　　　C. 分拣设备

D. 流通加工设备　　　　　E. 包装设备

(8) 配送中的主要作业方式包括(　　)。

A. 进货入库作业　　　　　B. 在库保管作业　　　　　C. 流通加工作业

D. 理货作业　　　　　　　E. 送货作业

(9) 以下配送中心接收订单的方式中,属于人工接单方式的有(　　)。

A. 电话接单　　　　　　　B. 传真接单　　　　　　　C. POS 系统订货

D. 订货应用系统　　　　　E. 网上订货

(10) 配送中的"备货"包括(　　)。

A. 分拣货物　　B. 运送货物　　C. 组织货源　　D. 保管货物　　E. 包装货物

(11) 配送中心是指从事配送业务且具有完善信息网络的场所或组织,应基本符合下列要求:(　　)。

A. 主要为特定客户或末端客户提供服务　　　B. 配送功能健全

C. 存储能力强　　　　　　　　　　　　　　D. 辐射范围小

E. 多品种、小批量、多批次、短周期

(12) 配送作业的基本环节包括(　　)。

A. 备货　　　　B. 理货　　　　C. 加工　　　　D. 装车　　　　E. 送货

(13) 在送货作业的基本流程的操作中,除了要明确订单内容外,还应注意:(　　)。

A. 适当选择配送车辆　　　　　　　　B. 了解货物的性质

C. 明确具体送货地点　　　　　　　　D. 选择最优的配送线路

E. 送货到正确的客户

(14) 从配送中心的形成及发展过程来看,配送中心是基于(　　)需要而逐步发展起来的。

A. 物流合理化　B. 拓展市场　　C. 现代化　　　D. 规模化　　　E. 专业化

(15) 配送是特殊的送货,是高水平的送货,它与一般送货的区别表现在:(　　)。

A. 配送是一种体制行为

B. 配送是一种偶然行为

C. 配送是一种有组织、有计划、高效率、优质服务的行为

D. 配送是被动的服务行为

E. 配送依靠现代生产力和现代物流科技

（16）铁路运输的特点有（　　　）。

A. 运输能力大　　　　　　　　B. 安全程度较高　　　　　　C. 运输成本较低

D. 适应性强　　　　　　　　　E. 环境污染小

（17）下列运输机械中能用于中短距离、须倾斜给料的机械有（　　　）。

A. 带式输送机　　　　　　　　B. 刮板式输送机　　　　　　C. 埋刮板式输送机

D. 辊子输送机　　　　　　　　E. 气力输送机

（18）管道运输可运送的货物包括（　　　）。

A. 石油　　　　B. 天然气　　　　C. 煤　　　　　D. 矿石　　　　E. 水泥

（19）铁路、船、飞机的货物装卸搬运多数是在特定的设施内，使用（　　　）进行，以求得高效率。

A. 特殊的专用机械进行　　　　B. 人工作业方式　　　　　　C. 采用散装方式

D. 采用集装方式　　　　　　　E. 托盘集装作业方式

（20）下列说法中，关于综合运输体系的说法正确的是（　　　）。

A. 综合运输体系是在五种运输方式的基础上组建起来的

B. 综合运输体系是运输生产力发展到一定阶段的产物

C. 综合运输体系由于涉及多种运输方式，运输效率较低

D. 综合运输体系的各种运输方式仅仅是一种协作配合，优势互补的关系

E. 综合运输体系是各种运输方式通过运输过程本身的要求联系起来的

四、论述题

（1）简述自动分拣机的主要组成部分。

（2）配送中心处理货物一般包括哪几大类？

（3）简述配送中心机械装备的配置原则。

第九章

物流智能技术与装备

XIANDAI WULIU
JISHU YU
ZHUANGBEI
SHIWU

自改革开放以来,我国物流基础设施持续改善,物流业的规模迅速扩张,但是近些年由于我国物流行业信息化水平偏低,自主创新和产业支撑能力不强,物流设施设备的自动化、智能化程度过低等已经严重阻碍了我国物流行业的发展进程,发展智能化物流将是大势所趋。客户对物流系统的投入往往不是一步到位,而是按需配置,这就要考虑今后系统设备的配置应根据需要进行扩展。

智能化是物流自动化、信息化的更高层次,物流作业过程中大量的运筹和决策,如库存水平的确定、运输(搬运)路径的选择、自动导向车的运行轨迹和作业控制、自动分拣机的运行、物流配送中心经营管理的决策支持等问题都需要借助大量的知识才能解决。智能化已成为物流技术与装备发展的新趋势。物流设备供应商应当按客户实际情况,制订系统方案,将不同用途的物流装备进行有机整合,达到最佳效果。

打造中国快递"梦工厂"

中国快递高速发展的机遇激发了朗奥自动化(公司名简称)利用自身优势不断推动快递迈上新台阶,打造中国快递"梦工厂"。

1. "供应商 or 服务商",从态度到理念的飞跃

自朗奥自动化成立之初,朗奥自动化不仅要做设备供应商,更要做快递服务商,这是一个从态度到理念的飞跃。

企业的定位首先是快递服务商,而不仅仅是设备供应商。在服务理念方面,从客户需求出发,贯穿到项目的每一个环节,是朗奥自动化提供给客户的完整解决方案。产品设计和制造只是朗奥自动化为兑现服务承诺的工具;从心出发,为客户提供完整的解决方案才是根本。

在为一些国际快递公司提供流程、路径、服务中心的设计建设中,朗奥自动化打下了坚实的基础,赢得了较高的起点;在对中国快递 500 多个项目、30 多个城市、几十家快递公司核心枢纽的中转场地的研究规划设计中,朗奥自动化也积累了丰富的国内实战经验。不仅在方案上,更多的是在生产制造、产品设计、服务上为客户提供了一系列的服务和解决方案,开拓出一条适合中国国情的物流输送设备新路。

2. "信息化 and 自动化",从梦想到现实的超越

2014 年全国邮政管理工作会议提出了快递"安全为基"的发展理念。先进的科技是安全的重要保障。只有通过人性化的设计,才能从技术、成本、时间上提供给客户全面与安全的解决方案。朗奥自动化是这么说的,更是这么做的。在朗奥自动化发展的未来架构中,有着全信息收件系统、全自动分选系统、安全检测系统、长距离无故障输送机、动态电子秤、共享智能倒车雷达、作业模式仿真、运营数据监控与分析、快递社会安全保障系统等,它们是中国快递"梦工厂"的要件,快捷高效、安全稳定。

未来的中国快递会朝着高度智能化、信息化的方向发展。正是基于这一判断,朗奥自动化

立足行业的发展,提出以动态称重为核心,实现智能化全信息收件。如标准件的全自动分选系统,快递财务核算收费,空运、陆运网络成本匹配系统,基于全信息的车辆配载系统,异形件的智能仓储,自动化作业分配系统,智能化监控与传输系统等。以节能驱动单元为核心,实现智能化低能耗高系统整合绿色物流系统;以信息化为基础的自动分选系统,实现向系统集成集团化发展的一系列领先发展理念。

不久的将来,朗奥自动化将实现快递起点与"最后一公里"的解决方案,成为快递用户与快递行业的科技、信息、智能化桥梁。目前,众多投资者对朗奥自动化的发展理念青睐有加,纷至沓来。朗奥自动化正在布局资本市场发展的轨道,为早日实现中国快递"梦工厂"的目标而努力。

思考题

(1) 打造中国快递"梦工厂"的基础是什么?

(2) 为什么说未来的中国快递会朝着高度智能化、信息化的方向发展?

任务一 物流智能交通技术与装备

项目目标

知识目标

(1) 掌握智能交通系统(ITS)的概念及智能交通系统的产生背景。

(2) 掌握组成智能交通系统的子系统。

(3) 掌握智能交通系统新技术及应用。

(4) 了解智能交通系统的发展前景。

能力目标

(1) 能够在交通运输问题日益严重,道路车辆拥挤,交通事故频发,交通环境不断恶化的条件下,利用智能交通系统使得交通的安全性、诵畅性得到很大的提高,能源消耗与环境污染得到有效的降低与改善。

(2) 能够结合强有力的交通管理法规,利用经济调节的杠杆,使路桥资源、出行车辆与道路使用者三者有机地综合成一个整体,使时间和空间两种资源均得到充分利用,科学地解决飞速发展的交通问题。

 知识链接

在物流技术与装备领域,借助物联网技术,实现设备的自动化与智能化作业得到了快速发展。综合来看,在物流领域,应用最普遍的物联网感知技术是 RFID 技术,即射频识别技术。RFID 技术作为物流信息感知技术,RFID 标签及智能手持终端产品被广泛应用于传统物流装备,如仓储设备、输送设备、集装单元等,RFID技术主要用来感知定位、过程追溯、信息采集、物品分类拣选等。

一、智能交通系统概述

(一) 智能交通系统的概念

智能交通系统(intelligent transport system,ITS),如图9-1所示,是指利用先进的信息通信技术,形成"人—车—路"三位一体的系统,从而大大提高道路交通的安全性、运输效率、行车的舒适性,同时有利于环境保护。它是各发达国家竞相研究的交通领域前沿科学之一。

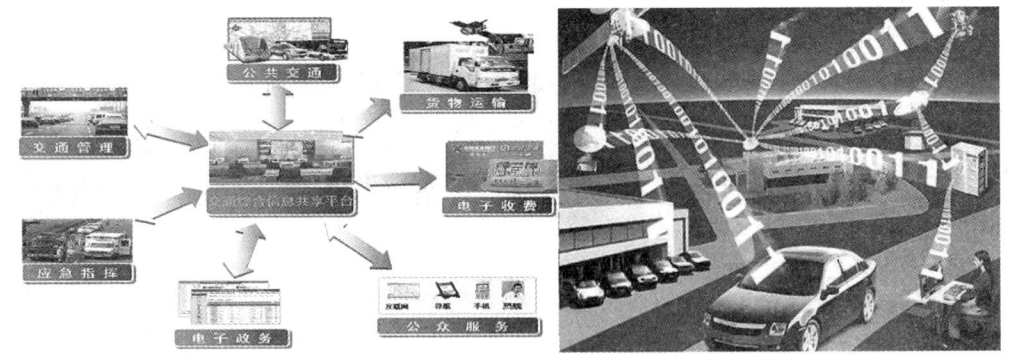

图 9-1 智能交通系统示意图

在广义信息技术意义下,ITS的智能体现在四个方面,即智能感测技术(模式识别)、智能通信网、智能信息处理、智能控制等。每个方面的智能则集中表现为整个系统的智能化,此处的"智能"不只是指具有学习、推理的能力,而是指在特定的环境和适当的条件下,快速有效地获取信息,准确地传输信息,高效地处理信息并成功地利用信息以达到目的的能力。

(二) 交通系统的智能化的意义

"智能"的特点体现在每一个组成部分中,即车内系统、路边系统、信息管理中心、需求管理系统、交通管理控制系统都是智能化的系统,而且它们之间可以自动进行信息交换。交通系统的智能化的意义如下。

(1) 车辆在道路上可以安全自由地行驶,在陌生地方不至于迷失方向。

(2) 道路的交通流可以调整至最佳状态,从而缩短行车时间,减少阻塞,提高其通行能力。

(3) 交通管理控制中心可对道路和车辆的状态进行实时监控,及时处理事故,保障道路畅通。

(4) 系统为用户提供的服务质量和服务水平得到提高,能源得以节省,环保得以改善。

(三) 智能交通系统的必要性

随着城市化的进展和汽车的普及,交通运输问题日益严重,道路车辆拥挤,交通事故频发,交通环境不断恶化。当下交通问题在国内外都是令人困扰的严重问题之一。解决交通问题的直接办法就是提高道路网的通行能力。但无论是哪个国家的大城市,可供修建道路的空间都很有限,建设资金筹措也十分困难。同时,由于许多发展中国家大城市内的车辆时速达不到15 km,使巨额投资所建成的道路网的潜力得不到充分的利用,多修道路和市内桥梁不再是缓解巨大交通压力的好办法。只有通过建立在智能化的信息管理系统的基础上把汽车、驾车的人以及所使用的道路设备这三方面有机地综合成一个人机结合的系统,有效利用各种交通设备及与此相关的各种交通信息来源,使道路网上的交通流处于平衡的运输状态,从而使交通的安全性、通畅性得到很大的提高,能源消耗得到有效的降低,环境污染得到明显的改善。

二、智能交通系统产生背景

(1)交通拥堵已成为大中城市交通中的普遍现象。

(2)基础设施建设速度落后于车辆增长速度。截至 2013 年,全国汽车保有量为 1.37 亿辆,近十年汽车年均增加 1 100 多万辆,增长量是 2003 年汽车数量的 5.7 倍,而城市道路每年仅增长 3%～5%。

(3)基础设施短缺与其利用的低效率并存。

(4)交通安全形势严峻,造成的损失巨大。1999 年,全国共发生 412 800 起交通事故,其中 83 529 人死亡,286 808 人受伤,因交通事故引起的直接损失折款多达 21 亿元人民币。

(5)运输效率低,能源消耗不断上升。抽样调查表明,全国货运汽车实载率不足 70%,而在车辆技术不断提高的今天,运输汽车油耗却从 1992 年的百公里 6.9 L 增加到 1998 年的 7.4 L。

(6)机动车尾气排放已成为城市大气污染的主要来源。一些大城市机动车排放的污染物对多项大气污染指标的"贡献率"已达到 60% 以上,正在严重地危害着人们的身体健康。

三、智能交通系统的组成

当前,城市要从根本上解决交通拥挤和阻塞,单靠扩大基建投资多建桥、多修路这样原始的发展模式是很不现实的。必须从大系统的观点出发,以先进的信息技术与设备为基础,结合强有力的交通管理法规,利用经济调节的杠杆,使路桥资源、出行车辆与道路使用者三者有机地综合成一个整体,使时间和空间两种资源均得到充分利用,科学地解决飞速发展的交通问题。智能交通系统是一个复杂的综合性的系统,从系统组成的角度可分成以下子系统,如图 9-2 所示。

(一)先进的交通管理系统

先进的交通管理系统(advanced traffic management system,ATMS),即交通控制指挥中心,该系统包括城市道路信号实时控制、高速公路交通监控、交通事故自理、交通疏导等公路交通管理的各种功能,以及用来研究和评价交通控制系统运行功能与效果的三维交通模拟系统。管理系统能实时、准确、全面地掌握公路网的交通运行情况,进行及时调度与事故处理。

(二)先进的交通信息系统

先进的交通信息系统(advanced traffic information system,ATIS)。ATIS 是建立在完善的信息网络基础上的。交通参与者通过装备在道路上、车上、换乘站上、停车场上以及气象中心的传感器和传输设备,向交通信息中心提供各地的实时交通信息。ATIS 得到这些信息并通过处理后,实时向交通参与者提供道路交通信息、公共交通信息、换乘信息、交通气象信息、停车场信息以及与出行相关的其他信息,出行者根据这些信息确定自己的出行方式、选择路线。

当车上装备了自动定位和导航系统时,该系统可以帮助驾驶员自动选择行驶路线。通过汽车电子导航系统可以获得电子地图、地理信息等帮助。电子导航系统可提供鸟瞰画面、横断画面、地图画面等多种查看方式,并借助 GPS 系统(全球定位系统)帮助驾驶人员迅速到达目的地。

电子导航系统向多元化发展,其具备的功能具体如下。

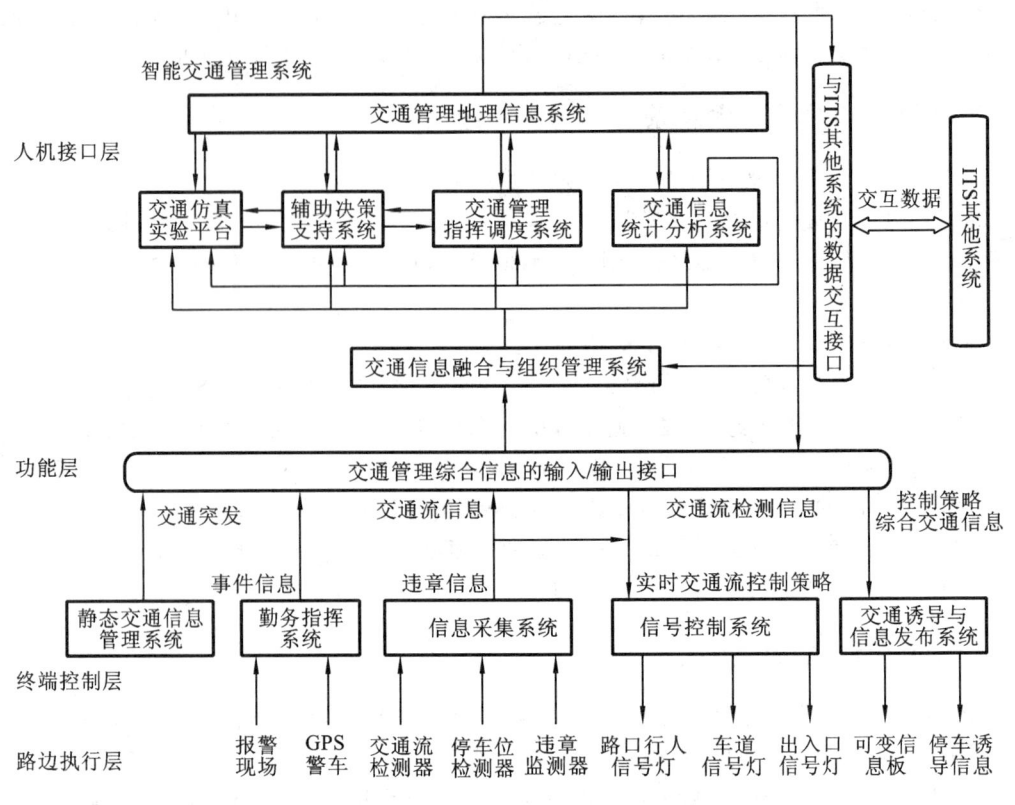

图 9-2　组成智能交通系统的子系统示意图

（1）移动通信功能：①VICS，即汽车信息通信系统（vehicle information and communication system）；②手机双向通信；③因特网连接；④数码卫星播送。

（2）电子导航功能：①高效检查、查询功能；②触摸屏；③声控操作、声控提示；④便携式电子导航仪。

（3）安全保障功能：①道路危险警告；②摇摆驾驶探测器；③与电子导航系统相协调的变速控制；④显示停车场、加油站、休息站的位置。

（4）其他功能：①FM 调频文字播送；②电视、音像一体化；③车内电气控制；④车电电脑；⑤电子交易业务（EC）；⑥IC 卡读取记录技术。

（三）先进的公共交通系统

先进的公共交通系统（advanced public transportation system，APTS）是面向公共交通使用者的交通信息系统。通过安装在公共服务区的信息查询装置、车辆自动定位设备或电子信息牌提供实时信息，包括公共交通拥挤程度、公交车辆到站时空座信息、换乘信息以及停车状况等。

先进的公共交通信息的提供有助于公共交通使用者出行、换乘和出发时间的选择；可以提高使用者的便利程度，利用先进的信息和通信技术；动态实时采集公交车辆的行驶状态信息、公交车辆营运信息以及联系道路系统和换乘系统的交通状态信息等公共交通信息，加以处理后提供给用户。

如果能最大限度确保公交车辆的准时性，在公交沿途的各停靠站上提供到站时间表，并同时提供行驶中车辆的动态信息（如现在所处的位置，到达本站所需要的时间等），将极大地提高公共交通系统的吸引力,大大方便了公众的出行。

（四）营运车辆调度管理系统

营运车辆调度管理（commercial vehicle operation management,CVOM）系统包括:建立客货运调度和管理中心,通过计算机和通信设备对所属车辆进行调度,对线路上的车辆进行监控;设有旅客自动咨询系统及计算机售票系统,还包括运输场站利用电子数据交换（DEI）及车辆自动定位技术掌握客流、物流的配载、流向及换乘等实时信息,使客货运流向合理,减少空载,充分提高运输效率。

（五）先进的车辆控制系统

先进的车辆控制系统（advanced vehicle control system,AVCS）建立一整套传感器、信号灯及信息显示系统,根据交通干线结构、操作程序、安全法规而形成对事件的反应知识库,为系统操作员对发生某特定事件做出反应提供控制策略与建议,同时提供十分便捷明晰的人机交互界面,用最简单的操作完成对事件的正确反应。

例如可根据发生的事件及时关闭某些路段,对驶入隧道的车辆提出限速信息,提供警示信号,并能在交通状况变化时自动地改变这些信号设置。这就可能需要在几分钟内对成百上千个带连锁关系的信号灯、信号牌进行切换,而不允许有任何的差错。

此外,交通管理信息还可通过路边或龙门架上的可变信息牌向驾车人提供包括交通事故造成的道路阻塞的街道或公路地段名称,车主据此做出相应的对策。

交通的下一步发展是把类似的交通信息同时通过路边设备经微波信道传到车内,并在车上的专用信息终端显示出来,使司机能更集中精力操控车内设备,减少疲劳,所获得的信息量大为增加,使信息的实时性与提前量都得到改善。

（六）电子收费系统

电子收费系统（electronic toll collection,ETC）在 ITS 中具有特殊的地位,特别是高速公路及桥梁（包括贯穿城市的大型桥梁）收费系统更显示其重要性。

ETC 是世界上最先进的路桥收费方式,常规的人工收费加计算机管理模式使停车收费时间较长,账目管理有漏洞,所以对全自动、不停车的收费系统的需求自然就提到了议事日程上。建立这样的系统能大大提高车辆通行能力。

通过安装在车辆挡风玻璃上的车载器与在收费站 ETC 车道上的微波天线之间的微波专用短程通信,利用计算机联网技术与银行进行后台结算处理,从而达到车辆通过路桥收费站不需停车便能交纳路桥费的目的,且所交纳的费用经过后台处理后能自动且正确地分给相关的收益业主。在现有的车道上安装电子不停车收费系统,可以使车道的通行能力提高 3～5 倍。

（七）紧急救援系统

紧急救援系统是一个特殊的系统,它的基础是自动终端情报服务（ATIS）和有关的救援机构和设施,通过 ATIS 将交通监控中心与职业的救援机构连成有机的整体,为道路使用者提供车辆故障现场紧急处置、拖车、现场救护、排除事故车辆等服务。

四、智能交通系统新技术及应用

（一）智能交通系统新技术

当下,智能交通系统新技术不断涌现,这些新技术的出现对于高速公路领域有着较强的针对性。如高速公路移动无线监控,一般应用在高速公路的某一段路程中,巡逻车可以实时将巡逻时的视频情况传回高速公路管理中心,加强了智能交通系统管理的实时性。此外,许多新技术的应用在很大程度上都为交通系统管理的高效提供了进一步的支持。

1. 移动卡口系统

移动卡口系统是采用计算机视觉仿真、雷达测速、智能图像分析以及数据库管理等技术的超速抓拍系统。

该系统能够精确测量车辆行驶速度,一旦超速,系统会自动抓拍图片,清晰捕捉车辆全貌、车牌号码、车辆类型、车身颜色等元素,将图片保存在数据库中,并叠加超速违法所发生的日期、时间、路段、违法时车辆实际行驶速度以及该路段的限定行驶速度等信息。该系统数据库可按日期、车牌号码等条件进行分类查询,也可通过打印机实时输出违法车辆照片。该系统具有车牌自动识别、现场报警、移动存储及综合管理等功能,其网络版的产品构架,使得该系统集现场执法、3G 远程传输和指挥中心网络化调度管理于一体,为高速管理部门科学执法提供可靠的依据。

2. 全球定位系统

全球定位系统(GPS)对出警车辆进行 GPS 定位,方便进行调度,以快速处理交通事故。

3. 车辆缉查发布系统

车辆缉查发布系统主要用来在卡口对车辆进行超速抓拍并对比"黑车牌",发现并报警后在收费站或前端 LED 屏实时显示违章车辆信息,同时在收费站进行拦截。

4. 地理信息系统

地理信息系统(GIS)能从空间上、时间上彻底了解高速公路沿线情况的现状与变化,奠定了高速公路管理所需要的数字基础。其完成了对静态交通信息(如收费站、服务区、隧道、无线视频等基础设备)和动态交通信息(如天气变化、道路维修封闭、突发的交通肇事等路面状况)的重组,为高速公路管理提供了直观、系统、科学的管理,同时,其可以规范管理数据,实现信息共享,便于各部门数据的交换,改进和完善高速公路管理工作。

(二)智能交通系统应用

智能交通系统按各子系统的要求,以规定的格式向子系统传输所需信息,比如无线通信终端的应用(如手机短信等),根据服务请求和查询权限提供给客户数据、图形或图像等信息。世界上应用最为广泛的地区是日本,如日本的 VICS 系统相当完备和成熟,美国、欧洲等地区也普遍应用,在中国,北京、上海、广东等地也已广泛使用。

1. 车辆控制系统

车辆控制系统指辅助驾驶员驾驶汽车或替代驾驶员自动驾驶汽车的系统。该系统通过安装在汽车前部和旁侧的雷达或红外探测仪,可以准确地判断车与障碍物之间的距离,遇紧急情况,车载电脑能及时发出警报或自动刹车避让,并根据路况自己调节行车速度,因而又称作智能汽车。美国已有 3 000 多家公司从事高智能汽车的研制,已推出自动恒速控制器、红外智能导驶仪等高科技产品。

2. 交通监控系统

交通监控系统类似于机场的航空控制器,它将在道路、车辆和驾驶员之间建立快速通信联系。哪里发生了交通事故,哪里交通拥挤,哪条路最为畅通,该系统会以最快的速度提供给驾驶员和交通管理人员。

3. 运营车辆高度管理系统

运营车辆高度管理系统通过汽车的车载电脑、高度管理中心计算机与全球定位系统卫星联网，实现驾驶员与调度管理中心之间的双向通信，来提升商业车辆、公共汽车和出租汽车的运营效率。该系统通信能力极强，可以对全国乃至更大范围内的车辆实施控制。

4. 旅行信息系统

旅行信息系统是专为外出旅行人员及时提供各种交通信息的系统。该系统提供信息的媒介是多种多样的，如计算机、电视、电话、路标、无线电、车内显示屏等。无论你是在办公室、大街上、家中、汽车上，只要采用其中任何一种方式，你都能从信息系统中获得所需要的信息。有了该系统，外出旅行者就可以"眼观六路、耳听八方"了。

五、智能交通系统发展前景展望

智能交通系统(ITS)作为新一代交通运输系统，其发展尚不成熟，从世界各国 ITS 的研究开发过程中可以看到，其在以下几个方面的发展前景。

(一) ITS 是一项综合性技术

目前的智能交通系统是以道路和车辆为主要研究对象，以提高道路的通行能力、利用效率与安全性为研究目标的新一代交通运输系统，其研究重点是公路交通问题。目前尚缺乏将 ITS 应用于包括铁路、水运、公路、航空的综合交通体的研究计划，综合交通体的基本框架尚未形成。

道路交通领域的 ITS 先行虽然可行，但综合运输系统的智能化程度(包括规划、运营、管理等方面)会直接影响道路交通 ITS 的发展和科技含量作用的水平。因此，研究和开发综合交通体是实现道路交通的保障环节，也是从根本上解决交通问题的途径。

(二) ITS 的全球性

ITS 是开放的、复杂的、巨大的系统，它是由许许多多关系密切而复杂的不同领域、不同功能的子系统按不同层次综合集结而成。

各个国家、各个地区、各种交通模式按本身的优化目标开发各自的 ITS，不考虑与其他系统的集成，就难免使整个交通运输系统的 ITS 性能达不到最优。

(三) ITS 技术的数字化

数字海图是继雷达、卫星定位和卫星通信之后，现代航海史上又一项新技术革命。这种以数字的形式在计算机荧屏上动态显示海洋地理要素并进行及时处理和传输的海图，集计算机技术、多媒体技术、地理信息系统等高新技术于一体，使海洋信息实现数字化。

数字海图融文字、图像、声音、动画等多种表现形式于一体，具有辅助决策功能，信息容量大，存储快捷，携带方便。一张光盘能容纳上百幅海图，在几秒钟内实现数据存取，用户可通过无线电通信随时上网查阅、下载海图，并直接将数字海图输入船舶自动操作系统，实现自动操作，其具有较高的经济和军事效益。

(四) 降低 ITS 的造价

美国研究开发的一段长约 13 km 智能车辆公路系统，花费高达 20 亿美元，这种代价离实用型的 ITS 还存在着很大的差距，所以，降低造价应是当务之急。相信随着各项现代技术的研究突破,ITS 的造价必将大幅度下降。

（五）ITS 是一项在 21 世纪有极大发展空间的产业

智能交通系统将是未来最主要的公路交通建设事业,广大的企事业单位都将积极投资和参与,同时也将创造数以万计的就业机会。

由于 ITS 以各种高新技术为纽带,将人、车、路有机结合可以有效地解决交通拥挤、交通事故频发及车辆尾气造成的环境污染等问题,并可创造巨大的消费市场,因而 ITS 在日本得到了极大的重视,日本将其作为国家发展计划来定位。此外,其潜在的消费市场令企业界无法抗拒,据日本经济新闻报道 ITS 产业将成为 21 世纪最有影响的产业之一。

我国的 ITS 的研究才刚刚起步,急需政府进行统一协调,组织国内的大企业和有实力的科研机构、大学进行系统的、全面的高起点研究。虽然我国这方面的研究起步较晚,但有国外的先进经验可供借鉴,故在研究我们自己的 ITS 技术过程中可以少走一些弯路,用较少的资金达到目前的国际水平,研究出有我国自主产权的 ITS 技术,占领国内市场。

综上所述,可以得到这样的推论:智能交通系统在 21 世纪将有一个辉煌的发展前景。

任务二　自动导引车使用与管理

项目目标

知识目标

（1）掌握自动导引车的定义、特点和分类。

（2）掌握自动导引车结构设计及自动导引车的主要技术参数。

（3）掌握自动导引车系统（AGVS）。

（4）了解自动导引车的发展趋势。

能力目标

（1）能够在工作中熟练掌控自动导引车（AGV）,在不需要人工引航的情况下能够自动地沿预定的路线行驶,从某一地点将物料移送到另一个指定地点。

（2）能够根据自动导引小车行走的轨迹进行编程,根据数字编码器检测出的电压信号判断其与预先编程的轨迹的位置偏差,控制器根据位置偏差调整电机转速对偏差进行纠正,从而使自动导引小车沿预先编程的轨迹行走。

（3）能够在实际工作中除了保护 AGV 自身安全,以及保障 AGV 功能的顺利实施外,还能在最大可能的范围内保护人员和运行环境设施的安全。

一、自动导引车概述

（一）自动导引车定义

自动导引车（AGV）如图9-3所示，也称无人搬运车或自动搬运车，是一种现代化的先进物料搬运装备。《物流术语》（GB/T 18354—2006）定义自动导引车为：能够自动行驶到指定地点的无轨搬运车辆。

图 9-3　自动导引车示意图

AGV 最早出现在 20 世纪 50 年代，近几十年来，AGV 发展非常迅速。在日本、美国、德国等工业发达国家，AGV 已经非常成熟，应用范围十分广泛。目前其主要的发展是开发不需固定线路的具有全方位运行能力的 AGV，以及在超重负荷、高定位精度等一些特殊工况下的工作能力。

根据导航方式的不同，目前新松 AGV 产品可分为：磁导航 AGV 和激光导航 AGV。根据工作方式的不同，新松 AGV 可分为汽车底盘合装线装配型 AGV、柴油发动机装配型 AGV、变速箱装配型 AGV、叉车式运输型 AGV、搬运型 AGV、重载 AGV、智能巡检 AGV、特种 AGV，以及简易 AGV。

（二）自动导引车的特点

（1）自动导引车的显著特点是无人驾驶，AGV 上装备有自动导向系统，可以保障系统在不需要人工引航的情况下能够自动地沿预定的路线行驶，从某一地点将物料移送到另一个指定地点，其导引方式通常采用电磁感应导引、惯性导引、激光导引等。

（2）自动导引车采用先进的自动控制系统或计算机控制系统控制，自动化程度高和智能化水平高，AGV 的行驶路径可以根据仓储货位要求、生产工艺流程等的改变而灵活改变，并且运行路径改变的费用与传统的输送带和刚性的传送线相比非常低廉。

（3）自动导引车一般配备有装卸机构，可以与其他物流设备自动接口，与现场相关设备联成一个完整的功能网络，实现货物和物料的装卸与搬运全过程自动化，并且具有较好的柔性。

（4）自动导引车还具有清洁生产的特点，自动导引车的动力驱动采用蓄电池供电（能够自动充电），依靠自带的蓄电池提供动力，运行过程中无噪声、无污染，可以应用在许多工作环境清洁度要求高的场所。

（三）自动导引车的分类

（1）自动导引车按照导引方式分类有：外导式 AGV 和自导式 AGV，如图9-4所示。

(a) 外导式AGV

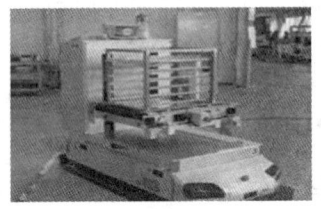
(b) 自导式AGV

图 9-4　外导式 AGV 和自导式 AGV 示意图

① 外导式 AGV 必须在自动导引车预定的行走路线上,敷设电磁、光学或磁性导引带,外导式导引车通过车上的检测装置检出导引带的信号,并经过分析计算,不断调整导行方向,使得自动导引车能沿着预定的路线行走。

② 自导式 AGV 是根据预定任务的要求,在自动导引车上储存好作业环境的信息,通过识别车体某一时刻的位置信息,将之与环境信息相比较,自动计算并调整路径。其通常的方式有坐标识别法、惯性导航法、激光导航法等。这些方法柔性好,但技术复杂,且价格较高。

(2) 自动导引车按照控制方式分类有:智能型 AGV 和普通型 AGV,如图 9-5 所示。

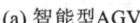
(a) 智能型AGV

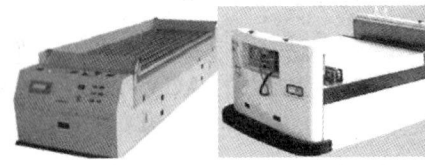
(b) 普通型AGV

图 9-5　智能型 AGV 和普通型 AGV 示意图

① 智能型 AGV 具有车载计算机,车内存储有全部运行路线和相应的控制信息,只要事先设定起始点和要完成的任务,AGV 就可以自动选择最佳路线完成指定的任务。

② 普通型 AGV 的所有功能、路线和控制方式均由主控计算机进行控制。

(3) 自动导引车按照移载方式分类有侧叉式移载、前叉式移载、辊筒输送机式移载、链条输送式移载、升降台式移载等。

(4) 自动导引车按照转向方式分类有:前轮转向、差速转向和独立多轮式转向等。

(5) 自动导引车按照充电方式分类有:交换电池式自动导引车和自动充电式自动导引车。自动导引车大多是自动充电式充电。

(6) 自动导引车按照用途和结构形式分类有:牵引型拖车、托盘运载车、承载车、自动叉车、装配小车和自动堆垛机。

二、自动导引车结构设计

自动导引车的引导原理是根据自动导引车行走的轨迹进行编程,数字编码器检测出的电压信号判断其与预先编程的轨迹的位置偏差,控制器根据位置偏差调整电动机转速对偏差进行纠正,从而使自动导引小车沿预先编程的轨迹行走。因此,自动导引车在行走过程中,需不断地根据输入的位置偏差信号调整电动机转速,对系统进行实时控制。

自动导引车采用两后轮独立驱动差速转向、两前轮为万向轮的四轮结构形式。步进电动机经减速器后通过驱动轮提供驱动力,当两轮运动速度不同时就可以实现差速转向。

1. 车体

车体包括底盘、车架、壳体、控制室,以及相应的机械电气结构(如减速箱、电动机、车轮等)所组成,是自动导引车的基础部分。

2. 车架

车架是整个自动导引车的机体部分,主要用于安装轮子、光感应器、伺服电动机和减速器。车架常用钢构件焊接而成,重心越低越有利于抗倾翻。车架上面安装伺服电动机驱动器、PCD板和电瓶。对于车架的设计,要有足够的强度和硬度要求,故车架材料选用铸造铝合金(牌号为6061),这种材质质量比较轻、焊接性好。

3. 车轮

车轮采用实心橡胶轮胎。车体后面两主动轮为固定式驱动轮,与轮毂式电动机相连。车体前面两个随动轮为旋转式随动轮,起支承和平衡的作用。

4. 载荷传送装置

自动导引小车的载荷传送装置为一平板,其作用为运输箱体类零件到指定工位。其主要用来装载箱体类零件,运送物料等。

5. 驱动装置

驱动装置,即保证自动导引车运行且具有速度控制和制动能力的子系统,主要包括电动机、减速器、驱动器、控制与驱动电路等。驱动系统一般分为闭环方式与开环方式,前者以伺服直流电动机为主,后者以步进电动机为主。

6. 动力系统

蓄电池是目前自动导引车使用的唯一电源,用来驱动车体、车上附属装置,如控制、通信、安全等。

三、自动导引车的主要参数

(一)自动导引车的主要技术参数

1. 额定载重

额定载重指自动导引车所能承载的最大载荷重量。

2. 自重

自重指自动导引车含电池的重量。

3. 外形尺寸

外形尺寸指车体的外形的三维尺寸,这一尺寸应该与所承载的货物的尺寸和作业场地相适应。

4. 导引方式

导引方式指自动导引车所采取的导引方式,通常有电磁导引、光学导引、磁带导引、激光导引或非预定路径导引等方式。

5. 停位精度

停位精度指自动导引车某一阶段作业结束时所处的位置与程序设定的位置之间的距离,其通常以毫米计算。

6. 转弯半径

转弯半径指自动导引车在空载低速行驶、偏转程度最大时,瞬时转向中心距自动导引车纵向中心线的最小距离。

7. 运行方式

运行方式指自动导引车运行时的转向方式。

8. 运行速度

运行速度指自动导引车在额定载重量下行驶的最大速度。

9. 电池电压

电池电压指车载电池的电压值。自动导引车周边设施使用一般工业电力,根据用途而有不同要求。如充电间频率发生器、自动门、计算机室、通信装置以及工作环境所需装置的动力等。根据车型、运行及载荷量而采用不同功率的蓄电池,一般都是蓄电池组合体。常用直流电压为 12 V、24 V、48 V 及 72 V。

(二) 自动导引系统

自动导引系统具备智能特性,在地面计算机和车载计算机的控制下,自动按照预定的路线运行的关键组成部分。自动导引车具有多种导引方式,可采用一种或多种导引方式实行导引,常见的导引方式有:电磁导引、激光导引和惯性导引。

1. 电磁导引

这种导引方式需要在设定的路线的地面上开一条宽约 50 mm、深约 15 mm 的槽,在槽里埋设电缆,接通低压低频信号(电流为 200～300 mA,频率为 2～35 kHz),在电缆周围产生交变磁场。自动导引车上安装有两个感应线圈,分别检测来自电缆产生的交变磁场,并转换为感应电压。通过比较两个电压值,可以得知 AGV 是否偏离规定的路线。

如当 AGV 偏离到导引电缆的右方时,感应线圈左边的电压将比感应线圈右边的电压高,以此两电压比较,从而可以控制导引电动机使 AGV 从偏右位置调整回到中间位置,从而使得 AGV 能自动跟踪预定的电磁导引路线。电磁导引 AGV 如图 9-6 所示。

电磁导引优点:引线隐蔽,不易污染和破损,导引原理简单而可靠,便于控制和通信,对声光无干扰,制造成本较低。电磁导引缺点:路径难以更改扩展,对复杂路径的局限性大。

2. 激光导引

AGV 上安装有可旋转的激光扫描器,在运行路径沿途的墙壁或支柱上安装有高反光性的定位标志,AGV 依靠激光扫描器发射激光束,然后接受由四周定位标志反射回的激光束,车载计算机计算出车辆当前的位置以及运动的方向,通过和内置的数字地图进行对比来校正方位,从而实现自动搬运。激光导引 AGV 如图 9-7 所示。

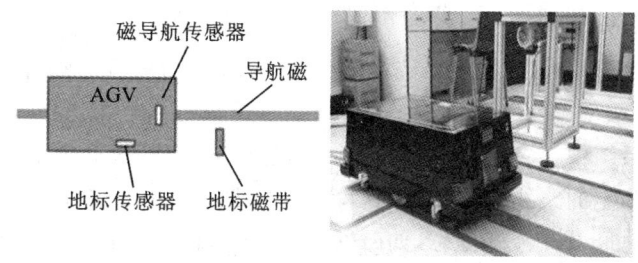

图 9-6　电磁导引 AGV 示意图

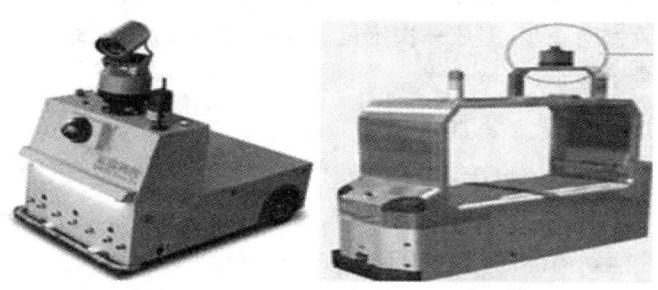

图 9-7　激光导引 AGV 示意图

目前,激光导引 AGV 的应用越来越普遍,并且依据同样的引导原理,若将激光扫描器更换为红外发射器或超声波发射器,则激光导引 AGV 可以变为红外导引 AGV 和超声波导引 AGV。

激光导引优点:AGV 定位精确;地面不需要其他定位设施;行驶路径可灵活多变,能够适合多种现场环境。激光导引是目前国外许多 AGV 厂家优先采用的先进引导方式。

3. 惯性导引

惯性导引是在 AGV 上安装陀螺仪,在行驶区域的地面上安装定位块,AGV 通过对陀螺仪偏差信号的计算及地面定位块信号的采集来确定自身的位置和方向,从而实现导引。惯性导引 AGV 如图 9-8 所示。

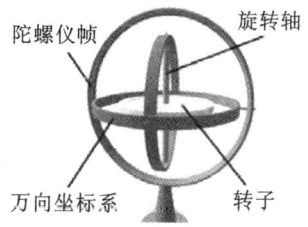

图 9-8　惯性导引 AGV 示意图

惯性导引技术在航天和军事上较早运用,是 AGV 领域新兴的一项技术。优点:技术先进,定位准确性高,灵活性强,便于组合和兼容,适用领域广。缺点:制造成本高,导引的精度和可靠性与陀螺仪的制造精度及使用寿命密切相关。

（三）自动寻址系统

自动寻址系统主要指 AGV 控制系统中用于 AGV 正确寻找任务地址并能精确停位的控制系统。

（1）自动导引车系统中，系统将设定若干个位置为 AGV 寻找的地址。运行时，AGV 在系统程序的导引下，沿确定的路线向目的地址行走，当接近目的地址时，AGV 自动减速停靠。

（2）在车辆停靠地址设置传感标志，如磁铁、色标等，自动导引车以相对认址或绝对认址的方式来接收标志信号，从而使 AGV 完成认址操作。

（3）AGV 在目的地址处的定位可以分为一次定位和二次定位。车辆接近目的地址时，提前减速，在目的地址附近制动驻车，完成一次定位。接着 AGV 以更高的精度和机械方式进行二次定位，最终定位精度可达 ±1 mm。

（四）自动导引车的安全装置

安全装置的共用除了保护 AGV 自身安全，以及保障 AGV 功能顺利实施外，还在最大可能的范围内保护人员和运行环境设施的安全，AGV 采取了多级硬件、软件的安全措施。

（1）AGV 是一个运动的部件，车体设计必须符合安全要求。考虑到运行中 AGV 可能会同人或者其他物体相碰撞，除了操作上的需要，车体的外表不得有尖角和其他突起等危险部分。

（2）在 AGV 的前面设有红外线非接触式防碰传感器和接触式防碰传感器（保险杠）。红外线非接触式防碰传感器是一种障碍物接近检测和减速装置，在规定的有效范围内，它将控制 AGV 减速直至停车。而接触式防碰传感器则是一种强制停车安全装置，它产生作用的前提是车体与其他物体相接触，并使传感器产生一定的变形，从而触动相关限位装置，强行使车体断电停车。显然，这种防碰装置是 AGV 安全保护措施的最后一道安全保护屏障。

（3）AGV 安装了醒目的警示灯光信号和声音报警装置。提醒附近的操作人员，一旦发生故障，AGV 自动进行声光报警，同时通过通信系统通知控制系统自检排障。

（4）AGV 设有装卸移载货物执行机构的自动安全保护装置。解决 AGV 在进行作业时的位置定位、位置限位、货物位置检测、货物形态检测、货物位置对中和机构自锁等操作环节的安全保护。

安全装置的作用包括防止设备在运行中出错，也预防运行出错对人员及其原形环境设施产生影响。

四、自动导引车系统

自动导引车系统（automated guided vehicle system，AGVS）是指由若干台（种）AGV 与地面控制器所组成，能在系统的控制下自动、准确地完成特定的物料搬运和装卸作业的机电一体化系统。

随着制造业对现代物流自动化、企业生产自动化等物流系统建设步伐的逐步加快，很多企业纷纷开始了对企业物流中心的技术改造，物流机器人系统、自动导引车系统等物流自动化设备发展很快，使得企业物流技术装备升级，也极大地促进了企业的发展。AGV 的应用代替传统的人工搬运的方式，大大促进了企业的技术进步，改善工作条件和环境，提高企业自动化生产水平，有效地解放劳动生产力，减轻工人的劳动强度，优化生产结构，节约人力、物力、财力，创建人机友好、和谐宜人、科学文明的生产环境。

AGVS 由以下两部分组成,这两部分在设置时根据生产需要,经过规划设计而确定,它们必须是相互匹配和相互制约的。

(一)单车或车队

一个系统可以由单台 AGV 或多台 AGV 组成,并且根据需要可以使用多种类型的 AGV,以适应系统之间的衔接,车体结构可以是通用型的,也可以是与地面系统相匹配,还可以选择不同的功能部件。

(二)地面导引和管理系统

自动导引车按指定路线运行,必须配有制导定位系统、调度指挥系统、交通指挥系统、通信联系系统以及防撞安全系统。

安全设计是自动导引车开发设计中最重要的一环,对于 AGVS 来说,安全问题也是十分重要的,安全装置是 AGVS 中必不可少的。在系统设计过程中,要根据可能出现的安全问题,采取相应的硬件和软件措施,确保系统的安全运行。

AGVS 技术在日本、欧美等国家或地区已经非常成熟,应用范围也十分广泛。当前,AGVS 技术的主要发展方向是开发不需固定路线的具有全方位运行能力的 AGV,以及在超重负荷、高定位精度等一些特殊环境下的工作能力。

五、自动导引车的发展趋势

近年来,自动导引车的应用范围和领域不断扩大,从超级市场、车间扩大到办公室、宾馆、图书馆、自动化仓库和配送中心。自动导引车的出现对传统的物料搬运技术是一次革命,它以高效、安全、灵活、低耗、先进等优点广泛应用于众多的物流场合。

制造业是目前应用自动导引车最广泛的场合,尤其在汽车生产装配作业中。电子工业是自动导引车的新兴用户,由于生产的多品种、小批量的要求,自动导引车比传统的带式输送机具有更大的柔性。

但随着需求的发展,户外或半户外 AGV 技术将逐步完善和进入应用阶段。户外 AGV 技术一直是应用的难点,主要受制于相对恶劣的自然条件,如温度、湿度、阳光、雾、雨、雪等天气。作为世界领先的 AGV 技术提供商,Danaher Motion 公司每年投入巨额的研发费用到产品升级上,户外技术正是方向之一,如防雨的激光导航装置、交流驱动器、特殊经验的系统设计等,欧洲合作伙伴户外技术的测试工作也取得相对理想的实效。

国内 AGV 应用需求正突破传统行业,医药、港口等行业的需求日益扩大。目前,我国港口集装箱采用的码头运输方式为起重机将集装箱卸载到人工驾驶的运载工具上,再运输到储存地点。如果采用 AGV 作为运载工具,目前在欧洲运行的案例表明将提高港口卸载效率约 70%,该计划是港口运输方式的一次革命,代表着港口运载全面自动化的开始。同时使海关集装箱 100% X 射线检测成为可能。这对我国港口行业的发展意义重大,我国港口吞吐量世界第一,装卸货物总量巨大,运载效率的极大提高直接意味着集装箱货轮停泊时间的缩短,减少货轮巨额的停泊费用,同时装卸周期的缩短将极大提升单口岸的利用效率,对于国民经济进出口效益的意义是不言而喻的。

任务三　物流机器人使用与管理

项目目标

知识目标

(1) 掌握机器人的定义、机器人的发展历史和机器人的特点。

(2) 掌握工业机器人、特种机器人和智能机器人三大类别的特点。

(3) 掌握机器人关键技术及基本组成、应用方式。

(4) 了解常见的物流机械人的使用条件。

(5) 了解当今国内外主要机器人生产商。

能力目标

(1) 能够操作机器人根据工作过程中出现的各种可能的情况，自动进行分析判断，根据分析的结果，执行相应的程序，发出操作指令完成工作任务。

(2) 能够熟练调动搬运机器人根据任务要求，自动按照预先设定的程序，将货物从一个地方移送到另一个地方。

(3) 能够操作不同的机器人自动识别货物的大小和方位，并根据预先设定的动作程序，将货物抓起移送到托盘上，并根据配置不同工具包实现搬运、码垛、焊接、装配等工作。

知识链接

机器人最早应用于汽车制造工业，常用于焊接、喷漆、上下料和搬运。工业机器人延伸和扩大了人的手足和大脑功能，它可代替人从事危险、有害、有毒、低温和高热等恶劣环境中的工作，代替人完成繁重、单调的重复劳动，提高劳动生产率，保证产品质量。

一、机器人概述

(一) 机器人定义

机器人是自动执行工作的机器装置。它既可以接受人类指挥，又可以运行预先编排的程序，也可以根据以人工智能技术制定的原则纲领行动。它的任务是协助或取代人类的工作。当下，工业发达的国家都广泛应用了工业机器人。据统计，近几十年来，机器人产品以每年超过10%的发展速度增长，目前全球有超过80万台机器人在服役，机器人广泛应用于汽车工业、电子工业等行业上，主要用于焊接、装配、搬运、加工、喷涂、码垛等复杂作业。

(二) 机器人的发展

机器人是人类20世纪的重大发明之一。20世纪中叶，美国制造出世界上第一台真正意义上的工业机器人,它可以根据生产过程的要求,根据不同的工作需要编制不同的程序,让机器人自动按照程序进行工作。机器人的出现和应用,是 20 世纪自动控制理论和实践的重大成就,机器人技术综合了许多学科的发展成果,代表了高技术的发展前沿。

20 世纪 70 年代,我国就开始了机器人的研制开发,1980 年全国第一台工业机器人诞生。20 世纪 80 年代中期,国家投资 6 000 万元在沈阳建立了全国第一个机器人研究示范工程,全面展开了机器人基础理论与基础元器件研究,以推动我国机器人技术研究开发与产业化发展进程。四十多年来,相继研制出具备搬运、点焊、弧焊、喷漆、装配等功能的工业机器人及水下作业机器人、军用机器人和特种机器人。我国自行生产的机器人喷漆流水线在长春第一汽车厂及东风汽车厂投入运行。1986 年 3 月开始的国家高技术研究发展计划(863 计划)已列入研究、开发智能机器人的内容。随着科学技术水平的不断提高,我国的机器人的研究和推广应用将有更广阔的前景。

机器人技术正在以超乎一般人所预料的速度向前发展,对机器人这一概念的理解及定义也在发生变化。1984 年年底,著名科学家钱学森指出:所谓机器人,就是指那些有特定功能的自动机,它是机电一体化的,具有人工智能因素的 20 世纪 80 年代高技术,是新技术革命的重要内容之一。

(三) 机器人的特点

机器人是一种具有高度灵活性的自动化机器,它具有一些人类或生物相似的智能能力,如感知能力、规划能力、动作能力和协同能力。同时,机器人还具备许多人类没有的能力,如能在复杂危险的环境工作的能力。机器人作业具有如下特点。

(1) 通用性。机器人的用途非常广泛,既可以进行搬运,也可以进行焊接、装配、探测等作业。

(2) 自动性。机器人完全依赖预先编制的程序工作,通常不需要人的参与,节约了大量的劳动力。

(3) 准确性。机器人的各个零部件制作和安装都非常精确,机器人严格按照程序操作,这样机器人的动作具有很高的精度,一般可以达到 0.1 mm 的精度。

(4) 灵活性。机器人的机械臂具有 3~6 个自由度,因此机器人的动作具有很高的灵活性。

(5) 柔软性。当产品的品种和规格发生变化时,只要对程序进行相应的修改,机器人就可以进行新的操作,而不需要对机器进行改动。

二、机器人的分类

机器人可以分为工业机器人、特种机器人和智能机器人这三大类别。

(一) 工业机器人

工业机器人由操作机(机械本体)、控制器、伺服驱动系统和传感装置构成,是一种仿人操作、自动控制、可重复编程、能在三维空间完成各种作业的光电一体化自动化生产设备,特别适合于多品种、变批量的柔性生产,如图 9-9 所示。

(1) 操作机:通过有限元分析、模态分析及仿真设计等现代设计方法的运用,机器人操作机已实现了优化设计。

(2) 控制器:控制器的性能进一步提高,已由过去控制标准的 6 轴机器人发展到现在能够

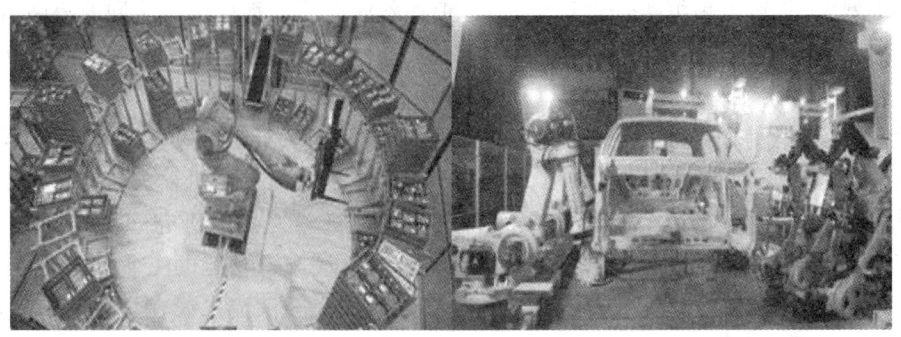

图 9-9 工业机器人示意图

控制 21 轴甚至 27 轴,并且实现了软件伺服控制和全数字控制。

(3)传感装置:激光传感器、视觉传感器和力传感器在机器人系统中已得到成功应用,并实现了焊缝自动跟踪和自动化生产线上物体的自动定位以及精密装配作业等,大大提高了机器人的作业性能和对环境的适应性。

(4)并联机构:采用并联机构,利用机器人技术,实现高精度测量及加工,这是机器人技术向数控技术的拓展,为将来实现机器人和数控技术一体化奠定了基础。

(5)网络通信:机器人控制器已实现了与 CAN 总线及一些网络的连接,使机器人由过去的独立应用向网络化应用迈进了一大步,也使机器人由过去的专用设备向标准化设备发展。

另外,微电子技术的快速发展和大规模集成电路的应用,使机器人系统的可靠性有了很大的提高。机器人系统的可靠性已达到 50 000 h,几乎可以满足任何场合的需求。在物流系统中,工业机器人可以完成搬运、包装、码垛等作业。

(二)特种机器人

近年来,人类的活动领域不断扩大,机器人应用也从制造领域向非制造领域发展。像海洋开发、宇宙探测、采掘、建筑、医疗、农林业、服务、娱乐等行业都提出了自动化和机器人化的要求。这些行业与制造业相比,其主要特点是工作环境的非结构化和不确定性,因而对机器人的要求更高,需要机器人具有行走功能、对外感知能力以及局部的自主规划能力等特殊技能,人们将这种具备特殊技能的机器人统称为特种机器人。特种机器人(见图 9-10)是机器人技术的一个重要发展方向。

(1)水下机器人。水下机器人已用于海洋石油开采、海底勘查、救捞作业、管道敷设和检查、电缆敷设和维护,以及大坝检查等方面,形成了有缆水下机器人和无缆水下机器人两大类。

(2)空间机器人。空间机器人是特种机器人的重要研究领域。目前,美、俄、加拿大等国家已研制出各种空间机器人。如美国 NASA 的空间机器人 Sojanor 等,Sojanor 是一辆自主移动车,重量为 11.5 kg,有 6 个车轮,它在火星上的成功应用,引起了全球的广泛关注。

(3)地下机器人。地下机器人主要包括采掘机器人和地下管道检修机器人两大类,主要研究内容为:机械结构、行走系统、传感器及定位系统、控制系统、通信及遥控技术。

(4)医用机器人。医用机器人的主要研究内容包括医疗外科手术的规划与仿真、机器人辅助外科手术、最小损伤外科、临场感外科手术等。

(5)军用机器人。目前,国外军用机器人发展十分迅速,类型已达上百种,功用更是多种

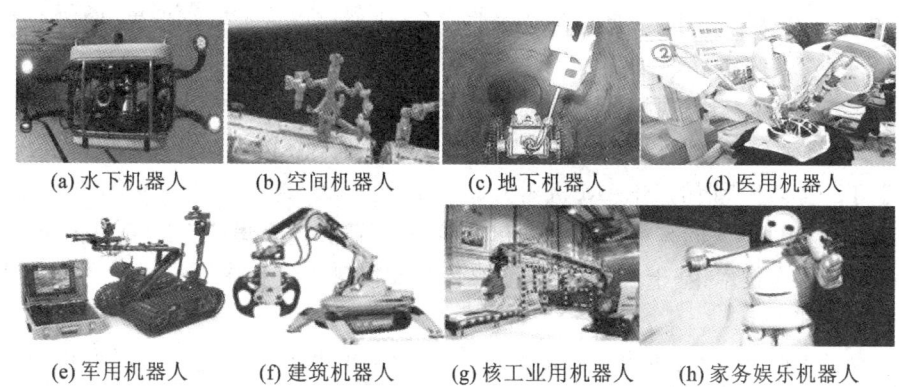

(a) 水下机器人　　(b) 空间机器人　　(c) 地下机器人　　(d) 医用机器人

(e) 军用机器人　　(f) 建筑机器人　　(g) 核工业用机器人　　(h) 家务娱乐机器人

图 9-10　特种机器人示意图

多样,有侦察、保障、排雷、防化、进攻、防御型等。具体有机器人地雷、机器人坦克、智能枪、智能火炮、排雷(弹)机器人、防核生化机器人、侦察机器人、智能飞机、智能导弹、机器人潜水器等。

(6)建筑机器人。日本已研制出 20 多种建筑机器人,如高层建筑抹灰机器人、预制件安装机器人、室内装修机器人、地面抛光机器人、擦玻璃机器人等,并已实际应用。美国卡内基梅隆大学、麻省理工学院等都在进行管道挖掘和埋设机器人、内墙安装机器人等型号的研制,并开展了传感器、移动技术和系统自动化施工方法等基础研究。

(7)核工业用机器人。国外的研究主要集中在机构灵巧、动作准确可靠、反应快、重量轻、刚度好、便于装卸与维修的高性能伺服机械手,以及半自主和自主移动机器人。

(8)家务娱乐机器人。家务娱乐机器人以供人观赏、娱乐为目的,具有机器人的外部特征,可以像人,或像某种动物,或像童话或科幻小说中的人物等,同时具有机器人的功能,可以行走或完成动作,可以有语言能力,会唱歌,有一定的感知能力,如机器人歌手、足球机器人、玩具机器人、舞蹈机器人等。

可以预见,21 世纪各种先进的机器人系统将会进入人类生活的各个领域,成为人类良好的助手和亲密伙伴。

(三)智能机器人

在计算机技术和人工智能科学发展的基础上,产生了智能机器人的概念。智能机器人是具有感知、思维和行动的机器,智能机器人(见图 9-11)可获取、处理和识别多种信息,自主地完成较为复杂的操作任务。

图 9-11　智能机器人示意图

智能机器人作为新一代生产工具,在制造领域和非制造领域具有更广泛、更重要的地位。

同时,智能机器人作为自动化、信息化的装置与设备,完全可以进入网络世界,发挥更多、更大的作用。

虽然从生物学角度来实现机器人的人工智能化还很遥远,但随着计算机芯片技术及计算能力的进一步发展,完全可研制出具有复杂生物行为的机器人。这些机器人集生物学、电子学、审美与机械学于一体,即所谓的 BEAM 机器人。

目前国际上在机器人的智能化和多样化方面,主要研究内容集中在以下几点。

（1）虚拟机器人技术:基于多传感器、多媒体和虚拟现实以及临场感技术,实现机器人的虚拟遥控操作和人机交互。

（2）多智能体控制技术:对多智能体的群体体系结构、相互间的通信与磋商机理、感知与学习方法、建模和规划、群体行为控制等方面进行研究。

（3）微型和微小机器人技术:这是机器人研究的一个新的领域和重点发展方向,微小型机器人技术的研究主要集中在系统结构、运动方式、控制方法、传感技术、通信技术以及行走技术等方面。

（4）软机器人技术:主要用于医疗、护理、休闲和娱乐场合。传统机器人结构材料多为金属或硬性材料,软机器人技术要求其结构、控制方式和所用传感系统在机器人意外地与环境或人碰撞时是安全的,机器人对人是友好的。

（5）仿人和仿生技术:这是机器人技术发展的最高境界,未来的机器人必须具有一定情感、社交头脑等特点,这也是各国科学家努力的目标,目前仅在某些方面进行一些基础研究。

三、机器人关键技术及基本组成与应用方式

（一）机器人关键技术

机器人控制系统是机器人的大脑,是决定机器人功能和性能的主要因素。工业机器人控制技术的主要任务就是控制工业机器人在工作空间中的运动位置、姿态和轨迹、操作顺序及动作的时间等,具有编程简单、软件菜单操作、友好的人机交互界面、在线操作提示和使用方便等特点。机器人的关键技术具体如下。

1. 开放性模块化的控制系统体系结构

采用分布式 CPU 计算机结构,分为机器人控制器（RC）、运动控制器（MC）、光电隔离 I/O 控制板、传感器处理板和编程示教盒等。机器人控制器的主计算机完成机器人的运动规划、插补和位置伺服以及主控逻辑、数字 I/O、传感器处理等功能,而编程示教盒完成信息的显示和按键的输入。

2. 模块化层次化的控制器软件系统

软件系统建立在基于开源的实时多任务操作系统 Linux 上,采用分层和模块化结构设计,以实现软件系统的开放性。整个控制器软件系统分为三个层次:硬件驱动层、核心层和应用层。三个层次分别针对不同的功能需求,对应不同层次的开发,系统中各个层次内部由若干个功能相对对立的模块组成,这些功能模块相互协作共同实现该层次所提供的功能。

3. 机器人的故障诊断与安全维护技术

通过各种信息,对机器人故障进行诊断,并进行相应维护,是保证机器人安全性的关键技术。

4. 网络化机器人控制器技术

目前,机器人的应用工程由单台机器人工作站向机器人生产线发展,机器人控制器的联网技术变得越来越重要。控制器上具有串口、现场总线及以太网的联网功能,可用于机器人控制器之间和机器人控制器同上位机的通信,便于对机器人生产线进行监控、诊断和管理。

(二)机器人的基本组成

机器人虽然被称为"人",但它们的外形却与人的形状相差甚远。机器人根据不同的使用场合和使用目的,可以有各种不同的形状。尽管如此,完整机器人的基本组成与人的各种器官类似。机器人的基本组成有"大脑""手""脚""眼睛"等。

1. 机器人的"大脑"

机器人的"大脑"是电子计算机。在机器人中,电子计算机担当起程序与数据存储、信息收集、数据分析、逻辑判断、动作指令发布等工作。

机器人应用的计算机有:单片机、可编程逻辑控制器(PLC)、工业控制机、PC 机等。机器人应用的计算机功能一般比较单一,但要求性能稳定、可靠性高、故障率低、检修方便。

单有计算机硬件是不够的,机器人的"大脑"还无法运行。只有在程序的控制下,机器人才能按规定的要求去工作。可以说,程序就是机器人的灵魂。程序是由计算机编程语言所编写的,常用的编程语言有:C 语言、汇编语言等。

机器人按照预定的程序工作,能根据工作过程中出现的各种可能的情况,自动进行分析判断,根据分析的结果,执行相应的程序,发出操作指令。对于某些未预料的情况,有的机器人还能够进行分析学习,决定处理的最佳方法并记忆下来,下次再遇同样情况,机器人就会根据上次学习记忆的方法进行处理。

有的机器人还具有人工智能和自我诊断维护功能。

2. 机器人的"手"和"脚"

机器人必须有"手"和"脚",才能完成机器人"大脑"发出的"命令"动作。机器人的"手"和"脚"不仅是一个执行命令的机构,而且还应该具有识别功能,这就是我们通常所说的"触觉"。机器人通过"手"和"脚"的识别功能,判断所接触物体的冷热、软硬以及轻重,并将获得的识别信息传到机器人的"大脑",从而调节"手"和"脚"的动作,使操作动作适当。根据不同的工作场所和要求,给机器人装上的"手"应该是一双会触摸、有识别能力的灵巧的"手"。

随着科技的发展,现代机器人技术发展也很快,目前人们已经能够制造出具有类似人手的各种功能的机器人的"手",它具有灵巧的"手指""手腕""手肘"和"肩胛关节",能够灵活自如地伸缩摆动,"手腕"也会转动弯曲。通过"手指"上的传感器还能检测出被抓物体的形状和重量。

在实际情况中,许多时候并不一定都需要这样复杂的多节人工指,而只需要能从不同的角度触及并搬运物体的钳形指。尤其是工业机器人的"手"主要的功能动作是夹、抓、提、举,一般都没有"手掌",全靠"手指"抓取、夹持物体,因此,工业机器人的"手"与其说是手,还不如说是夹钳。例如应用在物流仓库中的机器人,其"手"往往做成夹具形状,夹具可以转换以适应搬运不同形状和重量的货物。

机器人的"脚"主要用于支撑机器人和货物的重量,并且应该提供机器人移动和转动功能。同样,机器人的"脚"也不必做成人脚的形状。

3. 机器人的"眼睛"

人的视觉器官是眼睛,它是感觉之窗,人有 80% 以上的信息靠视觉获得。机器人以"眼睛"

和计算机为主要部件组成机器人的视觉系统,机器人视觉系统的功能是抓获图像信息并传送到计算机,再通过计算机进行图像信息的处理。

机器人视觉系统主要应用于以下三方面。

(1)用视觉进行产品检验,代替人的目检,包括:形状检验——检查和测量零件的几何尺寸、形状和位置;缺陷检验——检查零件是否损坏、划伤;齐全检验——检查部件上的零件是否齐全。

(2)在机器人进行装配、搬运等工作时,用视觉系统对一组需装配的零部件逐个进行识别,并确定它在空间的位置和方向,引导机器人的手准确地抓取所需的零件,并放到指定位置,完成分类、搬运和装配任务。

(3)为移动机器人进行导航。利用视觉系统为移动机器人提供它所在环境的外部信息,使机器人能自主地规划它的行走路线,回避障碍物,安全到达目的地,并完成指令的工作任务。

计算机图像信息处理技术是机器人视觉识别系统的重要组成部分。目前,机器人视觉识别系统在信息获取、信息处理,以及特征抽取、判决分类等方面的研究进展很快,有许多功能已经接近人类的视觉系统。

(三)机器人的应用方式

机器人的应用主要有两种方式:一种是机器人工作单元;另一种是带机器人的生产线。带机器人的生产线在国外已经成为机器人应用的主要方式。机器人的应用方式如图 9-12 所示。

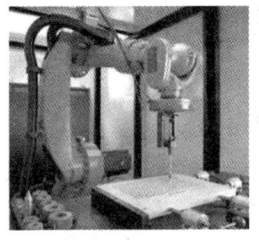 

(a)机器人工作单元　　　　(b)带机器人的生产线

图 9-12　机器人的应用方式示意图

(1)机器人工作单元。机器人工作单元是独立的个性化解决方案,具有最佳的工艺安全性、出色的设备可用性和最大的灵活性,并针对具体的任务量身打造。

(2)带机器人的生产线。以机器人为核心的自动化生产线适应了现代制造业多品种、小批量的柔性生产发展方向,具有广阔的市场发展前景和强劲的生命力,已开发出多种面向汽车、电气机械等行业的自动化成套装备和生产线产品。

四、常见的物流机器人

物流机器人是从物流系统的范畴来分类,指应用于物流过程中的各类机器人,它们属于工业机器人类别。常见的物流机器人有搬运机器人、码垛机器人和移动机器人等。

(一)搬运机器人

传统的人工搬运方式早已被机械搬运方式取代,而在一些自动化程度较高的自动化仓库中,或在一些特殊的场合,如有放射性辐射的场合中,使用搬运机器人就显得非常必要。

搬运机器人能够根据任务要求,自动按照预先设定的程序,将货物从一个地方移送到另一个地方。常见的搬运机器人有如下几种形式。

（1）带有自动机械手的 AGV，如图 9-13 所示，在 AGV 上加装机械手，配合车载装卸机构自动装载货物，AGV 自动行驶到指定的位置后，机械手自动卸货，并放置到指定货位。机械手臂为 6 个自由度的垂直多肘节，可以适应复杂搬运货物的动作。

图 9-13　带有自动机械手的 AGV 示意图

这种搬运机器人的特点是能够实现较远距离的自动搬运，常应用在自动化仓库。搬运不同的货物，需要更换不同的抓持机构。如果在抓持机构前方安装摄像机，在提取货物时自动确认位置，能够实现地址码摄像自动存库，自动纠偏和自动定位。

（2）直角坐标机器人。直角坐标机器人也称多维机器人，主要用于货物或工件的短距离搬运，其搬运距离在数米以内。这种机器人有二维搬运（见图 9-14）、三维搬运或更多维搬运（见图 9-15）。

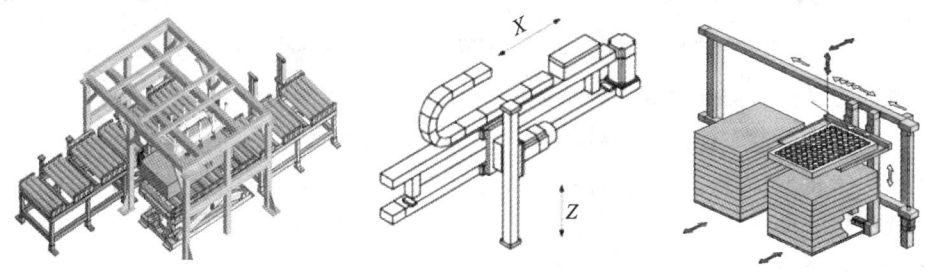

图 9-14　直角坐标机器人二维搬运示意图

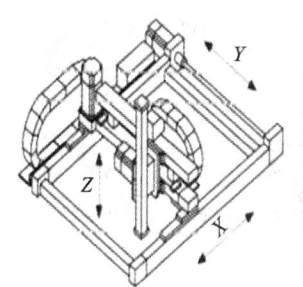

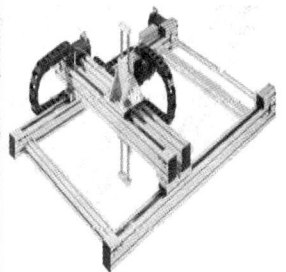

图 9-15　直角坐标机器人三维搬运示意图

多维机器人每一方向均有线性导轨。线性导轨由精制铝型材、齿型带、直线滑动导轨和伺服电动机等组成。滑块上安装抓持机构，用于抓取货物。机器人由微型计算机控制。

在自动化立体仓库中，常用多维机器人进行拣货和搬运。如图 9-16 所示，三维搬运机器人在进行拣货和搬运。

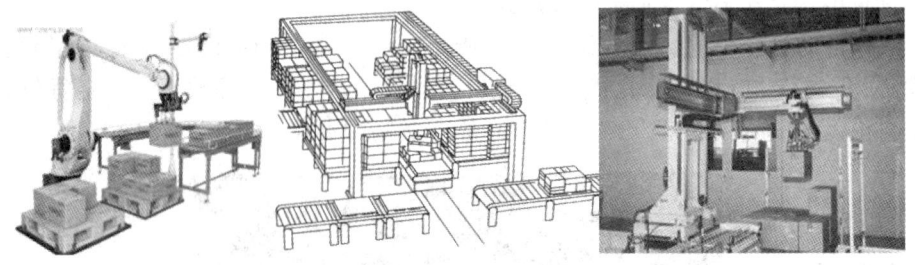

图 9-16　三堆搬运机器人进行拣货和搬运示意图

（3）多自由度关节式码垛搬运机器人。多自由度关节式码垛搬运机器人（见图 9-17）码垛系统专业的自动化码垛搬运设备，替代人工码垛搬运，生产上能迅速提高公司的生产效率和产量，同时能减少人工搬运造成的差错。多自由度关节式码垛搬运机器人的码垛系统可全天候作业，配备机器人可替代不少工人的工作量，由此每年能节约大量的人力资源成本。

图 9-17　多自由度关节式码垛搬运机器人示意图

这种机器人采用多轴伺服电动机驱动控制，实现多轴空间联动，空间位置和方位角非常灵活。配置不同工具包可实现搬运、码垛、焊接、装配等工作，具有较高的柔性自动化水平。机械人码垛机应用于化工、饮料、食品、啤酒、塑料等生产企业，对各种纸箱、袋装、罐装、啤酒箱、瓶装等各种形状的包装成品都适用。

（二）码垛机器人

码垛机器人能自动将不同外形尺寸的包装货物整齐地、自动地码在托盘上，如图 9-18 所示。

图 9-18　码垛机器人示意图

当货物进入工作区时，码垛机器人能够自动识别货物的大小和方位，并根据预先设定的动作程序，将货物抓起移送到托盘上，货物的堆放顺序和形式也是程序预先设定。当货物堆垛完成时，能自动完成捆扎，然后通过传送带送走。

根据码垛机器人操纵机构不同，可以分为直角坐标型码垛机器人和多关节型码垛机器人；根据抓具不同，可以分为侧夹型码垛机器人、底拖型码垛机器人和真空吸盘型码垛机器人。

码垛机器人现代的特点：一是工作精度高，运动的轨迹十分精确，重复定位精度可达0.35 mm；二是速度快，如 EC-141 高速码垛机器人的工作速度可以达到每小时 1 400 次；三是柔性程度高，只要更换抓具和工作程序，就能完成不同的码垛任务。

（三）移动机器人

移动机器人是工业机器人的一种类型，它由计算机控制，具有移动、自动导航、多传感器控制、网络交互等功能，它可广泛应用于机械、电子、纺织、卷烟、医疗、食品加工、造纸等行业的柔性搬运、传输等，也可用于自动化立体仓库、柔性加工系统、柔性装配系统（以 AGV 作为活动装配平台），同时可在车站、机场邮局的物品分拣中作为运输工具。

物流机器人是国际物流技术发展的新趋势之一，而移动机器人是其中的核心技术和设备，是用现代物流技术配合、支撑、改造、提升传统生产线，实现点对点自动存取的高架箱储、作业和搬运相结合，实现精细化、柔性化、信息化，能缩短物流流程、降低物料损耗、减少占地面积、降低建设投资等的高新技术和装备。

学习测试

一、名词解释

智能交通系统　自动导引车

二、单项选择

（1）从技术角度来看，物流发展经历以下几个阶段：①人工阶段；②自动化阶段；③机械化阶段；④虚拟化阶段；⑤集成化阶段。请按正确时间顺序排列：（　　）。

A. ①②③④⑤　　　B. ①②④③⑤　　　C. ①③②④⑤　　　D. ①③②⑤④

（2）对物流管理有影响的技术很多，其中特别重要的是（　　）。

A. 包装及包装材料技术　　　　　　　　　　　B. 信息技术

C. 物料处理技术　　　　　　　　　　　　　　D. 运输技术

（3）拣货时，拣货作业人员或机器必须直接接触并拿取货物，因此形成拣货过程中的行走与货物的搬运，（　　）是提高配送作业效率的关键。

A. 熟练的拣货操作　　　　　　　　　B. 延长拣货时间

C. 采用现代化的拣选设备　　　　　　D. 缩短行走和货物搬运距离

（4）AGV 是指（　　）。

A. 叉车　　　　　B. 货架　　　　　C. 自动引导车　　　　　D. 监控设备

三、不定项选择

（1）智能运输系统是指综合利用对（　　）传统的运输系统进行改造而形成的新型运输系统。

A. 信息技术　　　　　　　B. 数据通信传输技术　　　　　C. 电子控制技术

D. 计算机处理技术　　　　E. 光电处理技术

（2）AGV 的特点：（　　）。

A. 智能化、自动化水平高　　　B. 柔性高　　　　　C. 动力强

D. 无须指挥　　　　　　　　　E. 环保性强

（3）AGV 常见的导引方式有：（　　）。

A. 电磁导引   B. 声控导引   C. 机车导引   D. 激光导引   E. 惯性导引

(4) 提高物流能力,推动现代物流迅速发展的是(　　)。

A. 先进的物流技术及其装备   B. 先进的物流运输设备   C. 先进的物流管理

D. 先进的物流仓储设备   E. 先进的管理思想

(5) 物流技术及其装备在物流系统中的地位是(　　)。

A. 现代物流系统运营的中坚力量   B. 提高物流系统效率的主要手段

C. 反映物流系统水平的主要标志   D. 构筑物流系统的主要成本因素

E. 反映企业技术水平的重要指标

四、论述题

(1) 简述交通系统的智能化的意义。

(2) 简述自动导引系统常见的导引方式。

(3) 简述机器人作业时具有的特点。

参考文献

CANKAOWENXIAN

[1] 缪兴锋,李超锋.现代物流装备与技术[M].北京:中国人民大学出版社,2010.

[2] 黎红.物流设施与设备[M].广州:广东高等教育出版社,2008.

[3] 孟初阳.物流机械与装备[M].北京:人民交通出版社,2005.

[4] 张弦.物流设施与设备[M].上海:复旦大学出版社,2006.

[5] 周全申.现代物流技术与装备实务[M].北京:中国物资出版社,2002.

[6] 于承新,赵莉.物流设施与设备[M].北京:经济科学出版社,2007.

[7] 李文斐,张娟,朱文利.现代物流装备与技术实务[M].北京:人民邮电出版社,2006.

[8] 蒋祖星,孟初阳.物流设施与设备[M].北京:机械工业出版社,2009.

[9] 朱新民.物流设施与设备[M].北京:清华大学出版社,2007.